STOMEO MODA.ch
ZONE 30

ZÜRICH

IN 100 GESCHICHTEN

1 _ Harald Naegeli 2 _ Lydia Escher 3 _ Dieter Meier 4 _ Boris Blank
5 _ Sophie Taeuber-Arp 6 _ Irene Staub aka Lady Shiva 7 _ Wladimir Iljitsch Lenin

NZZ LIBRO

Herausgeber
Peter Röthlisberger, Chefredaktion GmbH

Designkonzept + Gestaltung + Produktion
Aysun Ergez, visuelledesignstudio.com

Fotoredaktion
Christof Kalt

Illustration Umschlag
Christoph Stalder, Grafik Design

Korrektorat
Anna Ertel, Göttingen

Druck
Finidr, Tschechische Republik

2., unveränderte Auflage
2024

Bibliografische Information der Deutschen Nationalbibliothek
Die Deutsche Nationalbibliothek verzeichnet diese Publikation in der Deutschen Nationalbibliografie; detaillierte bibliografische Daten sind im Internet über http://dnb.d-nb.de abrufbar.

ISBN Print 978-3-907396-55-1 / ISBN E-Book 978-3-907396-65-0

www.nzz-libro.ch
NZZ Libro ist ein Imprint der Schwabe Verlagsgruppe AG.

MIX
Papier aus verantwortungsvollen Quellen
FSC® C014138

EINE FÜR ALLE

Früher, als ich von der Peripherie nach Zürich blickte, kam mir die Stadt immer sehr selbstbezogen vor. Nicht interessiert am Rest der Schweiz. Heute, nach über 30 Jahren in Zürich, kann ich diese Haltung verstehen. Zürich hat alles, ist sauber, sicher, wohlhabend. Liebenswert und lebenswert. Mit Seeanstoss. Aber die Bewohner dieser Stadt haben auch grosse Erwartungen, ohne dafür auf die Knie zu sinken vor Dankbarkeit oder ihre Liebe zu bezeugen. Ich habe noch nie einen «I love Zurich»-Kleber an einem Auto gesehen. Die hohe Qualität dieser Stadt wird als Selbstverständlichkeit angenommen. Wo ist der Haken? Ist die Stadt wenigstens langweilig, bieder? Früher mal, heute nicht mehr. Es gibt Interessengruppen, die sich vernachlässigt fühlen, Gentrifizierung, überteuerte Espressi, aber die Stadt geht pfleglich mit den Menschen um, die hier leben oder die Stadt als Bühne ihrer Sehnsüchte nutzen. Sie fängt jene auf, die nicht auf eigenen Beinen stehen können. Weil sie es will und kann, dank der Unternehmen und Privaten, die in «Zureich» (das bekannteste Zürcher Graffiti begrüsste viele Jahre lang die Ankommenden kurz vor dem Hauptbahnhof) manchmal unverschämt viel Geld verdienen, aber auch sehr viele Steuern bezahlen. In den vergangenen 30 Jahren ist die Zürcher Wirtschaft trotz Finanz- und Coronakrise um 1,8 Prozent pro Jahr gewachsen. Zürcherinnen und Zürcher erwirtschaften pro Kopf 104 000 Franken, das sind 19 700 Franken mehr als im Schweizer Durchschnitt. Trotzdem arbeiten sie fast einen halben Wochentag weniger als vor 30 Jahren. Deshalb will auch kaum jemand wieder weg, der eigentlich nur kurz vorbeischauen wollte. Das wird die Stadt irgendwann an den Rand ihrer Kapazität bringen. Der Platz wird knapp, die geplanten 500 000 Einwohnerinnen und Einwohner werden sich beschränken müssen. Derzeit ist aber vieles im grünen Bereich, verglichen mit den Grossstädten der Welt. Das links-grün regierte Zürich will Velostadt werden, lässt aber jeden Samstag die knallbunten geleasten Lamborghinis mit muskelbepackten Agglos und ihren hochgetunten Frauen vom Mythenquai bis zum Zürichhorn und zurück paradieren, als wären wir Marbella oder Dubai. Dabei hat Zürich keinen einzigen Prachtboulevard, ist kein Ort der grossen Würfe, eher der kleinen, durchdachten Schritte. Was zeigt man Touristen in Zürich? Wir haben keine Triumphbögen wie in Paris oder Berlin, kein Kolosseum wie in Rom, keinen Palast wie in London. Und auch nach 20 Jahren Endlosdiskussion immer noch keine richtige Fussballarena wie Madrid. Was Zürich ausmacht, lässt sich nicht vorzeigen, nur erleben.

Herbert Grönemeyer, der einige Jahre im selben Haus in Hottingen lebte wie ich, mag «dieses Zurückgelehnte» an Zürich, «diese kompakte Stadt mit vielen Schichten zwischen Aufbegehren und Geld und diesem gewissen südlichen Sexappeal», wie er dem *Tages-Anzeiger* sagte. Harald Schmidt gab an der Schauspielschule Zürich einen Workshop für Improvisation und hält die Jugend hier für eine ziemlich verwöhnte Bande, die viel Zeit für ihre Work-Life-Balance aufwendet: «Die Hälfte kam leicht übermüdet zehn Minuten zu spät, links einen Kaffeebecher, rechts ein Croissant, Beine hoch aufn Stuhl. Denke ich, Kinder, ich hab mein Leben lang so ein Hochleistungsdenken gehabt – und ihr? Auf die Frage nach ihrem Traumtheater kam die Antwort: ‹Also für mich muss es menschlich stimmen.›»

Deutsche setzen sich gerne und intensiv mit Zürich auseinander. Einige von ihnen gehören zu den 73 Autorinnen und Autoren, die an *Zürich in 100 Geschichten* mitgeschrieben haben. Was nicht bedeutet, dass alle anderen waschechte Zürcher sind. Die meisten sind im Gegenteil aus der ganzen Schweiz zugewandert. Sie kamen hierher, weil sie fasziniert sind von dieser Stadt, sich mit ihr auseinandersetzen wollten, intelligent und elegant über sie schreiben können. Zürich tat sich immer leicht damit, diejenigen zu integrieren, die es zuliessen. Das ist wahrscheinlich das Grossstädtischste an dieser Stadt. Gibt es den Zürcher überhaupt noch? Er wäre jedenfalls ziemlich unsichtbar. Sprachpuristen sind keine unterwegs, andere Dialekte sind wohlgelitten, lokalchauvinistische Reflexe bleiben aus, seit 33 Jahren ist das Stadtpräsidium nicht mehr von einer Zürcherin oder einem Zürcher besetzt. Zürich, das sind einfach alle.

Wir haben uns mit viel Herzblut bemüht, eine neue, den heutigen Anforderungen an Ästhetik, Inhalt und Lesegewohnheiten genügende Kompilation der relevantesten und unterhaltsamsten Geschichten von Zürich (und ein wenig darüber hinaus) zusammenzustellen. Wir fanden Geschichten, die noch nie jemand erzählt hat, mit Bildern dazu, die noch kaum jemand gesehen hat. Wir hatten das Privileg, uns 100 Mal mit Zürich auseinandersetzen zu dürfen.

PETER RÖTHLISBERGER, HERAUSGEBER

INHALT

Delikatessen

Leidenschaft

Dunkle Seite

Natur

Geld & Geist

Urbanistan

1

DARSTELLERIN MIT STARPOTENZIAL

Die Geschichte der Stadt Zürich ist grosses Kino.
Ein Blockbuster mit rollenden Köpfen, gewonnenen Schlachten
und blutigen Niederlagen, wirtschaftlichem Aufstieg und
politischen Niederlagen, unzähligen Verlierern und vielen Siegern.
Das Ende wird nie geschrieben sein, aber derzeit sieht es
nicht schlecht aus für die attraktive Hauptdarstellerin.

Am Anfang stehen zwei Geschwister: Felix und Regula (und ihr Diener Exuperantius, der später in die Legende eingefügt wurde) sollen angeblich am Standort der heutigen Wasserkirche enthauptet worden sein und ihren Kopf danach zum Platz des heutigen Grossmünsters getragen haben. Das Knabenschiessen als grösstes jährliches Volksfest der Schweiz knüpft an die Verehrung dieser Stadtheiligen an, die am Anfang der bedeutenden mittelalterlichen Kirchenstadt Zürich stehen und die heute noch das Siegelbild von Stadt und Kanton Zürich schmücken.

Felix und Regula kamen gemäss Legende als Angehörige der Thebäischen Legion unter Mauritius von Ägypten über das Unterwallis um 300 n. Chr. nach Zürich. Dort forderte sie der damalige römische Statthalter vergeblich auf, dem christlichen Glauben abzuschwören, weshalb sie hingerichtet wurden. An der Stelle ihres Grabes, so die nachträgliche Deutung, wurde dann dank der Förderung der Karolinger das Grossmünster als Ort der Verehrung und der Wallfahrt errichtet. Der Hinweis auf das Martyrium im Zusammenhang mit den römischen Christenverfolgungen erinnert daran, dass Zürich sicher eine römische, womöglich sogar eine keltische Siedlung war. Tatsächlich finden sich aber schon in neolithischer Zeit zahlreiche Seeufersiedlungen, sogenannte Pfahlbauten; Ausgrabungen brachten vor Kurzem unter anderem eine rund 5000-jährige Tür samt Zapfen zum Vorschein.

Wirklich greifbar wird Zürich aber erst in der Römerzeit, als Ende des zweiten Jahrhunderts eine Zollstation am Ausfluss des Zürichsees namens Statio Turicensis belegt ist. Die Wasserstrasse von Graubünden mit seinen Alpenpässen über Walen- und Zürichsee und über Limmat und Aare in den Rhein trug zum Aufschwung einer Siedlung bei, die allerdings erst im hohen Mittelalter dank dem Grossmünsterstift und der königlichen Fraumünsterabtei sowie als Pfalz zu einer zentralen Ortschaft in ganz Schwaben aufstieg. Auf dem Lindenhof erhob sich zuerst ein römisches Kastell, danach eine Kaiserpfalz, die immer wieder ein beliebter Aufenthaltsort der Herrscher war, ehe sie um 1218 von den Bürgern zerstört und später in einen mit Linden bepflanzten Platz umgewandelt wurde.

Von der Reichsstadt zum Stadtstaat. Das Aussterben der Herzöge von Zähringen 1218 brachte eine entscheidende Zäsur: Der staufische Kaiser Friedrich II. übertrug den Bürgern Selbstverwaltungsrechte, bald bezeichnete sich Zürich als Reichsstadt. Schritt für Schritt emanzipierte sich die Stadt von der Vorherrschaft der Fraumünster-Äbtissin, einer Reichsfürstin, und zog immer mehr Rechte innerhalb der Stadtmauern an sich. Unter dem adligen Bürgermeister auf Lebzeiten, Rudolf Brun, erhielt Zürich 1336 eine Zunftverfassung, die den Handwerkern und Händlern Mitspracherechte zugestand und Zürich für Jahrhunderte zu einer Zunftstadt machte. Wenig später begann die Stadt auf das Umland auszugreifen, zuerst entlang der Verkehrsachse des Zürichsees, der 1362 dank kaiserlichem Privileg zum See der Stadt Zürich wurde. Schliesslich kontrollierte die Stadt das Gebiet zwischen Reuss und Rhein, das fortan der Stadt unterstand – der Stadtstaat Zürich war entstanden.

Diese Expansion erfolgte vor allem auf Kosten Habsburgs, dem mächtigsten Fürstengeschlecht im Bereich der Deutschschweiz. Zur militärischen Absicherung seiner Politik schloss Zürich ab 1351 Bündnisse mit der Innerschweiz, um zwischendurch immer wieder auch die Nähe zu Habsburg zu suchen. Der blutige Alte Zürichkrieg um 1440 brachte schliesslich die Entscheidung: Zürich, das sich als «kaiserliche Stadt» sah und sich nach Süddeutschland orientierte, wurde von den eidgenössischen Orten gezwungen, auf einen Sonderweg zu verzichten und sich in das eidgenössische Bündnis einzufügen. In diesem Umfeld entstand jene Eidgenossenschaft, die sich zur heutigen Schweiz entwickelte und in der Zürich historisch gesehen lange den Vorsitz einnahm, ablesbar an der Wappenfolge und Anrede, die bis heute mit Zürich beginnt. Die Rivalität zwischen Zürich und Schwyz wie auch die Kluft zwischen Städte- und Länderorten sollte aber die Politik lange prägen, wenn nicht lähmen.

Mit der Übernahme habsburgischer Ämter weitete Zürich bis ins frühe 16. Jahrhundert seinen Einfluss auf ein Gebiet aus, das in etwa dem heutigen Kanton entsprach. Statt habsburgischer Vögte residierten jetzt Zürcher Stadtbürger als Landvögte auf der Kyburg und auf anderen Schlössern; statt an habsburgische Adlige leisteten die Untertanen ihre Abgaben jetzt an Zürcher Amtsleute. Die Landstädte Winterthur und Stein am Rhein genossen Autonomie, wenn auch in engen, von Zürich definierten Grenzen. Die städtische Herrschaft blieb aber vergleichsweise locker, denn die Ratsherren waren bei ihrer Politik immer auch auf die Mitwirkung und den Konsens der Untertanen angewiesen, die zudem im ausgehenden Mittelalter wiederholt gegen Auswüchse protestierten. So wurde 1489 der allzu machthungrige Zürcher Bürgermeister Hans Waldmann hingerichtet, nicht zuletzt, weil er die Abgaben auf der Landschaft erhöhen wollte. Und 1515 zogen Tausende von Bauern im Lebkuchenkrieg in die Stadt, um den Unmut über die Zürcher Politik zum Ausdruck zu bringen.

Auch die Reformation wäre ohne die Mitwirkung der Untertanen kaum vorstellbar gewesen. Diese erhofften sich mehr Einflussmöglichkeiten im kirchlichen Bereich, doch letztlich setzte sich eine «städtische» Reformation durch, gestützt auf die Ideen von Ulrich Zwingli. Dieser kam 1519 als humanistisch gebildeter Leutpriester ans Grossmünster, wo er mit Verweis auf das göttliche Wort und mit der Bibel als alleiniger Orientierungshilfe Neuerungen einführen konnte, die auf Selbstverantwortung und auf Versöhnung beruhten, aber auch auf der Ablehnung einer traditionellen Kirche mit Hierarchien, Heiligen und Ablässen. Die sprichwörtliche zwinglianische Nüchternheit entstand allerdings erst später. Lange nachdem Zwingli 1531 in der Schlacht von Kappel ums Leben gekommen war, wurde das reformierte Zürich als Bollwerk des «wahren Glaubens» dogmatisch. Die Reformation mündete in eine stark weltlich geprägte orthodoxe Landeskirche, die auf dem Vermögen der aufgehobenen Klöster beruhte und deren Geistlichkeit hauptsächlich Angehörige der Stadtbürger-Familien waren.

Als reformierter Stadtstaat, der von einer christlich-väterlichen Obrigkeit regiert wurde, stand Zürich fortan im Gegensatz zur katholischen Zentralschweiz. Gemeinsam wurden Untertanengebiete im Aargau und Thurgau verwaltet, die eidgenössischen Interessen gegenüber auswärtigen Mächten vertreten oder aber die Schifffahrt auf dem Zürichsee und auf der Lindt geregelt. Zwischendurch gab es jedoch immer wieder Spannungen, die in militärische Auseinandersetzungen wie die beiden Villmergerkriege münden konnten. Wirtschaftlich blieb Zürich lange handwerklich geprägt; vor allem Glaubensflüchtlinge aus dem Tessin oder aus Frankreich brachten Ideen und Innovationen, die dann ab dem 17. Jahrhundert zu einer Protoindustrialisierung im Bereich des Textilwesens und zu einem Aufschwung des Handels führten. Die wirtschaftliche Blüte verband sich mit aufklärerischem Gedankengut, verkörpert durch Denker und Künstler wie Lavater, Gessner, Füssli, Bodmer oder Pestalozzi («Limmat-Athen»). Das stand in immer offensichtlicherem Widerspruch zur aristokratischen Herrschaft einzelner städtischer Familien. Gerade die dank Weinbau wohlhabenden Gemeinden am Zürichsee lehnten sich gegen die Bevormundung auf, letztlich führte aber erst der Einmarsch französischer Truppen 1798 zum Untergang des Alten Zürich.

Aufbruch! Das dynamische 19. Jahrhundert. Mit der Schlacht bei Zürich 1799 rückte die Deutschschweiz endgültig in den Einflussbereich der französischen Politik. Napoleon gab der Schweiz 1803 nicht nur eine neue Verfassung, sondern entschied auch über die Kantonsgrenzen. Zürich «gewann» das Limmattal und Rheinau, musste dafür Stein am Rhein an Schaffhausen abtreten. Die folgenden Jahrzehnte sind geprägt von einem Hin und Her zwischen konservativen und liberalen Kräften, die um die politische Ausrichtung des Kantons und um die Stellung der Stadt kämpften. Der Ustertag Ende 1830, eine Protestversammlung der Landbevölkerung, brachte eine bessere politische Vertretung der Landschaft. Die liberale Verfassung von 1831 führte zu einer neuen Dynamik: Wirtschaftliche Hürden wurden beseitigt, das Bildungswesen reformiert und Strassen errichtet; zahlreiche Fabriken und Gewerbebetriebe entstanden. Der «Züriputsch» von 1839 brachte vorübergehend eine Rückkehr der modernisierungskritischen Geister, ohne jedoch an der langfristigen Entwicklung viel zu ändern. Der Mundart-Begriff «Putsch» ging als Folge der Berichterstattung zu 1839 in verschiedene Sprachen ein und ist deshalb ein origineller Zürcher Sprachbeitrag zur Weltgeschichte. Unter dem Winterthurer Juristen Jonas Furrer als Regierungsratspräsident setzte sich Zürich wenig später für einen liberalen Bundesstaat ein, der im Sonderbundskrieg von 1847 militärisch gegen die katholisch-konservativen Kantone durchgesetzt werden konnte. Jonas Furrer wurde erster Bundespräsident der neuen Schweiz.

Zürich etablierte sich Mitte des 19. Jahrhunderts als politischer wie wirtschaftlicher Motor der modernen Eidgenossenschaft, wurde aber vielleicht gerade deshalb nicht Hauptstadt. Es ist kein Zufall, dass die erste Schweizer Bahnlinie, die Spanischbrötli-Bahn, 1847 von Zürich nach Baden führte. Hinter dem Aufstieg Zürichs zu einem Industrie- und Finanzzentrum stand nicht zuletzt Alfred Escher, der als bestens vernetzter radikal-liberaler Politiker den privaten Eisenbahnbau förderte, das Eidgenössische Polytechnikum nach Zürich brachte und die Kreditanstalt gründete. Symbol dieser Dynamik ist die 1871 erbaute Neorenaissance-Bahnhofshalle – der Hauptbahnhof wurde zum grössten Bahnhof der Schweiz. Dank Flüchtlingen wie Richard Wagner, Gottfried Semper oder Theodor Mommsen erlebte Zürich in dieser Zeit auch eine kulturelle Blüte; das ETH-Hauptgebäude und das Winterthurer Stadthaus erinnern an das Wirken von Semper. Die immense Machtfülle von Escher führte jedoch bald zu Kritik und zu einer Gegenbewegung. Im Rahmen der massgeblich von Winterthurer Politikern getragenen Demokratischen Bewegung, die mehr Volksrechte einforderte, wurde die Kantonsregierung und damit das «System Escher» gestürzt. Der Kanton Zürich erhielt 1869 eine neue Verfassung mit direktdemokratischen Rechten, darunter das Referendumsrecht – ein Vorbild nicht nur für die 1874 revidierte Bundesverfassung, sondern auch für die Verfassung verschiedener amerikanischer Teilstaaten. Auch die Zürcher Kantonalbank geht auf diese Impulse hin zu einem stärkeren Staat, zu einer besseren Einbindung der Bürger und zum sozialen Ausgleich zurück. Obwohl damals auch Rechte für Frauen eingefordert wurden, sollte es bis 1970 dauern, ehe dank dem Frauenstimmrecht erste Frauen in das Parlament und in die Räte einzogen.

Zürich als «Motor» der Schweiz. Während Zürich in der zweiten Hälfte des 19. Jahrhunderts – auch dank Eingemeindungen – zur mit Abstand grössten Stadt der Schweiz aufstieg, entwickelte sich Winterthur zu einer wichtigen Handels- und Industriestadt und war das Zürcher Oberland Standort zahlreicher Fabriken. Der Aabach, der bei Uster in den Greifensee mündete, wurde deshalb auch Millionenbach genannt. Die Industrialisierung fokussierte sich zuerst auf das Textilgewerbe, bevor dann die Maschinen- und Elektroindustrie immer wichtiger wurde, von Sulzer und Rieter bis zu Escher Wyss und der Maschinenfabrik Oerlikon (später ABB). Mit der Industrialisierung gewann auch die Arbeiterbewegung rasch an Gewicht, die sich dem Kampf gegen die riesigen materiellen und politischen Unterschiede verschrieb. Der Stadt-Land-Gegensatz erhielt mit dem Schreckgespenst der roten Grossstädte eine neue Bedeutung. Der Generalstreik von 1918 mit der militärischen Besetzung von Zürich war ein Trauma, das beide Seiten noch lange begleitete. 1928 wurde mit Emil Klöti erstmals ein Sozialdemokrat Stadtpräsident von Zürich.

Zürich war zwar nicht Bundeshauptstadt, übernahm aber mit dem 1898 eröffneten Landesmuseum und den beiden Hochschulen durchaus zentralörtliche Aufgaben. Hinzu kam im kulturellen Bereich neben dem Opernhaus und der Musik das Schauspielhaus, dessen Ruf in den 1930er-Jahren dank zahlreichen deutscher Emigranten weit über Zürich hinausreichte. In Winterthur war es das Bürgertum um die Familien Sulzer, Hahnloser und vor allem Reinhart, das mit seinen Kunstsammlungen und mit seiner Unterstützung der Musik zum Ansehen von Winterthur als Kulturstadt beitrug. Diese Position als schweizerisches Wirtschafts-, Bildungs-, Medien- und Kulturzentrum war die Grundlage für den weiteren Aufschwung Zürichs in der Nachkriegszeit unter dem Stichwort Mobilität. Die Eröffnung des Flughafens Zürich-Kloten 1948 setzte hier einen wichtigen Markstein, später folgten die Einbindung in das Autobahnnetz um 1970 und die Inbetriebnahme der S-Bahn 1990. Damit veränderte sich auch das Erscheinungsbild des Kantons, denn die besseren Verkehrsverbindungen förderten eine Agglomerationsbildung. Von Weiningen im Limmattal bis Winterthur und Wetzikon erstreckt sich heute ein Häusermeer; der Kanton Zürich umfasst aktuell (2022) rund 1,6 Millionen Menschen, beinahe 20 Prozent der Bevölkerung der Schweiz. Allein in der Stadt Zürich leben über 420 000 Personen. Dabei ist Zürich auch bunter geworden: Seit Kurzem hat die katholische Bevölkerung ausgerechnet in der Stadt Zwinglis die protestantische überflügelt, die grösste Gruppe sind aber mittlerweile Konfessionslose. Rund ein Viertel der kantonalen Bevölkerung ist ausländischer Herkunft, in der Stadt Zürich selbst ist es gegen ein Drittel – Multikulti ist zum Schlagwort in Kultur und Alltag geworden.

Die Kehrseite dieser Entwicklung zeichnete sich in den letzten Jahren immer deutlicher ab. Verkehrslärm und andere Immissionen belasten den Alltag. Die moderne Konsumgesellschaft führt in Verbindung mit dem Bevölkerungswachstum zu Verdichtung und Verknappung. Seit der 1965 in Winterthur eingereichten ersten Überfremdungsinitiative gab und gibt es immer wieder Diskussionen und Abstimmungen über Einwanderung und Einbürgerung. Der Umbruch in der Arbeitswelt und die Internationalisierung der Wirtschaft führten zur Schrumpfung, wenn nicht Schliessung vieler Zürcher Grossfirmen. Auch der Bankenplatz Zürich ist längst nicht mehr ein sicherer, unverrückbarer Felsen. Die schrittweise Deindustrialisierung führte in den Städten zur Herausforderung, sich neu orientieren zu müssen. Grosse Areale mussten und müssen einer zeitgemässen Nutzung zugeführt werden – eine städtebaulich einzigartige Chance. Der Dienstleistungssektor wurde immer wichtiger, aber auch die internationalen Verflechtungen. Als Weltstadt mit internationalen Festivals oder der 1992 erstmals durchgeführten Street Parade sucht Zürich heute gemeinsam mit seinem Umland eine neue Zukunft, gestützt auf sein historisches Erbe als Kirchen- und Zunftstadt und als Ort politischer wie wirtschaftlicher Innovationen.

PETER NIEDERHÄUSER

Freie Sicht in die Herzen:
Tanzveranstaltung beim Viadukt
im Kreis 5 im September 2013.

ZÜRCHER SEELE

Im Chinagarten: Max Küng, Ex-Basellandschäftler.

2

DAS ZÜRICH-WESEN

Basellandei und Magazin-Kolumnist Max Küng hat nach seinem Umzug nach Zürich überraschend Freundlichkeit, wenn auch nicht Gutherzigkeit angetroffen. Er brauchte nicht mal eine Membercard für seinen neuen Freundeskreis. Schön, wenn Vorurteile bleiben, was sie sind.

Als ich nach Zürich zog, aus Basel kommend, in einem Sommer vor 18 Jahren, tat ich dies nicht ohne eine schöne Garnitur von Vorurteilen im Gepäck. Zum einen hatte ich noch meine Freunde im Ohr, die ich am Rheinknie zurückliess. Was sagte mir ein ehemaliger Mitbewohner mit vorwurfsvoller Miene? «Warum gehst du weg? Was willst du in Arschloch-City?»

Man erzählte sich auch gerne Witze. «Was sagt ein Zürcher, wenn er das erste Mal das Meer sieht? ‹Ich hab es mir grösser vorgestellt!›» Ich war damals also nicht ohne Bedenken, empfand aus der relativ nahen Ferne Zürich als reserviert, ja kalt, hochnäsig. In einer Kolumne, welche ich noch als in Basel lebender Autor für das *Tagi-Magi* schrieb, im März des Jahres 2001, stellte ich mir bereits die Frage, ob ich nach Zürich übersiedeln soll, denn so manche Freundin und Freund hatte diesen Schritt bereits vollzogen. Aber ich war noch nicht bereit, denn: «Warum sollte ich in eine Stadt ziehen, in der man sogar für den engsten Freundeskreis eine Membercard braucht?».

Dann lud ich doch den Zügelwagen voll, aus einem simplen Grund: meine Frau, in Zürich wohnhafte Bündnerin, wurde schwanger. Wir beschlossen, fortan zusammen in der Stadt zu leben, in der wir die bessere Wohnung fanden, was zu meinem Erstaunen (und anfänglicher Enttäuschung) in Zürich der Fall war. Doch kaum hatte ich dort eingecheckt, im Kreis 4, wo ich auch heute noch lebe, fühlte ich mich wohl. Die Angst vor den arroganten und vulgären Zürcherinnen und Zürchern war unbegründet, weil: Es schien sie gar nicht zu geben. Ich traf in Zürich gestrandete Prättigauer, ich traf Tessinerinnen, ich traf so manchen Deutschen, auch Thurgauerinnen, aber eine waschechte Zürcherin, einen Zürcher? Sie schienen rar und selten gesichtet wie Erdferkel. Und als ich dann endlich doch einen kennenlernte, stellte sich dieser als supernett heraus, liebenswürdiger als drei Basler auf einem Haufen. Er heisst Tamo, ein Beizer. Okay, Tamo kommt aus Schwamendingen, Zürich Nord, Kreis 12, ist also ein Randstädtischer, aber trotzdem ist er für mich der erste echte Zürcher, dem ich auf freier Wildbahn begegnete – und der so ganz und gar nicht dem ausserhalb gern gepflegten Klischee entsprechen wollte. Apropos Feindbild: In Zürich angekommen durfte ich feststellen, dass die in Basel gehegten Ressentiments nicht auf Gegenseitigkeit beruhen. Im Gegenteil: Man bringt den aus Basel zugereisten Wohlwollen und Sympathie entgegen, empfindet die verlassene Stadt gar als interessant und trotz ihrer Kleinheit als lebendig. Natürlich existiert eine Fehde zwischen den Anhängerinnen und Anhängern der Fussballvereine von Basel und Zürich, aber solche Glaubensgräben ziehen sich ja auch durch Städte selbst, so denn zwei ähnlich vorzeigbare Vereine vorhanden sind.

In einer anderen Kolumne für das *Tagi-Magi,* erst unlängst geschrieben, ging es um Freundlichkeit, denn die lässt in Zürich doch dann und wann zu wünschen übrig. Auslöser für die Kolumne war ein Telefonat mit einer Berner Bäckersfrau, die mir so nett und sympathisch erschien, dass ich in Erwägung zog, subito die Zügelkartons wieder aus dem Keller zu holen und nach Bern zu ziehen. Denn: «Weshalb in einer schroffen, kühlen und zuweilen offen rücksichtslosen Stadt wie Zürich leben, wenn es Orte gibt, an denen man Gutherzigkeit praktiziert?» So kommt mir Zürich zuweilen tatsächlich vor, was aber wohl nichts mit den Zürcherinnen und Zürchern zu tun hat (die ja eben nicht zu existieren scheinen), sondern mit dem Umstand, dass die Stadt auch wegen ihrer Rolle als Finanzmetropole gerne Menschen mit niedrigen Absichten anlockt. Allerdings kam ich in dieser Kolumne zum Schluss, dass ich als Basellandei mit bäuerisch geprägter Grundfreundlichkeit mich diesbezüglich in Zürich wohl im oberen Mittelfeld befinde, in Bern aber unterdurchschnittlich abschneiden würde. Also lieber in Zürich bleiben. Darauf schrieb eine Frau Oppikofer einen Leserinnenbrief: «Dieses Basellandei soll doch bitte seine Koffer oder Schachteln packen und nach Bern abrauschen. Armleuchter haben wir in Zürich schon genug, und wem's nicht passt, der soll doch gehen! Nicht dass ich jetzt die Zürcher (sofern es von denen noch überhaupt viele hat) besonders nett finde, aber Zürich ist eine wunderschöne Stadt, und es ist ein Privileg, hier zu wohnen.»

Da ist sie dann doch: die Zürcher Seele mit all ihrer Herzlichkeit! Um sie näher zu untersuchen, müsste ich mich wohl einfach mit Frau Oppikofer auf einen Espresso treffen, zum Beispiel in dem Café im Seefeld, wo man 4 Franken und 50 Rappen für ein schlichtes Gipfeli nimmt, ohne mit der Wimper zu zucken.

MAX KÜNG

3

EIN KLÄFFEN, VON UNTEN HERAUF

Den Zürcher Dialekt mögen die Berner gar nicht. Zürcher sind ihnen suspekt. Was die Zürcher in ihrer grosszügigen Zuneigung zum behäbigen Züri West gar nicht merken.

In der Grünau: Bänz Friedli, Ex-Berner.

Die Resultate der Zürcher Regierungsratswahl werden im *Regionaljournal* am Radio verhandelt, und die Reporterin im Rathaus an der Limmat spricht Berndeutsch. Umgekehrt wär's undenkbar: nur schon, dass im *Regionaljournal* aus dem Studio Bern überhaupt eine Zürcher Stimme erklänge. Geschweige denn in einem geheiligten Moment wie der Bekanntgabe der kantonalen Wahlresultate! Protestmails wären die Folge. Was sagt uns dies? Dass Bern Zürich nicht mag, Zürich Bern hingegen sehr.

Mitleid erntete ich zunächst, als ich nach Zürich zog. «Du Armer, der du dort leben musst!» Blankes Entsetzen dann, als mir mal rausrutschte, ich würde die neue Stadt mögen und lebte freiwillig hier. Für die Familienweihnacht im Bernbiet mussten unsere in Zürich aufgewachsenen Kinder auf Berndeutsch umstellen. Und wurden dennoch angeblafft, falls eine Tante aus ihrem Mund ein «Nääi» statt des gutbernischen «Neeei» vernommen zu haben glaubte. «Iih, also, neei – gruusig!» Alles verabscheuen Bernerinnen und Berner an Zürich. Und zuallererst den Dialekt.

Neid? Missgunst? Vorurteile? Vermutlich ein Minderwertigkeitskomplex. Denn es ist nicht die Häme, wie sie an der Basler Fasnacht über Zürich ausgegossen wird, von oben herab à la «Miir sinn die Gscheitschte, die Scheenschte, die Ryychschte». Nein, ein Berner Kläffen ist's, von unten herauf. Der grösste Nehmerkanton, der im nationalen Finanzausgleich weit über 1 Milliarde Franken erhält, empfindet gegenüber dem grössten Geberkanton Unbehagen.

Und ist gekränkt, wenn etwa ein Bundesamt Zürich zu den «Metroplitanräumen» zählt, nicht aber Bern. Umso fanatischer hegt und überhöht man in der Bundesstadt, was man halt hat: das anheimelnde Idiom, die Aare, die Lauben. Er wolle «Präsident der schönsten Stadt der Welt werden», schwadronierte der linke Populist Alexander Tschäppät in Inseraten, und wann immer möglich platzierte er sein Bonmot: «Das Schönste an Zürich ist der Zug zurück nach Bern.»

Gerade bestreite ich meine 25. Saison als Aussenverteidiger in der Zürcher Alternativliga, aber wehe, ich sage «bei uns in Zürich …» zu einem Freund aus Bern. Dass ich am neuen Ort heimisch geworden bin, bedeutet Hochverrat. Und alles, was eine alte Bekannte nach einem zweistündigen Auftritt in der Berner «Cappella» zu meinem Programm zu sagen hatte, war: «Du hesch einisch ‹nur› gseit.» Ein Berndeutschfehler, welch Frevel! «Nur» statt «nume» – als ob das nicht passieren dürfte nach all den Jahren. Schwimmen im See, Baden im Fluss – und rundherum ist Stadt. Das liebe ich an Zürich. Die fieberhafte Lebendigkeit, wenn ich nachts auf dem Velo durch die Ausgehviertel heimwärts fahre, den warmen Sommerwind um die Ohren. Was ich gelernt habe: Neues zu wagen, Ambitionen zuzugeben. Überhaupt mag ich die Zürcher Direktheit und das Vermögen, Konflikte auszutragen. In Zürich darf man bissig sein. Wie sang Endo Anaconda einst so träf über Bern? «Hie biisst me sich zwar nid, aber me chätschet sech gägesitig z Tod.»

Ihn verehrten sie in Zürich heiss. Wie sie Lo & Leduc, Steff la Cheffe und Patent Ochsner mögen. In Bern hingegen interessiert es niemanden, wie Zürich tickt, welch bezaubernde Altstadt es zu bieten hat – sie wollen es nicht mal wissen, sagen trotzig: «Üsi isch schöner.»

Bern schlendert, Zürich hetzt. Das ist keine Behauptung, sondern durch Messungen der ETH belegt: Pendlerströme, Fussgängerinnen, Trams, sogar Rolltreppen, alles bewegt sich schneller in Zürich. Dafür empfindet, wer lange genug weg ist, die Berner Behäbigkeit als umständlich, die Freundlichkeit als aufgesetzt.

Zürcher Arroganz? Natürlich gibt es die, genauso wie die sprichwörtliche Berner Langsamkeit. Zürichs Dünkel zeigt sich etwa darin, dass die Stadt alles selber evaluieren und von allem nur das Beste will: architekturpreiswürdige Marroni-Häuschen! Die weltbesten öffentlichen Toiletten! Und ein Niederflurtram übernehmen, wie es in Basel und Bern seit 25 Jahren problemlos fährt? Niemals! Zürich musste sein eigenes entwickeln lassen, das «Cobra»-Tram, und es wurde zum Desaster. Was meine Berner Verwandten zum Glück gar nicht mitbekommen haben.

«Was hat dich denn nach Zürich verschlagen?» Immer werde ich das in Bern gefragt. Niemals aber in Zürich. Denn Zürich ist eine offene Stadt, ein Tiegel, gross genug, damit niemanden die Herkunft kümmert. Ohnehin pflegt kaum jemand das Züritüütsch, dafür finden sie unser Berndeutsch härzig, uns Bernerinnen und Berner drollig. Aber wir sind willkommen in der grossen Stadt. Wie die Walliserinnen, Bündner, Ticinesi.

Womit ich Freundinnen und Verwandte im alten Bern übrigens besonders gern necke – mit der Bemerkung: «Ich habe nie behauptet, Zürich sei die schönste Stadt der Schweiz. Es ist einfach die einzige.»

BÄNZ FRIEDLI

4

HEIMWEH-ENGADINER

Seit Zarli Carigiet wissen wir, dass es für Bündner in der Grossstadt eine eigene Willkommenskultur gibt. Mit ihrem Dialekt erinnern sie an Skiferien und Nusstorte, mit ihrer Gelassenheit trotzen sie der Hektik der Grossstadt. Wenn nur die Sehnsucht nach dem Tiefblau des Himmels nicht wäre.

Wenn man am Wochenende im Engadin unterwegs ist, begegnet man früher oder später einem Heimweh-Engadiner. Das ist so sicher, wie man in Venedig auf Verliebte trifft, im Bordell auf Verheiratete oder im Fitnesscenter auf frisch Geschiedene.

Der Heimweh-Engadiner lebt irgendwo im Unterland in der Diaspora. Jedes Wochenende eilt er nach Hause. Vor seinem Heimatdorf wartet er geduldig auf die Dunkelheit, dann erst traut er sich, mit seinem Zürcher Nummernschild einzufahren. Sein Auto versteckt er irgendwo diskret in einer Seitengasse. Dabei denkt er weinend an den Tag zurück, als er seine geliebte GR-Nummer abschrauben musste. Für wie viele Jahre er sich deswegen noch kastriert fühlen muss, daran möchte er gar nicht denken. Zu Hause angekommen, übergibt er seiner Mutter seine dreckige Wäsche und erfreut sich an seinem ersten warmen Essen seit Tagen. Dieses ist mit viel Mami-Liebe gewürzt und wird mit vielen Kindheitserinnerungen serviert.

Im Unterland erforscht der Heimweh-Engadiner an einer Hochschule oder Universität die Ironie, warum er das sonnigste Hochtal der Welt verlassen hat, um hier unten in der Nebelsuppe an seinen Perspektiven zu arbeiten. Das Gleiche gilt für Engadiner, die in Grossstädten wie Solothurn, Wohlen oder Thalwil eine Anstellung gefunden haben und jetzt als Verdingkinder ihr Dasein fristen. Auch sie denken mit einem weinenden Herzen an die saftigen Alpwiesen in der Heimat und an die Kuh-Ladina oder den Geissen-Peter.

Während des Arbeitens checkt der Engadiner Wirtschaftsflüchtling die Webcams auf der Diavolezza, auf dem Piz Nair oder vor der Hossa Bar. Amüsiert verfolgt er, wie Touristen in Gletscherspalten fallen, grüsst die vorbeifliegenden Steinadler oder beobachtet alte Bekannte, die ihr Frühstücksbier geniessen und traditionsgemäss bis zum Feierabendbier gleich in der Sonne sitzen bleiben. Engadiner Reality-TV eben. Dazwischen liest er die *Engadiner Post* und hörte *Radio Engiadina,* als der Sender noch so hiess. Schliesslich möchte er ja am Wochenende zu Hause mitreden können. Da darf er nicht verpassen, wer das Schülerrennen gewonnen hat oder für welche Festzeltfarbe sich der Gemeinderat nach einer dreistündigen Sitzung entscheiden konnte.

Engadiner sind Herdentiere. Sie verkehren auch ausserhalb ihres angestammten Territoriums am liebsten untereinander. Bei uns ist das aber cool – nicht so wie bei den Portugiesen oder den Albanern. Das ist was ganz anderes. Falls der Heimweh-Engadiner tatsächlich mal mit einem Unterländer reden muss, betont er seinen Bündner Dialekt extra penetrant. Auf die Frage seines Gegenübers, wo aus Graubünden er denn herkomme, antwortet er mit stolzer Brust: «Aus dem Engadin. Das kennst du aus den James-Bond-Filmen, wegen der Skiweltmeisterschaften und von George Clooney.»

Ich persönlich bin 2003 zwecks Studium von Pontresina nach Zürich gezogen. Selbstverständlich war es für meine Eltern schwierig, ihren blutjungen Lieblingssohn in die Fremde ziehen zu lassen. Untypisch für einen Engadiner habe ich nämlich mein Elternhaus bereits vor dem Erreichen des 30. Lebensjahrs verlassen. Obwohl meine Mutter von Zürich ungefähr gleich viel Ahnung hat wie ein Sumoringer vom Bodymassindex, liess sie keine Gelegenheit aus, mich vor den Gefahren zu warnen, die in diesem Betondschungel auf mich warten würden. Das Gefährlichste waren ihrer Meinung nach die bösen Tramschienen.

Von den Cousins von Nachbarn von Freunden von Bekannten von Verwandten hat sie Geschichten darüber gehört, dass in Zürich regelmässig Fahrradfahrer mit ihren Rädern in die Gleise geraten und stürzen. In den Vorstellungen meiner Mutter stapeln sich in Zürich die

Am Helvetiaplatz: Dominik Brülisauer, Ex-Bündner.

Leichen von Velölern links und rechts der Gleise. Diese werden jeden Abend vom letzten Tram eingesammelt und auf dem Friedhof Endstation verscharrt.

Ehrlicherweise muss ich zugeben, dass ich in meinem verflixten siebten Jahr in Zürich tatsächlich mal morgens um 4 Uhr mit meinem Vorderrad in einer Tramschiene stecken geblieben und mit meinem Gesicht unsanft auf den Asphalt geknallt bin. Als ich ein Wochenende später immer noch sichtlich lädiert im Engadin auftauchte, habe ich ihr allerdings erklärt, dass ich von einer Horde Neonazis verprügelt worden bin. Diesen Triumph konnte ich ihr einfach nicht gönnen. Zu ihrer Beruhigung habe ich ihr logischerweise auch noch gesagt, dass die Nazis nach der Prügelei wesentlich schlechter ausgesehen haben als ich. Für alle anderen Mütter, die ihren Nachwuchs bald nach Zürich verlieren: Warnt eure Kinder vor einer richtigen Gefahr! Den hinterhältigen Unterschriftensammlern. Diese lauern strategisch gut positioniert in ziemlich jeder Fussgängerzone. Als unschuldiger Engadiner, der gerne ein wenig die neue Umgebung erkunden möchte, ist man ihnen hoffnungslos ausgeliefert. In meiner ersten Woche in Zürich wurde ich unter anderem Mitglied beim WWF, im Verein der Grosswildjäger, beim Hauseigentümerverband, bei der Obdachloseninteressensgemeinschaft, bei den Gönnern vom Grasshopper Club Zürich und im Fanclub des FC Zürich.

DOMINIK BRÜLISAUER

In der Europaallee: Manfred Klemann, Alemanne.

5

DER LANGE WEG INS PARADIES

Sie kommen immer wieder auf einen Sprung vorbei. Oder sie kommen, um zu bleiben. Weshalb wirkt Zürich so magnetisch auf Deutsche? Das kann nur ein Deutscher erklären.

Viele Zürcherinnen und Zürcher meinen bei einer Erstbegegnung, ich sei Manfred Schwabe aus dem Schwabenland. Ich bin kein Schwabe! Dort, im deutschen Württemberg, sind die Menschen ein bisschen wie die Zürcher selbst: reinlich (Putzwoche), fleissig, erfinderisch (Bosch, Mercedes, Zeppelin), gut ausgebildet, reich, aber ohne, dass man es ihnen ansieht. Und dann, wenn die Schwaben in Zürich auf Arbeit oder Besuch sind, sind sie doch ganz anders als die Zürcher: laut, angeberisch, geizig beim Trinkgeld, grosskotzig beim Geldausgeben in der Bahnhofstrasse, herrisch, unfreundlich nach ‹unten›.

Also. Ich bin kein Schwabe. Ich bin Alemanne wie auch die Schweizer in der Ostschweiz, im Zürcher Weinland, im Aargau, im Thurgau, im Kanton St. Gallen. Ich bin im badischen Singen, 500 Meter Luftlinie zum Traumland Schweiz, geboren. Meine Altstadt der Kindheit war Stein am Rhein. Dort haben meine Eltern in den 1960er-Jahren, wenn Mutter und Vater mit ihren Mopeds und mir und Schwester Inge hintendrauf in die Schweiz gefahren sind (ausgiebige Grenzkontrollen inklusive), am Wochenende Nudeln, Schokolade, Zigaretten und Moped-Benzin eingekauft und die Schönheit einer unzerstörten Stadt am Rhein genossen. Also, ich bin Fast-Schweizer, und ich bin ein ganzer Zürcher.

Seit 30 Jahren ist meine Grossstadt Zürich. Und weil ich Journalist und (Reise-)Buchverleger bin, schaue ich mir Wandel und Handeln in Zürich mit Liebe und Verwunderung an. Meine erste journalistische Schweiz-Erfahrung habe ich zwar in Schaffhausen gemacht, bei *Radio Munot* und dem unvergessenen Verleger Norbert Neininger, aber danach verbrachte ich Jahrzehnte in der Nähe der kreativen Köpfe, die Roger Schawinski um sich sammelte. In den 90ern entstanden *TeleZüri* und *Tele24*. Noch heute darf ich mit vielen dieser klugen Journalistinnen und Autoren Freundschaft und enge Bekanntschaft pflegen.

Das macht mich stolz. Denn es ist nicht einfach, im Zürcher «Teig» zu rühren. Wenn ich mit einem der vielen zugewanderten Deutschen spreche, staunen diese regelrecht, dass ich Zürcher als Freunde bezeichnen darf. Zürich ist ein geschlossener Kosmos. Und ich verstehe sogar, dass sie da nicht bedingungslose Nähe erlauben. Die deutschen Wirtschaftsflüchtlinge haben das reiche Zürich mit seinen dort üblichen hohen Löhnen im neuen Jahrhundert geradezu überschwemmt. Ihr bevorzugter Stadtteil Seefeld ist inzwischen wie der Prenzlauer Berg in Berlin. Ein exponiertes,borniertes Stuttgart-Neustadt. Da treffen dann Mentalitäten aufeinander, die nicht zueinander passen.

Die Zürcher stört an den Deutschen vor allem, scheint mir, ihre Lautstärke (und da muss ich mich manchmal selbst an den Mund fassen). Die Zürcher sind diskret, leise, sie wissen um ihr Gutgehen. Die Zürcher kennen das Zauberwort «Bitte» und die Glücksformel «Danke». Und sie lassen sich nicht alles von den Oberen gefallen. Zürcher sind ein freier, antiautoritärer Menschenschlag. Und die Zürcher Jugend ist und bleibt eine der aufmüpfigsten im Vergleich zu allen Grossstädten auf der Welt. Respekt.

Was fasziniert mich nun als Zürcher mit deutschem Pass? Es ist schlicht die beste Stadt der Welt. Vielleicht nicht die aufregendste (New York, London), vielleicht nicht die kreativste (Paris, Berlin), vielleicht nicht die kulturellste (Wien, Los Angeles). Aber einfach die beste. Die Gastronomie der Stadt ist allein ein guter Grund, Zürich zu lieben. Google, das mit seinen multi-ethnischen, sehr verschwiegenen 6000 Mitarbeitern zu den grössten Arbeitgebern in Zürich gehört, hat die Szene verändert: Zahlreiche asiatische, südamerikanische, aber auch vegetarische und vegane Essplätze sind entstanden.

Was mich aufregt an Zürich? Dass die Zürcher sich nicht aufregen, dass die Politiker die Stadt zu einer riesigen Dauerbaustelle machen. Weil einfach zu viel Steuergeld sprudelt, meinen die Regierenden, selbst gut funktionierende Strassen- oder Bauwerke oder Kultureinrichtungen sanieren, umgestalten, autofrei und «schöner» machen zu müssen. Aber die ständig aufgerissenen Verkehrswege und die Um- und Neugestaltung von Bewährtem, nur um das viele Steuer- und Bussengeld auszugeben, ärgern mich. Dann bin ich doch ein Schwabe. Man muss auch an der richtigen Stelle sparen können. Baut bezahlbaren Wohnraum, aber lasst endlich die Strassen in Ruhe, rufe ich den Oberen zu. Aber sonst: Chapeau, hier wird vieles richtig gemacht. Nicht nur für mich sind die Lebensqualität, die Freundlichkeit, auch die Eleganz in Kleidung und Design, die Kultureinrichtungen, die Konzerte, die Ausstellungen, das Tram, das Sechseläuten, der See ein guter Grund, Zürcher sein zu wollen. Es zu werden ist ein langer Prozess für einen zugezogenen Badener, ich weiss.

MANFRED KLEMANN

6

ICH, DIE ZWINGLIC

Maja Zivadinovic ist die Tochter serbischer Einwanderer und eine der unterhaltsamsten Podcasterinnen im Land. Beklagt sie sich über ihr Secondo-Schicksal? Kein bisschen. Sie findet es grossartig, eine Jugo-Kindheit erlebt zu haben.

Im Schanzengraben: Maja Zivadinovic, schon immer Zürich.

Monate meines Lebens habe ich damit verbracht, meinen Namen zu buchstabieren. Z wie Zürich, bla bla bla, «ic» am Schluss. Das «ic» muss ich nie erklären. «Ic» kennt man. Kennt man in «Z wie Zürich» und auch sonst überall im Land. Dieses «ic» ist es, das mich abstempelt. Mich zum «Jugo» macht. Falls Sie denken, dass das nun ein Klagelied wird und ich erzähle, wie hart mich der Rassismus trifft und wie schwer ich es hatte und immer noch habe, dann irren Sie sich. Jugo sein ist das Beste, das mir passieren konnte. Jugo sein, das ist ein Geschenk, eine Bereicherung, eine Sprache mehr, die ich beherrsche, und ein Herz mehr, das in meiner Brust schlägt. Ich bin die Tochter serbischer Einwanderer. Ich hatte das Glück, in Zürich zur Welt zu kommen. Dieses Zwinglitum, wenn Sie so wollen, wurde mir in die Wiege gelegt. Zürich ist mein Daheim. Die Langstrasse die Sündenmeile meiner Single-, Tinder- und Partyjahre. Der Kreis 5 mein heutiges Daheim mit Freund und Sohn. Der Kreis 8 der Ort, wo ich das Handwerk des Journalismus lernte.

Dann gibt's da aber noch Oerlikon, Seebach, Altstetten. Die Orte, wo sich Jugos in sogenannten Kafanas treffen, um bei überlauter Musik Cevapcici zu essen und zu viele Gläser Sliwowitz zu trinken. Das sind abgerotzte Kneipen, in denen Amateursängerinnen in viel zu knappen Kleidern die grössten Hits «vo dunne» singen und somit alle Heimweh-Jugos und ihre Kinder und Kindeskinder auf Bänke und Tische hieven, wo gemeinsam gesungen, getanzt und hemmungslos gesoffen wird. Mit Verlaub, in den Kafanas dieser Stadt habe ich die viel geileren Partys als in den hippen Zukis, Supermarkets und Dachkantinen dieser Stadt erlebt. Dem voraus ging eine Kindheit, die unbeschwert und frei von jeglichen gutschweizerischen Regeln war. Meine Schwester und ich durften regelmässig vor dem TV Znacht essen. Jeden Tag Gemüse kochen und pünktlich um 18 Uhr servieren? Ein Albtraum für meine Jugo-Eltern, die selbst quasi Kinder waren, als sie uns bekommen haben. Wie oft hat meine Mutter alles in eine Plastiktüte gepackt, was der Kühlschrank hergab, um draussen auf dem Spielplatz Picknick zu zelebrieren. Oft hat die ganze Nachbarschaft mitgemacht. Die Nachbarschaft, das waren Italos, Türken, Albaner, Spanier, Tibeter, Mazedonier und ganz wenige Schweizer. Die waren aber nie da. Die sassen um 18 Uhr daheim am Tisch. Die Kinder durften nach dem Znacht auch nicht mehr raus. Hochsommer hin oder her.

Wir spielten derweil oft bis nach 20 Uhr Räuber und Poli. Dann heim, Katzenwäsche und ab ins Bett. Wir waren happy, meine Eltern waren happy. Dass die Ufzgi hie und da zu kurz kamen, nahmen sie in Kauf. Wir hatten ja noch den ganzen Rest unseres Daseins für den Ernst des Lebens übrig. Dieser traf mich übrigens zum ersten Mal auf Lehrstellensuche. Tatsächlich erlebte ich es zweimal am Telefon, dass mir gesagt wurde, die Stelle sei schon besetzt. Rief ich 20 Minuten später an und stellte mich als «Sonja Müller» vor, durfte ich meine Bewerbung einreichen. Eine noch skurrilere Szene erlebte ich viele Jahre später in einem Kreisbüro.

Ich war mal wieder umgezogen und musste mich neu anmelden. Auf dem Amt redete die Dame am Schalter sehr langsam mit mir. Hochdeutsch. Sie wollte wissen, warum ich so oft umziehe. Ich wollte in meinem astreinen Schweizerdeutsch wissen, warum sie fragt. «Wissen Sie», sprach sie im Schneckentempo, «Menschen, die oft umziehen, haben meist etwas zu verbergen.» Eigentlich wollte ich ihr sagen, sie könne ganz beruhigt sein, mein Drogen- und Waffenhandel laufe ausschliesslich über Serbien, entschied mich dann aber doch dagegen. Ich schenkte ihr ein Lächeln und legte ihr eine Reise nach Belgrad ans Herz. Ich erzählte ihr von spontanen Strassenpartys, von Restaurants, in denen zu knapp bekleidete Amateursängerinnen alle von den Stühlen reissen, von Hochzeiten, die drei Tage dauern, und von Herzlichkeit und Gastfreundschaft, die ich so nirgends auf der Welt sonst erlebt habe. Frau Rüdisüli blieb skeptisch. Schade. Eigentlich ist es das Beste, das man leben und erleben darf. In Zürich leben, in Belgrad ausflippen. Sag ich Ihnen, ich, Maja Z wie Zürich.

MAJA ZIVADINOVIC

7

DAS LEBEN DER ANDEREN

Expats aus Übersee und dem nahen Europa waren beliebt, als sie noch Exoten waren. Bis sie den privilegierten Einheimischen ihre Jobs, ihre teuren Wohnungen und ihren Platz im Vorstand des Tennisclubs streitig machten – auf Englisch oder Hochdeutsch.

Sie war eine der Ersten. Die exaltierte Miss Dallas, die 1999 mit viel Brimborium Botschafter Thomas Borer heiratete. Shawne Fielding war eine Attraktion, Botschafterin der Expo.02, Dauergast im Boulevard und eingeladen beim Sechseläuten. Dass sie kein Deutsch sprach, fand man ihrer Rolle angemessen. Sie war ein exotisches Pflänzchen unter viel einheimischem Gewächs. Die Integration war für beide Seiten einfach. Aber nach Shawne Fielding emigrierten noch ganz viele, vor allem Hochqualifizierte, die ihre Heimat freiwillig verlassen haben, nach Zürich. So viele, dass die Expats aus den USA, Deutschland oder Skandinavien heute weit kritischer beurteilt werden, weil die Einheimischen um ihre Jobs und Positionen fürchten.

Die Expats machen Druck auf den Wohnungsmarkt, den Arbeitsmarkt, wollen auch ihren Platz in Restaurants und in der Badi. Sie belasten aber nicht nur die Infrastruktur, sie machen die Einheimischen auch wohlhabender. Laut einer Studie zum Wirtschaftswachstum, die die Volkswirtschaftsdirektion des Kantons im Juni 2023 veröffentlicht hat, werden 30 Prozent der Arbeitsstunden von Erwerbstätigen ohne Schweizer Pass geleistet, 7 Prozent mehr als 1991. Wegen ihrer Wirtschaftskraft haben Expats diese Entwicklung besonders geprägt.

Für Ganga Jey Aratnam, der an der Uni Basel zur Migration forscht, ist es kein Zufall, dass viele Führungskräfte in den Unternehmen und Universitäten aus dem Ausland kommen, wie er in einem Interview mit der *SonntagsZeitung* zur Benachteiligung der Einheimischen sagte: «Oft werden im Arbeitsmarkt unsere hervorragend ausgebildeten Fachleute mit schlechter ausgebildeten Ausländern gleichgestellt, weil diese den gleichen oder sogar den besseren Titel haben.» Wenn Ungleiche gleichbehandelt würden, sei das ungerecht.

Was sagen die Expats selbst zur ambivalenten Haltung der Einheimischen ihnen gegenüber? An einer *20-Minuten*-Umfrage beteiligten sich im Herbst 2022 50 000 von ihnen. 80 Prozent gefällt es hier. Sie schätzen die Landschaft, die Sauberkeit, die Sicherheit. Was ihnen nicht gefällt, sind die Einheimischen. Sie seien distanziert (sagen 68 Prozent), materialistisch (59 Prozent), pedantisch (52 Prozent) und langweilig (48 Prozent). Ihre Integrationsenergie wird ihnen also von den Zürcherinnen und Zürchern genommen. Die Zuzügler aus dem Ausland finden sie seltsam, weil sie – dessen sind sich die hier Aufgewachsenen bewusst – ein exklusives Konzept von Freundschaft pflegen und Expats nur selten in den Freundeskreis aufnehmen wollen.

Der Anteil der Stadtbewohner, die als Hauptsprache Englisch angeben, ist von 1,8 Prozent im Jahr 2000 auf 12,2 Prozent im Jahr 2020 gestiegen. Englisch ist die Hauptsprache von 50 000 Menschen in Zürich. Erstaunliche 91 Prozent der weiblichen Geschäftsleitungsmitglieder von SMI-Firmen stammen derzeit aus dem Ausland. Mittlerweile haben in der Stadt Zürich 70 Prozent aller unter 60-Jährigen mindestens einen Elternteil, der nicht in der Schweiz geboren ist.

Mit dem Import vieler gut Ausgebildeter, etwa der Zoogler, also der Expats, die in Zürich für Google arbeiten, wurde die Stadt innerhalb weniger Jahre globalisiert und anglifiziert. Inzwischen sind es so viele, dass die Mitarbeitenden an der Migros-Kasse in der Bringschuld sind, wenn ein Expat sie auf Englisch anspricht, der keine Lust hat, Deutsch zu lernen. Er hat allerdings auch keinen Anpassungsdruck. Sein Alltag ist sprachbarrierefrei: Man spricht englisch am Arbeitsplatz, das Bewerbungsformular für die Wohnung gibt es auf Englisch, der Hausarzt spricht es auch. Der Barkeeper im Pub sowieso. Wer schon weiss, dass er nicht lange bleibt, gibt sich weder mit der Seele noch mit der Sprache dieser Stadt ab. Wer sich nur in der Expats-Bubble bewegt, den kümmert es auch nach Jahren in Zürich nicht. Stadtpräsidentin Corine Mauch sagte in einem Interview mit dem *Tages-Anzeiger*: «Ich erwarte von Menschen, die in Zürich bleiben, dass sie unsere Sprache lernen. Sprache ist eines der wichtigsten Merkmale von Integration.» Sie sagt aber auch: «Ich werde im Restaurant lieber auf Englisch bedient als gar nicht. Zürich lebte schon immer von Leuten, die von aussen kamen und hier ihre Ideen realisierten. Solche Prozesse brauchen Zeit.»

Angesichts der aktuellen Diskussion war Shawne Fielding ein Musterbeispiel einer Expat. Leider zog sie zurück nach Dallas, wo sie mit einem Milliardär zusammenlebt, ihrem allerersten Ehemann, den sie 2022 nochmals geheiratet hat. Dabei sprach sie nach einigen Jahren leidlich Deutsch, war gut integriert im Herzen der Zürcher High Society, an den Einheimischen interessiert (sie war einige Jahre mit dem ehemaligen Zuger Eishockeygoalie Patrick Schöpf liiert) und nahm mit ihrem unverwechselbaren Profil niemandem den Job weg.

PETER RÖTHLISBERGER

Ein Leben unter Ähnlichen: Die Polit-Urgesteine Jacqueline Badran (SP) und Filippo Leutenegger (FDP) in der Bäckeranlage im Kreis 4.

8

«WIR WOLLEN KEIN MONACO AM SEE SEIN»

So einig waren sich die Sozialdemokratin Jacqueline Badran und der Freisinnige Filippo Leutenegger noch selten in ihren Analysen: Sie beklagen eine markante Entsolidarisierung der Gesellschaft, mitverursacht durch die massive Zuwanderung. Die Seele von Zürich verflüchtigt sich.

Wie ist Zürich in Form?

Jacqueline Badran: Es geht eindeutig abwärts.

Filippo Leutenegger: Ich bin grundsätzlich ein optimistischer Mensch, sehe die Zukunft von Zürich aber auch weniger rosig, aber aus anderen Gründen.

Wo hapert es?

Badran: In allen möglichen Bereichen. Was die Seele von Zürich ausmacht, erodiert und schmilzt wie die Gletscher.

Was macht die Seele von Zürich aus?

Badran: Im sehr zwinglianischen, sehr reformierten und freisinnigen Zürich meiner Kindheit gab es einen unglaublichen Sinn für Ausgleich und Balance. Weil das Bewusstsein stark war, dass man mit echter Arbeit Geld verdient und nicht mit dem Besitz – also beispielsweise mit Immobilien – Geld macht. Das gehörte sich nicht! Deshalb gab es relativ tiefe Mieten am Zürichberg. Ich ging dort mit 30 Prozent Arbeiterkindern zur Schule. Wir hatten im Rucksack alle ein

Gala-Käsebrötchen für den Ausflug. Kein Schnitzelbrot, weil das Bildungsbürgertum nicht wollte, dass sich schlechter Situierte herabgesetzt fühlten. Das geschah unabgesprochen. Es war gute Sitte.

Wer ist schuld an dieser Entseelung?
Leutenegger: In Zürich beobachten wir eine starke Individualisierung und gleichzeitig massiv steigende Ansprüche an den Staat. Auch durch die starke Zuwanderung sind die Werte des sozialen Zusammenhaltes und des republikanischen Geistes, wie Bescheidenheit und Eigenverantwortung, in Gefahr. Zudem sind in den Topetagen der Wirtschaft immer mehr Expats anzutreffen, die unsere Kultur kaum kennen und die sie nicht interessiert. Reiche gab es immer, aber man trug es weniger zur Schau und wusste um die soziale Verantwortung. Heute ist dafür fast nur noch der Staat zuständig.

Also keine Gala-Brötchen mehr für alle.
Leutenegger: Als verantwortlicher Stadtrat für die Schulen sehe ich eine grosse Gefahr für unser einzigartiges duales Bildungssystem. Viele Expat-Eltern verstehen unser Schulsystem nicht. Akademikerfamilien pochen auf eine Matura, statt den Weg der Lehre mit Sek offenzuhalten. Ihre Kinder halten sie für Auserwählte und greifen ab und zu auch zu harschen Mitteln, schüchtern sogar Lehrpersonen ein, oder schalten im schlimmsten Fall Anwälte ein bei schlechten Noten. Da findet eine kulturelle Veränderung statt.
Badran: Diese Leute haben das Denken verändert. In Fluntern wird vorwiegend Hochdeutsch und Englisch gesprochen. Expats sind in der Regel materialistischer und karrieristischer orientiert. Das spüren die Lehrkräfte. Range Rovers und Porsches bringen heute die Kinder in die Schule. Als ich aufwuchs, gehörte die Strasse noch uns Kindern. Wir spielten auf dem Schulweg. Die Autofahrer nahmen Rücksicht. Niemand am Zürichberg hätte je seine Kinder in die Schule gefahren!
Leutenegger: Ich bin ein grosser Anhänger davon, dass die Kinder zu Fuss zur Schule gehen können. Als Schulvorsteher setze ich mich dafür ein, dass Helikoptereltern ihre Kinder nicht zur Schule fahren. Dafür braucht es Überzeugungsarbeit, und bei fehlender Einsicht haben wir sogar Poller aufstellen lassen, damit Eltern ihre Kinder nicht direkt vor der Schule ausladen. Im internationalen Vergleich sind aber die Schulwege Zürichs für jede Stadt ein Vorbild.

Zeigt sich in der Schule nur besonders deutlich, was in dieser Stadt schiefläuft?
Badran: Ich bin kein Sechseläuten-Fan, aber in den Zünften sitzen der Bankier und der Bäcker nebeneinander. In unserem exzessiven Milizsystem schlafen beide auf derselben Militärpritsche und teilen sich das Parlamentsbänkli. Das feudalistische Prinzip mit oben und unten ist uns fremd. Diese Haltung war immer alltagswirksam. Ein Leben unter Ähnlichen. Diese Nähe macht Zürich aus.

Wieso verteidigen Sie als Sozialdemokratin das Bürgertum?
Badran: «Bürgerlich» ist heute ein Allerweltswort, dessen ursprüngliche Bedeutung verloren ging. Das Bürgertum revoltierte gegen den Adel und dessen Privilegien. Es erreichte damit, dass nicht Herkunft zählt, sondern Leistung. Früher machte man sich über die bürgerlichen Seilschaften aus Militär und Zünften bei den Banken lustig, aber man hatte soziale Kontrolle! Wenn man weiss, dass ein Wort zählt und man nicht Dutzende Juristen beschäftigen muss, um sich abzusichern, ist das Leben einfacher. Vertrauenskultur schafft ein gemeinschaftliches Miteinander und Ausgleich. Das macht die Zürcher Seele aus!

Haben Sie ein Beispiel dafür?
Badran: Der Vater einer Schulfreundin war Direktor der SKA und züchtete auf dem Uetlihof Bienen. Er war Zunftmeister, verdiente unter einer halben Million Franken und als einzigen Benefit durfte er eine Ferienwohnung nutzen. Er war einer von uns. Man protzte nicht, sondern wollte auch für die Gesellschaft etwas leisten. Bescheidenheit war ein Wert an sich.

Wieso geht die Zürcher Seele verloren?
Leutenegger: Es geht nicht nur um Zürich, sondern um den Zusammenhalt der Schweiz. Es gibt beruflich gut integrierte Expats, die sich nicht für unser System interessieren. Es ist ihnen zu langweilig und kompliziert. Das führt zu Parallelwelten: Im politischen System diskutieren wir Schweizerinnen und Schweizer engagiert über die Zukunft unseres Landes, aber viele Chefs in den grossen Konzernen haben die kulturelle Verbindung zu unserer Stadt nicht, auch weil sie im Alltag Englisch und nicht Deutsch sprechen. Das führt aber zur ungehemmten Jagd auf überbordende Löhne und Boni. Diese Manager sind oft dem kurzfristigen Erfolg verpflichtet und verlieren somit den Sinn für ihre gesellschaftliche Verantwortung. Sie spüren nicht mehr, wenn die Volksseele kocht. Das ist fatal. Aber wir können sie ja nicht in den Staatskundeunterricht schicken *(lacht)*.

Sie als Bürgerlicher sind gegen die Leistungsgesellschaft?
Leutenegger: Im Gegenteil! Wirtschaftliche Innovation und individuelle Leistung, sozialer Ausgleich und

kulturelles Engagement haben den Geist von Zürich geprägt. Aber nicht der soziale Ausgleich, wie ihn das rot-grüne Stadtparlament vorsetzt als Hängematte mit Viertagewoche, bedingungslosem Grundeinkommen für alle und alles gratis für alle von der Badi bis zum Tram. Vergessen wir trotz Bankenbashing eines nicht: Die bei vielen verhassten Banken zahlen zwar übertriebene Boni, erbrachten in den vergangenen Jahren in Zürich aber trotzdem etwa den gleichen Steuerertrag wie alle anderen Wirtschaftszweige zusammen, inklusive Google. Auch deshalb geht es der öffentlichen Hand in Zürich so gut. Sozialen Ausgleich gibt es nämlich nur, wenn die wirtschaftliche Leistung honoriert und geschätzt wird.

Was macht Zürich lebenswert?

Badran: Zürich ist eine der schönsten Städte der Welt. Genial ist doch, dass ich gleich hinter dem Hauptbahnhof ins Wasser hüpfen kann. Wenn ich mich verschlucke, muss ich nicht ins Spital, weil das Wasser so sauber ist! In welcher anderen Stadt dieser Grössenordnung ist das möglich? Wir haben wunderschöne Badis. Infrastruktur für das Volk. Das ist einmalig. Die Welt der 1000 Schritte. In einem Umkreis von 2 Kilometern kann in Zürich das ganze Leben stattfinden.

Leutenegger: Diese Stadt hat grossartige Angebote, von denen andere Städte nur träumen können. Und es ist sicher bei uns. Ich bin viel zu Fuss unterwegs. Wir haben kurze Wege und viele Grünräume. Verglichen mit anderen Städten, die so schnell gewachsen sind, geniessen wir eine hohe Lebensqualität.

Badran: Ein Kernelement ist unser Volksvermögen: Der obere Letten zum Beispiel gehört allen. Eine Badi vom Volk fürs Volk. In New York gäbe es an einem vergleichbaren Ort schon lange einen Sushi-Club für members only.

Leutenegger: Ich bin ein Fan unseres politischen Systems, weil es bei uns keine Mächtigen gibt. Die Macht ist aufgeteilt. Sie wird von unten durch Abstimmungen und Kantons- und Gemeindeautonomie ausgeübt. Es ist ganz normal, dass Stadt- und Regierungsräte aus verschiedenen Parteien mit ÖV, Velo oder zu Fuss an Wahlkampfveranstaltungen anreisen. In Italien, wo ich als Auslandschweizer aufgewachsen bin, würde ich nie Politiker sein wollen und mit der Limousine und unter Polizeischutz chauffiert werden. Die Bürger müssen mich auf der Strasse ansprechen oder sogar anschnauzen können, wenn sie finden, dass wir etwas falsch gemacht haben. Das gehört zu dieser Nähe. Ich will hören, was an der Basis läuft. Als Politiker kann ich in der Schweiz ein normaler Bürger sein. Dafür müssen wir Sorge tragen.

Wo ist Zürich nicht so schön?

Badran: Diese seelenlosen Hochhäuser nerven einfach. Sie generieren nicht mal Steuersubstrat, sondern werden als Zweitwohnsitze genutzt. Alle sprechen von architektonischen Leuchttürmen, dabei ist die Abwesenheit von Leuchttürmen das Tolle an unserer Stadt. Nichts soll herausragen.

Leutenegger: Dafür ist eure 30-jährige rot-grüne Stadtplanung mitverantwortlich.

Badran: Den Mobimo-Tower und mehr verantwortete eure damalige FDP-Stadträtin Kathrin Martelli. Zürich muss dringend Gegensteuer geben. Es droht ein Monaco am See. Wir müssen aufhören, mit Steuerdumping-Politik Konzerne anzulocken. Das ist der Grund für die hohe und sehr schnelle Zuwanderung der Expats. Und seien wir ehrlich, wir sind alle etwas ratlos, wie wir damit umgehen sollen.

Wird es in dieser Stadt zu eng?

Leutenegger: Ja. Eines der Probleme ist die Wachstumsstrategie. Wenn man viel Zuwanderung hat, muss man auch sehr viel bauen. Obwohl wir ein Einwanderungsland sind, haben wir sie nicht mehr im Griff, denn in einem einzigen Jahr sind netto 70 000 Menschen zu uns gekommen, was der Grösse der Stadt St. Gallen entspricht. Wir haben zu wenig Wohnraum. Wir stossen an Grenzen. Bei der Infrastruktur, beim Schulraum, aber auch bei der Integration sind wir am Limit. Wenn wir Schulklassen mit einem einzigen Deutsch sprechenden Kind haben, können wir die Integration kaum mehr bewältigen.

Und ausserhalb der Schule?

Leutenegger: Was bedeuten die vielen Menschen für den öffentlichen Raum, für die S-Bahn? Irgendwann werden wir in den Badis Crowd Management einführen müssen. Das bedaure ich. Ist das Wetter schön, ist das Gebiet zwischen Bellevue und Zürichhorn überfüllt. Wir kannten bis anhin den Luxus, zu jeder Zeit überall hingehen zu können. Auch bei uns werden die Plätze zunehmend überfüllt sein.

Badran: Der Kanton macht Richtpläne für die Zuwanderung und sagt: Zürich muss auf eine halbe Million Menschen anwachsen. Der Stadtrat macht es sich einfach und verweist auf den Kanton und sagt: «Wir müssen, weil wir müssen.» Man plant gemäss dieser angeblichen Nachfrage und sagt: «Ist doch richtig, in den Städten zu bauen, wo alles gut mit dem ÖV erschlossen ist.» Heute sind wir gefangen in dieser Logik. Dann heisst es: «Rückt doch alle ein wenig zusammen.» Verdichtung nennt man das. Dabei durften wir nie darüber abstimmen, ob wir so wachsen wollen.

Ist also die Zuwanderung schuld?
Leutenegger: Im vergangenen Jahr kamen Tausende Menschen neu in unsere Stadt, auch viele Flüchtlinge. Unsere Lehrpersonen beispielsweise erbringen unglaubliche Leistungen. Ich bewundere sie für ihr Engagement, aber sie tun mir manchmal auch leid, dass sie alles stemmen müssen. Auch Integrationsleistungen haben eine Obergrenze.

Wie lässt sich die Zuwanderung regulieren?
Badran: Man kann keine Steuerdumping-Politik machen mit dem Ziel, Konzerne hierherzulocken.
Leutenegger: Das hat nichts mit Steuerdumping zu tun. Die Konzerne sind schon lange da.
Badran: Nein, Tausende kamen erst ab 1998 wegen der Unternehmenssteuerreform I zu uns. Das war eine offensive Strategie. Jeder in der Teppichetage braucht eine Wohnung, die vom Bauarbeiter gebaut wird, der auch irgendwo wohnen muss. Dessen Kinder gehen auch in die Schule. Deren Lehrer müssen auch mal ins Spital und brauchen Pflege. Das nennt man Sekundärzuwanderung. Diese Anlockungspolitik ist flächendeckend gescheitert. Die Wertschöpfung wird von der Standortförderung schöngeredet. Wir bilden an der ETH gute Leute mit unseren Steuergeldern aus, die tolle Patente erfinden, die dann von Disney gekauft werden und uns gar nichts mehr nützen.
Leutenegger: Das Umgekehrte passiert genauso häufig! Aber es stimmt, wir haben keine Instrumente zur Begrenzung der Zuwanderung. Spaziere ich im Kreis 7, höre ich zunehmend Fremdsprachen. Da wird es mir schon manchmal etwas gschmuch.
Badran: Die Siedlungspolitik könnten wir steuern! Es gibt auch noch Uster, Bülach, Winterthur, Kloten. Nicht alles muss in Zürich zentralisiert sein.
Leutenegger: Aber diese Gemeinden haben dieselben Probleme wie die ganze Schweiz. Ausser in abgelegenen Bergtälern und in der Südschweiz wird es überall eng. So werden wir unseren Wohlstand kaum halten können. Grossstädte wie Wien oder Paris erschliessen mit der S-Bahn auf der grünen Wiese riesige neue Wohnbaugebiete. Wir haben diese Möglichkeit nicht. Deshalb ist ein geordnetes Wachstum in unserem kleinen Land noch dringender.
Badran: Im roten Wien gehört der Boden dem Staat, in Zürich etwas weniger. 80 Prozent der Wohnungen in Wien sind gemeinnützig. In Zürich sind es 25 Prozent. Damit sind Zürich und Wien die Städte mit den meisten gemeinnützigen Wohnungen Europas. Und welche Städte weisen in den internationalen Rankings immer die höchste Standortqualität auf? Wien oder Zürich. Boden und Infrastruktur wie Schulen und Badis müssen der Stadt gehören, dem Volk. Heute hat sich der Druck, jeden Quadratmeter zu kommerzialisieren, massiv erhöht und unser Boden wird ausverkauft ans globale mobile Kapital. Das ist falsch. Die Lex Koller ist deshalb wichtig und bewahrenswert.

Wie soll es also weitergehen mit der Stadt Zürich?
Badran: Wir bestimmen, wie unser Leben hier aussehen soll. Wir stimmen über so viele Nebensächlichkeiten ab, aber noch nie darüber, ob Zürich so krass wachsen muss! Nicht das anonyme globale Kapital, das kommt und geht, sollte die Immobilien besitzen können, sondern die Menschen, die hier leben.
Leutenegger: Solidarität gibt es nur in einer gefühlten Gemeinschaft. Wieso soll ich mit jemandem solidarisch sein, der nichts mehr mit mir zu tun hat? Dafür sollen alle die gleichen Chancen bekommen. Früher sagten Eltern: Hoffentlich geht es dir einmal besser als mir. Heute sage ich meinen fünf Kindern: Ich tue alles dafür, dass wir erhalten können, was wir erarbeitet haben. Ich bleibe ein Anhänger dieses republikanischen Geistes. Individuelle Leistung, Eigentum und soziale Verantwortung sind wichtiger als der blinde Glaube ans Kollektiv.

INTERVIEW: PETER RÖTHLISBERGER
FOTO: VALERIANO DI DOMENICO

JACQUELINE BADRAN
*1961, ist in Australien geboren und am Zürichberg aufgewachsen. Sie studierte Biologie an der Uni Zürich und Wirtschaft an der Uni St. Gallen. 2000 gründete sie die Digitalagentur Zeix mit heute 30 Mitarbeitenden. Die SP-Politikerin sitzt seit 2011 im Nationalrat und ist seit 2020 Vizepräsidentin der SP Schweiz. Sie ist verheiratet und lebt in Zürich.

FILIPPO LEUTENEGGER
*1952, ist in Rom geboren und aufgewachsen. Er studierte an der Uni Zürich Wirtschaft, gründete die *Wochenzeitung*, moderierte die Sendungen *Netto* und *Arena*. Von 1998 bis 2002 war er Chefredaktor von SRF, danach Geschäftsführer der Jean Frey AG. Der FDP-Politiker war von 2003 bis 2014 Nationalrat und ist seither Zürcher Stadtrat. Er hat fünf Kinder und lebt in Zürich.

9

KURZER KAMPF GEGEN KLISCHEES

Wer sind «die Zürcher Juden»? Thomas Meyer, der mit seinem Erfolgsroman *Wolkenbruchs wunderliche Reise in die Arme einer Schickse* Einblicke in das Leben der orthodoxen Juden in Zürich ermöglichte, hat ein grundlegendes Problem mit der Frage und beantwortet sie trotzdem.

Eine der 100 Geschichten muss den Juden in Zürich gewidmet sein», lautete die Vorgabe für diesen Text. Es ist allerdings gar nicht möglich, etwas über «die Juden» zu sagen, genauso wenig wie über «die Frauen» oder «die Ausländer». Die jeweilige Vielfalt ist zu gross für eine allgemeingültige Aussage, und eigentlich ist das auch allen klar. Trotzdem neigen viele dazu, Teilen der Menschheit spezifische Eigenschaften anzudichten: «Die Frauen» sind angeblich weniger kompetent als «die Männer», die wiederum emotional verkümmert sind, während «die Ausländer» zur Kriminalität neigen und «die Juden» geizig oder – in der etwas gesellschaftsfähigeren Variante – geschäftstüchtig sind. Man spricht in der Psychologie diesbezüglich vom sogenannten ultimativen Attributionsfehler: Zuschreibungen werden mit der Zugehörigkeit begründet («Er ist kriminell, weil er Ausländer ist»). Wobei ich in keiner Weise sagen will, die Textvorgabe begehe einen entsprechenden Fehler oder kolportiere gar Vorurteile – ich will lediglich verdeutlichen, dass es aus logischen Gründen unmöglich ist, von «den Juden» zu sprechen.

Viele haben mir gesagt, sie fänden meine Texte lustig, was ja ganz nett ist, aber konsequent mit meinem Judentum begründet wurde. Entzückt wurde der «jüdische Humor» gepriesen, der sich in meiner Arbeit widerspiegle, wie auch die «jüdische Intelligenz». Ich weise diese vermeintlichen Komplimente immer zurück, weil sie nichts mit mir zu tun haben, sondern mit einem Klischee, was aber schlecht ankommt und auch meistens nicht verstanden wird. Das Bild vom lustigen Juden ist überzeugender als die Behauptung des Juden, dass es auch viele humorlose Juden gebe. Dabei hilft nicht einmal der Verweis auf die israelische Politik.

Bitte lesen Sie also nur weiter, wenn Sie bereit sind, Ihr Bild von «den Juden» zu erweitern und sich von mir sagen zu lassen, dass den jüdischen Menschen in Zürich nur eines gemein ist: dass sie jüdisch sind. Und sonst gar nichts.

Da gibt es zum Beispiel die augenfälligen chassidischen Juden in ihrer traditionellen Kleidung mit den Seidenmänteln und den grossen Fellhüten. Neben diesen Ultraorthodoxen gibt es die Orthodoxen, die ebenfalls an ihrer Kleidung zu erkennen sind (Männer: schwarze Anzüge und Hüte, weisse Hemden, Frauen: lange Röcke und Perücken), sowie die Frommen, die einzig an ihrer Kippa zu erkennen sind, und dann all die anderen, denen man ihr Judentum nicht ansehen kann, weil ihr Kleidung nichts davon verrät. Ich selber stehe weit am säkularen Ende des Spektrums. Ich kann mit Religion überhaupt nichts anfangen, habe keine Bar-Mizwa gemacht, also das Aufnahmeritual in die Gemeinde, und kann kein Hebräisch. Ausserdem halte ich Religion ohnehin für gefährlichen und zudem total biederen Unsinn. Es gab ziemlich viele Leute, die aufgrund dessen mein gesamtes Judentum infrage stellten. Denen musste ich dann erklären, dass es sich um mehr handelt als um eine Religion, nämlich um eine Identität, um eine Gemeinschaft, ja um eine Schicksalsgemeinschaft. Aber es war wie bei den Klischees; die Menschen hörten kaum zu, guckten in die Luft und warteten, bis ich endlich fertig war mit meiner komischen jüdischen Widerrede.

Es gibt kluge und dumme, grosszügige und geizige, nette und gemeine, freundliche und mürrische, dicke und dünne, grosse und kleine, glückliche und traurige, lustige und humorlose sowie tiefreligiöse und säkulare Schweizerinnen und Schweizer. Zu jeder Eigenschaft kommt Ihnen bestimmt spontan eine

«Es gibt nicht *die* Juden»: Die orthodoxe Gemeinschaft in Wiedikon feiert 2009 das Purim-Fest.

Ihnen bekannte Person in den Sinn. Bei den Jüdinnen und Juden ist es genau gleich, auch da gibt es alles. Aber da kommt Ihnen vermutlich niemand in den Sinn, weil es nun einmal nicht so viele jüdische Menschen gibt und Sie wohl keinen oder nur wenige kennen. Und wenn, dann ziemlich sicher keine orthodoxen. Wenn Sie mehr über das fromme Judentum wissen möchten, lesen Sie am besten ein Buch darüber oder gucken eine Dokumentation. Sie werden aber nicht viel über die Menschen erfahren, nur über die Lebensweise. Das ist ja das Interessante am Judentum: Es bedeutet gleichzeitig so viel und überhaupt nichts. Wussten Sie übrigens, was eine glückliche Ehe ausmacht? In glücklichen Ehen werden angenehme Verhaltensweisen des Partners seiner Persönlichkeit zugeschrieben, während negative Verhaltensweisen mit externen Umständen begründet werden. In unglücklichen Ehen ist es genau umgekehrt, da ist an allem, was einen stört, der Charakter des Partners schuld. Ein glückliches Miteinander entsteht demnach, wenn wir uns nicht mit dem Umstand beschäftigen, ob jemand jüdisch, weiblich oder sonst was ist, da dies nichts über diese Person aussagt, sondern mit ihrem Charakter. Ich würde mich jedenfalls sehr freuen, wenn man mich nicht als schlau empfindet, weil ich jüdisch bin, sondern weil ich tatsächlich etwas Schlaues von mir gegeben habe.

Das ist aber leichter gesagt als getan. Kürzlich hatte ich ein technisches Problem mit meinem Fahrrad und suchte Hilfe in einem Fahrradgeschäft. Eine junge Frau nahm sich meiner an, und mein spontaner Gedanke war: Ob die mir auch wirklich helfen kann? Nun: Sie konnte. Aber mit dem Problem, dass ich ihr aufgrund ihres Geschlechts eine geringere Kompetenz zusprach, fahre ich weiterhin in der Welt herum.

THOMAS MEYER

Leben im Verborgenen: Privates Treffen schwuler Männer im Zürich der 50er-Jahre.

10

BESUCH SCHÖNER MÄNNER

Journalist Alexander Wenger lebt offen schwul. Er wurde 1986 in Zürich geboren. Wie hätte er gelebt, wäre er 50 Jahre früher zur Welt gekommen? Das Sittenbild einer Stadt im Zeitraffer.

Zürich 1967. Der 31-jährige Primarlehrer Werner Seifert steht an einem der Pissoirs im Hauptbahnhof. Ein beliebter Treffpunkt von Schwulen für spontanen Sex. Werner lächelt zwei junge Männer an, die neben ihm stehen, und lädt sie auf einen Drink in seine Wohnung beim Letzigrund ein.

Den neugierigen Nachbarinnen ist schon länger aufgefallen, dass Seifert öfters Besuch von «schönen Männern» hatte. Diesmal sollten es die letzten Besucher sein. Denn es wird keine Ménage-à-trois geben. Die beiden Männer prügeln Werner Seifert bewusstlos, rollen ihn in eine Decke ein, stellen die Couch auf ihn und stehlen Wertgegenstände. Sie fassen ihm ans Herz. Er ist bewusstlos, aber am Leben. Sie hauen ab. Werner Seifert erstickt an seinem Blut und Erbrochenen. Die Polizei fasst die Mörder beim Verkauf des Diebesguts. Das Gericht verurteilt sie zu fünf und acht Jahren Gefängnis. Man könnte diese Geschichte als tragischen Einzelfall anschauen. Doch das ist sie nicht. Mehrere Männer wurden in dieser Zeit in der Stadt Zürich getötet.

1957 der Komponist Robert Oboussier und der Swissair-Mitarbeiter Ernst Rusterholz, 1961 der Briefträger Heinrich Gähler, 1968 der Kassier Hans-Peter Elber und 1969 der niederländische Tourist Jacobus de Mul. Jedes Mal sorgte es für grosse Schlagzeilen.

Vor 50 Jahren waren Schwule leichte Opfer. Sie lebten meist allein und hatten Angst, zur Polizei zu gehen. Das wussten auch die Mörder von Werner Seifert. Sie gaben später zu, dass sie gezielt einen Homosexuellen ausgewählt hatten, um ihn bewusstlos zu würgen und auszurauben.

Die Schweiz legalisierte zwar im Jahr 1942 die Homosexualität, doch blieb diese gesellschaftlich geächtet. Homosexualität fand in den Zeitungen in der Rubrik «Verbrechen» statt. So stand im Mordfall Gähler über einem Artikel: «Milieuverbrechen – Klarer Beziehungsmord unter Homosexuellen». Eine Spekulation, denn der Mörder wurde bis heute nie gefunden. Im Mordfall Hans-Peter Elber titelte eine Zeitung: «Es war Mord im Männermilieu», und im Fall Jacobus de Mul findet sich in einem Zeitungsartikel folgender Abschnitt:

«Der echte Mann, das ist der harte, starke, wenig gefühlvolle. Und die ‹anderen›? Sie sind weich, schwach, bewegen sich mit schwankenden Hüften, sprechen mit hoher Stimme, ihre Art ist abstossend. So denkt man bei uns über die echten Männer und über die ‹anderen›, eben die abartig Veranlagten, die Homosexuellen.» Spätestens in den 30er-Jahren führte die Stadtpolizei Zürich das «Homosexuellenregister» ein. Mindestens 1135 Männer wurden mit Namen, Nationalität, Geburtsdatum, Adresse und Beruf fichiert. Gesammelt vermutlich durch Befragungen von anderen Schwulen und durch Razzien in Bars. Musste die Polizei einen neuen Fall im «Milieu» aufklären, war die Liste der Verdächtigen schnell zur Hand. Der Besuch der Polizei an der Haustür war ebenso unangenehm wie das anschliessende Gerede der Nachbarschaft.

Der später getötete Werner Seifert lebte damals unauffällig. Er war Primarlehrer im Schulhaus In der Ey in Albisrieden. Seine Kolleginnen und Kollegen lobten seine «guten Umgangsformen» und stuften ihn als «kultivierten Menschen» ein. Seine Homosexualität war im Schulhaus nicht bekannt. Ein Coming-out hätte seine Laufbahn ruiniert. Damals wurden Lehrer in den Dienst gewählt. Ob er an diesem verhängnisvollen Tag im Jahr 1967 zufällig am Pissoir am Zürcher Hauptbahnhof stand oder regelmässig am «Cruisen» war – so nennen Schwule die Suche nach anonymem Sex im öffentlichen Raum –, ist nicht bekannt.

Das schwule Leben im Zürich der 50er- und 60er-Jahre fand im Verborgenen statt. Für anonyme Treffen drehten die Männer bei der Rentenwiese am See ihre Runden oder standen etwas zu lange an den Pissoirs rund um den Zürcher Hauptbahnhof. Auch im Schwarzen Kater im Seefeld oder im Barfüsser im Niederdorf waren die Männer unter sich.

Vielleicht war Werner Seifert auch Mitglied beim geheimen Männerbund «Der Kreis». Ab 1943 entwickelte sich die Zürcher Vereinigung mit ihrer Zeitschrift zu einem der wichtigsten Publikationsorgane der schwulen Männer. Zur Blütezeit wurden 2000 Exemplare an die Abonnenten geschickt. Ein Drittel davon ging ins Ausland bis nach Amerika. Regelmässig fanden heimliche Bälle im heutigen Theater Neumarkt statt.

Wäre Werner ein längeres Leben vergönnt gewesen, hätte er sich vielleicht später einem von zwei Lagern zugeordnet: entweder den Kommerzschwestern oder den Politschwestern. Seit jeher wird in der Community gestritten, wie für Rechte gekämpft werden soll. Die Politschwestern standen für den lauten, fordernden und öffentlichen Kampf gegen die Ungerechtigkeit. Die Kommerzschwestern wollten unauffällig bleiben, sich in diskreten Lokalen treffen und durch Anpassung die Akzeptanz gewinnen.

Wie Werner Seifert bis zu seinem Tod gelebt hat, ist nicht überliefert. Er wohnte in einem Zürich mit Bars und Organisationen, wo man durchaus schwul leben konnte – wenn auch versteckt. Aber auch in einer Stadt, in der von der Polizei, den Medien und der Gesellschaft eine Gefahr ausging.

2023, Jetztzeit. Was hat sich in den letzten Jahrzehnten in Zürich verändert? Ich bin Jahrgang 1986, bin im Zürcher Seefeld aufgewachsen und lebe, seit ich 18 bin, offen schwul. Mein Outing in der Familie und im Umfeld verlief gut. Ich wurde zum Glück noch nie verprügelt, bin in keinem Homosexuellenregister verzeichnet und kann Karriere machen. Ich profitiere von meinen Vorkämpferinnen und Vorkämpfern.

1969 protestierten trans Menschen, Schwule, Lesben, Bisexuelle, Schwarze und Sexarbeitende in der Bar The Stonewall Inn in New York gegen die Razzien der Polizei. Das war der Grundstein der heutigen Christopher Street Days und Prides weltweit. Ende der 70er-Jahre wurde in Zürich das Homosexuellenregister eingestellt. 1978 thematisierte die *Telearena* des Schweizer Fernsehens in einer emotional aufgeladenen Sendung die Homosexualität. Das Thema rutschte in den Zeitungen endlich von der Rubrik «Verbrechen» ins Ressort «Gesellschaft». 2005 verliebten sich schwule Cowboys im Film *Brokeback Mountain,* 2007 wurde das Partnerschaftsgesetz und 2022 die Ehe für alle eingeführt.

Ich kann heute bequem auf einer App daten und mich mit Männern verabreden. Ich kann eine Bar besuchen, ohne eine Razzia der Polizei zu befürchten. Ich bin an der Pride einer von Zehntausenden und werde von Heteros gefragt, ob sie auch kommen dürfen.

Zürich ist ein Hotspot der Schweizer Community geworden. Viele queere Menschen ziehen vom Dorf in die Anonymität der Grossstadt. Es gibt zahlreiche queere Bars, Clubs, Saunen, Geschäfte, Treffpunkte oder Gesundheitszentren.

Seit 1994 findet das jährliche Zurich Pride Festival statt, das 2022 einen Teilnehmerrekord verzeichnete. 40 000 Menschen marschierten an der Demonstration für trans Rechte und 65 000 feierten am Festival. Die Stadtpräsidentin ist lesbisch, die Zürcher Behörden nutzen den Genderstern, die Stadtpolizei Zürich führt neu Hate-Crime-Statistiken, die Pink Cops wurden gegründet und ein schwuler Zürcher SVP-Politiker kandidiert für den Bundesrat.

Ist es besser geworden? Ja. Ist alles vorbei? Nein. Noch heute werde ich manchmal gefragt, wer in meiner Beziehung die Frau ist. Schwul sein wird nicht mit Liebe und Gefühlen verbunden, sondern mit Analsex, wechselnden Partnern und Aids. Ich überlege mir zweimal, um welche Uhrzeit und in welcher Strasse ich mit meinem Freund Händchen haltend durch Zürich spaziere. Es ist eine Art Überlebensinstinkt, den ich nicht loswerde.

Als sich nach der Corona-Pandemie die Affenpocken verbreitet haben, wiederholte sich etwas, was die schwule Community schmerzhaft in der Aids-Pandemie der 80er-Jahre lernen musste. Es war wenig Mitleid vorhanden. Ich muss gestehen, ich war nicht besser. Ich dachte anfangs: «Mich betrifft das nicht. Ich habe einen Freund und eine monogame Beziehung. Sollen sich doch die anderen Schlampen zusammenreissen. Was denken denn die Heteros wieder über uns. Ich bin einer von den guten Schwulen.»

Ich bin in eine Falle getappt, in die viele von uns tappen. Die «internalisierte Homophobie». Wir verfallen in die gleichen sexistischen, rassistischen, homophoben oder transphoben Stereotypen wie der Rest der Gesellschaft. Aus Angst, von der Mehrheitsgesellschaft aus dem Paradies verstossen zu werden, distanzieren wir uns von Teilen der eigenen Community. Wir nutzen die gleichen Mechanismen, mit denen wir ausgegrenzt werden. Das ist meine subjektive schwule Perspektive. Das queere Zürich erleben Lesben, Bisexuelle, trans sowie intergeschlechtliche Menschen oder andere Minderheiten auf eine andere Weise.

Was kommt eigentlich nach der Ehe für alle? Die Antwort fällt mir leicht: Verbot der Operationen an intergeschlechtlichen Babys, Diskriminierungsschutz für trans Menschen und das dritte Geschlecht. Nach dem Kampf ist vor dem Kampf.

ALEXANDER WENGER

«Ist es besser geworden?
Ja. Ist alles vorbei? Nein»:
Das Zurich Pride Festival 2021.

«Meine subjektive
schwule Perspektive»:
Autor Alexander
Wenger.

Bringt uns stilistisch auch nicht weiter: Raver vor einer Filiale des globalisierten Modegeschmacks an der Zürcher Bahnhofstrasse im August 2015.

11

HAT ZÜRICH STIL?

Geht es um Kunst, Kultur oder Gastronomie, muss sich Zürich im internationalen Vergleich nicht verstecken. Punkto Mode herrscht jedoch Langeweile. Wieso Zürcherinnen und Zürcher an Gnu-Herden erinnern und was das mit Religion zu tun hat.

An Selbstbewusstsein mangelte es den Zürchern nie. So halten gleich zwei Löwen den blau-weissen Schild auf dem Wappen der Stadt. Blickt man sich jedoch rechts und links der Limmat um, ist wenig Königliches zu entdecken. Modisch gesehen wimmelt es vielmehr von Gnus, jenen gräulich-braunen Antilopen, die sich kaum voneinander unterscheiden. Die Zürcherinnen und Zürcher tragen Kleider, mit denen sie in der Anonymität einer farblosen Herde verschwinden können. Bloss nicht auffallen, ist das Motto.

Der Grund für dieses Verhalten geht auf den Spiritus Rector dieser Stadt zurück – Zwingli. Er brachte uns die Reformation und pflanzte uns ein tiefes Bedürfnis nach Ausgleich und Balance ein. Alles Eigenschaften, die Zürichs Seele ausmachen und viel zu ihrer Lebensqualität beitragen. Doch wenn niemand es wagt, aus der Herde herauszustechen, herrscht Plattenbau-Langeweile. Zwar tragen wir keine Mao-Jacke mit Stehkragen, dafür uniforme Jeans und On-Sneaker.

Uns fehlt die katholische Vergangenheit, die Lust an der Opulenz, die Freude an der Schönheit. Für Protestanten ist sie sinnlose Ablenkung, für Katholiken das irdische Pendant der göttlichen Schönheit und deshalb anbetungswürdig. Für die Nachfahren Zwinglis müssen Kleider wie Kirchen sein – frei von jeglichem Tand, reduziert auf das Minimum. Wir hegen ein tiefes Misstrauen gegenüber jeglicher Zierde. Dafür huldigen wir der Praktikabilität, verehren Funktionskleidung statt sündigen Kaschmir. Mit beinahe religiösem Eifer folgen vor allem junge Mütter diesem ungeschriebenen Gesetz, als hätten sie mit der Nabelschnur auch ihr Modebewusstsein gekappt. Jeder Ausflug – und sei es auch nur in den Zoo mit all seinen zivilisatorischen Annehmlichkeiten – wird in Trekkingschuhen, Funktionskleidung und mit Rucksäcken von der Grösse eines Tiny House bewerkstelligt.

Aber auch die Teppichetage ist modisches Ödland. Rund um den Paradeplatz regiert das Geld. Die Kleidung verrät hier den Stand, wie schon zu Zeiten vor der Französischen Revolution, als sich jeder seiner Klasse entsprechend zu kleiden hatte. Doch wie lange der Business-Anzug noch Einfluss und Macht symbolisiert, ist fraglich. Vielleicht haben wir dieses Image zusammen mit der Credit Suisse beerdigt.

In New York ist es unter jüngeren Bankern jedenfalls schon seit einigen Jahren hip, Patagonia-Westen zu ihren Gucci-Loafern zu tragen. Ein modischer Annäherungsversuch an die Masters-of-the-Universe unserer Zeit, die schon lange nicht mehr an der Wall Street, sondern im Silicon Valley arbeiten. Doch Banker in Funktionskleidung würden Zürichs Modeproblem auch nicht lösen. Bei uns grassiert modische Mutlosigkeit, auch wenn dagegen zwei Mal im Jahr mit sehr viel Mut angekämpft wird. Doch weder Strumpfhosen tragende Zünfter noch gar nichts tragende Raver bringen die Stadt stilistisch nach vorn. Was wir brauchen, sind Role Models. Menschen, die im Alltag beweisen, dass Liebe zur Mode und guter Stil kein Verrat an unseren zwinglianischen Werten sind. Dass man mit guter Kleidung seiner Persönlichkeit Ausdruck verleihen und dennoch ein ebenbürtiges Mitglied des Rudels bleiben kann. So wie unser Wappentier König und Herdentier zugleich ist.

BARBARA LIENHARD

Bilderstürmer wird vom Sockel geholt:
Reformator Huldrych Zwingli hängt 2019
vor der Wasserkirche herum.

HELDINNEN
UND
PIONIERE

1932

1933

1934

1946

1952

12

KOMISCHER VOGEL

Blau und kleinkariert seit Jahren, ist Globi Held von Kinderscharen. Wie bekam er diese tolle, echt beneidenswerte Rolle? Eine Antwort hat Jürg Lendenmann, der das Dichten einfach kann. Textet er doch mit flinker Hand immer wieder einen neuen Globi-Band.

Es skizziert am Schreibtisch fleissig
neunzehnhundertzweiunddreissig.
Robert Lips auf ein Papier
'ne Figur, halb Mensch, halb Tier.

Globus-Werbeleiter Schiele
sichtete zuvor schon viele
Skizzen aus Lips' flinker Hand,
doch nun schaut er wie gebannt.

«Welch Maskottchen für die Kinder!
Prima!», lobt er den Erfinder.
«Es besteht bestimmt den Test
gleich beim Jubiläumsfest.»

Auf Lips' Blatt lacht keck ein kleiner
Papagei – nicht irgendeiner:
Karohosen trägt er und er soll
dann auch sprechen können. Toll!

Soll man ihn Kimbukku nennen?
Nein, denn alle Basler kennen
Globus als «de Gloobi» nur.
Drum geht ‹Globi› nun auf Tour.

Jemand übernimmt die tolle
orchestrierte neue Rolle
für den Auftritt und er wird
mustergültig kostümiert.

Lustig ist er anzusehen:
blaue Haut bis zu den Zehen,
gelber Schnabel und zudem
Béret, Hose (sehr bequem).

An den Jugend-Meetings können
Kinder ihn sofort erkennen,
folgen Globi, sind entzückt.
Dieser Auftakt ist geglückt.

Bildgeschichten zum Verschlingen,
die «De Globi»-Hefte bringen
von dem Zürcher Warenhaus,
bringen Globi gross heraus.

Abenteuer, nur in Bildern,
die des Vogels Spässe schildern,
werden dann als Buch verlegt,
das die Kinder sehr bewegt.

Fan-Clubs werden gleich gegründet,
und das Schöpfer-Duo findet:
«Beim Erfolg liegt's auf der Hand:
Machen wir 'nen zweiten Band!»

Da die Fans um Verse bitten,
braucht das Duo einen Dritten.
Alfred Bruggmann schliesst sich an,
der bestechend dichten kann.

Diese Form von Abenteuer
fesselt alle ungeheuer,
und der Absatz explodiert,
dass er bald zur Bürde wird.

Denn die Globianer treiben
auch mit Tausenden von Schreiben
unsre Crew, die fleissig schafft,
an die Grenzen ihrer Kraft.

«Nach den regen Anfangsjahren»,
sind die Macher sich im Klaren,
«braucht es den Befreiungsschlag:
Gründen wir doch 'nen Verlag!»

J. K. Schiele ist sein Leiter.
Der Erfolg geht immer weiter,
Band um Band wird engagiert
vom Verlagsteam publiziert.

Nach rund zwanzig Globi-Bänden
mit dem Text aus Bruggmanns
Händen ist dann Jakob Stäheli
dichtend mit von der Partie.

Als Lips aufhört, folgen Zeiten,
die oft Kümmernis bereiten.
Werner Büchi zeichnet dann,
doch sein Stil kommt nicht gut an.

1982 1997 2011 2020

Der Verlag, nach langem Suchen,
kann zwei Treffer gleich verbuchen:
Ein modernes Zweigespann
fängt mit seiner Arbeit an.

Zeichner Peter Heinzer meistert
Kniffliges, sein Strich begeistert;
Guido Strebel, Verseschmied,
ist ein Crack auf dem Gebiet.

Über zwanzig volle Jahre
wirken sie, bis neue Paare
Klassik-Band um Klassik-Band
schöpfen mit viel Sachverstand.

Doch es bleibt noch anzumerken:
Neben all den Klassik-Werken
gibt's noch mehr, wo Globi lebt
und die Stimme gar erhebt:

Viele Kinder kennen, wetten?,
CDs oder auch Kassetten,
wo WAM Globis Sätze spricht;
seine Redekunst besticht.

Kinder lieben es zu essen.
Globi zeigt infolgedessen,
wie das Kochen, Backen geht
und ein feines Mahl entsteht.

Länger als die werbefreie,
sehr beliebte Kochbuch-Reihe
sind die Wissen-Bücher in.
Dort steckt Pfiff und Know-how drin.

Ihre Vielfalt ist zu loben:
Klima, Weltraum und Mikroben,
Erste Hilfe, Energie … –
sind verständlich wie noch nie.

Kinder finden auch in vielen
kunterbunten Globi-Spielen,
nicht nur was, das Kurzweil bringt,
sondern Lernen auch gelingt.

Und was viele noch nicht wissen:
Nicht nur Globi ist gerissen,
auch Globine ist …? Genau:
lustig, lebhaft, keck und schlau.

Globi gibt's seit neun Dekaden.
Wir sind alle eingeladen
zu ergründen, wie er sich
wandelte – auch innerlich.

War er in den ersten Jahren
klein, so lässt sich gut gewahren,
wie er schon bei Lips gedeiht –
grösser wird im Lauf der Zeit.

Die Entwicklung bleibt nicht stehen:
Jeder Zeichner, wie zu sehen,
formte ihn, wenn es gefiel,
Globi sanft mit seinem Stil.

So wie sich sein Äussres wandelt,
ändert sich's, wie Globi handelt,
was er denkt und wie er plant,
wann er lobt und ob er mahnt.

Jede Zeit hat ihr Gepräge,
ihre Bilder, Werte, Wege,
und die färben nicht zu knapp
dann auf uns und Globi ab.

Lesen wir, was einst Geschichten
von dem Kinderfreund berichten,
mag es oft befremdlich sein,
doch dies liegt an uns allein.

So wie wir uns laufend ändern,
beispielsweise heute gendern,
ging auch Globi mit der Zeit,
was die Lehrpersonen freut.

Überdies: Bei Neuauflagen
geht's Verstaubtem an den Kragen;
so bleibt Globi aktuell –
sprachlich und auch kulturell.

Von den dummen üblen Streichen –
Schelmereien sondergleichen –
finden sich heut, bitte sehr,
in den Storys keine mehr.

Das, was wir an Globi lieben,
ist dem Kinderfreund geblieben:
Witzig ist er, hilfsbereit,
clever … zudem hat er Schneid.

Bei der grossen Fülle neuer
spannungsreicher Abenteuer
helfen Mut und Fantasie.
Globi ist auf Draht, und wie!

Wenn es harzt, geht's ans Erkunden,
oft wird dann was gleich erfunden.
Läuft's mal schief, gibt er nicht auf,
legt noch eine Schippe drauf.

Globis viele Eigenschaften
bleiben bei den Kindern haften.
Taucht er auf im Plüschkostüm,
werden manche ungestüm.

«Was, der Kerl wird bald mal hundert?»,
staunen viele Fans verwundert.
War dies einst vorauszusehn?
Globi ist ein Phänomen.

VERSE: JÜRG LENDENMANN

13

KÖNIG ALFRED I.

Er war gleichzeitig Präsident der Kreditanstalt, der Nordostbahn, des Nationalrats und des zürcherischen Grossen Rats. Alfred Eschers politische und wirtschaftliche Macht war unvorstellbar gross. Ihm hat Zürich seine heutige Bedeutung zu verdanken.

Als die direktdemokratische Gesinnung erwachte, entthronten sie ihn, gossen ihn in Bronze und stellten ihn auf diesen Sockel. Pro memoria Alfred Escher (1819–1882)». So könnte die Inschrift am Denkmal auf dem Bahnhofplatz lauten.

Majestätisch, hoch über der Abgaswolke des Verkehrs, verkörpert Escher im Habitus die monarchistischen Titulaturen, mit denen man ihn zu Lebzeiten bedachte. Mit offenem Rock, über der Brust das Band der Studentenverbindung Zofingia, die linke Hand auf eine Balustrade gestützt, die rechte zur rhetorischen Geste erhoben – so kannte man ihn, wenn er zu einer seiner «Thronreden» ausholte. Richard Kissling, der dieses Denkmal 1889 schuf, setzte das überdimensionierte Tor des Hauptbahnhofs als Triumphbogen ein. Zur Belebung der Wasserfläche, die das Denkmal umspielt, ergänzte der Künstler wasserspeiende Masken und Froschgruppen – Sinnbilder jener Fantasie, an deren Mangel Eschers Tochter Lydia fast verdurstet wäre.

Könnte Escher heute die Augen aufschlagen, ginge sein Blick die Bahnhofstrasse hinunter und suchte vergebens das Haus Nr. 46, in dem er die Geschicke der Gotthardbahn leitete und dabei Weltgeschichte schrieb. Es wurde 1956 durch ein neues Gebäude ersetzt. Sein Blick schweift weiter zum Paradeplatz, den er zum Gravitationszentrum der Schweizer Bankenwelt machte, links die Baustelle des Hotels Savoy Baur en Ville und rechts die noch grössere, die Credit Suisse, seine schweizerisch angedachte Investmentbank, die gute alte Kreditanstalt. Das war die Fortschrittslokomotive der Schweiz. Eschers Blick ruht wehmütig auf den Tiefenhöfen gegenüber, wo die Bank ihr erstes Bureau gemietet hatte und wo seine Tochter Lydia mit 14 Jahren ihre eigene Zweitwohnung bezog, um in der Nähe des Tag und Nacht arbeitenden Vaters zu sein.

Eschers Blick schweift weiter zum Belvoir, wo er wohnte und wo Lydia in einem goldenen Käfig lebte, später in der Ehe mit Bundesratssohn Welti verzweifelte, bis ein Künstler auf den Plan trat. Doch da war Escher schon tot. Dieses Belvoir, das die Stadt Zürich später samt Parkanlage – angeblich um es vor Spekulanten zu retten – erschlich, um darin ein Restaurant einzurichten. Sein Geist beruhigt sich, während er über den See nach Süden gleitet, wo nach 72 Kilometern in Altdorf Wilhelm Tell vorüberfliegt, vom selben Bildhauer geschaffen. Vom Gotthard her weht ein böser Wind! Eschers Jahrgänger und Stipendiat Gottfried Keller hatte recht: Dieser Granit brach ihm das Genick. Obwohl er mit dem Schienenweg durch die Alpen ein Weltwunder schuf, ist er nie durch den grossen Tunnel gefahren. Bei dessen Eröffnung 1882 war er bereits todkrank. Doch die Bahn macht ihn unsterblich.

Mit dem liberalen Politiker und Unternehmerpionier Alfred Escher steht Zürichs Aufstieg zur Metropole in direktem Zusammenhang. Durch seine Initiativen förderte Escher den Standort Zürich gezielt. Das Zusammenwirken von Geld und Geist machte die Stadt zum internationalen Schauplatz.

1844, 25-jährig, trat Escher in die Politik ein, wurde in den Grossen Rat gewählt, vier Jahre später auch in den Regierungsrat. Obwohl er 1855 aus gesundheitlichen Gründen aus der Exekutive zurücktrat, hielt er die politische Führung von Kanton und Stadt in der Hand. Bis zu seinem Tod gehörte er während 38 Jahren dem Grossen Rat und späteren Kantonsrat an und präsidierte ihn insgesamt sechs Mal. Er nahm Einsitz in den wichtigen Kommissionen und war Mitglied des Grossen Stadtrats. Jahrelang galt Escher auch in Bern als einflussreichster Politiker; nicht nur, weil er von 1848 bis 1882 während insgesamt 34 Jahren im Nationalrat sass. Seine Wirkmächtigkeit wird durch parlamentarische Taten und staatsmännische

Auftritte dokumentiert. Dass er viermal zum Nationalratspräsidenten gewählt wurde, unterstreicht dies. Kein anderer Politiker weist einen solchen Palmarès auf.

Kritik blieb nicht aus. Der spätere Bundesrat Louis Ruchonnet schrieb 1866, die Bundesversammlung befinde sich in der Hand von einigen grossen Tieren, angeführt vom Zürcher Escher. Der konservative Philipp Anton von Segesser beschrieb die Machtverhältnisse nach 1848 in ähnlich bissigem Ton. Sehr bald habe sich ein engerer Kreis von Männern gebildet, die sich mit besonderem Selbstbewusstsein bewegten und alle Initiative in den öffentlichen Angelegenheiten in ihren Händen vereinigten. Man nannte sie bald ernst, bald scherzhaft Bundesbarone.

Zur heute unvorstellbaren Ballung politischer Macht in Eschers Händen kamen wirtschaftliche Führungspositionen. Dank Escher kam es in der Schweiz 1852 zum Jahrhundertentscheid, Bau und Betrieb von Eisenbahnen der privaten Initiative zu überlassen. Das Problem der Kreditbeschaffung, das alle Bahngesellschaften drückte, löste Escher, indem er für die von ihm geführte Nordostbahn (heute SBB) eine eigene Hausbank gründete, die Kreditanstalt, die er gleich auch noch persönlich führte. Als dann 1857 die Rentenanstalt (Swiss Life) dazukam, sie wurde als «Bureau der Kreditanstalt» bezeichnet, bestanden drei bedeutende, vernetzte Plattformen, die Eschers Macht und Einfluss multiplizierten. Dass Escher in seinen Instituten operativ durchgriff, vermag nicht zu überraschen. Die Abfahrt der Züge der Nordostbahn im Bahnhof Zürich richtete sich nicht nach dem Fahrplan, sondern nach den Bedürfnissen des Herrn Präsidenten. 1856/57 war Escher gleichzeitig Präsident der Kreditanstalt, der Nordostbahn, des Nationalrats und des zürcherischen Grossen Rats. Dazu kamen wirtschaftliche und politische Ausschüsse und Kommissionen in Legionsstärke. Escher war nicht nur Grosskapitalist, er war auch Grossbürger, Zürichs

Kurzer Ausflug vom Sockel: Alfred Escher unterwegs mit der SBB, die 1902 aus seiner Nordostbahn entstand. Als Pionier schrieb er Weltgeschichte, als Politiker herrschte er weit über Zürich hinaus.

letzter – und vielleicht einziger. Sein Engagement war auf das Gemeinwohl ausgerichtet So setzte er seinen immensen Einfluss zielgerichtet ein, um «seine» Unternehmen und «seine» Projekte, die privatwirtschaftlichen wie die öffentlichen, bestmöglich zu fördern – zum Wohle der Sache, zum Nutzen von Stadt und Kanton Zürich und zum Fortschritt der Schweiz. Für sein Land opferte er sich auf – auch aus Liebe zum Vaterland. Die eigene privilegierte wirtschaftliche Lage, die vollständige Unabhängigkeit gegenüber allen Launen des Schicksals garantierte, und der prächtige Wohnsitz an den Gestaden des Zürichsees setzten unmissverständliche Zeichen: Escher herrschte wie ein Monarch. Man titulierte ihn König Alfred I., man verglich ihn mit einem Cäsaren, während er selbst von sich als dem letzten Bürgermeister von

Zürich sprach. Theodor Mommsen, der grosse Altertumswissenschaftler des 19. Jahrhunderts, der kurze Zeit auch in Zürich lehrte, fasste das Phänomen Escher in Worte: «Er steht ganz wie ein Souverän und umso mehr, weil er den Titel nicht hat.»

Eschers politisches Netzwerk war breit angelegt und engmaschig geknüpft. Dieses System schien alles und jeden zu erfassen. Escher kontrollierte den Grossen Rat, und dieser wählte die Regierung. Alles lief wie am Schnürchen. An direktdemokratischer Mitwirkung des Volkes war man nicht interessiert. Entscheide über Sachfragen und Personelles, Gesetzestexte und Bahnkonzessionen wurden zwar auf verfassungsmässigen Wegen gefällt. Eingefädelt wurden sie jedoch von Escher und seinen Leuten. So konnte es geschehen, dass im Grossen Rat selbst schwergewichtige Geschäfte in Minutenschnelle abgewickelt wurden, da sie in Escher'schen Kabinettsitzungen vorbesprochen worden waren.

1869 war das System erledigt. Die liberalen Häupter wurden aus den Ämtern gefegt und eine neue Kantonsverfassung angenommen – sie blieb bis 2005 in Kraft, brachte einen tiefgreifenden Machtwechsel mit sich und begründete eine neue politische Kultur. Doch Escher selbst wurde als Nationalrat und Kantonsrat weiterhin bis zu seinem Tod glanzvoll wiedergewählt. Zusätzlich eröffneten sich ihm neue Möglichkeiten. Schliesslich übernahm er das Präsidium der Gotthardbahn-Gesellschaft. Damit schulterte er zusätzlich zu seinen vielen anderen wirtschaftlichen und politischen Tätigkeiten ein Jahrhundertprojekt, das seinem ohnehin schon imposanten Lebenswerk die Krone aufsetzte.

Eschers Herrschaft löste in Zürich eine gewaltige Bautätigkeit aus. Aus der alten Stadt an der Limmat wurde die Grossstadt und das wirtschafts- und wissenschaftspolitische Zentrum der Schweiz. Die drei Paläste, die er errichten liess, symbolisieren das Bildungs-, Verkehrs- und Bankwesen: das Polytechnikum (1861–1864 gebaut), der Hauptbahnhof (1866–1871) und schliesslich der Hauptsitz der Kreditanstalt (1873–1876). Es stellt sich die Frage, warum Escher nicht auch den vierten Palast in Auftrag gab – den Tempel für Musik und Theater, den Richard Wagner, der als politischer Flüchtling in Zürich weilte, für seine radikale Erneuerung der dramatischen Künste forderte. Dem viel beschäftigten Escher fehlte es am nötigen Musikgehör. Und so kam es, dass Wagners Festspielhaus in Bayreuth und nicht in Zürich gebaut wurde. Als Escher in den 1840er-Jahren die politische Bühne betrat, war Zürich zwar schon ein namhafter Ort, doch rangierte die Stadt 1850 hinsichtlich Bevölkerungszahl erst an vierter Stelle (17000 Einwohner) – hinter Genf mit 31000, Bern und Basel mit je 27000. Ende des 19. Jahrhunderts aber war Zürich unangefochten die bevölkerungsmässig grösste sowie wirtschaftlich, wissenschafts- und kulturpolitisch bedeutendste Metropole des Landes.

Als sich die Pläne für einen neuen Bahnhof auf dem heutigen Paradeplatz oder am See nicht realisieren liessen, wurde klar, dass es nur einen Erfolgsweg gab: das Provisorium am Platzspitz durch einen Neubau zu ersetzen. 1861 nahm sich Escher der Sache an. Schliesslich wurde die verkehrsmässige Erschliessung des Zürchers Bahnhofs durch die umfassende Neukonzeption um die Bahnhofstrasse und die Bahnhofbrücke verbessert, und die Nordostbahn konnte 1865 mit dem Bau des Hauptbahnhofs beginnen. Ursprünglich war vorgesehen, das Erscheinungsbild der Stadt auf internationales Niveau zu heben, doch dieses Ziel wurde nicht erreicht. So geriet die Bahnhofstrasse, die in ihren wesentlichen Teilen über dem Fröschengraben erbaut wurde, lediglich zum Abglanz der Pariser Boulevards, die als Vorbild gedient hatten. Immerhin: Sie wurde zur Verkehrsader zwischen Bahnhof und See und setzte schweizweit Massstäbe.

Alfred Escher war Politiker in einer Schweiz, die bis Mitte des 19. Jahrhunderts als Entwicklungsland bezeichnet werden muss. Dann wurde er Gründerpionier und Visionär und führte bedeutende Unternehmen. Er formulierte Grundsätze der Schweizer Politik und steckte Möglichkeiten und Grenzen eines Kleinstaates ab. Er erkannte die Erschliessung des Landes durch die Eisenbahn als die Schlüsselfrage der Zeit und beantwortete sie zielführend. Als er von der gesellschaftspolitischen Bühne abtrat, war die Schweiz zur Industrie- und Dienstleistungsnation geworden.

Wie kein anderer Wirtschaftsvertreter oder Politiker stiess er die Entwicklung im jungen Bundesstaat an. Als Laboratorium des Fortschritts konnte die moderne Schweiz entstehen, die sich in Bahnhöfen und Industrieanlagen, in Prunkbauten der Hotellerie, der Finanz und der Hochschule feierte. Escher hatte aus der Schweiz ein Kunstwerk geschaffen – eine Symphonie von Politik, Wirtschaft und Wissenschaft.

JOSEPH JUNG

14

MIT IHR SCHLAFEN DURFTEN DIE WENIGSTEN

Lady Shiva war eine erotische Ikone. Bekannt mit «tout Zurich». Lebensgierig und konsumsüchtig. Muse der Künstler, Heroine der Frauen. Ihr autonomer Flug durchs Leben endete jäh.

Wenn sie an der Zürcher Rämistrasse stand, gab es Blechschaden, weil sich die Männer am Steuerrad verguckten. So zog sie sich mit ihrer Freundin, die ebenfalls auf Freier wartete, in den intimeren Bereich des Niederdorfes zurück, an die Schoffelgasse. Wir befinden uns Anfang der 1970er-Jahre.

Sie sieht prächtig aus, umgangssprachlich sagt man «toll», Tollheit ist mitgemeint. 1,78 Meter gross, wie sie sagt, vermutlich hat sie etwas Schuh eingerechnet. Der Pass gibt 1,75 an. Graugrüne Augen, ebenfalls gemäss Pass, aufgeworfener Mund, rosa Haut mit Sommersprossen, nach Beschreibungen von Freundinnen. Und eine atemberaubende Figur, wie auch Geschlechtsgenossinnen finden. Beruf Coiffeuse. Sie dominiert an der Schoffelgasse. Wer durchs «Dorf» geht, kann ihre Stimme hören und weiss, sie ist im Land. «Du kriegst von mir den Hintern versohlt, du Rotznase, und blasen kannst dir selber!»

Wer hätte geglaubt, dass diese Zürcher Prostituierte nach ihrem Tod – im Jahr 2012 – hoch oben auf einem Transparent vom Turm des Schweizerischen Landesmuseums herabblicken würde auf die Stadt; im Riesenformat von 5,53 Metern Breite und 10,12 Metern Höhe. Als Blickfang für eine Ausstellung über die Postmoderne der 1970er- bis 1990er-Jahre. Eine Strassendirne als Aushängeschild des protestantisch geprägten Zürich, Freud lässt grüssen!

Irene, wie alle sie nannten, kannte «tout Zurich», und «tout Zurich» kannte sie. Im ersten Stock des Restaurants Fantasio, das sich gleich bei ihrem Standplatz befand, speisten Geschäftsleute, die sich mit ihr anfreundeten. «Spielertypen», «Wildwesthelden», wie eine Freundin von Irene sie beschreibt. Direktoren und Politiker und Kulturschickeria. Sie dürfen mit ihr schäkern; mit ihr schlafen dürfen die wenigsten. Allenfalls zieht sie den Pullover hoch. Ein Freier erzählt, dass er froh gewesen sei, ihr nach einer Auspeitschung den Hintern küssen zu dürfen. Hochgestellte zahlen dafür, von ihr als Waschlappen zur Wohnungsreinigung missbraucht zu werden.

Wenn sie von ihren Abmachungen kam, wenn die Zeit der Besucher um war, habe sie zerknüllte Tausender aus den Säcken ihrer Jeans gezogen. Und die gab sie aus. In Saus und Braus. Täglich lässt sie sich zeitweise von einem Coiffeur frisieren. Sie fährt in der Limousine nach Luzern und Gstaad. Fliegt zu einer Bekannten nach Paris, zu einem Freund nach London, an eine Vernissage nach Hamburg. Lebensgierig, konsumsüchtig, alkoholsüchtig. Und irgendwann genügt auch das nicht mehr. Sie hat ein Kind, ausserehelich geboren, das unter ihrem Lebenswandel leidet und oft bei Verwandten leben wird. Eine umwerfende Persönlichkeit, sagen Männer und Frauen, die sie gekannt haben. Charmant und liebenswürdig im Privaten, schillernd, aufbrausend, manchmal rüde in der Öffentlichkeit. Irgendwann setzt sich der Name «Lady

Shiva», den ein Freund ihr gab, durch. Künstler küren sie zur Muse. Franz Gertsch sucht sie auf, um sie zu malen. 1980 entsteht sein Gemälde einer nach innen gekehrten, komplexen Persönlichkeit, nahe an der Selbstzerstörung. Hansruedi Giger schickt ihr einen blau bemalten Schädel zum Geburtstag. Sigmar Polke – der später die prächtigen Fenster im Grossmünster gestalten wird – tollt mit ihr für Filmaufnahmen durch die Landschaft.

Als Frauen in Zürich für 1975 eine Ausstellung in der Kunstkammer zum Strauhof planen, wird sie von den Aktivistinnen entdeckt. In der Ausstellung «Frauen sehen Frauen» präsentiert die Filmemacherin Tula Roy ein Filmporträt unter dem Titel *Lady Shiva oder: ‹Die bezahlen nur meine Zeit.›* Der Titel wird beitragen zum Mythos der «reinen» Dirne, die sich nicht hingibt. Es ist ein Höhepunkt der Ausstellung. Irene selbst tritt live auf. Sie schminkt sich vor dem Publikum, bevor sie sich aufmacht zu ihrer Arbeit an der Schoffelgasse. So wird sie vereinnahmt von der linken feministischen Szene – und ist zugleich weit von dieser entfernt.

Eine der prägenden Frauen der Szene ist die Modemacherin Ursula Rodel. Ihr Wirken verknüpft sich mit dem Label Thema Selection, das im Zürich der Postmoderne Trends setzt. Nicht nur verliebt sich Rodel in die Frau mit der weissen Haut, die gerochen habe «wie die Haut eines Babys». Sie schöpft aus der imposanten Lady Inspiration für eine Mode, die völlig neuartig ist. Weiblich, sexy, aber mit dominierendem Habitus. «Verrückt finde ich eine Frau in einem Männeranzug», sagt sie in einem später publizierten Interview; «das ist für mich das Erotischste, was es überhaupt gibt.» Legendär geworden ist die Schau, die Thema Selection im September 1976 in der historischen Frauenbadi – der Frauen-Badeanstalt – von Zürich inszeniert. Irene stakst locker auf dem hölzernen Steg über dem Bassin, im Overall oder auch im eleganten Mantel, unter dem ein paillettenglänzendes Mieder zum Vorschein kommt. Ein Happening von dadaistischem Geist, dem bald ein noch spektakulärerer Anlass folgen wird im Kino Forum. Stimmen von Anwesenden vergleichen die Anlässe mit den besten Events in New York.

Irene macht 1000 Sachen: «Wie ein Ballon, ein roter Ballon, der immer wieder hochgeschubst wird, wieder herunterkommt, und dann gibt man ihr einen weiteren Schubs – so ist sie in der Szene herumgewirbelt», sagt der Filmproduzent Edi Stöckli. Und immer geht sie daneben ihrer Arbeit nach, die sie offenbar gerne macht. Der Applaus in der Kulturszene verstärkt nur die Ausgrenzung, die sie in Wirklichkeit als Prostituierte kennt. Und die seit ihrer Jugend ihr Schicksal ist, seit die Mutter sie ins Erziehungsheim gegeben hat. Auf dem Land, in Mollis im Kanton Glarus. Kaum jemand weiss davon. Eine Schicksalsgenossin aus der Heimkinderzeit berichtet: «Wir schworen einander beim Austritt: Wir sagen nie, dass wir im Heim waren. Mit drei Fingern.» Aus der Provinz ist sie in die Stadt geflüchtet.

Sie gehörte niemandem, und das demonstrierte sie. Ihr Auftritt war ihre Botschaft. Das Mindeste, was sich sagen lässt: Irene war eine farbige Orchidee auf dem Pflaster des einst weitgehend grauen Zürich. Die aufblühte und verblühte. Ich habe Jahre der Recherche für ein Buch über sie gebraucht, um mir Gedanken zu machen, was der Kern dieser Lebensgeschichte und deren Ausgestaltung durch Irene sei. Ich glaube, es ist ein Versuch über Freiheit. Über Freiheit in ihrer Ambivalenz: auch als Freiheit, seinen eigenen Lebensweg zu wählen und sich selbst zu zerstören. Irene Staub, wie sie bürgerlich hiess, hat kein objektiviertes kulturelles Werk hinterlassen. Der Auftritt war Selbstzweck. «Wie eine Figur aus einem Fellini-Film», sagen Verschiedene.

So war es denn kein Zufall, dass diese Frau, die wie eine Kerze gebrannt hatte, sich an Drogen die Seele verbrannte. Der Musiker Jean-Jacques Burnel von The Stranglers erzählt, wie Irene ihm eine Linie vorbereitete; er hatte geglaubt, es sei Kokain. Dann musste er sich übergeben. «Es war Héro.» Nach Abstürzen und Aufenthalten in Reha-Stationen – und seit Monaten wieder clean! – fand Irene ihr Paradies in Thailand, auf der Insel Koh Samui, wohin sie 1987 gezogen war. Wo sie sich in einen Schreiner verliebte, einen einfachen Mann, der jünger war als sie. Da ist sie unter mysteriösen Umständen gestorben. Ihr Töff wurde allem Anschein nach von einem Jeep gerammt. Ein «Unfall»? «Berühmteste Dirne der Schweiz starb bei einem Töffunfall in Thailand», titelte der *Blick* am 30. August 1989, auf der ersten Seite, mit Bild. «Sie ist gezielt abgeschossen worden», sagt ein Freund. «Schlicht ein Mord», sagt eine Freundin. Sie starb 37-jährig. Im vierten Lebensjahrzehnt, in dem manche Helden oder Heldinnen der Neuzeit abgetreten sind. Was ihren Mythos vermehrte.

WILLI WOTTRENG

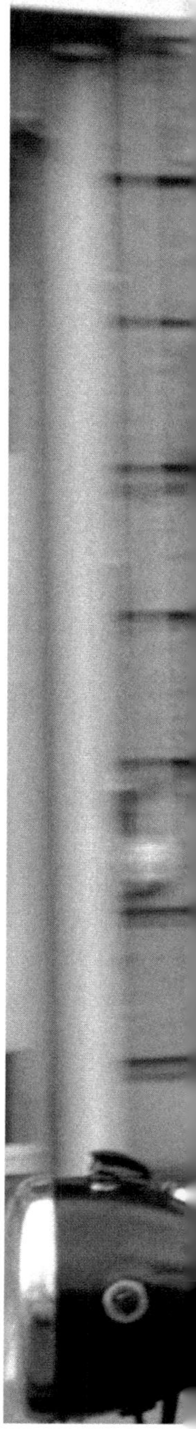

Vollgas durchs Leben: Irene Staub aka Lady Shiva auf dem Sozius von Modedesignerin Ursula Rodel 1978.

Ein Museum, aber noch im Rohbau: Im Keller des Schlosses Brestenberg am Hallwilersee plante der Winterthurer Unternehmer Bruno Stefanini seine Ausstellung zur Geschichte der Menschheit. Unten: Auch das Abgründige hätte seinen Platz bekommen: Stefanini sammelte viel Militaria.

15

ER SAMMELTE WELTGESCHICHTE

Der Immobilienunternehmer Bruno Stefanini trug zu Lebzeiten 100 000 Objekte zusammen, vom Hodler-Kunstwerk bis zu Hitlers Spargelzange. Er wollte damit die Geschichte der Menschheit darstellen. Schriftsteller Michael Hugentobler besuchte die Stiftung für Kunst, Kultur und Geschichte, die Ordnung ins visionäre Chaos zu bringen versucht.

An einem nebelverhangenen Novembertag im Jahr 2020 fahre ich in den Kanton Aargau, zu einem Schloss namens Brestenberg. Ich treffe Herrn Müller, der mich in den Keller des Schlosses führt. Als an der Decke Lichtkegel angehen, erinnert der Ort an eine Tiefgarage im Rohbau. Ein riesiger Raum erscheint. Als Erstes sehe ich eine rot lackierte britische Telefonkabine. Dann ein rostiges Schiff. Und schliesslich einen Centurion-Panzer der Schweizer Armee.

Hier, unterhalb des Schlosses Brestenberg am Hallwilersee, hat der Unternehmer Bruno Stefanini einen gigantischen Keller gebaut, mit der Absicht, einst ein Museum einzurichten. Ihm schwebte ein Ort wie die Königlichen Museen in Brüssel vor, wo die Geschichte der Menschheit von ihren Anfängen bis ins Jetzt erzählt wird. Im Jahr 1986 begann Stefanini diesen Plan zu hegen, und die Tatsache, dass das Museum bis heute nicht vollendet ist, zeugt von seinem grandiosen Scheitern.

Der Bauunternehmer sammelte vom Ölgemälde bis zum Zinnsoldaten so ziemlich alles, was er bekommen konnte. Bis heute weiss niemand genau, wie viele Objekte es tatsächlich sind. Man schätzt den Bestand auf etwa 100 000. Auch weiss niemand, wie viele dieser Objekte wertvoll sind. Zwar ist das eine oder andere Bild der Nationalmaler Hodler und Anker dabei, aber genauso sammelte Stefanini Kontaktikonen, also Alltagsgegenstände von berühmten Menschen, beispielsweise ein Stück Strumpf von Marie Antoinette, die den Strumpf im Gefängnis ausgezogen haben soll.

Bruno Stefanini starb 2018 im hohen Alter. Bereits zu Lebzeiten hatte seine Stiftung für Kunst, Kultur und Geschichte (SKKG) eine Kuratorin angestellt, die seine Sammlung inventarisieren sollte. In zehn Jahren brachte es die Kuratorin mit einem Team von drei Personen gerade einmal auf 8000 inventarisierte Kunstwerke. Sie schätzte, es gäbe noch Arbeit für weitere 30 Jahre. Heute allerdings hat die Stiftung ihre Mitarbeiterzahl auf das Fünffache aufgestockt, zudem wurden rund 80 externe Mitarbeiterinnen und Mitarbeiter angestellt, die sich der Herkulesaufgabe annehmen. In vier Jahren soll der Prozess abgeschlossen sein.

Stefanini sammelte auch Schlösser, unter anderem das Schloss Brestenberg. Hier zeigt mir Schlosswart Müller ein Cheminée von König Louis XV. aus dem Jahr 1750. Oder einen nordeuropäischen Thronsessel aus dem 17. Jahrhundert. Oder den persönlichen Spiegel von Kaiser Franz von Österreich. Zudem: ein Stück Mauer des Eisernen Vorhangs aus den 1960er-Jahren beim Checkpoint Charlie in Berlin; eine Lafette-Kanone aus dem Ersten Weltkrieg; sehr viele Bomben. Kürzlich waren Sprengstoffexperten von Armee und Polizei hier und man hat erkannt, dass einige der Bomben noch scharf waren. Man hat Zettel mit der Aufschrift «*Waffen, Granaten, Explosivstoffe etc.! Nicht berühren!*» angebracht und die Objekte mit rot-weissem Plastikband umwickelt. Zeitnah, sagt Herr Müller, würden die Experten zurückkommen und die heiklen Objekte abtransportieren oder gegebenenfalls gesichert sprengen. Wie er das sagt, klingt er so unbekümmert wie jemand, der über ein geplantes Treffen mit seinem Finanzberater spricht.

Wir entfernen uns dann von den Objekten des Schreckens und des Krieges, gehen eine unverputzte Mauer entlang und am Ende der Mauer durch eine Tür. Dieser Raum ist beheizt und trocken. Überlebensgross steht an der Wand ein 800 Jahre altes Abbild von Bodhisattwa Maitreya, einem der Zukunfts-Buddhas. Gleich nebenan stehen und liegen weitere buddhistische Statuen, die sehr alt aussehen. Zudem stehen da ein zaristischer Kerzenhalter aus dem Kreml, ein minoischer Tonsarg aus dem 13. Jahrhundert vor Christus und Kaiserin Sisis ehemaliger Salonofen.

Was diese Objekte so sonderbar macht, ist ihre Zufälligkeit. Als Betrachter ist es mir unmöglich, auch nur den Ansatz eines roten Fadens oder einer Leitidee zu erkennen. Ein ähnliches Gefühl beschlich mich einige Wochen vorher. Es war am Sitz von Stefaninis Stiftung für Kunst, Kultur und Geschichte in Winterthur, genauer: im Keller der Stiftung. Draussen funkelte ein wolkenloser Herbsttag, hier unten surrten Neonröhren. Ich war in Begleitung von Severin Rüegg, Leiter der Sammlung. Er trug einen zugeknöpften Cardigan, darunter ein Hemd. Er sagte, wenn er sich hier nur um Hodlers berühmteste Werke zu kümmern hätte, hätte er sich wohl nie für diesen Job beworben. Was ihn an Stefaninis Sammlung fasziniere, sei ihre Diversität, und diese sei voller Überraschungen – erst letzte Woche habe er Werke im Wert von mehreren 100 Millionen Franken in einem einzigen Raum versammelt gesehen. Vermutlich hatte selbst ihr Besitzer vergessen, wo sie gewesen waren. In dieser Hinsicht unterschied sich Stefanini nicht sonderlich von anderen grossen Sammlern, wie etwa dem Amerikaner John Pierpont Morgan, der sich bei einem Experten seiner Entourage schriftlich nach dem Verbleib einer Skulptur von Michelangelo erkundigte und die Antwort bekam: «Die Büste steht schon seit einem Jahr in Ihrer Bibliothek und Sie betrachten sie jedes Mal, wenn Sie in Ihrem Stuhl sitzen.»

Rüegg führte mich in einige der Räume im Winterthurer Keller. Ich sah mittelalterliche Zweihänder, Kronleuchter, Truhen, Schränke, die Statue einer nackten Nymphe, einen kauenden Löwen. Das alles erschlug mich fast, es war wie eine Mischung aus Museum, Kunstgalerie und Ballenberg. Aber dann erschrak ich: Rüegg zeigte auf einen Kleiderständer, der aussah wie von C&A oder H&M. Unter Plastikfolien geschützt hingen Uniformen an Bügeln. Rüegg sagte, diese Uniformen seien an den Nürnberger Prozessen getragen worden, also jenen Prozessen, an denen Kriegsverbrecher Nazideutschlands verurteilt worden waren. Vor lauter Verwirrung vergass ich zu fragen, ob das die Uniformen der Deutschen oder der Alliierten gewesen seien, ich vergass, mir die Uniformen genauer anzuschauen, und ich vergass auch, mein Handy aus der Hosentasche zu kramen und ein Foto zu machen. Was mich so verstörte, war die Kombination aus billigem Kleiderständer und historischer Relevanz, inmitten all dieser anderen Dinge – die Diskrepanz zwischen Banalität und Schrecken. Gleichzeitig beschlich mich ein sonderbares Gefühl: Die Uniformen kamen mir vor wie der Triumph des Materiellen über den menschlichen Körper, der erlosch und verschwand. Eine Art Sieg der Erinnerung in Form von ein bisschen Stoff.

Nach dem Besuch in Brestenberg im Kanton Aargau passiert lange nichts mehr. Es ist die Zeit des zweiten Corona-Lockdowns, ein seltsamer Schlaf legt sich über das Land, der Spätherbst kommt, dann der Winter, und Stefaninis Sammlung gerät in meiner Wahrnehmung etwas in den Hintergrund. Ab und zu denke ich noch daran, und ich frage mich, warum mir kaum je die Schönheit in den Sinn kommt, etwa die verwirrend wunderbar gestaltete Statue des Zukunfts-Buddhas, oder die winzigen vergoldeten Birnen am Spiegel von Kaiser Franz von Österreich, oder die bärtige Miniatur eines mönchisch anmutenden muskulösen alten Mannes am Salonofen von Prinzessin Sissi. Stattdessen denke ich an Seeminen und Panzer und die Spargelzange eines Massenmörders namens Adolf Hitler.

Erst im Frühling 2021 nehme ich die Recherche wieder auf. Ich fahre an den Stadtrand von Zürich, zu einem Lagerhaus aus Wellblech. Severin Rüegg sagt, dies sei eine Festung und ein Flugzeug könne darauf abstürzen und nicht allzu viel würde passieren. Gebe hier jemand einen falschen Code in die gesicherten Türen ein, rücke 30 Sekunden später die Polizei aus. Es ist ein Hochsicherheitsgebäude, in dem reiche Leute ihre Picassos und Warhols aufbewahren. Die SKKG hat sich hier eingemietet für ein Projekt, von dem Rüegg gerne betont, es sei von einzigartigem Ausmass. Da viele von Stefaninis Sammlungsgegenständen jahrelang in modrigen Keller lagerten, sind sie fast alle von Schimmel befallen. Einige Objekte sind auch mit Pestiziden und Fungiziden kontaminiert, da man früher auf diese Weise

Kunstwerke zu schützen versuchte, etwa vor Wurmstich. Die SKKG hat also nicht nur das Problem, dass sie nicht weiss, wie viele Objekte sie besitzt oder welchen Wert diese Objekte haben, da ist auch noch die zusätzliche Herausforderung, dass diese Objekte möglicherweise gesundheitsschädigend sind. Und da es sich um eine gigantische Menge handelt, bei der es sich nicht lohnt, jede Pendeluhr und jede Hellebarde zuerst zu testen, wird gleich alles in einem einzigen Kraftakt gesäubert. Das gilt für Teppiche von der Grösse einer Garageneinfahrt ebenso wie für einen Zinnsoldaten.

Ein Gittertor fährt zurück und wir betreten das Lagergebäude. Hinter einer weiteren Schleuse stehen neben einer Laderampe rund ein Dutzend Fahrzeuge; unter einer roten Haube ist Winston Churchills Privatauto verborgen. Ein Sicherheitsmann kontrolliert meine Identitätskarte, als würde ich eine internationale Zone betreten, dann gehen wir die Rampe entlang zu einem Raum, der vom Boden bis zur Decke von einer temporär aufgebauten Wand aus Kanthölzern und daran befestigter Plastikfolie zweigeteilt wird.

Es ist sehr laut, Maschinen surren und aus der Wand ragen sonderbar wurstähnliche Schläuche. Hinter der Wand sieht es etwa so aus, wie man sich eine Marskolonisation vorstellt: Die Menschen sind eingepackt in Schutzanzüge, um die Hüften tragen sie einen Gebläsefilter namens X-plore 800 gegurtet, aus dem Filter ragt ein schwarz glänzender Schlauch, der durch eine Öffnung am Nacken in eine schiefergraue Haube führt, und unter der Haube, hinter einem Schutzvisier, steckt der Kopf des Menschen. Es ist unmöglich zu sagen, ob unter diesen astronautenähnlichen Anzügen Männer oder Frauen stecken. Diese Menschen säubern Stefaninis Sammlung mit Staubsaugern, Gebläsen und Pinseln. Sind die Objekte sauber, werden sie in den anliegenden Raum gebracht. Dort werden sie vermessen, fotografiert und in einer Datenbank kurz beschrieben. An diesem Punkt des Reinigungsprojektes wird auch klar, ob Objekte fehlen. Kürzlich kam etwa die Uniform zum Vorschein, die Charlie Chaplin im Film *Der grosse Diktator* getragen hatte. Das Stück wurde ans Chaplin-Museum in Corsier-sur-Vevey ausgeliehen, allerdings fehlte die Hose. Nun also hängt im Registrierraum des Lagerhauses das Foto der Uniformjacke mit dem Vermerk «Hemd + Hose fehlen». Ebenfalls vermisst werden zurzeit die Deckel zweier Karaffen aus Kristallglas, der Gehrock einer Uniform, die passenden Stöcke zu einer Trommel sowie ein ovaler Spiegel, der in eine Art Kettenanhänger passen sollte.

Sobald die Objekte komplett sind, werden sie in den oberen Stock gefahren, wo sie zwischengelagert werden. Dort bleiben sie vorübergehend, und zwar so lange, bis das Sammlungshaus der SKKG in Winterthur fertig gebaut ist. Die Eröffnung ist für das Jahr 2027 geplant. Allerdings wird dieses Haus kein Königliches Museum à la Brüssel werden, wie es sich Stefanini einst erträumt hat. «Gute Museen gibt es schon zuhauf», sagt Sammlungsleiter Rüegg, «dorthin leihen wir lieber unsere Objekte aus.» Dies tut die Stiftung jetzt schon mit jenen Objekten, die gesäubert und erfasst sind. Abgesehen von Chaplins Uniformjacke sind einige von Hodlers Werken an die Berlinische Galerie und Werke von Max Buri und Sigismund Righini ans Musée d'Orsay in Paris ausgeliehen. Das Sammlungshaus wird somit eher eine Art Lager werden. Teilweise wird es öffentlich zugänglich sein. Allerdings liegt das Ende des Projekts noch weit in der Zukunft.

Immerhin ist die Reinigungsaktion im Januar 2023 fürs Erste abgeschlossen. Weit über zwei Jahre lang dekontaminierten, registrierten und fotografierten die Mitarbeiter der Stiftung 78 544 Kunstwerke und historische Objekte – dafür wurden 2512 Stunden in Schutzanzügen verbracht und 13 720 Laborproben durchgeführt, um sicherzustellen, dass die Objekte auch wirklich sauber waren.

Nun wendet man sich anderen Herausforderungen zu. Im Sommer 2023 wird auch das Schloss Brestenberg geräumt. Und besonders im Fall der Kontaktikonen aus dem Dritten Reich stellt sich die Frage: Woher stammen sie? Wer hat sie Stefanini verkauft? Hat die Stiftung allenfalls eine moralische Verpflichtung in Bezug auf ihre Provenienz? Mit Sicherheit wird die Stiftung noch sehr lange mit Arbeit gesegnet sein.

MICHAEL HUGENTOBLER

16

AMERIKANISCHE KARRIEREN

Sie eroberten beide von Zürich aus die Welt. Der eine konnte aus einem Kartoffelsack einen Bundesrat machen, der andere erfand einen neuen Standard bei der Vermittlung von Führungskräften. PR-Guru Rudolf Farner und HR-Ikone Egon Zehnder waren beide Juristen, Zünfter, Offiziere – und doch ganz unterschiedlich.

Egon Zehnder (1930–2021) und Rudolf Farner (1917–1984) haben in ihren Branchen Pionierarbeit geleistet. Beide waren weitsichtige und erfolgreiche Unternehmer, die inspiriert von ihren Erfahrungen in den USA die Entwicklung beider Branchen von Zürich aus als Pioniere geprägt und ihre Unternehmen in der Schweiz und international etabliert haben.

Rudolf Farner war ein begnadeter Geschichtenerzähler und Netzwerker, der tatkräftig an den Anekdoten mitwob, die über ihn kursierten. «Fänsch», wie er von seinem Umfeld und schliesslich selbst von den Medien genannt wurde, war ein Mensch, der durch seinen Einfluss hinter den Kulissen der Macht und sein Auftreten polarisierte. Vor allem sein Engagement im Rahmen verschiedener Mandate zur Stärkung der Landesverteidigung oder für den Ausbau der Atomkraft in der Schweiz machten ihn und die Agentur zur Reizfigur ausserhalb des bürgerlichen Parteienspektrums. Wohl auch deshalb diente er als Vorlage für einen Roman. Legendär ist die ihm zugeschriebene Aussage, er könne für eine Million einen Kartoffelsack zum Bundesrat machen. Bis heute ist unklar, ob dieses Zitat wirklich von ihm stammte. Er soll aber gesagt haben, er sei nicht so blöd, das Kartoffelsack-Zitat zu dementieren, denn dafür sei es viel zu gut. Zudem wisse er selbstverständlich, dass man mit Geld allein keinen Bundesrat machen könne. Farner war eine schillernde Figur. Sein familiäres Umfeld hingegen blieb dabei stets im Hintergrund. 1944 heiratete er Elisabeth Schuler. Keines seiner drei Kinder folgte ihm später in das Unternehmen. Nach seiner Scheidung heiratete er 1973 Liliane Plocher. Rudolf Farner verstarb am 10. März 1984 mit 66 Jahren.

Egon Zehnder war ein Menschenfreund und ein Familienmensch. Er hatte Interesse an den Menschen und liess es sie auch spüren: Sie fühlten sich in seiner Gegenwart wohl – auch wenn sie unterschiedlicher Meinungen waren oder eine andere Haltung vertraten als er. Er war ein ausgeprägter Optimist und sah stets das Positive. 1962 heiratete er Brigitte Lehner, mit ihr blieb er bis zu ihrem Tod zusammen. Der Ehe entsprangen fünf Kinder, von denen ihm zwei Söhne in das Unternehmen gefolgt sind. Er liebte seine Familie, die ihm für alle seine Aktivitäten Kraft, Rückhalt und Antrieb verlieh. In seiner Freizeit lebte Egon Zehnder seine Faszination und Leidenschaft für klassische Musik, Opern sowie Oldtimer aus. Besonders angetan war er seit seinen Jugend- und Studienjahren von Geschichte, Kultur und Literatur der griechischen und römischen Antike. Zeit seines Lebens war er an Politik und den prägenden Persönlichkeiten der Weltgeschichte interessiert. Egon Zehnder starb nach kurzer Krankheit am 16. November 2021.

Bei allen Unterschieden gibt es im Leben von Rudolf Farner und Egon Zehnder viele Gemeinsamkeiten. Beide stammten aus mittelständisch-bürgerlichen Verhältnissen: Rudolf Farner wuchs in Horgen auf, Egon Zehnder in der Stadt Zürich; sie besuchten nach der Primarschule das Kantonale Gymnasium in Zürich und absolvierten anschliessend ein Studium der Rechtswissenschaften an der Universität Zürich, das beide mit einer Dissertation abschlossen. Beide leisteten Militärdienst und dienten der Schweizer Armee als hohe Offiziere: Rudolf Farner beendete seine Laufbahn als Oberst, Egon Zehnder als Major. Obwohl beide promovierte Juristen waren, lag ihnen eine juristische Karriere fern. Sowohl für Rudolf Farner wie auch für Egon Zehnder war die Zeit, die sie in den USA verbracht haben, richtungsweisend für ihre weitere berufliche Entwicklung, wo sie sich ihre Sporen in der Werbung und Kommunikation verdienten. Rudolf Farner entdeckte während seiner Studienzeit seine

Schillernd und polarisierend: Rudolf Farner (l.). Vornehm und zurückhaltend: Egon Zehnder (r.).

journalistische Leidenschaft und arbeitete als freischaffender Journalist. Als Leiter der Abteilung Vorunterricht des Kantons Zürich sammelte er von 1941 bis 1945 erste Erfahrungen mit Public Relations. Es folgten weitere journalistische Tätigkeiten, bis er sich entschied, 1948 mit seiner Familie in die USA zu reisen, um sich mit den Methoden des Verkaufs, des Marketings, der Werbung und der PR vertraut zu machen.

Obwohl das Thema Public Relations in der Schweiz kein Novum war, steckte es noch tief in den Kinderschuhen. In den USA hingegen hatte sich die Branche nach dem Ende des Ersten Weltkrieges stark professionalisiert. Bei der renommierten Agentur Foote, Cone & Belding lernte Rudolf Farner nicht nur das Handwerk der Werbung und PR kennen, sondern verstand auch, dass sich eine Werbeagentur neben dem künstlerisch-kreativen Anspruch als professionelles und gewinnorientiertes Unternehmen aufbauen und führen liess. Er lernte auch die professionelle Kampagnenführung kennen. 1949 kehrte Rudolf Farner zurück nach Zürich und konzentrierte sich nun gänzlich auf Werbung und PR und baute in beiden Disziplinen marktführende Unternehmen auf.

Egon Zehnder promovierte bereits mit 23 Jahren, aber die Arbeit mit abstrakten Gesetzesnormen schränkte ihn in seinem Unternehmensdrang zu stark ein. Schon als Jugendlicher hatte er unternehmerische Initiative entwickelt, als er nach dem Zweiten Weltkrieg den in der Schweiz weilenden US-Soldaten Kaugummis abkaufte und sie mit Gewinn an seine Mitstudenten weiterverkaufte. So war es nicht erstaunlich, dass er 1954 in die USA ging, um an der Harvard Business School zu studieren. Das Studium und den Lebensunterhalt finanzierte er sich dabei grösstenteils selbst, indem er sich mit verschiedenen Jobs über Wasser hielt.

Nach seinem Harvard-MBA 1956 trat Egon Zehnder noch im selben Jahr beim Werbeunternehmen McCann Erickson seine erste Stelle an. McCann Erickson war damals eine der grössten Werbeagenturen in den USA. Dort war Egon Zehnder zunächst für das Unternehmen in New York, später in Düsseldorf und schliesslich in Genf tätig. 1959 folgte er dem Ruf von Spencer Stuart nach Chicago, um dort das Metier des Personalberaters zu lernen. Nach kurzer Einarbeitungszeit wurde er damit betraut, von Zürich aus das Europageschäft aufzubauen.

Nach seiner Rückkehr 1949 begann Rudolf Farner als Partner beim Werber Paul O. Althaus. Nur ein Jahr später eröffnete er sein eigenes «Reklamebüro». Von Anfang an setzte er sowohl Werbe- als auch PR-Kampagnen um. 1951 gründete er ein Pressebüro. Es entwickelte sich innerhalb der Werbeagentur zu einem eigenen Profitcenter. Rudolf Farner orientierte sich dabei am Organisationsprinzip der grossen Werbeagenturen in den USA und setzte damit einen unternehmerischen und administrativen Standard. Insbesondere Unternehmen, die aufgrund ihrer internationalen Tätigkeiten mit solchen Standards vertraut waren, fanden in der Werbeagentur von Rudolf Farner die adäquate Organisation. Zu den ersten Kunden gehörten die Zürcher Confiserie Sprüngli seines Jugendfreunds Richard Sprüngli und die Coca-Cola Corporation.

Rudolf Farner revolutionierte das Werbegeschäft. Er zeigte, wie sich eine Agentur nach modernen ökonomischen Grundsätzen führen liess. 1958 übernahm Gustav Däniker als erster Partner die operative Leitung der PR-Agentur von Rudolf Farner, das Pressebüro Dr. Rudolf Farner AG. Ab den frühen 1960er-Jahren expandierte die Werbeagentur in die europäischen Märkte mit der Eröffnung eigener Büros in Düsseldorf,

Mailand, Amsterdam, Wien und Frankfurt. 1972 erfolgte die rechtliche Trennung der PR-Agentur Farner von der Werbeagentur. Letztere wurde an die Intermarco verkauft, aus der später die Publicis hervorging. Rudolf Farner verblieb Mitglied des Joint Management Board der Intermarco-Farner Advertising Agencies. Bis zu seinem Tod blieb er mit der PR-Agentur eng verbunden.

Zurück in Zürich gewann Egon Zehnder durch seine gewinnende Art rasch prominente Kunden aus der Zürcher und internationalen Bankenwelt. Er störte sich aber zunehmend an dem damals – und in weiten Teilen der Branche bis heute – üblichen Provisionsmodell, das den Dienstleistenden in den Augen seiner Auftraggebenden zu einem «Broker für Köpfe» und einem «Provisionsjäger» machte. Egon Zehnder hatte ein anderes Ideal vor Augen: das des Beraters und Sparringpartners, der mit seinen Kunden auf Augenhöhe stand. Seine Kritik an der bestehenden Honorar-Politik führte schliesslich zum Bruch mit Spencer Stuart. 1964 machte sich Egon Zehnder selbstständig: Von nun an galt als Leitlinie, dass das Honorar zusammen mit dem Kunden als Fixum festgelegt wurde und nicht an dessen Einstellung oder Salärhöhe zu koppeln sei. Die Prinzipien «Client First», «One Global P&L» und «Equal Partnership» innerhalb des Unternehmens waren für die Branche ein Novum und für Egon Zehnder zentral: Sie rückten den Kunden und die Dienstleistung für den Kunden in den Fokus und bedeuteten eine Absage an das unternehmensinterne Konkurrenzdenken. Intern gab es keine individuellen Boni, sondern Kompensation nach dem Anciennitätsprinzip. Das war neu für eine Branche, die bisher durch Einzelkämpfer und ein ausgeprägtes Konkurrenzdenken geprägt war.

Egon Zehnder setzte sich mit seinem Ansatz am Markt rasch durch. Das Unternehmen wuchs und baute schon früh seine internationale Präsenz aus: 1969 eröffnete Egon Zehnder erste Niederlassungen ausserhalb der Schweiz in Paris und Brüssel, 1977 das erste Büro in den USA. Dabei blieb das Unternehmen den Prinzipien seines Gründers stets treu. Mit seinem Wertesystem versehen, machte Egon Zehnder aus seinem Beratungsunternehmen einen der weltweit grössten Vermittler von Führungskräften. Das von Egon Zehnder etablierte Partnersystem verlieh dem Unternehmen Stabilität und Beständigkeit in der Unternehmensführung. 1987 löste Dan Meiland Egon Zehnder als CEO ab. Bis zu seinem Rückzug aus der Firma 2001 blieb Egon Zehnder Präsident und Partner. Bezeichnend für Egon Zehnder war, dass er mit seinem Rückzug aus der Firma seinen damaligen Unternehmensanteil nicht etwa an die übrigen Partner verkaufte, sondern an diese übergab, damit sie sein Erbe im Sinne der «Generosity» weiterführen würden.

Rudolf Farner und Egon Zehnder lernten sich Anfang der 60er-Jahre kennen und pflegten bis zum Tod von Rudolf Farner einen regen und fröhlichen Austausch. Die charismatischen Persönlichkeiten trafen sich regelmässig zum Mittagessen – unter anderem im Club Baur au Lac. Ein auf den ersten Blick ungleiches Paar: hier der eher jovial und etwas forsch auftretende Rudolf Farner, dort der eher vornehm zurückhaltende Egon Zehnder. Auch wenn sie nicht immer derselben Meinung waren, schätzten und respektierten sie einander. Sie verband als hohe Offiziere das Interesse an der Landesverteidigung im Kalten Krieg. Aufgrund ihrer Erfahrungen in den USA erkannten beide deren führende Rolle für das westliche Wertesystem, weshalb sich beide in der Schweizerisch-Amerikanischen Handelskammer engagierten. Sie waren beide fest im gesellschaftlichen Leben von Zürich verankert und in zahlreichen Organisationen und Vereinen aktiv. Wie damals für «echte» Zürcher üblich, engagierten sie sich im Zunftwesen: Rudolf Farner gehörte der Zunft zu den Schiffleuten an, Egon Zehnder der Gesellschaft zur Constaffel. Die beiden Unternehmungen waren während vieler Jahre auch institutionell miteinander verbunden: 1973 erhielt die PR-Agentur Farner den Auftrag, für das Unternehmen von Egon Zehnder und sein Management eine professionelle Medienarbeit umzusetzen. Das Jahr 1973 markierte den Beginn einer langjährigen Zusammenarbeit.

Das Kommunikationsunternehmen Farner ist heute Marktführerin in der Schweiz für hochspezialisierte und integrierte Kommunikationsaufgaben. So wie Rudolf Farner in den 1960er-Jahren seine Werbeagentur nach Europa expandierte, treibt das Unternehmen Farner unter der Marke Team Farner heute die internationale Expansion voran. In wenigen Jahren soll eine führende europäische Managementberatung für integrierte Kommunikation entstehen. Das von Egon Zehnder 1964 gegründete Personalberatungsunternehmen ist heute global unter dem Namen Egon Zehnder mit über 3400 Mitarbeitenden an 63 Standorten in 36 Ländern vertreten und insbesondere in den Bereichen Executive Search und Leadership Advisory tätig. Das Unternehmen gehört seit Jahrzehnten zu den weltweit vier grössten Unternehmen seiner Branche.

ROMAN GEISER

17

VERLOREN AN DEN GROSSEN KANTON

Sie gehörte doch uns. Die witzigste Zürcherin. Die Deutsche Bahn, kein Unternehmen, das den Deutschen viel Spass macht, schreibt in einem Porträt über Hazel Brugger aber: «Deutschlands lustigste Frau». Das war's dann wohl. Ihre Auftritte als Slam Poetin, Stand-up-Comedian und vor allem als Aussenreporterin für die satirische *heute-show* des ZDF haben sie berühmt gemacht. Sie interviewt dort mit stoischer Miene und unschweizerischer Direktheit Politikerinnen und Politiker. «Ich habe die Fähigkeit, mein Fremdschäm-Gen kurzzeitig abzuschalten», sagt sie. «Dafür habe ich danach zwei schlechte Tage. Es ist sauanstrengend, so gemein und teilweise ja auch asozial zu sein.»

Hazel Brugger tourt bereits mit ihrem dritten Soloprogramm («Kennen Sie diese Frau?») vor allem durch Deutschland und ein wenig auch durch die Schweiz. Sie gewann den Deutschen Comedypreis, den Salzburger Stier, den Swiss Comedy Award und den Deutschen Kleinkunstpreis. Kürzlich hat sie sich mit Baby und Ehemann Thomas Spitzer ein Einfamilienhaus in Dieburg bei Darmstadt gekauft. «Das ist dieses Fussballprofi-Ding: Die sind ja alle noch früher unter der Haube als ich», sagt sie. Aufgewachsen ist sie in Dielsdorf, aber geboren 1993 in San Diego, wo ihr Vater damals als Neuropsychologe arbeitete. Ihrer Mutter, einer Englischlehrerin aus Köln, gefiel der Name Hazel, weil er so schön amerikanisch klingt.

Kann man in Darmstadt glücklich werden? Über ihren Ehealltag erzählte das Paar jedenfalls in einem viel beachteten Podcast. Hazel Brugger: «Ich muss ein bisschen spiessig sein, damit ich mein völlig verrücktes Leben irgendwie zusammenhalten kann.» Sicherheit durch Beständigkeit. Früher hätte man gesagt, die lustigste Zürcherin verkörpere etwas sehr Bankenplatzspezifisches. Aber damit ist es ja auch vorbei.

PETER RÖTHLISBERGER

Tönt wie ein Treppenwitz: Hazel Brugger wohnt mit Mann und Baby in Dieburg bei Darmstadt.

Grosses Herz: Pfarrer Ernst Sieber bei seinem traditionellen Weihnachtsessen für Randständige im Luxushotel Marriott in Zürich 2017.

18

DER STADTHEILIGE

Der Altstätter Pfarrer Ernst Sieber hielt zeit seines Lebens die schützende Hand über die Randständigen dieser Stadt. Waren ihm die Sozialbehörden zu träge, organisierte er selbst eine Lösung. Sein Krisenmanagement war begleitet von starken symbolischen Gesten.

Ernst Sieber hatte im zurückhaltenden Zürich den Status eines Superstars. Seine Beliebtheit verdankte er nicht nur seiner Hilfe für Aidskranke, Obdachlose, Drogensüchtige, sondern auch seinen rhetorischen Fähigkeiten und seinem telegenen Auftritt. Seine zahlreichen Bücher über sein Wirken schafften es in die Bestsellerlisten. 1988 wurde er Ehrendoktor der Universität Zürich. 1991 wählte ihn das Stimmvolk mit einem Spitzenresultat für die EVP in den Nationalrat, bevor er nach einer Periode wegen parteiinterner Kungeleien auf eine Wiederwahl verzichtete.

Für die Medien war Sieber ein Glücksfall: charismatisch, wortstark, authentisch und mit dem notwendigen Sprutz Theatralik. Mitte der 90er-Jahre erreichte er fast schon den Status eines Heiligen, zumindest jenen eines «Stadtheiligen»; eine Bezeichnung, die ihm ausnehmend gut gefiel.

Er wurde 1928 als Sohn eines Elektromechanikers in Horgen geboren. Er startete als Bauernknecht, später besuchte er die Landwirtschaftsschule Strickhof. Er holte die Matura nach und studierte Theologie. Zuerst war er Pfarrer in Uitikon-Waldegg, später während eines Vierteljahrhunderts in Altstetten. Verheiratet mit der Sängerin Sonja Sieber-Vassalli war er Vater von vier eigenen und vier Pflegekindern. Seine historische Leistung war aber die Gründung der Stiftung Sozialwerke Pfarrer Sieber, eines richtigen Sozialimperiums, das die staatlichen Institutionen konkurrenzierte und wegen seiner Liquiditätsprobleme immer wieder Medienthema war. Als er starb, zählten die Sozialwerke 16 Einrichtungen, wie Pfuusbus, Sune-Egge oder Brot-Egge. Insgesamt beschäftigen sie rund 180 Mitarbeitende und erzielten einen geschätzten Umsatz von 22 Millionen Franken. Obwohl Sieber die operative Leitung schon lange abgegeben hatte, ist das Hilfswerk auch über seinen Tod hinaus mit seinem Namen verbunden. Mit der offenen Drogenszene auf dem Platzspitz und später am Letten hatte Ernst Sieber ein Betätigungsfeld und – im positiven Sinne – auch eine Bühne gefunden. Sieber stellte seinen VW-Bus jeweils an der Lettenstrasse ab. Sein Weg führte unter dem grossen Viadukt hindurch direkt zum kleinen Betonsteg, der vom Kraftwerk Letten zum Sihlquai führte. Wer diesen überqueren wollte, musste über Dutzende von schwerkranken und süchtigen Personen hinwegsteigen. Sollte Sieber jemals Angst gehabt haben, liess er sich nichts anmerken. Was beeindruckte: Der damals 68-Jährige kannte seine ganze «Klientel» mit Namen. Er speiste die Notleidenden auch nicht mit theologischen Floskeln ab, sondern versprach sofort medizinische Hilfe oder organisierte mit seinem grossen Handy sogleich einen Platz in einem seiner Spitäler oder in einer seiner Notschlafstellen. «Ich bin da, wo man mich braucht», war sein Credo. Mit fast schon übersinnlicher Fähigkeit fand er hinter Bäumen oder Gestrüpp immer wieder Personen, die kurz vor dem Erfrieren waren und sofort Hilfe benötigten.

Höhepunkt von Siebers Letten-Engagement war Freitag, der 23. Dezember 1994, wenige Wochen vor der endgültigen Schliessung der Drogenhölle. Die Sozialwerke hatten kurz zuvor eine knappe Einladung an die Redaktionen versandt, wonach man sich um 23 Uhr an der Neugasse, direkt hinter dem Hauptbahnhof, einfinden sollte. Eine Begründung gab es nicht. Sieber stand dort mit zwei Dutzend ausgemergelten und kranken Personen, eingehüllt in graue Militärdecken. Fast schon verschwörerisch zeigte Sieber auf einen verlassenen Eisenbahnzug. «Der Auszug vom Letten», sagte Sieber, in Anspielung auf Moses' Flucht aus Ägypten. Der Pfarrer war bester Laune. Die Erleichterung war ihm anzumerken, vielleicht auch die Genugtuung, dass er es allen Sozialbürokraten mit seiner Spontanaktion gezeigt hatte. Weit nach Mitternacht kam der Sieber-Zug in Kollbrunn im Tösstal an. Kurzfristig hatte der Pfarrer eine Notschlafstelle für einige Überlebende der Zürcher Drogenszene in einer ausrangierten Spinnerei von Adrian Gasser organisiert. Einprägsames Motto: «Betten statt Letten!» Allein der Aufbau dieser Suchthilfeeinrichtung mit dem Namen Zäller Dach mit 60 Plätzen, der innerhalb kürzester Zeit und unter grösster Verschwiegenheit gelang, grenzte an ein kleines Weihnachtswunder. Als man aber in der kleinen Tösstaler Gemeinde realisierte, dass das vermeintliche Provisorium auf längere Zeit angelegt war, entfachte dies Unbehagen und Widerstand. Die Bedenken lagen auf der Hand, das kleine Dorf wollte kein neues Drogenmekka werden. Zudem hatten viele Bewohner Angst, dass ihre eigenen Kinder in diesen Sumpf hineingeraten könnten. Sieber kannte diese Ängste. Als es Anfang 1995 zu einer Orientierungsversammlung im Gemeindehaus kam, war die Stimmung angeheizt. Doch der Pfarrer war überhaupt nicht nervös. «Die Lüt händ 's Härz uf äm rächte Fläck», sagte er. Was folgte, war ein zweites Wunder. Sieber gelang es mit Hilfe des SVP-Gemeindepräsidenten Georg Schellenberg, die Kritiker in der konservativen Gemeinde grösstenteils zu besänftigen. Als ein Zugezogener in den Saal brüllte, dass Sieber mit seiner Notschlafstelle die Gemeinde ins Verderben stürzen wolle, stand ein Bauer auf und meinte mit bedächtiger Stimme: «Mä cha die arme Sieche doch nöd verrecke la». Das wirkte – zu Recht: Als das Zäller Dach im Oktober 1995 seinen Betrieb einstellte, konnte man praktisch keine unliebsamen Zwischenfälle vermelden. Sieber brach mit den Notleidenden – symbolträchtig und mediengerecht – zu einer kleinen «Tour de Suisse» auf, die nach Wangs im Sarganserland und später ins schaffhausische Ramsen führte. Viele Wegabschnitte meisterte die Gruppe zu Fuss. Im Spiesshof, einem ehemaligen Restaurant direkt an der deutschen Grenze, realisierte Ernst Sieber seinen Lebenstraum: eine eigene Dorfgemeinschaft und Selbsthilfegruppe für Süchtige, die heute von seiner Tochter Ilona erfolgreich geführt wird.

Als Ernst Sieber am 31. Mai 2018 mit 91 Jahren starb, waren bei der Abdankung im Grossmünster auch einige der ehemaligen Süchtigen dabei, die der Pfarrer 24 Jahre vorher am Letten aufgelesen und nach Kollbrunn gebracht hatte. Der Kreis schliesst sich. Zudem bewahrheitet sich damit auch seine Erkenntnis, wonach der Überlebenswille des Einzelnen viel stärker sei, als man erwarten könne. Die Repräsentanten jenes Staates, die Sieber viele Jahre viele Steine in den Weg gelegt hatten, übertrafen sich während der Abdankung in Lobpreisungen. Wahrscheinlich hätte es Ernst Sieber gefallen, obwohl er gegenüber der Obrigkeit während seines ganzen Lebens ein «Zwängli» blieb. Dabei war er viel mehr.

MATTHIAS ACKERET

19

KÄMPFERIN GEGEN KARTOFFELSCHNAPS

Sie hat mehr für das Wohlergehen der Arbeiterfrauen getan als jeder Politiker: Susanna Orelli-Rinderknecht gründete den Frauenverein, der bis heute alkoholfreie Restaurants betreibt. Dafür ehrte sie die Universität Zürich als erste Frau mit der Ehrendoktorwürde in Medizin.

In Anerkennung ihrer grossen Verdienste um die öffentliche Gesundheitspflege und Volkswohlfahrt durch die Schöpfung und rationelle Durchführung der alkoholfreien Wirtschaften, und durch die erfolgreichen Bestrebungen um die Hebung der sozialen Stellung der Angestellten im Wirtschaftsgewerbe», hiess es in der Ehrendoktor-Lobrede am 26. April 1919 – über sie, die damals seit fünf Jahren in der Mensa der Universität Zürich wirtete mit ihrer Unternehmung, die dies, 109 Jahre später, immer noch tut.

Susanna Orelli-Rinderknecht (1845–1939) gründete am 27. September 1894 den Zürcher Frauenverein für Mässigkeit und Volkswohl (1910 umbenannt in Zürcher Frauenverein für alkoholfreie Wirtschaften, seit 1994 – 100 Jahre nach seiner Gründung – heisst er nun Genossenschaft ZFV-Unternehmungen).

Mit weiteren bürgerlichen Frauen hatte sie im Initiativkomitee für die Errichtung eines neuen Wirtshauses den Grundstein gelegt für den Kampf gegen den damals grassierenden Alkoholismus durch billigen Kartoffelschnaps, der besonders in der Arbeiterbevölkerung verheerende Wirkung zeigte. Ergebnis war am 16. Dezember 1894 die Eröffnung der ersten alkoholfreien Gaststätte im ‹Kleinen Marthahof› an der Stadelhoferstrasse 22, wo wir heutzutage zum Perron eilend Gipfeli kaufen.

Aufgewachsen auf dem Bauernhof Langensteinen ihres Vaters und Gemeindepräsidenten von Oberstrass, aus der alteingesessenen Fluntermer Familie Rinderknecht, wurde die aufgeweckte und lernbegierige Susanna von den Eltern gefördert: Sprachaufenthalt im Welschland und selbstständiger Umgang mit Geld. Das engste Verhältnis unter den sechs Geschwistern hatte sie zu ihrer ein Jahr älteren Schwester Carolina. Als diese an einer infektiösen Hirnentzündung erkrankte, wurde sie im Burghölzli vom berühmten August Forel behandelt. Der Waadtländer hatte in Zürich Medizin studiert und war nicht nur ein bekannter Ameisenforscher (auf der früheren 1000-Franken-Banknote war er geehrt worden, ebenso 1950 mit dem Forel-Brunnen vor dem Universitätsspital), sondern wurde bedeutender Hirnforscher und «Vater der Schweizer Psychiatrie», ausserdem engagierter Sozialreformer und wichtigster Kopf der Abstinenzbewegung in der Schweiz. Als die beiden Rinderknecht-Schwestern danach in der Betreuung von Patienten mitwirkten, erlebten sie täglich die zerstörerischen Folgen von Alkohol. Doch schon früh hatten sie selbst die Auswirkungen des Alkoholismus erfahren: ein Bruder starb bei einem alkoholbedingten Autounfall, und ein Betrunkener hatte die Scheune ihres Bauernhofs angezündet – Ironie des Geschichte: 1999 brannte die Rinderknecht-Scheune an der Frohburgstrasse ebenfalls wegen Brandstiftung ab.

Das alkoholfreie Restaurant an der Stadelhoferstrasse war ein Erfolg: gesundes Essen, massvolle Preise, sehr grosszügige Öffnungszeiten, nichtalkoholische Getränke, kein Konsumationszwang. Auch wurden schon stets vegetarische Menüs angeboten, die Themen lagen in der Luft: 1898 sollte in Zürich das Vegetarierheim und Abstinenz-Café eröffnet werden, wo dann 1903 Ambrosius Hiltl einstieg. Die erste Gaststätte des Frauenvereins war der Auftakt zu einer unglaublichen Entwicklung in der Gastronomie, bald auch in der Hotellerie: 1894 also der Kleine Baumwollenhof, 1895 zwei weitere Restaurants (Rose und Frohsinn), 1897 dann der Einstieg in die Hotellerie mit der Übernahme des Hotels Rütli an der Zähringerstrasse 43, 1898 Kauf des Restaurants Karl der Grosse beim Grossmünster, 1900 der grosse Wurf mit dem eigenen Bau des Kurhauses Zürichberg in Fluntern (heute Sorell Hotel Zürichberg), 1904 Bezug des Bahnhofbuffets Stadelhofen unter dem Namen

Olivenbaum als Ablösung des zu klein gewordenen Marthahofs, 1910 der Coup Volkshaus Zürich gegen die Skepsis der gegenüber dem Alkohol nicht rundweg feindlich eingestellten Arbeiterschaft, 1914 die erste Gemeinschaftsgastronomie im gerade von Karl Moser erbauten Kollegiengebäude der Universität Zürich, 1915 der Rigiblick als zweites Kurhaus, 1928 Bau und Restaurantbetrieb im Lettenhof von Lux Guyer (der ersten Schweizer Architektin), 1943 Übernahme des Hotels Seidenhof an der Sihlstrasse, 1990 Einstieg in die Personalverpflegung, 2006 Wiederaufbau eines Standbeins im Bäckerei-Confiserie-Bereich (Confiserie Schurter, Bäckerei-Konditorei Kleiner), 2008 Restaurant im Bundeshaus Bern, 2009 im Verkehrsmuseum Luzern, 2015 die erste vegetarisch-vegane Mensa der Schweiz an der Uni Zürich in der früheren Kantonsschule (Rämi 59), 2017 Übernahme von 23 SBB-Personalrestaurants, 2019 Wiedereröffnung der Uni-Cafeteria Platte 14 in der Plattenstrasse. Heute sind die ZFV-Unternehmungen mit über 200 Betrieben, verteilt über die gesamte Schweiz, die grösste rein schweizerische Hotelgruppe mit 18 Betrieben, rund 3000 Mitarbeitenden und über 9 Millionen Mahlzeiten pro Jahr.

Doch wollte der Frauenverein nicht nur ein wirtschaftlich solides Genossenschaftsunternehmen sein: ebenso bedeutsam war die soziale (und fortschrittliche) Unternehmensphilosophie: feste Monatslöhne und Abschaffung des Trinkgelds, Schichtbetrieb und Acht- bis Neunstundentag, ein halber freier Tag pro Woche, vier bis maximal fünf Wochen Ferien pro Jahr, Teilzeitstellen, Personalhäuser – und Gymnastikstunden. 1908 wurde die Vorsteherinnenschule gegründet, zur weiteren Verbesserung der Berufsmöglichkeiten der Frauen, und um qualifizierte Mitarbeiterinnen für die eigenen Betriebe zu haben. Neben Susanna Orelli wirkten viele Mitstreiterinnen mit. Nanny Huber-Werdmüller (1844–1911), Ehefrau des Gründers der Maschinenfabrik Oerlikon, war die erste Präsidentin des Frauenvereins (1894–1905); ihr Sohn Max Huber formulierte als junger Jus-Student die Vereinsstatuten, bevor er als Diplomat später den Internationalen Gerichtshof in Den Haag präsidierte und 1945 als IKRK-Ehrenpräsident den Friedensnobelpreis entgegennehmen durfte. Nanny Huber-Werdmüller sorgte auch dafür, dass Susanna Orelli Geschäftsleiterin des Frauenvereins wurde. National hatte der Frauenverein schon früh mit (alkoholfreien) Festwirtschaften gepunktet: 1914 an der Schweizerischen Landesausstellung in Bern; 1928 an der Saffa, der Schweizerischen Ausstellung für Frauenarbeit in Bern; 1939 an der legendären Landi am Zürihorn; 1959 an der Saffa in Zürich.

Zurück zur Biografie von Susanna Orelli-Rinderknecht: 1881 heiratete sie den ETH-Mathematikprofessor Johannes Orelli aus der alteingesessenen Zürcher Familie (mit Locarneser Migrationshintergrund). Das Ehepaar lebte am Zeltweg 12, auch Schwester Carolina wohnte im gleichen Haushalt. Doch schon 1885 starb Orelli 63-jährig, sodass Susanna Orelli-Rinderknecht nun mit 40 Jahren verwitwet war. Umso mehr engagierte sie sich in sozialen Bereichen, war im Blauen Kreuz und hatte ihre grosse Lebensaufgabe noch vor sich: das tatkräftige Wirken gegen die Folgen des Alkoholismus und die Förderung der Berufsmöglichkeiten für Frauen. Im Jahr 1919 trat sie 74-jährig von ihren Ämtern im Frauenverein zurück. 20 Jahre später starb sie.

Verdiente Ehrungen und Anerkennungen erfuhr sie zahlreich. Schon zu Lebzeiten, 1903, wurde der Weg von der Fluntermer Allmend (heute Tramendhaltestelle Zoo) entlang des Waldrands als Orellistrasse benannt; ihr drei Jahre zuvor eröffnetes Kurhaus Zürichberg lag somit an «ihrer» Strasse. 1950 wurde die Fortsetzung der Orellistrasse als Orelli-Weg benannt. 1919 verlieh ihr die Universität Zürich als erster Frau die Ehrendoktorwürde in Medizin. 1945 ehrte die Schweizer Post sie als erste Frau mit einer Briefmarke. 1949 wurde der Orelli-Brunnen von Emil Schäfer eingeweiht. 2002 schliesslich taufte der Frauenverein seine Hotels in Sorell Hotels Switzerland um, im Andenken an seine Gründerin Susanna Orelli-Rinderknecht.

LORENZO KÄSER

Zäsur in einer beispiellosen Politkarriere: Christoph Blocher nach seiner Abwahl als Bundesrat im Dezember 2007 beim SVP-Fraktionsessen im Berner Hotel Bellevue. Links der wiedergewählte Samuel Schmid, rechts Ehefrau Silvia Blocher.

20

PROPHET IM EIGENEN LAND

Christoph Blocher machte die SVP von Zürich aus zur grössten Partei des Landes. Er überraschte das Establishment mit dem Gegenteil des Erwartbaren. Wie jeder Disruptor. Der Erfolg kehrte sich gegen ihn: Er scheiterte persönlich und spektakulär an der gemächlich-beharrenden Berner Machtmechanik.

Als Christoph Blocher 1977 mit 37 Jahren Präsident der Zürcher SVP wird – einer Partei mit bloss 10 Prozent Wähleranteil – ahnt niemand, welch radikale Umwälzungen der schweizerischen Politlandschaft von ihm und seiner Zürcher SVP ausgehen werden. Blocher wird zu dem, was wir heute einen Disruptor nennen. So wie die digitalen Revolutionäre des Silicon Valleys hat Blocher die Spielregeln seines Markts verändert. Blochers Wirken hat die politische Dynamik der Schweiz grundlegend verändert. Seine Kommunikationsprinzipien wurden – bewusst oder unbewusst – von allen Parteien von links bis rechts übernommen.

Es ist kein Zufall, dass das grosse Politbeben sein Epizentrum gerade im Kanton Zürich hatte. Zürich war schon immer ein gutes Umfeld für disruptive Persönlichkeiten. Der Reformator Zwingli wirkte hier ebenso wie der Industrielle Alfred Escher. Neben Blocher haben auffällig viele Zürcher Bewegung in die träge Schweizer Politlandschaft gebracht. Migros-Gründer Gottlieb Duttweiler startete hier seinen Landesring der Unabhängigen (LdU). Später ist es James Schwarzenbach mit seinen Republikanern und seiner Überfremdungsinitiative. Und last but not least führt der durch Martin Bäumle herbeigeführte Bruch mit den Grünen des Kantons Zürich zur Gründung der Grünliberalen, die sich mittlerweile in der ganzen Schweiz etabliert haben. Den Polit-Disruptoren aus Zürich gelang es, Bewegung in das starre Politsystem der Schweiz zu bringen. Und doch litten sie alle an einer ähnlichen Schwäche. So dynamisch und agil sie waren, kamen sie letztlich nicht gegen die gemächlich-beharrende Berner Machtmechanik an. Die Zürcher sorgen für Bewegung, die Berner wissen das System zu nutzen.

Noch sind wir im Jahr 1977. Der vierfache Familienvater Blocher ist Direktor der Bündner EMS-Werke. Er wird diese sechs Jahre später ohne eigenes Vermögen, allein kreditfinanziert, übernehmen und dann sanieren. Als Christoph Blocher sein Parteipräsidium antritt, steht die SVP massiv unter Druck. Der Anteil der Beschäftigten im Landwirtschaftssektor befindet sich im freien Fall und das typische ländlich-gewerbliche SVP-Milieu erodiert schneller als später das katholische der CVP. Die politische Konkurrenz verhandelt bereits das Erbe des SVP-Bundesratssitzes. Die nationale SVP-Parteiführung setzt vor diesem Hintergrund auf eine sanfte Öffnung Richtung Mitte. Sie will moderner werden und vermehrt Junge, Städter und Frauen ansprechen.

In Zürich macht Blocher genau das Gegenteil und wählt einen Weg, der auf den ersten Blick jeder politischen Marktlogik widerspricht. Er verordnet seiner Kantonalsektion einen Schwenk nach rechts und bürstet den Zeitgeist gegen den Strich. Seine Erfahrungen als Anti-68er-Student geben dem ehemaligen Bauernlehrling ein präzises Gespür dafür, dass verdeckt vom lautstarken, links-progressiven Zeitgeist eine konservative Gegenströmung anschwillt. Der rasante Wandel hin zu einer Dienstleistungsgesellschaft fegt die traditionellen bäuerlichen Milieus weg. Dieser Wandel weckt weit über diese Milieus hinaus das Bedürfnis nach einer politischen Abwehrbewegung.

Erfolg stellt sich dennoch nicht einfach ein. Blocher wird zwar 1979 in den Nationalrat gewählt, seine Kantonalpartei verliert jedoch weiter Wählerinnen und Wähler. 1985 zieht er mit seinem Kampf gegen das neue Ehe- und Erbrecht erstmals das nationale Rampenlicht auf sich und scheitert dann an der befürwortenden Schweizer Stimmbevölkerung. Im Vorfeld der Abstimmung reist Blocher quer durchs Land und erreicht, dass sich 11 von 14 SVP-Kantonalsektionen gegen die Ja-Parole der Mutterpartei stellen. Blocher wehrt sich vehement gegen die rechtliche Gleichstellung der Ehefrauen mit den Ehemännern. Besonders ein Argument elektrisiert die Basis: Richter hätten im Schlafzimmer nichts zu suchen – oder mit anderen Worten: Vergewaltigung in der Ehe solle kein Strafbestand sein. Blochers Anrennen gegen die «Wokeness» jener Zeit bringt der SVP wenig Zählbares ein. Bei den Wahlen 1987 stagniert sie erneut. Sein Angriff wirkt vorerst nur gegen innen.

Kulturelles Unbehagen allein löst noch keinen konservativen Umbruch aus. Gesellschaftspolitik allein schafft zu wenig Druck für Disruption. Doch dann taucht mit Ende des Kalten Kriegs die Europapolitik auf. Sie ist ein thematischer Hebel und hat die Kraft, die alte Ordnung über den Haufen zu werfen. Als 1992 die Abstimmung über den Beitritt der Schweiz zum Europäischen Wirtschaftsraum (EWR) ansteht, tingelt Blocher wieder durchs Land. Diesmal zieht er nicht nur die eigene Basis, sondern eine knappe Mehrheit der Schweizer Bevölkerung auf seine Seite. 50,3 Prozent stimmen gegen den EWR.

Erst jetzt, da die europäische Integration zur Schlüsselfrage der politischen Schweiz geworden ist, entfaltet Blochers Strategie ihre volle Wirkung auch nach aussen und über die Kantonsgrenze hinaus. Bei den nationalen

Wahlen 1995 gewinnt die SVP erstmals deutlich Wähleranteile hinzu. Vier Wahlen in Folge gehört die SVP nun zu den strahlenden Gewinnern und schlägt dabei immer tiefere Breschen ins vormals so stabile Schweizer Parteiengefüge. Erst saugt sie die rechten Kleinparteien auf, dann wildert sie in der liberal-konservativen Basis des Freisinns, wo sich viele vom modernistischen Öffnungskurs der FDP verraten fühlen. Blocher überwindet schliesslich auch die konfessionelle Verankerung des Konservatismus in der Schweiz. Katholiken, die stets der CVP die Treue hielten, wählen plötzlich SVP. Ausgerechnet der durch und durch protestantische Pfarrersohn öffnet die vormals nur in reformierten Regionen verankerte SVP für katholische Konservative. Blocher gelingt, was Reformator Zwingli verwehrt blieb: Er bricht den katholischen Widerstand in der Zentralschweiz und anderswo und erobert mit seiner Bewegung von Zürich alle Teile der Schweiz.

Organisatorisch setzt Blocher neue Massstäbe. Wirtschaft und Politik waren in Zürich schon zu Zeiten von Wirtschaftsführer und Eisenbahnunternehmer Alfred Escher enger verflochten als anderswo. Dennoch trägt niemand unternehmerisches Denken so konsequent in die Politik hinein wie der EMS-Chef. Als Teil von Blochers Wachstumsstrategie unterstützt die Zürcher SVP-Sektion das Roll-out von neuen Kantonalparteien. Schonungslos spielt Blocher dabei die Berner Parteizentrale aus. Dominanz erlangt er auch mit geballten finanziellen Mitteln, die er zusammen mit Autoimporteur Walter Frey einbringt.

Mit seinem auf Anti-Europa-Kurs getrimmten Zürcher Flügel der SVP drückt Blocher den gemässigt-staatstragenden Berner Flügel an die Wand. Der Begriff «Zürcher» wird über den rein geografischen Bezug hinaus zum Attribut einer politischen Geisteshaltung. In dieser Auseinandersetzung sind auch Schwyzer und St. Galler «Zürcher», während Bündner und Glarner zu den «Bernern» zählen. Der staatstragende Berner Flügel wird zur Anpassung genötigt oder aus der Partei gedrängt. Den Konflikt sucht Blocher jedoch nicht nur mit seinen gemässigteren Parteifreunden, sondern auch mit den Partnern aus dem Bürgerblock. Er zerstört das Kartell, in dem sich die bürgerlichen Parteien der Schweiz wohlig eingerichtet hatten. Besonders hart attackiert er die FDP. Der stolze Zürcher Wirtschaftsfreisinn wird nun zu seinem Lieblingsziel. Die Ablehnung des jungen Blocher wird zum Bumerang.

In der Stadt Zürich formiert sich derweil als eine Art Gegenentwurf zu Blochers SVP die «Koalition der Vernunft». Eine lose links-liberale Zusammenarbeit von SP und FDP, die den Geist von Tony Blairs und Gerhard Schröders drittem Weg an die Limmat tragen. An dieser Allianz reibt sich Blocher besonders gerne. Die SVP wächst jedoch vor allem auf dem Land und in der Agglomeration. So auch an der Zürcher Goldküste, dem Kernland des Zürcher Wirtschaftsfreisinns. Bald ist die SVP nicht nur die grösste Partei im Kanton, sondern stürzt die FDP auch in deren Hochburgen vom Thron. Blocher nutzt die zunehmende, fast schon existenzielle Verunsicherung der Freisinnigen, lässt sie als «weichsinnige» titulieren und treibt sie schonungslos vor sich her.

Provokative Kampagnen, anhaltende Wahlerfolge der SVP und unerwartete Abstimmungssiege gegen die etablierten Parteien erhöhen schliesslich den Druck derart, dass eine Mehrheit der vereinigten Bundesversammlung den faktischen Oppositionsführer Christoph Blocher 2003 in den Bundesrat wählt und dabei in einem harten Traditionsbruch die CVP-Politikerin Ruth Metzler aus dem Gremium wirft.

Damit beginnt nicht nur eine neue Phase der Blocher-Saga, sondern es ist auch ein Wendepunkt. Nicht zuletzt, weil der Protagonist dieser Saga auf dem Gipfel der Macht seinem disruptiven Naturell treu bleibt. Bereits beim ersten Auftritt des ersten Abstimmungskampfs als Bundesrat bricht Blocher mit der konsensualen Tradition. Es ist Anfang April 2004, als der neue Justizminister im Landhaus Solothurn aufs Podium steigt. Ordnungsgemäss plädiert er für die Zustimmung zum Steuerpaket und zur AHV-Revision. Doch dann verweigert er der Mehrwertsteuererhöhung die Unterstützung, obwohl diese ebenfalls vom Gesamtbundesrat beschlossen wurde. Die Konsenskultur wird gleich beim ersten Anlauf entsorgt. An der Urne erleiden jedoch alle drei Vorlagen Totalschaden mit teilweise mehr als zwei Drittel Gegenstimmen. Nur ein halbes Jahr nach der Wahl von Christoph Blocher und des rechtsfreisinnigen Hans-Rudolf Merz in den Bundesrat hat das Volk dem angekündigten finanzpolitischen Rechtskurs ein vorzeitiges Ende bereitet. Blocher, der den Erfolg der SVP stets auch als Auftrag für einen Rückbau des Staats verstand, muss erkennen, dass seine Wählerbasis zwar das Bodenständig-Bäurische wollte, jedoch weit weniger mit seiner libertär-unternehmerischen Seite anfangen konnte. Der so gerne von Blocher beanspruchte Volkswille kennt keine bedingungslose Liebe. Und im

Untergrund bauen sich nun bereits Gegenströmungen auf, die sich alsbald gegen Blocher selber richten. An der Oberfläche ist davon noch nicht viel zu spüren: Auch 2007 gewinnt Blochers Partei Wähleranteile hinzu, zum fünften Mal in Folge – mit einer in der Schweiz noch nie gesehenen Personalisierung («Blocher stärken! SVP wählen!»). Die Partei landet knapp unter 30 Prozent. Keine Schweizer Partei hat seit der Einführung des Proporzwahlrechts 1919 ein solches Ergebnis erreicht. Markus Somm, der spätere Blocher-Biograf, blickt zum Auftakt der Legislatur in den Nationalratssaal und sieht eine bürgerliche Wand, welche die Linke geradezu erdrückt.

Die konservative Revolution stehe vor ihrer Vollendung. Innerhalb weniger Tage wendet sich jedoch das Blatt. Blochers Unart, andere zu verhöhnen, seine Dominanz, sein ungebrochener Machtwille führen bei vielen Parlamentsmitgliedern zur Überzeugung, dass seine Einbindung in den Bundesrat nicht die ursprünglich erhoffte Zähmung gebracht hat. Die Folge ist bekannt. Blocher, die politische Jahrhundertfigur, muss seinen Sitz im Bundesrat nach nur vier Jahren wieder räumen.

Christoph Blocher hat das starre Schweizer Parteiensystem verwandelt, er hat den permanenten Wahlkampf eingeführt und die politische Kommunikation modernisiert. Die auf Kompromiss und Machtausgleich basierende Mechanik des Schweizer Politsystems konnte er jedoch nicht aus den Angeln heben. Im Gegenteil: am Ende ist es das zähmende Politsystem, das Blochers Revolution zerstückelt, zerkleinert und verdaut. Die vielleicht bitterste Erfahrung für Blocher ist, dass die SVP ausgerechnet vier Jahre nach seiner Abwahl das erste Mal seit 24 Jahren eine nationale Wahl verliert. Die erhoffte Rache des Volks für den «Zwergenaufstand» der anderen Parteien fällt aus. Es gibt kein Wiedersehen bei Philippi. Der Mythos bröckelt. Was bleibt, sind Volksinitiativen, und hier gelingt Blocher 2014 nochmals ein ganz grosser Coup. 50,3 Prozent stimmen für die SVP-Initiative «Gegen Masseneinwanderung» und stellen die bilateralen Beziehungen mit der EU infrage. Doch letztlich wird auch dieser Erfolg vom System verdaut. Die Umsetzung der Initiative durch das Parlament Ende 2016 ist derart weich, dass es einer Arbeitsverweigerung gleichkommt.

Einen Hebel dagegen findet Blocher nicht. Bereits Anfang desselben Jahres ist seine Partei nämlich überraschend deutlich mit ihrer Durchsetzungsinitiative gescheitert (59 Prozent Nein-Stimmen). Sie sollte das Parlament zwingen, die SVP-Ausschaffungsinitiative wortgetreu umzusetzen. Ausgerechnet im Jahr des Brexits und der Wahl Trumps entzaubert ihn eine Mehrheit der Schweizer Stimmberechtigten. Das Narrativ des promovierten Milliardärs Christoph Blocher, der sein Ohr stets etwas näher beim Volk habe, der den wahren Volkswillen verkörperte – es hält der Realität nicht mehr stand. Blochers Magnetismus verliert an Kraft.

Am 7. Dezember 2022, fast genau 30 Jahre nach Blochers grossem Triumph bei der EWR-Abstimmung, wählt die Bundesversammlung den Berner Albert Rösti im ersten Wahlgang in den Bundesrat. Dieser Moment setzt auch eine Art Schlussstrich unter Blochers Ära. Es ist seit Jahrzehnten die erste Bundesratswahl mit SVP-Beteiligung ohne Drama, Druck und Drohungen. Konzilianz ist auch bei der SVP wieder zum Wahlargument geworden. Christoph Blocher hatte darin immer Weichheit und Schwäche gesehen. In dieser zentralen Frage hat sich Bern gegen Zürich durchgesetzt – nicht nur geografisch, sondern auch im übertragenen Sinn.

Blochers Disruption hat Grenzen verschoben und sie hat Haltungen, die zuvor noch als zu extrem galten, akzeptabel gemacht. Die Mechanik der Schweizer Politik konnte er jedoch nicht verändern.

Nicht nur Christoph Blocher, sondern eine ganze Reihe von Zürcher Polit-Disruptoren – von Alfred Escher über Gottlieb Duttweiler bis zu James Schwarzenbach – haben das System herausgefordert. Am Schluss war das System jedoch immer stärker als sie. In der Schweiz ist der selbstbewusste, unternehmerische und leicht aggressive Zürcher Stil, zumindest, wenn es um Politik geht, auf die lange Frist dem weicheren, systemkonformeren Stil der Berner unterlegen. Die Schweiz als politische Integrationsmaschine macht früher oder später jeden ganz Grossen etwas kleiner.

MICHAEL HERMANN
MATTHIAS HALBEIS

Gespür für das Machbare: Giada Ilardo vor ihrem Piercingstudio an der Zürcher Bahnhofstrasse.

21

DIE FRAU, DIE ALLE AUSSTACH

Die Altstetterin Giada Ilardo eröffnete an der Bahnhofstrasse ein dreistöckiges Piercingstudio. Inmitten internationaler Luxusbrands. Ihre Konkurrenz auf dem nationalen Markt liess sie sowieso schon längst hinter sich. Was hat die Unternehmerin, Tochter einer alleinerziehenden italienischen Mutter, richtig gemacht?

Revolution hat viele Gesichter. An der Bahnhofstrasse 70 zeigt sie sich von ihrer weiblichen Seite, als Manifestation in Rosa und Weiss. Hier, wo der Rennweg beginnt und die Traditionshäuser Bally, Modissa, Manor und Jelmoli einst so dicht gedrängt standen wie Hotels auf einem Monopoly-Spielfeld, hängt ein goldenes Ladenschild mit einem Namen, den kaum jemand kennt: Giada Ilardo. Das erstaunt umso mehr, weil die geschichtsträchtigen Brands in der Nachbarschaft ihre Geschäfte mittlerweile geschlossen haben oder eine Schliessung bevorsteht. Wer also ist diese Giada Ilardo, die sich eine Ladenfläche von 450 Quadratmetern an Zürichs teuerster Lage leisten kann?

Die 40-Jährige ist schlicht gekleidet und dezent geschminkt, einzig eine bunt tätowierte Blume am Hals liefert einen Hinweis darauf, dass Giada Ilardo die Tattoo- und Piercingkönigin des Landes ist. Sie sitzt auf einem blassrosa Samtsessel im ersten Stock ihres Geschäfts und sagt: «Diese Boutique ist die Manifestation meiner Vision. Ich wollte immer an die Bahnhofstrasse, für dieses Ziel habe ich 23 Jahre extrem hart gearbeitet.» Hinter ihr wird einer der bodenlangen Vorhänge gezogen und eine in Rosa gekleidete Angestellte verschwindet in einem der Piercingräume.

Obwohl Weiss und kräftiges Rosa dominieren, ist der Look des dreistöckigen Ladens elegant und clean, mehr Schönheitsklinik als Schönheitssalon. Im Hintergrund läuft leise Jazzmusik. Giada Ilardo rutscht auf ihrem Stuhl nach vorne und sagt: «Auch wenn sich hier mein Traum erfüllt, hätte ich 1000 Gründe gehabt, diese Boutique nicht zu eröffnen. Aber ich muss immer wieder Neues kreieren, das steckt einfach in meiner DNA.» Eine Unternehmerin mit einer anderen genetischen Disposition hätte sich wahrscheinlich damit zufriedengegeben, ein millionenschweres Business aufgebaut zu haben, Besitzerin eines der grössten Tattoo- und Piercingstudios Europas und Mutter zweier kleiner Buben zu sein. Doch wer sieht, wie Giada Ilardo auf ihrem Stuhl sitzt, voller Energie und scheinbar jederzeit bereit aufzuspringen, um ein neues Projekt in Angriff zu nehmen, weiss, dass diese Frau immer eine Mission hat. Ihre aktuelle lautet: das Piercing-Business im Luxussegment zu positionieren.

Mit branchenumkrempelnden Ideen hat die gebürtige Italienerin Erfahrung, schliesslich hat sie die Tattoo- und Piercingszene der Schweiz revolutioniert. Vor 23 Jahren waren Tattoo- und Piercingstudios schummrige Hinterzimmer, in die sich nur jene trauten, die sich für cool oder edgy genug hielten. «Für mich sind Piercen und Tätowieren Kunstformen, die jedem offenstehen sollten und nicht nur einer gewissen Community», so Ilardo. Die ersten Piercings stach sie Freunden bereits mit 14 Jahren, nachdem sie einen Kurs besucht hatte. Kurz davor hatte sie das Kunstgymnasium abgebrochen, um einen kreativen Weg einzuschlagen. Sie wollte Bildhauerin oder Töpferin werden. Doch dann schwappte aus Übersee der Piercing-Hype nach Europa über und spätestens als sich die Schauspielerin Alicia Silverstone in einem Aerosmith-Musikvideo ein Bauchnabelpiercing stechen liess, träumten auch hierzulande Tausende Teenager von einem gepiercten Bauch. Zusammen mit ihrem Geschäftsfreund eröffnete Giada 1999 ihr erstes Piercingstudio mit dem schwer auszusprechenden Namen Giahi. Mit ihren Piercings trafen sie den Nerv der Zeit, schon bald konnten sie das Geschäft vergrössern und das Angebot um Tattoos erweitern. Von Anfang an setzte Giada auf ein helles und freundliches Interieur, auf Glamour statt auf Underground. Zu ihr wagten sich deshalb auch Menschen, die sich nie getraut hätten, ein szeniges Hinterhof-Tattoostudio zu betreten.

Die Branche rümpfte die Nase und schon bald wurde der Vorwurf der Kommerzialisierung laut. Wie immer, wenn es jemand wagt, einen Randgruppen-Trend einer breiten Masse zugänglich zu machen. Giada Ilardo begegnet ihm gelassen: «Man kann nie allen gefallen.» Dass eine selbstbewusste Frau die Männerdomäne aufmischte, missfiel ebenfalls vielen. Doch der Erfolg gab Giada Ilardo recht.

Heute haben geschätzte 40 Prozent der Erwachsenen in der Schweiz eine Tätowierung. Lange galten Tattoos als Phänomen der Ausgegrenzten wie Matrosen, Häftlinge oder Figuren aus dem Rotlichtmilieu. Später griff die Jugendkultur das Motiv auf, als Musikrichtungen wie Rock und Punk die Rebellion zelebrierten. Seit knapp zwei Jahrzehnten setzt sich der Trend über alle sozialen Schichten und Altersgrenzen hinweg. Es geht längst nicht mehr um Auflehnung, sondern um Körperkult und um den Wunsch, sich vom Mainstream abzusetzen. Diesem Ruf nach vermeintlicher Individualität folgen mittlerweile Grossmütter, Lehrer und Banker. Mit dem Boom ist auch Giada Ilardos Unternehmen stetig gewachsen. Als Instinktmensch liess sie sich dabei meist von ihrem Bauchgefühl leiten. Suchte sie Orientierung, kaufte sie ein Buch und bildete sich weiter. Jeden Franken, den sie verdiente, investierte sie in ihr Geschäft. 2019 besass die Tochter einer alleinerziehenden italienischen Mutter fünf Giahi-Filialen in Zürich, Basel, Luzern und Winterthur und beschäftigte mehr als 60 Angestellte. Doch Erfolg macht träge. In diesem Fall nicht die agile Besitzerin, wohl aber ihre Firma. Ein Zustand, der gar nicht zum Naturell von Giada Ilardo passt. «Ich musste etwas verändern. Also fragte ich mich, was ich anders machen würde, wenn ich noch einmal anfangen könnte.» Die Antwort war schnell klar: Sie wollte sich auf eine Sache konzentrieren, ins Design und in die Produktion einsteigen und exklusiveren Services bieten als ihre Konkurrenz. Und zwar nicht irgendwo, sondern an der Bahnhofstrasse.

Ende November 2021 war es so weit. Während ihr Geschäftspartner Basil Flachsmann sich um das mittlerweile reine Tattoogeschäft an der Löwenstrasse kümmert, eröffnete Giada Ilardo unter ihrem Namen die Luxury Piercing und Service Boutique an der prestigeträchtigsten Strasse der ganzen Stadt. Damit landete sie einen Coup, denn die dreistöckige Immobilie hatte einige Wochen leer gestanden, nachdem der spanische Textilgigant Inditex ausgezogen war. Die ganze Stadt rätselte, wer wohl auf Zara Home folgen würde. Auf ein Piercinggeschäft hat niemand getippt. «Die positive Resonanz auf unsere Boutique hat mich überwältigt», sagt die Unternehmerin. «Verschiedene grosse Labels haben bereits Interesse an Kooperationen mit uns bekundet.» Doch für einmal steht die 40-Jährige auf der Bremse. Dafür sei es noch zu früh, erklärt sie. Ihr Potenzial sei so gross, dass sie sich noch nicht festlegen wolle.

Schliesslich hat sie wieder einmal einen Trend vorausgesehen. Piercings haben ihren leicht verruchten Ruf abgestreift, denn viel aufregender als der Intimbereich ist aktuell das Ohr. Möglichst viele glitzernde Piercings sollten die ganze Ohrmuschel zieren. Stars wie Sienna Miller oder Zoe Kravitz tragen den Trend schon länger, pandemiebedingte Zoom-Videos haben dafür gesorgt, dass der Trend des «kuratierten Ohrs» auch jenseits des roten Teppichs angekommen ist. Denn das Gesicht ist auch in virtuellen Meetings sichtbar. Dabei geht es aber nicht nur um die Anzahl der Löcher, sondern auch um den Schmuck, der drinsteckt. «Ich habe zwei Jahrzehnte lang erfolglos nach edlem Piercingschmuck gesucht, deshalb entwerfe und produziere ich ihn heute selbst», erklärt Ilardo. In den grossen gläsernen Schaukästen der Boutique liegen ausschliesslich ihre Designs aus Gold, Diamanten und anderen Edelsteinen: «Piercings sind eine Möglichkeit, sich auszudrücken, sich zu verschönern. So wie man sich die Haare färbt oder schöne Kleider anzieht. Mir geht es um Schönheit, nicht um Rebellion.» Mittlerweile hat die Chefin ihr ursprüngliches Konzept schon wieder weiterentwickelt. Sie entwirft nicht mehr nur Piercing-, sondern auch normalen Schmuck wie Ringe. Aus ethischen Gründen arbeitet sie neu auch mit sogenannten labgrown diamonds. Diese Edelsteine stammen nicht aus einer Mine, sondern wurden im Labor hergestellt. «Wir bleiben nie stehen, sondern verändern uns ständig. Das ist auch der Grund, weshalb unser Business immer noch wächst.» Und woher nimmt die zweifache Mutter die Zeit für alles? «Früh aufstehen», erklärt sie lachend. «Und die Zeit gut einteilen. Ich habe keinen TV, lese keine Boulevard-Zeitungen, dafür aber Bücher, die mich vorwärtsbringen. Ich bilde mich ständig weiter. Während meiner beiden Schwangerschaften habe ich an der HSG eine Fortbildung im Bereich KMUs besucht. Am meisten habe ich jedoch aus meinen Irrtümern gelernt.»

BARBARA LIENHARD

17 000 Briefe in 16 Jahren: Marta Emmenegger wusste alles über die Sexualität der Schweizer.

22

ZUSTÄNDIG FÜRS GESCHLECHTLICHE

Marta Emmenegger, die Sexratgeberin des *Blick*, hatte das Gespür für den richtigen Ton.

Die Rubrik war legendär: «Liebe Marta», beschrieb unverblümt Lösungen für die sexuellen Nöte der Schweizer – und vor allem auch der Schweizerinnen. Von 1980 bis 1996 erschien die Ratgeberkolumne der Zürcherin im *Blick*. Auf *Radio Z* moderierte sie die Beratungssendung «Sex nach Neun». Sie bekam in dieser Zeit über 17 000 Briefe. Marta Emmenegger hat sie alle beantwortet – 4000 davon im *Blick*. Die archivierten Fragen und Antworten sind längst Gegenstand der Forschung. Sie dokumentieren, was sich nach der sexuellen Befreiung in den 60er- und 70er-Jahren im Liebesleben und in der Partnerschaft der Schweizer wirklich abspielte.

Die historische Leistung von Marta war, dass sie dank ihrer Prominenz und ihrer Reichweite den Boden für aufgeklärte Beziehungsmodelle ebnete. Sie riet den Leserinnen und Lesern schon in den 80er-Jahren, miteinander über sexuelle Bedürfnisse und Unverträglichkeiten zu reden. Sie propagierte eine sexuelle Beziehung, bei der Mann und Frau auf Augenhöhe sind. Heute nennen Paartherapeuten diese Beziehungsform partnerschaftliches Modell.

Der berühmt-berüchtigte *Blick*-Chefredaktor Peter Uebersax hatte die Marta-Sexkolumne erfunden. Er fand die 55-jährige geschiedene Mutter dreier Kinder die ideale Besetzung: «Sie war nicht unattraktiv, aber auch ein mütterlicher Typ, dem man glauben konnte – also genau richtig.» Sie formulierte dank Lebenserfahrung und angelesenem Wissen verständlich und schrieb ungeschminkt über sexuelle Unlust und Potenzstörungen, aber in einem analytischen, wohlwollenden Grundton. Sie nannte die männliche Potenz zum Beispiel «eine wunderbare Hydraulik». Marta Emmenegger starb 2001. Der *Tages-Anzeiger* interviewte zu diesem traurigen Anlass den 76-jährigen Peter Uebersax, der seine Kolumnistin im Sommer vor ihrem Tod noch einmal gesehen hatte:

Haben Sie sich bei diesem letzten Treffen noch einen Rat geholt? Zum Beispiel zum Thema Sex im Alter?

«Ich habe es nicht nötig. Aber Marta hat mich mal nach meinem sexuellen Traum gefragt, sie war sehr neugierig. Ich habe es ihr verraten.»

Marta Emmenegger traf immer den richtigen Ton.

PETER RÖTHLISBERGER

Günstige Lebensmittel für
Zehntausende: Gottlieb Duttweiler.

23

OPTIMUM FÜR DAS VOLK

Die Zürcher Wirtschaftspioniere und Freunde Gottlieb Duttweiler und Ernst Göhner verband ihre Vorstellung von gewinnorientierter Marktwirtschaft mit sozialer Verantwortung. Während der Migros-Gründer den Detailhandel in der Schweiz revolutionierte, rationalisierte sein geistiger Zwilling den Wohnungsbau.

Drei Dutzend Persönlichkeiten aus der Wirtschaft kamen im September 1935 in Gottlieb Duttweilers Strohhaus in Rüschlikon zusammen. Der Migros-Gründer, damals 47 Jahre alt, wollte «neuen Zug in die schweizerische Politik» bringen. Die Gruppe gründete eine sozialliberale Bewegung, die später als Landesring der Unabhängigen (LdU) in die Parteiengeschichte eingehen wird. Bei den Nationalratswahlen sieben Wochen darauf eroberten Duttweiler und seine Kollegen überraschend sieben Sitze.

An der Männerrunde im späteren «Park im Grüene» nahm auch der 35-jährige Wohnbaupionier Ernst Göhner teil. Was aber verband die beiden Millionäre, die mit unternehmerischen Ideen reich wurden? Was reizte sie an der Politik? Bei Duttweiler war der Antrieb offensichtlich: Die etablierten Parteien liessen ihn immer wieder auflaufen, ignorierten seine wilden Vorstösse. Für die Linken war er ein Turbokapitalist, für die Rechten ein Kryptosozialist. Das Schlüsselerlebnis, das Duttweiler schliesslich in die Politik trieb, war das vom Parlament 1933 beschlossene und 1935 verlängerte Filialeröffnungsverbot, das gegen die Warenhäuser und die Migros gerichtet war.

Der gelernte Kaufmann hatte am 11. August 1925 die Migros AG gegründet (später wandelte er die AG in eine Genossenschaft um). Das neue Unternehmen wählte ein Brückensymbol als Logo, weil Duttweiler seine Firma als Bindeglied zwischen Produzenten und Konsumenten verstand. Am 25. August versorgten fünf umgebaute Lastwagen des Modells Ford TT erstmals nach festem Fahrplan die Konsumentinnen und Konsumenten mit Lebensmitteln – dank Direktverkauf zu unschlagbar tiefen Preisen. Die Ladenbesitzer und Konsumvereine reagieren sauer. Sie forderten die Lebensmittelkonzerne auf, die Migros nicht mehr zu beliefern. Duttweiler war gezwungen, seine Waren selbst zu produzieren. Er bot Eimalzin als Alternative zu Ovomaltine an und beendete 1931 mit Kaffee Zaun das Monopol des koffeinfreien Kaffee Hag. Er forderte die Henkel AG mit dem Waschmittel Ohä heraus: Auf der Packung war hochironisch der Schriftzug «Ohne Hänkel» aufgedruckt. Die Behörden versuchten, seine fahrenden Läden mit überhöhten Standgebühren zu stoppen, das lokale Gewerbe rief die Kunden zum Boykott auf – vergeblich. Die Migros war trotz Schikanen auf rasantem Expansionskurs, eröffnete im Dezember 1926 in Zürich ihren ersten Laden.

Der Duttweiler-Biograf Karl Lüönd bezeichnete es als den «Aufstand der Trägen gegen die Tüchtigen»: Eine grosse Koalition aus Bauern, Gewerblern und Linken schränkte die Wirtschaftsfreiheit massiv ein, um den Strukturwandel im Detailhandel aufzuhalten. Die Migros konnte durch das Gesetz nicht mehr weiterwachsen. «Ich bin aus Notwehr in die Politik gegangen», pflegte Duttweiler später zu sagen. Ihm schwebte eine über den Parteien stehende Bewegung vor – mit ihm als Chef, was er dann auch bis 1951 blieb. Faktisch war die LdU der politische Arm der Migros.

Ernst Göhner war nicht gleichermassen beseelt von der Politik, weil er auch nie in den Infight mit den Mandatsträgern ging. Im Gegenteil. Spürte er Gegenwind, half ihm die Zürcher Regierung. In den Vororten von Zürich, Adlikon bei Regensdorf, Greifensee und Volketswil, realisierte sein Unternehmen zwischen 1965 und 1975 auf der grünen Wiese und in horrendem Tempo gigantische Wohnsiedlungen mit 9000 Wohnungen aus vorgefertigten Elementen. Als sich die Volketswiler deutlich gegen das Bauprojekt Sunnebüel mit seinen 1114 Wohnungen aussprachen – vor allem

Günstiger Wohnraum für Tausende: Ernst Göhner.

wegen der teuren Erschliessung, finanziert mit Steuergeldern –, wies der Zürcher Regierungsrat den Beschluss der Gemeinde als «unzweckmässig» zurück.

Göhner war es aber auch, der in seinen Göhnerswil genannten Normsiedlungen günstigen und familienfreundlichen Wohnraum zur Verfügung stellte und so die Wohnungsnot linderte, die den Wirtschaftsaufschwung und die Wachstumseuphorie nach dem Zweiten Weltkrieg begleitete. Tausende Familien wohnten zumeist in Fünfzimmerwohnungen mit 96 Quadratmetern, angeschrägtem Balkon, einem begehbaren Schrankraum und dem berühmten Klötzliparkett. Die Mieter von Göhner-Wohnungen sollten für ihr Geld ein Zimmer mehr bekommen als marktüblich. Dank des Plattenbaus konnte Ernst Göhner bessere Wohnungen zu günstigeren Preisen anbieten – bei gleichzeitig hoher Rendite für sein Unternehmen. Die Göhner-Siedlung Sonnhalde in Adlikon wurde 1972 von einer Delegation Wohnbeauftragter aus der DDR und der UdSSR besucht, die vom Göhner'schen Plattenbau lernen wollte.

Göhner wie Duttweiler fühlten sich der sozialen Marktwirtschaft verpflichtet. Göhner trat zwar nie mit dem Migros-Gründer zu den Nationalratswahlen an, aber unterstützte ihn und seine politischen Pläne. Er überredete 1935 mehrere erfolgreiche Unternehmer zu einer Nationalratskandidatur für die Unabhängigen, die auch auf Anhieb gewählt wurden, etwa Balz Zimmermann, Gründer der Fluggesellschaft Balair, die mit der Swissair 1931 fusioniert hatte.

Geschäftlich trafen sich die beiden Freunde auf einem Feld, das beiden bekannt war. Sie gründeten 1951 die Reederei Zürich AG und liessen für knapp 20 Millionen Franken zwei schnelle Frachter bauen, die sie auf die Namen ihrer Ehefrauen Adele und Amelia tauften. Die Migros war zwischen Frühling 1941 und Winter 1943 erfolglos an der Maritime Suisse SA beteiligt gewesen. Duttweiler war mit seinem Plan gescheitert, für die Schweiz eine Handelsmarine aufzubauen. Ernst Göhner besass 49 Prozent an der Alpina-Reederei AG in Basel, die eigene Hochseeschiffe betrieb und erwarb 1969 eine 40-Prozent-Beteiligung am Logistik- und Speditionsunternehmen Panalpina Welttransport AG mit seinen damals 5000 Mitarbeitenden in 20 Ländern.

Die beseelten Unternehmer blieben beide kinderlos. Was haben sie der Nachwelt hinterlassen? Duttweiler, der 1962 starb, schuf einen orangen Riesen, der via Migros-Kulturprozent bis heute 5 Milliarden Franken für kulturelle und soziale Initiativen gespendet hat. Er schuf die grösste Arbeitgeberin der Schweiz und eine Marke mit unverwechselbarer Identität. Der 1971 verstorbene Göhner hat verdichtetes Bauen vorweggenommen und sehr vielen Menschen eine bezahlbare Wohnung verschafft. Er brachte fast sein gesamtes Vermögen bereits zu Lebzeiten in die unternehmerisch, sozial und philanthropisch tätige Ernst Göhner Stiftung ein. Sie hat bisher mehr als 35 000 gemeinnützige Projekte mit über 700 Millionen Franken unterstützt. Beide Unternehmer gründeten ihre sozialen Engagements 1957. Sie wussten, wie man Geschäftssinn mit Gemeinsinn kombiniert.

PETER RÖTHLISBERGER

24

HOCHGESTEMMT UND FESTGEZURRT

Beata Sievi, eine der letzten Corsetièren Europas, kämpft von Winterthur aus für die Rückkehr der Erotik. Es gibt leichtere Aufgaben als ihre.

Nach zehn Minuten Fussmarsch durch dieses Winterthurer Quartier hat sich jede Hoffnung auf Glamour und Erotik verflüchtigt. Links Zahnprothetik, rechts Sehhilfen für Blinde und dann die nächste Dönerbude. Dass an der angegebenen Adresse dann eine zierliche Dame mit gestrenger Brille eine Altbau-Wohnungstür öffnet, erstaunt nicht mehr. Offenbar war das Versprechen von letzter Boudoir-Erotik in Europa ein Missverständnis gewesen.

Falsch. Nur ein paar Schritte weiter schliessen voluminöse Vorhänge das schnöde Tageslicht aus; im Halbschatten stehen, fremd wie Wesen aus einer anderen Welt, Schneiderpuppen mit Miedern, wie man sie nur noch in historischen Filmen und an Disneyprinzessinnen sieht. Die Taille ist zum Blumenstiel geschnürt, die verdrängte Masse wird nach oben und unten gepresst. Die zur Formung benötigten Hilfsmittel liegen auf dem Arbeitstisch: Spitze wie in der Haute Couture, Stahlrollen wie in der Spenglerei. Wie viel Metall sie verarbeitet, sagt sie, hängt von den Grenzen der Kundin ab: «Was nimmt sie der Schönheit zuliebe in Kauf?»

Es ist die altmodischste Art, auf Anhieb zur kurvigen Figur zu kommen; heute optimieren Frauen ihren Körper lieber chirurgisch. Preislich freilich gibt's kaum einen Unterschied zwischen Schere und Skalpell. Beata Sievi einfachstes Modell kostet 3000, das aufwendigste 5000 Franken. Inbegriffen sind nicht nur bis zu 25 Arbeitsstunden und echter Goldfaden. Inbegriffen ist auch das einfühlsame Erkunden geheimer Wünsche und Erwartungen der Trägerin: «Ich kann gut mitgehen mit Fantasien.» Bevorzugt die Kundin jedoch ein neutrales Verkaufsgespräch – auch gut.

Hin und wieder sollen die Schnürungen, Strapse und Maschen einen untreuen Mann zurückholen. Oder dem übervertrauten Sex neuen Schwung verleihen. Doch paartherapeutische Massnahmen sind bei ihr die Ausnahmen. Die meisten Kundinnen stehen ebenso fest im Leben wie zum eigenen Körper und bestellen das frivole Stück für sich selbst – besonders gern zum 50. oder 60. Geburtstag. Fülligere Formen sind für Beata Sievi kein Problem: «Ich setze mich mit jeder Figur auseinander.» Selbst ein Taillenumfang von 100 Zentimetern schreckt sie nicht. Ja, solche Masse sind oft dankbarer als ein gertenschlanker Körper, «bei dem man nichts mehr schnüren kann».

Am häufigsten freilich erscheinen gestandene, gut situierte Paare in ihrem Atelier – verständlich, angesichts ihrer Preise. Dann erlebt sie, sagt sie, immer wieder die gleiche Szene. Der Mann kann seine Augen nicht vom knallroten, knappen Modell lassen. Und die Frau sagt: «Bitte, ganz, ganz schlicht und schwarz.» Dann fühlt Beata Sievi ganz mit dem Mann, «der enttäuscht danebensitzt und nicht zu widersprechen wagt». Und sieht einmal mehr ihre Überzeugung bestätigt: «Nur wenige Frauen haben so viel Selbstbewusstsein, um wirklich im Mittelpunkt stehen zu können.»

Inzwischen reist ihre Kundschaft selbst aus Hamburg und Brüssel an. Denn Corsetièren sind in Europa so selten geworden wie Gaslaternen-Anzünder, und Nachwuchs gibt's kaum. Kein Wunder. Das Hantieren mit den Werk- und Wirkstoffen bedeutet körperliche Schwerarbeit. Beata Sievi zeigt ihren rechten Oberarm. Hier holte sie sich beim Zuschneiden der Stäbe einen Sehnenriss. Wie kommt eine anständige Frau zu diesem Beruf? Auf Umwegen. Schon als Mädchen sehnte sich Beata Sievi nach jenem Glanz und jener Gloria, die im damaligen Polen als westlich dekadent galten. «Modisch herrschte bei uns Militärgrün.» Erst in Bibliotheken wurde sie fündig: geraffte Röcke, die in Stoffkaskaden zu Boden fielen, und Corsagen, die den Körper eng umschlossen. Die frühesten Modelle um 1600 drückten die Brust zur flachen konischen Form. Später wurde der Busen gehoben, der nun alabasterweiss zu schimmern hatte. Und um 1850 schliesslich setzte sich die Sanduhrform durch, die bis heute in der Brautmode und im Bierzelt triumphiert. Jede bayerisch-österreichische Bedienung weiss: Je höher geschoben, je enger geschnürt, je sichtbarer das Grübchen, desto grösser das Trinkgeld. Nach dem Psychologiestudium in Warschau führte Beata Sievis berufliches Zickzack zum Praktikum in eine Schweizer Psychiatrie-Klinik und, nach einer ersten Heirat, zur Couture-Lehre am Zürcher Neumarkt-Theater. 1999 machte sie ihre Leidenschaft zum Beruf: Sie eröffnete ihr eigenes Korsett-Atelier «Entre nous» in Winterthur.

Markttechnisch gesehen war das so absurd, als spezialisierte sie sich in der Sahelzone auf den Verkauf von Pelzmänteln. Der eben aufkommende neue Schlabberschick benötigte keine schmale Taille. Und der Begriff Korsett schlug auf der Empörungsskala der Feministinnen so hoch aus, dass er nicht mehr gemessen werden kann. Doch für Beata Sievi grenzt das Nullinteresse an der eigenen Erscheinung an narzisstische Rücksichtslosigkeit: «Schöne Kleidung ist eine Form des Respekts anderen gegenüber. Ich gebe mein Hirn ja nicht ab, wenn ich mich schön anziehe.»

Heute bezeichnet sich Beata Sievi nicht mehr als Korsettmacherin. Sie ist Corset Artist. Tatsächlich landet, wer mit ihr über Korsetts spricht, rasch einmal bei Proust und Tolstoi, Flaubert und Simone de Beauvoir, Thomas Mann und Anaïs Nin. Bei Autoren also, die über «den Wahnsinn der Leidenschaft» und «die Sucht der schwierigen Liebe» Bescheid wussten, und die richtigen Worte für die Qual fanden, die «wie eine Stichflamme im Herzen emporschiesst». Tatsächlich erschliessen sich die erotischen Verfeinerungen ihrer Kreationen nur wirklich Belesenen und Gebildeten. Für Tolstoi-Liebhaber etwa hat sie das Modell «Anna Karenina» im Angebot. Auf Wunsch nähte sie aber auch schon musikalische Neigungen (Chopin und Liszt), Lieblingspianisten (Artur Schnabel) und Lieblings-Filmregisseure (Visconti und Fellini) ins «Korsett für den intimen Blick» ein. Renner ist das mit Apollinaires Liebesbriefen an Lou bedruckte Modell. Sie hatte es einst für sich selbst entworfen, eine Hommage an einen französischen Geliebten.

Jetzt lehnt sie an ihrem Arbeitstisch, ebenso zierlich wie anmutig. Der Hosenanzug sitzt straff, das Haar ist in damenhaften Windungen hochgesteckt. «Mein Leben», sagt sie, «ist Liebe und Leidenschaft.» Solche Sätze kann man wohl nur im slawisch gerundeten Tonfall sagen. «Die schönsten Kreationen gelingen mir, wenn ich liebe», fährt sie fort. Besonders, wenn die Liaison «von verstörender Intensität» ist. Oder sich als «starke Faszination am falschen Ort» erweist. Oder sich in erotischem Fernweh erschöpft. Ein Hang zu schwierigen Männern und komplizierten Lieben? Beata Sievi lacht: «Sagen wir mal so: Sie schrecken mich nicht ab.»

Natürlich weiss sie als Psychologin alles über zwischenmenschliche Neurobiologie. Die Wände ihres Salons sind tapeziert mit soziologischer Grundlagenforschung und wissenschaftlichen Recherchen. Die Bücher ihrer beiden Hausheiligen – Bindungsforscher John Bowlby und Feministin Eva Illouz – sind so flächendeckend unterstrichen, dass die weiss gebliebenen Stellen leichter zu entziffern sind. Beata Sievis Bilanz der Geschlechterrevolution ist niederschmetternd. Die Rollenverwischung hat aus den Männern entweder Gefühlskrüppel oder fröhliche Streuner gemacht, die sich nicht mehr verpflichtet fühlen, die Verantwortung für eine Familie zu übernehmen. Schon nach der ersten Nacht hauen sie ab und verwischen ihre Spuren so gekonnt wie der israelische Geheimdienst. Wikipedia kennt dafür bereits einen Ausdruck: Ghostery. «Heute müssen die Frauen ständig betonen, keine Beziehung zu wollen, um Sex zu bekommen», sagt Beata Sievi.

Damit nicht genug. Die sexuelle Unlust der Männer ist gewachsen. Egal, wie energisch die Frauen mit aufgespritzten Lippen, langen, blonden Mähnen und 12 Zentimeter hohen Absätze dagegen aufrüsten. Beata Sievi weiss, warum: «Der Erotikfaktor ist gleich null.» Alles nur Technik statt Emotionen, alles nur Workout statt Tango. Da muss kein Mann mehr lange begehren. Da bekommt er alles gebrauchsfertig auf dem Tablett serviert. Seit ein paar Jahren versucht sie, dieser Entwicklung mit ihrem Salon für die Philosophie des Eros entgegenzusteuern. Die Frau soll wieder lernen, ihr erotisches Kapital zu nutzen, und dabei sowohl ihre körperlichen wie ihre geistigen Reize einsetzen. Erst ihr Verführen wird im Mann wieder den «männlichen Blick» wecken. Und nichts weckt die Lust der Frau zuverlässiger als das offene Begehren in den Augen eines Mannes.

Im Angebot hat sie sowohl Salons für Paare wie für Ladies only. An diesem frostigen Frühlingstag ist der Damenabend ausgebucht. Auf der Einladung wurde um «sinnliche und elegante Garderobe» gebeten. Doch die Damen, die meisten zwischen 40 und 50, gingen lieber auf Nummer sicher und wählten irgendetwas Schwarzes. Optisch unterscheiden sie sich nicht vom Publikum eines Abonnement-Konzerts: Hauptsache korrekt. Gewagtes Korsett und kunstvoll getürmte Frisuren tragen nur die beiden Salonnièren, wie sie sich nennen: Beata Sievi und ihre Bühnenpartnerin, die Psychologin Julia Knapp. Das Duo, das sich unter dem Künstlernamen «In flagranti» auch buchen lässt, hält sich in seinen schulterfreien Corsagen überaus aufrecht und schreitet stilvoll über das knarrende Atelier-Parkett.

Die Kerzen flackern, auf den Tischchen perlt der Prosecco neben, ganz klar, roten Erdbeeren. Als Soundtrack dient höfische Rokokomusik, passend zum Soirée-Motto: «Paradies im Boudoir». Leider reicht der Eintrittspreis von 85 Franken nicht für die von Beata Sievi als lustfördernd empfohlenen Austern, Safran und Trüffel. Doch die servierte Spargelcreme-Suppe, Lachs- und Eierbrötchen erfüllen denselben Zweck. Zumal die Damen mit zunehmendem Genuss zum Prosecco-Glas greifen.

Ebenso pikant wie die kulinarischen Bissen sind die Texthäppchen. Es ist ein fiktiver, aber auf Originalquellen aufgebauter Briefwechsel zwischen Freudenmädchen Fanny Hill und königlicher Mätresse Madame Dubarry. Kundig werfen sie sich erotische und psychologische Tipps zu; elegant beschreiben und vergleichen sie männliche Anatomien. Letztere kriegen die Zuhörerinnen auch mit eigenen Händen zu fassen. Herzhaft greifen sie zu, als auf einem Silbertablett rohes Gemüse in Phallus-Form – von prallen Auberginen bis zu ausgedörrten Peperoncini – herumgereicht wird.

Nach der Pause werden die Lichter gedimmt und die Texte, dank einer venezianischen Kokotte, noch gewagter. Moschusduft zieht durch den Raum. Antike Pornodarstellungen wandern wie Ferienfotos durch die Zuschauerinnenreihen. Sie werden genau inspiziert, notfalls mit hervorgekramter Brille. Doch die Zeichnungen sind so härchen-genau gestrichelt, dass sie eher an anatomische Skizzen erinnern, und so geschmackvoll arrangiert, dass sie auch im Kunsthaus hängen könnten.

Der geballte erotische Angriff auf alle fünf Sinne lockert das Publikum sichtlich. Eine solide Mittfünfzigerin schält sich mit energischem Befreiungsrudern aus der Jacke ihres Hosenanzugs. Zur Verblüffung der dahinter Sitzenden erscheint auf ihrem nackten Rücken ein rot-schwarz tätowierter fauchender Drache. Merke: In jeder Frau steckt ein Dämon. Eine andere, deren ungeschminktes Gesicht aussieht, als hätte sie es mit Kernseife geschrubbt, löst ihr straff gezüchtigtes Haar und lässt es über die Schultern schwingen. Erste Fragen werden gestellt. Nein, es geht nicht um Hingabe und Leidenschaft oder gar Korsetts. Es geht um die praktische Frage: Was kann man tun gegen die neue Rücksichtslosigkeit der Männer, die zu nutzen wissen, dass es heute auf dem Feld der Liebe weder Normen noch Verbindlichkeiten gibt? Die Debatte nimmt an Fahrt auf, endet auch bei der Mantelablage nicht. Doch die Zeit ist um – Beata Sievi verweist auf die nächste Soirée.

Auf dem Weg zum Bahnhof riecht es nach Fritten und Bier. Rohe Rufe dringen aus Hinterhöfen und Seitenstrassen. Männer blockieren in Rudeln das Trottoir und denken nicht ans Weichen. Zu Rokokozeiten, hat man eben gelernt, müsste eine Frau jetzt nur mehrmals den Fächer energisch auf- und zuklappen, und schon ergriffe jeder Zudringliche die Flucht. Heute hilft ihr nur das Wechseln auf die andere Strassenseite.

MARGRIT SPRECHER

Tüftler mit ungebremster Neugier: Jürg Nigg in seiner vollgestopften Werkstatt im Industriequartier.

25

ZÜRICHS DANIEL DÜSENTRIEB

Sein medizinisches Operationsbesteck ist noch heute im Einsatz. Erst seine Erfindung machte Energiesparlampen weltweit zur Erfolgsgeschichte. Wie jeder Tüftler ist auch Jürg Nigg ein nimmermüder Weltenentdecker.

Licht an – Licht aus. Für uns Irdische ist der Unterschied zwischen hell und dunkel ein Tastendruck unter vielen im Alltag. Doch wenige 100 Meter südlich des Zürcher Limmatplatzes betreten wir ein anderes Universum: die Welt von Jürg Nigg. Ein gelbes, zweistöckiges Haus, hinter der Tür im Erdgeschoss seine mit Werkzeug vollgestopfte Werkstatt, in der Wohnung, die Treppe hoch, seine unter Bundesordnern voller Ideen und Pläne sich biegenden Regale. Dort findet sich unter Niggs über 80 eigenen Patenten das eine, welches Anfang der 1980er-Jahre das entscheidende Problem in der komplexen Welt der Energiesparlampen löste. Reich damit wurden grosse Konzerne, Jürg Nigg sagt bis heute: «Um Patente zu streiten lohnt sich für einen wie mich nicht.» Was ihn indes nie davon abhielt, weiter zu tüfteln, in seiner ungebremsten Neugier, mit welcher er bereits als Bub seine Lehrer zur Verzweiflung trieb, und die ihn fast zum Fremdenlegionär hätte werden lassen. Da war er gerade 15 Jahre alt.

Von Malix in den Bündner Bergen brachen sie zu dritt in die Welt auf, damals, in den späten 1940er-Jahren. «Wir wollten nach Afrika.» Sie fuhren nach Paris, Le Havre, Marseille und bestiegen dort das Schiff Richtung Algerien. Seine Augen blitzen noch heute, wenn er von den Fremdenlegionären in jenem Café im heutigen Skikda erzählt: «Sie tranken mit uns Anisette – wir hatten keine Ahnung von gar nichts.» Am Ende hatten die Buben für die Fremdenlegion unterschrieben. Danach, Kurzversion: Schweizer Legionäre verhalfen ihnen zur Flucht nach Algier. Dort organisierten sie sich einen Jeep, zwei Kanister Benzin, ein Fass Wasser. Nach ein paar Tagen in der Wüste ging es wieder zurück, nach Marseille, Paris, Zürich, Malix. Der gelernte Konstrukteur und Autodidakt nimmt uns mit seiner noch immer schulterlangen weissen Künstlermähne, seinen wachen Augen und seiner Erzähllust auch noch heute, als 90-Jähriger, mit auf seine Abenteuer, seine Reisen, sein Suchen. Mitten im Urwald von Papua-Neuguinea, gleich neben seinem Zelt, «da stand ich vor einem Leoparden, er knurrte mich an und wendete sich ab. Ich wollte nur fotografieren und tat das auch – es wurde ein schönes Bild.» Kurze Pause. «Man hat gar keine Zeit zum Angsthaben, man staunt nur noch.»

Staunen macht auch ein Besuch in Niggs Werkstatt. «Hier, mit diesem Gerät kann ich Spektralmessungen machen. Da, diese Aufdampfmaschine habe ich als Hobby gekauft. Hier, dieser Plan: Normalerweise macht man das auf dem Computer, aber der Nigg zeichnet das von Hand, nicht so detailliert – aber es funktioniert.» Mitten im Wust aus Werkzeugen, Maschinen und Geräten erkennt auch der Laie: Er ist kein Bastler, er ist ein Profi. Er hat Operationsbesteck für die Augenchirurgie entwickelt. Tunnelleuchtsignale, die man zur Tunnelreinigung nicht demontieren muss. Wasserflaschen mit Solarzellen, um Wasser zu heizen. Fassungen für Fernsehstudio-Scheinwerfer. «Mich fasziniert seit je vieles, aber vor allem das Phänomen Licht.» Bei Nigg hängt alles zusammen. Das Chaos des Urwalds wie seine Liebe zum Universum im gelben Haus hinter dem Limmatplatz, wo er aus diesem Chaos Alltagsgegenstände entwickelt. Eine ständige Reise durch die Welt und durchs Leben. Sein vielleicht letztes Abenteuer hat er vor gut zwei Jahren verloren.

Mit 88 Jahren stand Jürg Nigg noch immer jeden Tag in seiner Werkstatt. Sein jüngstes Patent, eine Wasserflasche, mit der man verschmutztes Wasser reinigen kann, wollte er in grossen Mengen produzieren lassen. Und fiel prompt auf betrügerische Investoren herein, Nigg verlor alles: Geld, Werkstatt – sein ganzes Universum. Was er nicht verlor, gar nicht verlieren kann: seine Neugier nach Lösungen für alles Mögliche. Und: seine Liebe zum Licht: «Licht ist das, was das Leben macht; die Batterie, die uns antreibt», sagt er. «Alles, was wir tun, muss dem Menschen dienen, dem Tier, der Pflanze oder dem Planeten Erde – das ist die einzige Chance, die wir zum Überleben haben.»

FREDY GASSER

Seit vielen Jahren Kollegen: Böögg und Luki Meier (vorne) auf dem Scheiterhaufen am Bellevue.

26

«DU HAST EINEN TOTALEN KNALL!»

Ohne Böögg kein Zürcher Sechseläuten. Und ohne Bööggbauer keinen Böögg. Luki Meier hat sich mit dem jährlichen Herrichten des wattierten Wintermanns auf eine explosive Beziehung eingelassen. Zeit, sich einmal darüber auszutauschen.

Luki Meier: Wie geht's?
Böögg: Gut. Danke! So weit ist alles cool.
Luki Meier: Sag mal. Wie siehst du eigentlich unsere Beziehung? Wer spielt den dominanten Part?
Böögg: Du. Ich meine, du erschaffst mich jedes Jahr von Neuem. Polsterst mich mit Watte und Holzwolle aus, stopfst Knallkörper in mich hinein. Dann karrst du mich zum Scheiterhaufen, gibst ein lustiges Interview und erteilst Feuerbefehl. Ich kann nur zusehen, wie mir geschieht. Den passiven Part würde ich also darum bei mir sehen.
Luki Meier: Da hast du recht. Zum Teil. Du bist aber genauso der aktive Teil im Team. Du feierst ja jedes Jahr Auferstehung, fällst früh genug in meine Agenda und dann heisst es wieder anpacken. Welche Spezialverkleidung soll ich dir schneidern? Halten die Knöpfe? Stehst du sicher oben? Halten der Pfahl und die Plattform? Und jedes Jahr hinterfrage ich, warum ich mir das antue.
Böögg: Antue? Ach komm! Was ist denn daran so schlimm?
Luki Meier: Man weiss letztlich nie, wie genau du das mit der Zeit nimmst. Da tut man alles, damit du nicht zu lange brauchst, bis es dir den Kopf lupft und wir auf einen schönen Sommer hoffen können. Aber nein, du musst es immer wieder sauspannend machen. Nach einer halben Stunde schnürt es alles in mir zusammen, mir wird heiss, fast so, als würde ich selber auf dem Scheiterhaufen stehen. Machst du das eigentlich absichtlich?
Böögg: Ha! Ein bisschen Spass muss sein. Wenn ich schon für euch den Kopf hinhalten muss, darf ich mir wohl hin und wieder einen Jux leisten.
Luki Meier: Dann bin ich froh, dass das nicht allein meine Schuld ist. Kannst du in Zukunft nicht etwas verlässlicher sein?
Böögg: Nöö.
Luki Meier: Warum nicht?
Böögg: Das ist das Salz in unserer Beziehungssuppe!
Luki Meier: Ok, der Punkt geht an dich. Aber du hast dich auch schon, vor meiner Laufbahn als Bööggbauer, vornüber vom Scheiterhaufen gestürzt, bist fast in die umreitenden Pferde gekracht! Was hast du dir dabei gedacht?
Böögg: Stimmt. Das habe ich ja nicht nur einmal gemacht. Zugegeben, das waren keine Sternstunden. Manchmal macht es mich einfach traurig, dass ich nicht mit euch am Abend zum Nachtessen auf die Zunftstube darf. Oder einfach mit ein paar Leuten am Strassenrand plaudern kann. Ein Blüemli statt des Besens im Arm wäre auch schön. Aber als personifizierter Winter ist man wohl einfach nicht so beliebt. Böögg kommt letztlich ja auch von «Bööli-maa», oder? Früher hat man mich noch relativ unspektakulär im damaligen Chratzquartier verbrannt. Aber irgendwer hatte dann die Idee, mich an prominenter Lage auf 10 Metern Höhe explodieren zu lassen. Geht mir das alles durch den Kopf, will ich einfach nur weg.
Luki Meier: Du hast doch einen Knall! Alle lieben dich. Wenn ich die lachenden Kinder am Kinderumzug sehe, an dem wir dich mitführen, dann spricht das für dich. Und auch wenn du für Winter und Kälte stehst und wir alle uns einen schönen Sommer wünschen, bist du doch genauso ein Symbol für Frühling, Freude und Feststimmung. Deinetwegen ist die ganze Stadt auf den Beinen. Prominenz aus dem In- und Ausland kommt nicht zuletzt wegen dir nach Zürich. Niemand ist so oft im Bild wie du. Und wenn es dann so weit ist und der Kopf dann (endlich!) explodiert, dann applaudiert die Menge. Was will man mehr?
Böögg: Gut. Dein Punkt. Die Zuneigung spüre ich natürlich auch. Und manchmal darf ich ja auch ausbüxen. Das pandemiebedingte Reisli auf die Teufelsbrücke in der Schöllenenschlucht von 2021 war toll. Da hatte ich auch einen guten Lauf. Nach zwölf Minuten war Schluss!
Luki Meier: Und weisst du noch, als du in London auf der Themse explodiertest? Ich glaub, das war 2003 bei der Einsetzung des Lord Mayor of the City of London.
Böögg: Wonderful! What a blast!
Luki Meier: Da war noch mein Vorgänger Heinz Wahrenberger der Bööggbauer. Magst du dich eigentlich an alle erinnern?
Böögg: Mein Kopf kommt doch jeweils etwas durcheinander. Darum leider nein. Aber an dich werde ich mich immer erinnern! Bereust du es eigentlich, dich auf mich eingelassen zu haben?
Luki Meier: Nie! – Eine Frage hab' ich noch: Liegst du mit deiner Sommerprognose jemals falsch?
Böögg: Nie!

Ort grosser Kontroversen:
Chipperfield-Erweiterungsbau
des Zürcher Kunsthauses.

KULTOUR

KUNSTHAUS ZÜRIC
Öffnungszeiten | Opening hours
Museum
Garten | Garden
www.kunsthaus.ch

Links: Verehrt oder verachtet: Naegeli-Geschöpfe an Zürichs Hauswänden. Rechts: Der grosse Meister im August 2003.

27

SENSE SCHWINGENDE SKELETTCHEN

Harald Naegeli sprayte seine poetischen Geschöpfe auf trostlose Betonwände. Mit Regenmantel und breitrandigem Hut bedrohte er nächtens die bürgerliche Ordnung. Für dieselben anarchistisch-kreativen Denkanstösse, die ihn ins Gefängnis brachten, wird er heute von den Behörden ausgezeichnet.

Die Torte hätte aus Hollywood stammen können: ein mehrstufiges, grün glänzendes Riesengebilde, über und über mit seinen Sprayfiguren aus Marzipan garniert. Es brauchte zwei Männer, um das Ungetüm auf den Tisch zu hieven, und viel Mut, es anzuschneiden. Harald Naegeli beobachtete das Schauspiel, wie er alles im Leben betrachtet: mit gelassenem Amüsement.

In seiner sonst wundervoll leeren Zürcher Wohnung – nichts als eine Flucht von offenen Flügeltüren, spiegelndem Parkett und drei Meter hohen Stuckdecken – drängten sich an jenem 4. Dezember 2022 an die 50 Gäste. Niemand sprach es aus, und doch dachten es alle: Dieser 83. Geburtstag war vermutlich sein letzter. Zu lange hatte er sich gegen die Operation gesträubt. Erst als ihm die Ärzte akute Vergiftungsgefahr prophezeiten, gab er sich mit einem lässigen «Dann machen Sie sich ans Werk!» geschlagen. Wie eh und je schlotterte Zufälliges, Ausgeweitetes um seinen hageren Körper. Noch immer blitzten seine Augen, vor denen schräg wie ein ausgehängtes Gartentor die Brille hing. Auch sein Lachen, sopranhell und unerwartet, klang wie einst. Nur zum plötzlichen «Hach!», mit dem er vom Stuhl aufzuspringen pflegte, reichten die Kräfte nicht mehr aus. Und seine spröden Umarmungen fielen weniger heftig aus.

Das letzte Mal habe ich ihn in der Strafanstalt Winterthur gesehen. Die Besuchszeit betrug 30 Minuten, ein Wärter hörte mit. Begründet hatte das Zürcher Obergericht die neun Monate Gefängnis wegen Sachbeschädigung mit geradezu speichelsprühendem Abscheu: «Mit seinen Kritzeleien eines Kindergartenschülers, der in den besten Werken das Niveau eines

Sechstklässlers erreicht, erschütterte Harald Naegeli mit beispielloser Härte und Rücksichtslosigkeit den Glauben an die Unverletzlichkeit des Eigentums.»

Das verletzte Eigentum waren Betonwände, auf deren Trostlosigkeit Harald Naegeli bei Nacht und Nebel poetische Geschöpfe sprayte: filigrane Geistchen, die unter Torbogen lauerten oder neckisch um Ecken lugten, Urweibchen mit schwellenden Formen, Fische und Flamingos. Den Mauerbesitzern empfahl er launig, sein Werk «am besten als Geschenk zu empfinden». Doch die dachten nicht daran. Für sie war Harald Naegeli ein Schmierfink und seine Sprayereien das Anbranden jener ungezügelten, bedrohlichen Kräfte, wie sie anfangs der 70er-Jahre weltweit die erstarrte bürgerliche Ordnung zu sprengen versuchten.

Harald Naegeli empfand seine Strafe als «reine Befriedigung bürgerlicher Rachegelüste». Wohl zu Recht. Nicht nur hätte er als Ersttäter Anrecht auf eine bedingte Strafe gehabt. Man verschärfte die Haft auch mit allerlei Schikanen. Nur eine halbe Stunde täglich durfte er seine Zelle verlassen, Telefonieren wurde ihm verboten. Doch Harald Naegeli litt nicht so, wie er sollte. Die Gefängnisküche befriedigte seine Vorstellungen von einem guten Essen durchaus: Spinat mit Käseküchlein. Zigarettenrauch hatte ihn schon immer aus jedem Zimmer vertrieben, und auch Alkohol oder andere Drogen benötigte er nicht. Das Leben war ihm Anregung genug. Selbst die lebenserstickende Monotonie ertrug er problemlos. «Ich denke, schreibe und zeichne unausgesetzt. Meine Figuren beginnen jetzt zu laufen. Ich werde immer besser», sagte er in der besenkammergrossen Besucherzelle.

Zudem amüsierte ihn noch immer die Tollpatschigkeit seiner Häscher. 3000 Franken Kopfgeld hatte die Stadt Zürich auf ihn ausgesetzt. Doch erwischt wurde er viele Monate darauf nur, weil er an den Tatort zurückgekehrt war, um seine Brille zu suchen. Später machte der Staat 30 000 Franken locker, um ihn wie einen Schwerverbrecher mit einem internationalen Haftbefehl zu suchen. Als Antwort stellte er sich zwei Jahre später mit provokativer Freiwilligkeit dem Basler Grenzschutz. Begleitet wurde er von Klaus Staeck und Joseph Beuys, die ihrerseits die Gelegenheit nutzten, um sich kurz und wirkungsvoll in Szene zu setzen.

Nach dem Absitzen seiner Strafe hatte Harald Naegeli genug von seinem «Vaterland, wo die Hirne bleiern liegen, der Bundesrat sich nur mit Wirtschaftsfragen befasst und die Kulturbeauftragten gähnen». Die Rückgabe des Schweizer Passes erwies sich als so umständlich, dass er schliesslich darauf verzichtete. Kein Problem dagegen war das Auswandern nach Düsseldorf. Dort empfing man ihn mit offenen Armen. Willy Brandt gab ein Buch über ihn heraus. Der Frankfurter Kulturbeauftragte Hilmar Hoffmann schrieb: «Kaum eine andere Demonstration hat das liberale Image der Schweiz derart ramponiert wie die auf Veranlassung seines Heimatstaates vorgenommene Verhaftung.»

Doch wirklich berühren können einen Harald Naegeli weder Applaus noch Buhs: «Mein Selbstbewusstsein als Künstler ist zu gross.» Seine Werke verkauft er grundsätzlich nicht. Er verschenkt sie höchstens für gute Zwecke. Nutzniesser sind vor allem die Natur und Tiere. Der Erlös seiner letzten Benefizaktion geht an die Hunde und Katzen in der Ukraine, die ihre Besitzer bei der Flucht zurücklassen mussten.

Seine kommerzielle Lockerheit verdankt er seiner Herkunft als Spross einer Zürcher Ärztefamilie mit Häusern an besten Lagen. Die Verachtung für den Staat und dessen Bürokratie hat er von seiner norwegischen Mutter. Die Tochter eines Fischers reiste als Anarchistin stets ohne Pass über die Grenzen. Ganz in ihrem Sinne lehnte auch Sohn Harald stets staatliche Ämter und Würden ab. Die ihm angebotene Professur an der Kunstakademie Wiesbaden schlug er mit der Begründung aus, das Ausfüllen von sechs Personalblättern sei eine Zumutung.

Anfangs des neuen Jahrtausends sorgten sich Zürichs Hausbesitzer über Naegelis mögliche Rückkehr: Sprayer ante portas! Doch dieser hatte Grösseres vor: Er wollte die Stadt mitten ins verhärtete protestantische Herz treffen und den Treppenaufgang im Grossmünsterturm mit seinen Totentänzen schmücken. «Passt doch wunderbar!», freute er sich, nach eigenem Bekunden ein «Fast-Atheist». «Diese zwinglianische Abstraktion bar jeder Sinnlichkeit ...!»

Keineswegs abstrakt, sondern geradezu tumultuös waren die Folgen. Erst nach jahrelangem zänkischen Hin und Her rangen sich Kirche und Staat zur Annahme seines Geschenks durch. Und als es schliesslich so weit war, beauftragten sie sogleich einen Juristen, um – «für 13 000 Franken!», spottet Harald Naegeli – der Kirche vertraglich die Vermarktungsrechte seiner Gerippe zuzusichern und dem Kanton Zürich das Recht, sie für Kommunikationszwecke zu benutzen.

Happy End? Weit gefehlt. Harald Naegelis Sense schwingende Skelettchen sprengten, wie es ihre Art ist, zunehmend den ihnen zugewiesenen präparierten

Platz. Bis die Kirche schäumte: Schluss jetzt, und zwar subito! Über Nacht wechselte sie das Schloss aus, und der Übeltäter musste unter Androhung rechtlicher Schritte den Schlüssel zum Grossmünster wieder abgeben. Als Zusatzstrafe bekamen die bereits bestehenden Knochenmännchen nur für vier Jahren eine Tanzbewilligung.

2020 kehrte Harald Naegeli «ins spiessige Ambiente von Zürich» zurück: «Meine Zeit ist um.» Doch kaum da, erwachte sein alter Zorn auf die Trägheit der Stadt erneut. Bald schon schwang er sich wie früher mit Regenmantel und breitrandigem Hut nächtens auf sein Velo und fuhr durch die dank Lockdown geisterhaft leere Stadt. Wieder packte ihn «diese Energie, die aus mir heraussprudelt und einfach unglaublich ist». Wieder war «das Zeichnen einer Linie, ganz aus der Bewegung geboren, reines Glück, das Tor zur Freiheit».

In nur zwei Monaten vermehrten sich seine gesprayten Gerippe explosionsartig. Sie wurden immer heiterer, schwangen die Beine und winkten mit einladenden Gesten. Umso eiliger bemühten sich die Gebäudebesitzer, ihre Memento mori loszuwerden. Das Kunsthaus, schon immer einer seiner bevorzugten Tatorte, beliess es nicht beim Wisch-und-weg. Es reichte auch Strafanzeige ein. «Nur peinlich», spottete Harald Naegeli. «Lächerlich wie alle Machtdemonstrationen und Einschüchterungen ...» Das sah offenbar auch Zürichs Stadtrat so. Er bewirkte den Rückzug der Strafanzeige «wegen hohen Alters» des Delinquenten und erlaubte ihm, die eingeklagten 90000 Franken Reinigungskosten mit einem einzigen Graffito zu bezahlen. Um in Sachen Wiedergutmachung nachzudoppeln, überreichte ihm Stadtpräsidentin Corine Mauch noch im gleichen Jahr den Kunstpreis der Stadt Zürich. Denn inzwischen, so hatte man wohl gelesen, gilt die Streetart «als geschätzter künstlerischer Eingriff und urbanes Statement gegen kommerziell erzeugten Massengeschmack und bürgerlichen common sense, das anarchistisch-kreative Denkanstösse gibt».

Wer heute noch einen Naegeli sehen will, muss lange suchen. Überlebt hat das Wasserweibchen am Deutschen Seminar. Das Wesen legt seine schwellenden Formen so lässig auf ein Wellenkissen, dass man es schon 2004 mit einer Holzverschalung vor den Reinigungskräften und anderen Saubermännern geschützt hatte. Weitere Strichmännchen sind im Untergeschoss C der Tiefgarage der ETH zu sehen. Auch der eine oder andere Hausbesitzer liess seinen Naegeli auffrischen oder gar verpflanzen.

Gut gemeint findet Harald Naegeli die Rettungsaktionen. «Doch natürlich fehlt die Unmittelbarkeit, die nur bei einer Sprühgeschwindigkeit von zwischen fünf und zehn Sekunden pro Figur entsteht.»

Inzwischen hat der einst als «Phantomsprayer von Zürich» Etikettierte die Spraydosen entsorgt. Seine ganze Kraft fliesst jetzt in seine Stiftung im denkmalgeschützten Haus am Hottingerplatz. Kuratiert wird sie von der flinken und fröhlichen Fachfrau Anna-Barbara Neumann. «Schon als ganz kleines Meitli», sagt sie, habe sie an der Hand ihres Vaters Kunstspaziergänge von Strichfigur zu Strichfigur gemacht. Heute organisiert sie nicht nur Benefiz-Aktionen, Ausstellungen und Geburtstage, sondern sorgt auch für genügend Schokoladen-Nachschub in Griffweite des Hausherrn.

An allen Wänden hängen abstrakte Skizzen und Tierzeichnungen, darunter immer wieder Flamingos. «Sie haben eine grässliche Stimme und Schweinsaugen», sagt er. «Aber welch fantastische Ästhetik ...!» Begeistert betrachtet er den Schwung des skizzierten Halses. Auf einer Staffelei steht eine seiner Urwolken. Man muss ganz nahe ans Papier herantreten, um die winzigen Partikel auf dem scheinbar leeren Blatt zu sehen. Flüchtig werden die Punkte und Striche vom Weltallwind bald in diese, bald in jene Richtung geweht, ballen sich mal hier, mal dort zusammen. Eine vorweltliche Welt, in der Ordnung und Chaos noch nicht geschieden sind. «Betrachten Sie mich als Wolke – als das Luftigste und Ungebundenste», schreibt Harald Naegeli dazu. «Die menschlichen Geschicke berühren mich nicht. Ich bin da und verschwinde, ebenso wie ich immer wiederkomme. Ich gebe keine Lehre, ich bin nur eine Empfehlung, und je mehr Sie mich bewundern, desto mehr kommen Sie meiner Freiheit näher.»

Im Frühling 2023 schafft es «Zürichs bekanntester Unbekannte» kaum noch aus dem Haus. Statt mit Motiven aus der freien Natur füllt er seine Skizzenbücher mit den Porträts seiner Besucher. Kaum hat sich der Gast gesetzt, schlägt er das Heft auf, und während des Gesprächs wandert sein Blick unablässig vom Gesicht zum Blatt. Das Ergebnis ist für die Porträtierten stets wenig schmeichelhaft. Doch möchte jemand schöner und jünger werden, kostet das, sagt der Künstler ungerührt, «100000 Franken extra».

MARGRIT SPRECHER

28

ER HAT EIN KALB VERKAUFT

Die kleine Niederdorfoper ist beste Zürcher Kulturgeschichte. Die legendären Paul Burkhard, Werner Düggelin und Walter Lesch erfanden das Theaterstück mit Bauer Heiri in der Hauptrolle, der sein Geld mit Alkohol und leichten Mädchen verprasst. Werber Peter Lesch erinnert sich an diesen grossen Wurf seines Vaters.

Mit sechs Jahren durfte ich meine Eltern ins Zürcher Schauspielhaus an die Uraufführung der *kleinen Niederdorfoper* begleiten. Ich war nicht das erste Mal im Theater, aber das erste Mal in einer Loge, was gut zu meiner roten Fliege passte, die ich dank Gummiband ohne fremde Hilfe umbinden konnte. Man schrieb den 31. Dezember 1951, Silvester.

Am Ende der Vorstellung formierten sich Zuschauerinnen und Zuschauer zu einer Polonaise und sangen das Chanson, das später zum Gassenhauer werden sollte: «Mir mag halt niemmer öppis gunne.» Dieses Ende war der Anfang der Geschichte der *kleinen Niederdorfoper.* Und das kam so.

Mein Vater, Walter Lesch, war Journalist, Regisseur, Autor und Filmdramaturg in Berlin und Zürich. Er gründete zusammen mit Emil Hegetschweiler, der damals noch Konditor war, dem Maler Alois Carigiet, der die Bühnenbilder schuf, und dem Komponisten Otto Weissert, das Cabaret Cornichon. Es spielte im Hirschen im Niederdorf. Es war ein Unterhaltungscabaret, kämpfte aber innenpolitisch im Sinne der Geistigen Landesverteidigung und aussenpolitisch gegen Faschismus und Nationalsozialismus. Am Ende des Zweiten Weltkriegs und mit dem Aufkommen des Kalten Krieges fiel das Ensemble auseinander und das Cornichon ging Konkurs.

Als sein Direktor und Leiter musste mein Vater dafür gerade stehen. Da kam die Anfrage des Schauspielhauses gerade recht. Es gab meinem Vater den Auftrag, ein Theaterstück für Silvester 1951 zu schreiben. Es wurde das Libretto zur *kleinen Niederdorfoper* von Paul Burkhard. Er war ein langjähriger Freund meines Vaters und wurde weltberühmt mit seinem Chanson «Oh, mein Papa». Er und mein Vater trafen sich bei uns zu Hause in Küsnacht. Paul Burkhard sass am Flügel und mein Vater vor einem leeren Blatt Papier. Dazu kam als dramaturgischer Mitarbeiter ein 21-jähriger Jüngling, der später ein berühmter Regisseur wurde, Werner Düggelin, genannt Dügg. Die Idee zur *kleinen Niederdorfoper* entstand nicht im Niederdorf, sondern in Hausen am Albis.

Ein guter Freund, der meinen Vater unterstützte und die Entstehung der *kleinen Niederdorfoper* eng begleitete, wohnte auf dem Zürcher Hausberg, dem Albis. Zu seinem herrschaftlichen Anwesen gehörte auch ein Gutsbetrieb, den er an einen Bauern verpachtete. Die Hauptfigur war geboren. *Die kleine Niederdorfoper* erzählt seine Geschichte, die Geschichte des Bauern Heiri aus Hausen am Albis. Er hat ein Kalb verkauft und geht nun ins Niederdorf, um sein Geld mit Alkohol und leichten Mädchen zu verprassen.

Dabei gerät er in eine Liebes- und Kriminalgeschichte. Eine zentrale Rolle spielt dabei das Lämmli, ein Varieté mit einem, so die Eigenwerbung, Weltstadt-Programm der Extraklasse. Und mitten drin Heiri aus Hausen am Albis, der zur Höchstform aufläuft und eine Runde nach der anderen schmeisst. Bis er sein ganzes Geld verprasst hat. Auf die lautstarke Dominanz folgt tiefe Trauer. Niemand will mehr etwas von ihm wissen. Und so macht er sich auf den Heimweg nach Hausen am Albis. Allein und nicht ganz nüchtern.

In der Uraufführung 1951 spielten neben Ruedi Walter unter anderen Margrit Rainer, Annemarie Blanc, Heinrich Gretler, Sigfrit Steiner und Walter Roderer. *Die kleine Niederdorfoper* gehört zu den meist gespielten Theaterstücken in der Schweiz. Jeder Verein, der etwas auf sich hält, führt sie in seinem Repertoire. In Zürich wurde sie bis 1989 gezeigt, produziert von Edi Baur – immer mit Ruedi Walter in der Hauptrolle.

Im November wurde sie nach 20 Jahren Pause von Regisseur Max Sieber und den Produzenten Erich Vock und Hubert Spiess im Bernhard Theater wieder neu aufgeführt. Das Bäuerlein Heiri spielte Erich Vock und erntete dabei viel Lob, denn es war nicht leicht, nach Ruedi Walter in diese Rolle zu schlüpfen.

PETER LESCH

Paraderolle: Ruedi Walter als Bauer Heiri am 29. August 1968 auf der Corso-Bühne.

Freunde der Kunst: Dieter Bührle, Franz Meier (Präsident der Kunstgesellschaft), Charlotte Bührle-Schalk, Bundesrat Hans Streuli und Hortense Bührle (v. l.) an der Eröffnung des Kunsthaus-Erweiterungsbaus der Gebrüder Pfister im Juni 1958.

29

ZIEMLICH BESTE FREUNDE

80 Jahre lang war Zürichs Elite eng verbandelt mit der Rüstungsdynastie Bührle. Und war deshalb viel zu unkritisch, als deren Gemälde ohne unabhängige Provenienzforschung zum Herzstück ihres Kunsthauses werden sollten.

Franz Meyer-Stünzi war auf Geldsuche. Das Zürcher Kunsthaus am Heimplatz war 1940 ein wenig attraktiver Ort – ein guter Bau, aber vergleichsweise bescheiden, was Raum und Sammlung betraf. Die Krisenjahre hatten die privaten Mittel fürs Kunsthaus versiegen lassen, kaum ein lokaler Industrieller oder Bankier konnte noch so richtig aus dem Vollen schöpfen, mit Ausnahme des zugewanderten Süddeutschen Emil Georg Bührle.

Der ehemalige Kunststudent und Freikorpsoffizier hatte in den 20er-Jahren die Werkzeugmaschinenfabrik Oerlikon mit dem Geld seiner Schwiegereltern übernommen, aufs Waffengeschäft umgestellt und danach seinen Beitrag geleistet zur verdeckten Wiederaufrüstung Deutschlands in der Weimarer Republik und danach. So war er nach dem Beginn des Zweiten Weltkrieges in der glücklichen Lage, steigende Umsätze und Gewinne vermelden zu können. Zugleich blieb er den schönen Seiten des Lebens zugewandt, sammelte Bilder und förderte die Literatur, vor allem einheimisches Schaffen.

Gab es einen idealeren Kandidaten für die Sammlungskommission des Zürcher Kunsthauses? Aus Sicht von Franz Meyer-Stünzi nicht. Beide hatten sie sich im Plantagengürtel zwischen dem Hafen Riesbach und dem Hirslander Rebberg niedergelassen, in unmittelbarer Stadtnähe oberhalb des rechten Zürichseeufers. Hier gab es noch Platz für weiträumige Parks, in denen auch jene Bäume angepflanzt werden konnten, die die Hausherren in den Kolonien vorgefunden hatten. Emil Bührle gehörte als Sohn eines Finanzbeamten nicht zu den Kolonialisten, aber er teilte mit ihnen die Vorliebe für grosse Parks. So erwarb er bald zusammen mit dem Schwiegervater ein grosses Areal an der Zollikerstrasse, wo sich die junge Familie und die Grosseltern niederliessen.

Meyer-Stünzi und Bührle waren auch Nachbarn im Geist. Beider Sympathien lagen auf deutscher Seite. Meyer-Stünzi gehörte 1940 zu den Unterzeichnern der Eingabe der 200, die den Bundesrat aufforderte, den hitlerkritischen Verantwortlichen in Medien und Staatsdienst endlich das Handwerk zu legen. Meyer-Stünzis Schwester Gretel hatte den Industriellen Walter Schoeller geheiratet – er wie Bührle mit deutschen Wurzeln und strammer Antikommunist.

Die Vernetzung via Heirat und Kommissionen war ein frühes Modell dessen, was heute «Mergers & Acquisitions» genannt wird. Die Sammlungskommission des Kunsthauses war nach Bührles Aufnahme deutlich zahlungskräftiger als zuvor, die Sammlung des Hauses konnte erfreulich ausgebaut werden. Jetzt durfte man auch eine Erweiterung des Kunsthauses ins Auge fassen, gebaut von den Gebrüdern Pfister, einem Architekturbüro mit nationaler Ausstrahlung.

Der Schöngeist und Rüstungsindustrielle wurde nach wenigen Jahren Präsident der Sammlungskommission und war dafür bereit, tief in die eigene Tasche zu greifen und dem Kunsthaus einen Erweiterungsbau zu finanzieren. Bührle durfte im Kleingedruckten zur Volksabstimmung namentlich nicht genannt werden, denn damit wäre ein positiver Ausgang ungewiss geworden. Der Krieg war inzwischen vorbei, aber die Fabrik hatte nach der Besetzung Frankreichs 1940 ihre Kanonen nur noch nordwärts geliefert, nachdem die Schweiz von den Achsenmächten umzingelt war.

Dieser Erweiterungsbau des Kunsthauses auf Stelzen – finanziert durch einen «hiesigen Kunstfreund» – wurde an der Urne gutgeheissen und 1958 mit prominenter Aufwartung von Ehrengästen eingeweiht. An der zweitägigen Eröffnungsfeier war alles dabei, was in Zürich und Umgebung (bis hin nach Bern) Rang und Namen hatte. Zwei Bundesräte, hohe Militärs, Stadtpräsident Emil Landolt persönlich und die Nachbarn aus dem Plantagengürtel Zürichs sassen in der vordersten Reihe, als Bührles Tochter Hortense Anda im Namen der Familie die Gäste begrüsste. Die spätere Frau eines weltbekannten Pianisten hatte früh ihren Kunstsinn bewiesen.

Der Vater war zwei Jahre zuvor unerwartet verstorben. Er hatte noch das 50-jährige Jubiläum seiner Firma mit ebenso viel lokaler Prominenz feiern können, aber die Eröffnung des nach ihm benannten Saals im Kunsthaus nicht mehr. Bis zu seinem Tod hatte er eine eindrückliche Kunstsammlung von Impressionisten und Heiligenmotiven erworben. Bührle war in den Kriegsjahren und danach einer der wenigen Käufer mit unlimitiertem Budget. Ihm stand eine Reihe verkaufsbereiter und, mehr noch: zum Verkauf genötigter privater Sammler gegenüber. In erster Linie vermögende jüdische Besitzer, die sich nach der Enteignung ihrer Immobilien und Firmen, Verfolgung und Flucht ihre Existenz in einer neuen Heimat mit dem Verkauf ihres beweglichen Vermögens zu Schleuderpreisen finanzieren mussten.

Bührle brachte es mit dieser Sammlung und seinen Stiftungen zur Förderung der Literatur im Schweizer Bildungsbürgertum zu hohem Ansehen. Den Ritterschlag von oberster Warte erhielt er vom Basler Diplomaten, Historiker und Schriftsteller Carl J. Burckhardt, dem ehemaligen Kommissar des Völkerbunds in Danzig. Burckhardt nahm zwei Begegnungen mit dem Rüstungsindustriellen in seinen Porträtband der eindrücklichsten Zeitgenossen auf und wurde damit schon zehn Jahre vor dem Aufkommen des deutschen Schlagers zu einem Pionier des Kitsches: «Eigentümlich gegenwärtig ist mir der Moment, in welchem wir auf der Treppe dem blonden Enkel im Arm seiner Wärterin begegneten, da geschah dem kampfgewohnten Täter, dem vier Jahre Weltkrieg, wie er sagte, die Haut gegerbt hatten, etwas Überraschendes. Er erschien völlig umgewandelt, die Schlagbereitschaft, die wache Entschlusskraft, der unbändige Wille traten zurück, und eine sinnende, aus Liebe und stolzer Freude gemischte Überraschung, ein aufleuchtendes Erstaunen ergriffen von ihm Besitz.»

Es war dieser blonde Enkel, der 50 Jahre später im Stiftungsrat der familieneigenen Sammlung sass, zusammen mit seiner Schwester und dem Cousin. Zuvor hatten sein Vater Dieter und seine Tante Hortense, direkte Nachkommen des Sammlers, den Kunstbesitz verwaltet und einen Teil in einem eigenen Museum im Haus der Grosseltern öffentlich gemacht. Sohn Dieter strapazierte Moral und Familienvermögen noch mehr als der Vater mit illegalen Waffenlieferungen in Kriegs- und Krisengebiete sowie einer unrentablen Grossinvestition in ein Lenkwaffensystem. Die Schwester bewahrte die Firma vor dem Ruin, ihr Sohn lernte das ABC der rentablen Firmenführung bei McKinsey. Die beiden beendeten die dunkle Rüstungsgeschichte ihrer Familie und setzen fortan auf die zivilen Branchen Immobilien und Hotellerie (mit eigener nachhaltiger Produktion).

Mit diesem Zahlenverständnis beschlagen, kam die Familie auch zum Schluss, dass es sich nicht weiter rechnen würde, die Bilder der Sammlung im ehemaligen Haus der Grosseltern zu zeigen. Spätestens ein dreister Überfall im Jahr 2008 zeigte, dass die Gemälde dort vor unlauteren Motiven der Besucher nicht zu schützen und die Versicherungsprämien der im Wert immens gestiegenen Bilder mit den bescheidenen Eintrittsgeldern an der Zollikerstrasse nicht zu finanzieren waren. Diese Bilder sollten zum Herzstück eines zweiten Erweiterungsbaus des Zürcher Kunsthauses werden, diesmal erbaut vom adligen britischen Architekten David Chipperfield. Zürich würde damit nach Paris zum weltweit zweitwichtigsten Ort für impressionistische Bilder.

Dafür verbrüderte sich das Zürcher Bildungsbürgertum nach acht Jahrzehnten erneut mit der Familie Bührle. Es schien dies eine Win-win-Situation für beide Seiten: Das Kunsthaus wurde mit dieser Dauerleihgabe in Etage zwei seines noblen Erweiterungsbaus zum internationalen Hotspot der Publikumsgunst, der Rüstungsindustrielle wurde unsterblich.

Der Kurator der Sammlung nahm im Vorstand der Kunstgesellschaft Einsitz, der Direktor des Kunsthauses in der Familienstiftung. Zeichnungsberechtigt war der Externe nur zusammen mit einem Familienmitglied, kritikberechtigt nur mit kontrollierter Faktenabgabe ans Publikum. Beide Seiten waren jetzt darauf angewiesen, dass ihre Interessen deckungsgleich waren: Bilder sollten nur im absoluten Notfall an die früheren Besitzer zurückgegeben oder neu erworben werden, einzig dann, wenn es rechtlich nicht zu verhindern war. Und die Ehre des Sammlers, im Hauptamt Waffenindustrieller, war über die Jahrzehnte hochzuhalten.

So geriet das Zürcher Kunsthaus 2021 blinden Auges in seine grösste moralische Krise seit seiner Gründung durch die lokale Künstlergesellschaft. Es stellte Bilder ins Zentrum seines Erweiterungsbaus, die nicht unabhängig auf ihre Herkunft überprüft worden waren. Der Bau machte in der Folge international nicht mit Paul Cézannes *Landschaft* Schlagzeilen, sondern mit der Tatsache, dass die Witwe eines jüdischen Sammlerehepaars dieses Bild damals in einer Notlage verkaufen musste, weil sie anders ihr neues Leben in den USA nach Verfolgung durch die Nazis und Flucht nicht hätte finanzieren können.

Ein teures Lehrstück, aber immerhin nicht zu spät: Die einst ziemlich besten Freunde gewannen unter dem öffentlichen Druck ihre Unabhängigkeit zurück. Die Herkunft dieser Bilder und gleich auch jene weiterer aus der Sammlung des Kunsthauses soll jetzt fortan unabhängig erforscht werden. Und das Urteil, ob ein Preis aufgrund einer Notlage zu tief und ein Erwerb folglich unmoralisch war, nicht allein den Gerichten überlassen werden.

RES STREHLE

30

GELEBTE TRADITION

An der ersten «Demonstration für Liebe, Friede, Freiheit, Grosszügigkeit und Toleranz» 1992 tanzten 2000 Technofans hinter zwei Lovemobiles durch die Innenstadt. Im Jahr darauf waren es bereits 10 000 Raver und SP-Polizeivorstand Robert Neukomm schritt ein. Er verweigerte der exaltierten Demo, die sich inzwischen Street Parade nannte, im Frühling 1994 die Bewilligung. In der Begründung stand: «Die Stadt Zürich [...] ist im Interesse der Öffentlichkeit nicht bereit, die unerträglichen Immissionen der Strassen-Parade nochmals zu erdulden.» Sie war es dann doch. 2018, auf ihrem Höhepunkt, besuchten 1,1 Millionen Menschen die grösste Techno-Party der Welt.

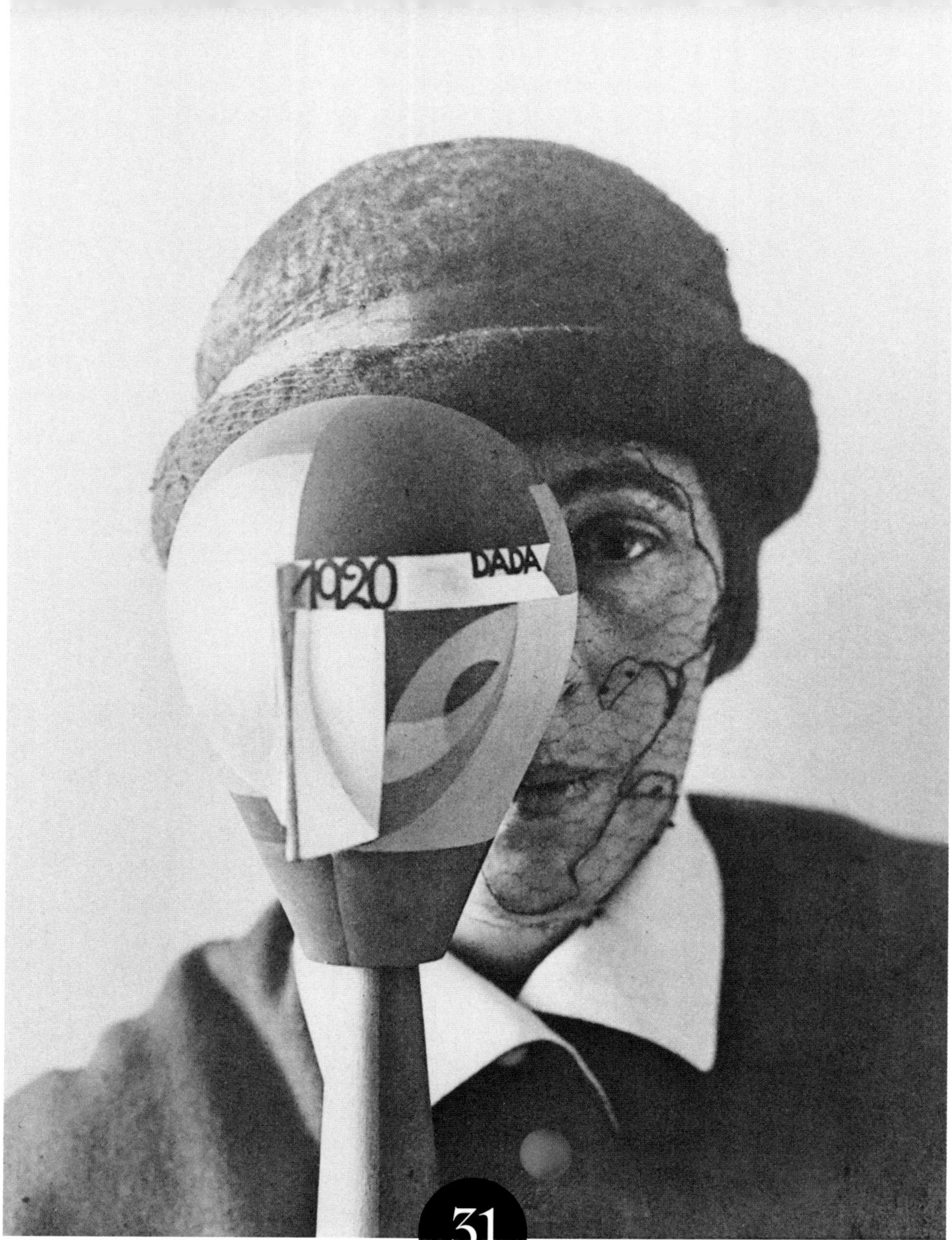

Ihr behagte der Groove: Sophie Taeuber mit ihrem «Tête Dada».

31

AVANTGARDISTISCHES KUNSTSTÜCK

Dafür, dass Dada nur ein «Platzhalter des Nichts» sein will und kindliches Gestammel und Nonsens als Protest gegen die Sinnlosigkeit der Zeit, hat diese Bewegung sehr viel erreicht.

Sie schafft es inzwischen an die besten Adressen: ins Centre Pompidou in Paris ebenso wie ins Museum of Modern Art in New York. Dada hat zwei Weltkriege überstanden und sogar eine Volksabstimmung in Zürich, wo sich 2008 eine deutliche Mehrheit der Stimmberechtigten zum Weiterleben des Cabarets Voltaire bekannte.

Dort, an der Spiegelgasse 1 im Niederdorf, haben sich am 5. Februar 1916 die Ur-Dadaisten Hugo Ball, Emmy Hennings, Hans Arp, Marcel Janco und Tristan Tzara ein erstes Mal getroffen und die Weinstube namens Meierei nach Voltaire umbenannt, weil sie wie der französische Aufklärer respektlos gegen die Herrschenden und ihre Sitten auftreten wollen. Wenige Tage später zieht Lenin an dieselbe Spiegelgasse (Nr. 14). Hugo Ball gefällt die Vorstellung, dass Lenin nun «jeden Abend unsere Musiken und Tiraden hören» muss. Im Jahr darauf führt er die Russische Revolution an. Die Dada-Pioniere starten ihre eigene artistische Revolution als «Gegenspiel zum Bolschewismus», so Ball. Der «Destruktion und vollendeten Berechnung» stelle Dada «die völlig donquichottische, zweckwidrige und unfassbare Seite der Welt gegenüber».

Zürich ist damals «das Internationalste, was man sich denken kann» (Emmy Hennings). Die Geflüchteten sind aber auf sich gestellt und die Verdienstmöglichkeiten gering. Im Cabaret Voltaire treten Deutsche und Franzosen auf, obwohl «unsere Regierungen Krieg miteinander haben», wie Ball seiner Schwester schreibt. «Willkommen sollen alle sein, die etwas leisten» – auch die Zürcher, für die man eigens eine Schweizer Soirée veranstaltet, doch bei den bedächtigen Darbietungen erröten selbst die weltoffenen Dadaisten. Die Eingeborenen würden «mehr zum Jodeln als zum Kubismus» neigen.

Dada bedeutet das «Nebeneinander der Möglichkeiten, der Individuen, der Anschauungen». Etablierte Hochkultur prallt auf Dilettantisches und Volkstümliches. Es gibt kein Oben und Unten. Auch formal kennt man keine Grenze. Im futuristischen Bischofskostüm aus Pappe deklamiert Ball feierlich Lautgedichte wie die «Elefantenkarawane»: «... tumba ba- umf / kusagauma / ba – umf». Tzara, Janco und der dazugestossene Richard Huelsenbeck tragen Simultanpoesie vor. Zu politisch darf es nicht sein wegen der Zensur. Musikalisch reicht die Bandbreite von Balalaika-Klängen und «Revoluzzer-Chören» bis zu Debussy.

Die Dadaisten charakterisieren sich als «bis zur Selbstauflösung an den Dissonanzen» leidende und lachende Zeitgenossen. Hugo Ball ist ihr Chefdenker und schreibt von einem «Bankrott der Ideen», es «bleibt nur die Blague und die blutige Pose». Den Kult um das Wörtchen «Dada» zelebriert keiner so gekonnt wie Tristan Tzara. Den Propagandaschlachten der Kriegstreiber stellt er die Dada-Propaganda gegenüber. Dada ist die erste Kulturbewegung, die sich in Wort und Bild und Grafik perfekt vermarktet.

Auch Künstlerinnen haben Dada von Anfang an mitgeprägt. Emmy Hennings ist zuvor schon in Deutschland ein Star gewesen als Performerin, Muse und Diseuse. «Ich bin so vielfach in den Nächten», heisst es in einem ihrer Gedichte. Sie schreibt als eine der ersten deutschsprachigen Autorinnen offen über ihre Drogensucht und über Erfahrungen als Gelegenheitsprostituierte. Die Auftritte im Cabaret Voltaire bringen ihr nicht genug ein zum Leben und fürs Morphium. Darum ist Emmy Hennings auch in den Protokollen der Zürcher Stadtpolizei verewigt, nicht wegen Dada, sondern wegen gewerbsmässiger Unzucht.

Die Schweizer Künstlerin Sophie Taeuber gelangt wiederum über ihren Lebensgefährten Hans Arp in die Dada-Bohème. Da sie ihren Lebensunterhalt mit Unterricht an der konservativen Zürcher Kunstgewerbeschule verdient, soll sie bei allzu exzentrischen Dada-Tänzen eine Maske getragen haben. Diese Anekdote belegt, dass man sich im heimischen Kulturestablishment lange schwergetan hat mit der Bewegung, und zwar bis in die 60er-Jahre hinein. Dada gilt als seicht und «unschweizerisch». Der Zürcher Literaturprofessor Emil Ermatinger schimpft über diese Ausländer, die in der Schweiz ein «angenehmes Asyl» gefunden hätten, während ihre «Volksgenossen in den Schützengräben verbluteten».

Sophie Taeuber aber behagt der Dada-Groove. Sie mischt in der Avantgarde eigenständig mit, mit «abstrakten Tänzen», Marionetten und Kunstwerken. Ihr «Tête Dada» sprengt die herkömmlichen Grenzen zwischen Kunst und Design. Allerdings ärgert sich Sophie Taeuber genauso wie Emmy Hennings über den manchmal egomanischen Aktivismus der Dada-Radikalinskis. Einmal gibt sie Hans Arp zu verstehen: «Es interessiert keinen Menschen, wenn man andauernd so auf seiner Eitelkeit herumhopst.»

JULIAN SCHÜTT

Der wichtigste Schweizer Beitrag an die zeitgenössische Kunst kommt von ihm: Galerist Bruno Bischofberger (Dritter von links) mit Andy Warhol, Jean-Michel Basquiat und Francesco Clemente 1984 in New York.

32

GOLDENE NASE

Seine Beziehungen zu den grössten zeitgenössischen Künstlern sind legendär. In der Kunstwelt ist der Galerist und Kunsthändler Bruno Bischofberger so bekannt wie seine Klienten.

Wird man von Dennis Hopper gespielt, hat man es geschafft. Der exzentrische Star stellte im Spielfilm *Basquiat* von 1996 Bruno Bischofberger dar. Regie führte der Maler Julian Schnabel und die Rolle des Andy Warhol übernahm David Bowie. Was für ein Namedropping. Und alle sind mit dem Galeristen Bruno Bischofberger verbunden.

Bischofberger wurde 1940 in Zürich geboren. Sein Vater war Arzt (die Familie stammt aus dem Appenzellischen), die Mutter war Zahnärztin. Er studierte Kunstgeschichte, Archäologie und Volkskunde, hatte aber eine grosse Gabe: zur richtigen Zeit mit dem richtigen Gespür am richtigen Ort zu sein.

1963 eröffnete Bischofberger seine Galerie an der Pelikanstrasse in Zürich. Er stellte Pop-Art-Künstler aus, Werke von Warhol, Lichtenstein, Oldenburg, Rauschenberg, Wesselmann und Rosenquist. In den folgenden Jahren zeigte er in seiner Galerie, die er zweimal zügelte, viele der wichtigsten lebenden Künstler Europas und Amerikas.

Den grössten von allen traf Bischofberger zum ersten Mal 1966 in New York. Andy Warhol. Er beschrieb ihre spezielle Beziehung im Mai 2001 so: «Ich stellte 1965 einige von Warhols Gemälden in einer Gruppenausstellung zum Thema Pop Art in meiner Galerie in Zürich aus, traf aber Andy persönlich erst im folgenden Jahr, als ich die Factory zum ersten Mal besuchte. Während einer der nächsten Reisen nach New York 1968 versuchte ich, ihm einige Bilder abzukaufen. Er sagte mir, dass er mit der Malerei aufgehört habe, er war jedoch einverstanden damit, mir einige seiner frühen Gemälde, die er behalten hatte, zum Kauf anzubieten. Er liess mich aus einer Gruppe von etwa 20 Bildern auswählen, und ich kaufte elf davon: handgemalte Arbeiten, einschliesslich Superman, Batman und ein farbiges Coca-Cola-Bild sowie mehrere grosse ‹Disasters› und serielle Porträts. Ich musste ihm einen Preis bezahlen, der damals sehr hoch schien, damit er in den Verkauf einwilligte. Er gewährte mir auch ein ‹right of first refusal› (womit er mir ein Erstkaufsrecht auf alle Arbeiten einräumte), und so begann eine lange und persönliche Beziehung, die bis zu seinem unerwarteten Tod 1987 dauerte. Etwa in dieser Zeit fragte ich ihn auch, ob er Porträt-Aufträge für meine Kunden annehmen würde. Er willigte ein, und wir einigten uns auf ein einfaches, standardisiertes System für Preis und Grösse der Bilder. 1971, nachdem ich ihm einige Aufträge für Porträts gebracht hatte, bat ich ihn, eine Reihe von Bildern einer bekannten Persönlichkeit in einem grösseren Format zu schaffen, um diese dann zum Verkauf anzubieten. Ich dachte dabei an Albert Einstein, aber Warhol schlug Mao Tse-tung vor, da er vor Kurzem in der Zeitung gelesen hatte, dass Mao die berühmteste lebende Person sei. Mao sollte es sein, und Warhol schuf für mich 1972 die zehn grossen blauen Maos, die im gleichen Jahr im Kunstmuseum Basel ausgestellt wurden. [...]. In den 70er- und 80er-Jahren unternahmen Andy und ich zusammen viele Reisen. Wir besuchten Vernissagen von Ausstellungen und trafen Sammler, die Porträts in Auftrag gegeben hatten. Warhol machte zahlreiche Besuche in der Schweiz, wobei seine Anwesenheit als Pate bei der Taufe unseres Sohnes Magnus für mich das berührendste Erlebnis war [...] In den 70er- und 80er-Jahren besuchte ich New York acht- bis zehnmal pro Jahr, und die Warhol Factory war wie eine zweite Heimat für meine Frau Yoyo und mich. Ich habe New York immer als Andys Stadt gesehen, und seit seinem Tod war sie nie wieder ganz die gleiche.»

Eine weitere spektakuläre Verbindung ging Bruno Bischofberger mit Jean-Michel Basquiat ein. Der New Yorker Sprayer, der es zum gefeierten Maler brachte, war mit seiner Agentin unzufrieden. Bischofberger akquirierte ihn und wurde sein exklusiver, weltweiter Kunsthändler, bis Basquiat 1988 mit erst 27 Jahren aus einem rauschhaften Leben schied. Der Künstler hatte seinen Händler in Zürich und St. Moritz besucht und zeichnete mit Bischofbergers dreijähriger Tochter Cora. Bischofberger brachte Warhol und Basquiat zusammen, später vermittelte er auch noch Francesco Clemente für eine Zusammenarbeit.

Bischofberger lebt mit seiner Frau Christina in einem von Ettore Sottsass entworfenen Haus in Meilen, hoch über dem Zürichsee. Die beiden haben drei Töchter und einen Sohn. Seine Galerie zog 2013 von Zürich in ein architektonisches Schmuckstück nach Männedorf, wohin Bischofberger bereits 2007 seine Sammlungen verlegt hatte. Privat sammelt er seit Jahrzehnten Werke der alpenländischen Volkskunst, des Designs des 20. Jahrhunderts, der Fotografie sowie Steinwerke der Urgeschichte aus allen Kontinenten. Sein Vermögen schätzt die für solche Fragen zuständige *Bilanz* auf 600 bis 700 Millionen Franken.

PETER RÖTHLISBERGER

33

WAS FÜR EIN THEATER

Der Stadtrat hatte einen Traum: Er wollte den legendären Pfauensaal des Schauspielhauses abreissen. Ein Rettungskomitee nahm den Kampf auf – und gewann. *Persönlich*-Verleger Matthias Ackeret führte mit einigen Mitstreitern Regie.

Vor vier Jahren kündigte der Zürcher Stadtrat an, den Pfauensaal, Premierenort von Brecht, Dürrenmatt und Frisch, einziges Exiltheater während des Zweiten Weltkriegs, durch einen 115 Millionen Franken teuren Neubau zu ersetzen. Stadtpräsidentin Corine Mauch und Hochbauvorsteher André Odermatt befanden, dass der altehrwürdige Pfauensaal eines modernen Theaters unwürdig sei. Assistiert vom Verwaltungsrat und von den beiden deutschen Intendanten Nicolas Stegmann und Benjamin von Blomberg, wurde fast schon mantramässig wiederholt, das bestehende Theater sei unbespielbar. Reflexartig gab es Widerstand von Edi Guggenheim von der Alternativen Liste und Stefan Urech von der SVP, vom Heimatschutz mit der rührigen und energischen Lydia Trüb und Präsidentin Evelyne Noth, vom Komitee Pro Pfauen mit diversen Kulturschaffenden rund um Theaterkenner Beat Schläpfer und dem legendären und langjährigen Bühnenbildner Heinz Kriesi. Schriftsteller wie Charles Lewinsky oder Thomas Hürlimann sprachen von einer «Kulturschande», der ehemalige Intendant Georg Leo Kuck hinterfragte den Sinn des Umbaus öffentlich. Sogar die ETH-Architekten rund um Professorin Silke Langenberg stellten das Projekt mit einer Interpellation infrage. Aber nicht einmal die vehemente Kritik an den Abrissplänen in den grossen deutschen Zeitungen FAZ, *Süddeutsche* oder *Spiegel* schien den Stadtrat zu verunsichern. Er erkannte die Zeichen an der Wand nicht und verweigerte das Gespräch mit den Opponenten, die als Ewiggestrige abgetan wurden.

Aufgeweckt durch einen NZZ-Artikel, sprach ich mich Ende 2020 bei *Radio 1* und auf meiner Website persoenlich.com gegen den geplanten Pfauen-Abriss aus, obwohl ich sicher war, dass die Sache bereits gelaufen war. Überrascht von den vielen positiven Zuschriften, die meine Beiträge auslösten, und von der tränenreichen Reaktion einer Schauspielhausmitarbeiterin, gestaltete unsere Grafikerin Corinne Lüthi mit der Internetadresse «Rettet den Pfauen» eine Homepage. Darauf konnten alle den Unwillen über den geplanten Abriss kundtun. Wir bildeten ein Komitee mit dem legendären Zürcher SP-Gemeinderat Bruno Kammerer, dessen Vater ein Freund von Lenin war. Mit dem bekannten Werber Peter Lesch, dessen Vater das Cabaret Cornichon gründete und die *Niederdorfoper* schrieb, sowie mit Werbefilmpionier Martin Fueter, der als Kind auf der Traditionsbühne den Walterli Tell spielte, während seine Mutter Annemarie Blanc zur Schauspielhauslegende wurde. Wir verstanden uns als Vertretung der bis anhin schweigenden Mehrheit. Unser Hauptargument: Der Pfauen ist ein Teil der zürcherischen Identität, ein Kulturdenkmal, das internationale Strahlkraft hat. Es funktionierte: Innert weniger Tage trugen sich Hunderte von namhaften Persönlichkeiten – unter anderem Grossschriftsteller Martin Walser, SP-Legende Jean Ziegler, Altstadtpräsident Elmar Ledergerber, Gastronom Rudi Bindella, Regisseur Samir oder Max-Frisch-Gattin Marianne Frisch – auf der Seite ein. «Durch diese Aktion», attestierte mir ein bekannter grüner Gemeinderat, sei die ganze Sache popularisiert worden und plötzlich nicht nur unter den Kulturschaffenden, sondern auch in der breiten Bevölkerung und über alle Parteigrenzen hinweg zu einem Thema geworden. Wir kreierten den Slogan «Dürrenmatt statt Odermatt», den ein bekannter SP-Werber als «primitives Beispiel politischer Agitation» abtat.

Als Gegenreaktion gründeten die Schauspielhaus-Verantwortlichen ein Komitee mit dem nichtssagenden Namen «Pfauen mit Zukunft». Gegen uns traten Rod-Werber David Schärer, Kabarettist Viktor Giacobbo, Publizist Roger de Weck, aber auch Schriftstellerin Sibylle Berg und die Künstlerin Pipilotti Rist an. Ihre Forderung: ein Erinnerungsort, ein «lieu de mémoire», was zwar edel tönte, sich aber schlussendlich als veritables Luftschloss entpuppte. Wie will man eine

«Kulturdenkmal» oder «unbespielbar»? Vier Jahre lang war die Zukunft der legendären Pfauenbühne im Zürcher Schauspielhaus ungewiss.

Erinnerung konservieren, wenn man sie gerade baulich tilgt? Zur Ignoranz der Befürworter aus dem Stadtrat und dem Schauspielhaus-Verwaltungsrat gehörte, dass weder eine Skizze noch ein Modell existierte, wie man sich den neuen Pfauen vorstellen sollte. Trotz der Kosten von 115 Millionen Franken.

Die Befürworter eines Neubaus, analysierte der *Tages-Anzeiger*, standen Abrissgegnern gegenüber, «die durch den Neubau des geschichtsträchtigen Saals, in dem einst Frisch und Dürrenmatt historische Erfolge gefeiert hatten, nichts weniger als die ‹Seele von Zürich› in Gefahr sahen». «Optimierte Umbauzeiten» gegen «die Seele von Zürich»: Dieser Kampf war von Beginn an nicht zu gewinnen. Diesen Emotionen wusste das Schauspielhaus nichts entgegenzusetzen. Man sprach eine ganz andere Sprache, redete von «Auflagenbereinigung, Hindernisfreiheit und Zuschauerinfrastrukturen». Die NZZ kritisierte: «Die Werbung für den Neubau war ein einziges Gejammer. Bei seinem ersten Besuch im Schauspielhaus habe er nichts gehört, er habe die Mimik der Schauspieler nicht gesehen, und er habe keine Luft bekommen, erzählte Dirk Wauschkuhn, der Technische Direktor am Schauspielhaus Zürich, der NZZ. Es war der Bericht eines vom Pfauen Traumatisierten. Wie war es überhaupt möglich, in diesem Saal seit 1926 Theater zu machen?»

Am Mittwoch, 9. März 2022, beschloss der Zürcher Gemeinderat mit 75 gegen 40 Stimmen, den Pfauensaal zu erhalten. Praktisch alle Parteien – mit Ausnahme der regierenden SP und der Grünliberalen – stellten sich am Ende gegen das Projekt. Selbst der grüne Fraktionspartner votierte praktisch einstimmig dagegen. Für die Stadtpräsidentin und ihren Hochbauvorsteher war die Ablehnung ihrer Vorlage eine deutliche Klatsche. Dass sich der Gemeinderat am Ende so deutlich gegen den Abriss stemmte, grenzt an ein Wunder. Zu verdanken war dies auch einer 1000-Franken-Homepage, die die Befindlichkeit der Bevölkerung widerspiegelte, täglich um weitere Namen anwuchs und damit schlussendlich das Projekt beerdigte. Das ist gelebte Demokratie.

MATTHIAS ACKERET

Seit 44 Jahren und 14 Platten zusammen: Boris Blank (l.) und Dieter Meier im Februar 1995 an ihrem Konzert «Hands on Yello» im Kaufleuten-Saal.

34

WAS, WENN SIE AUCH NOCH NOTEN LESEN KÖNNTEN?

Dieter Meier und Boris Blank, die beiden Männer von Yello, der berühmtesten Schweizer Band der Welt, verkörpern zwei Merkmale unseres Charakters: Weltläufigkeit und Verschlossenheit.

Die Schweiz liefert der Rockmusik meistens nur die Unterlage. Hier findet das international bekannte Jazzfestival von Montreux statt; sein Gründer Claude Nobs ist der einzige Konzertveranstalter, der es je in eine Hitparade schaffte. «Funky Claude» nannten ihn Deep Purple in ihrem Song «Smoke On the Water», der den Casinobrand von Montreux beschrieb; geschehen am 4. Dezember 1971 während eines Konzerts von Frank Zappa.

Und sonst? Leute wie David Bowie, Phil Collins, Tina Turner oder Patricia Kaas lebten oder leben hier, Prince, Queen und die Rolling Stones haben bei Zürich oder in Montreux aufgenommen, Freddie Mercury hatte eine Wohnung in Montreux, Bob Dylan erlebte während eines Konzerts in Locarno eine Epiphanie als Musiker. Aber das war's dann schon. Mehr oder weniger.

Darum hat die Schweiz auch nur vier Gruppen oder Künstler hervorgebracht, die über das Land hinaus bekannt wurden: Young Gods, Celtic Frost, Andreas Vollenweider. Und Yello, die bekannteste Schweizer Band, die den Techno um Jahre vorwegnahm. Allerdings mit Humor, eine Eigenschaft, die man mit diesem Genre selten assoziiert. Ebenso einflussreich waren auch die Young Gods, die Gruppen wie U2, Soundgarden, Faith No More und viele andere inspirierten. Selbst David Bowie bezog sich auf sie.

Yello, das sind zwei gebürtige Zürcher, die seit 44 Jahren und 14 Platten zusammen sind, auch wenn sie einander kaum sehen. Dieter Meier ist für Gesang, Texte und Videos besorgt – und Boris Blank schreibt und spielt die Musik. Meier ist gerade im Ausland unterwegs wie so oft, Blank treffen wir in seinem Studio auf dem Zürichberg, unterhalb des Hotels Dolder, er sitzt an seinem Computer. Den Studiowänden entlang reihen sich die Synthesizer von früher. Vor der Glastür öffnet sich ein Garten. Der Blick geht weit über die Stadt Zürich, deren Anblick den englischen Komiker John Cleese, er schaute damals vom Dolder hinunter, an ein totes Nilpferd erinnerte. Man sollte Komiker nicht als Stadtführer einsetzen.

Yello: Dieter Meier und Boris Blank. Die beiden Männer sind grundverschieden. Dieter Meier, 78, entstammt einer Millionärsfamilie, er ist ein redefreudiger Intellektueller und Konzeptkünstler. Der sieben Jahre jüngere Boris Blank wuchs als letztes von drei Arbeiterkindern in Zürich auf, sein Vater arbeitete als Autosattler und nach dem Krieg in einer Seifenfabrik.

«Mein Vater war eine herzliche, ermutigende Persönlichkeit und konnte auch ganz toll Akkordeon spielen», erinnert sich der Sohn an ihn; Boris wirkt eher verschlossen und hatte im Gegensatz zu Meier auch fast seine gesamte Karriere lang Angst, auf eine Bühne zu treten. Er brauchte Jahrzehnte, bis er sich endlich zu einer Live-Tournee überreden liess. Die Konzerte im Winter 2016 gerieten zum Triumph. Wie jeder bezeugen kann, der das Duo und seine zehnköpfige Band, darunter fünf Bläserinnen und Bläser, in Berlin oder Zürich auf der Bühne gesehen hat. Für Dieter Meier ist Musik ein Job unter vielen, er züchtet Wein und Rinder, produziert Schokolade und betreibt

Restaurants, erfindet sich immer wieder neu. Für Boris Blank bedeutet die Musik sein Leben, obwohl er sich nicht als Musiker bezeichnet, sondern als «Klangmaler und Stimmungsmacher». Der Autodidakt hat Tausende von Klangspuren eingespielt, benannt und gespeichert, zu einem kleinen Teil live von anderen Musikerinnen und Musikern aufgenommen, meistens von ihm selbst an den Maschinen komponiert. Und weil Blank ein fotografisches Gedächtnis hat, weiss er immer, in welchem Unterordner die Klänge oder Sequenzen zu finden sind.

Daraus komponiert er die Musik von Yello und hat jetzt auch *Resonance* fertiggestellt, sein zweites Soloalbum, in dem er sich weit vom Klang entfernt, den man von Yello kennt. Blanks Album klingt meditativer, organischer und weit weniger durchrhythmisiert, als man es von ihm gewohnt ist. Zudem hat Boris Blank schon vor Jahren, zusammen mit dem schwedischen Produzenten Håkan Lidbo, den sogenannten Yellofier erschaffen, das ist eine iPhone-App, auf der sich Musik machen lässt. «Ich spiele jeden Tag Musik darauf», sagt er.

Als wichtigste musikalische Erfindung seiner Karriere bezeichnet Blank den Fairlight-Computer, den zwei australische Computerdesigner in den 70er-Jahren entwickelt und den der englische Musiker Peter Gabriel popularisiert hat. Damit hatte Blank endlich ein Instrument, auf dem er alles machen konnte. «Denn ich bin im Grunde ein Egomane», sagt er, «der am liebsten alles selbst kontrolliert.»

Wie sich schon bei den elektronischen Pionieren von Kraftwerk zeigte, wurde auch das Equipment von Yello immer übersichtlicher, je mehr sich die Computertechnologie entwickelte. Früher waren die Musiker von ihren Maschinen umgeben, heute kommt Boris mit einem Laptop, einer Klaviertastatur, einem kleinen Mischpult und einer Musikanlage aus.

«Inner Mountain» heisst ein Stück auf *Electrified*, dem ersten Soloalbum des Yello-Komponisten. Besser hätte er nicht beschreiben können, was seine Musik ausmacht: Es sind vertonte Landschaften der Fantasie, dreidimensional klingende Musik mit prononcierten Höhen und Tiefen, bei denen man vom ersten Ton hört, dass er sie geschaffen hat. Blanks Musik kombiniert pulsierende Rhythmen mit melodischen Sehnsüchten, versöhnt musikalisch gesprochen das afrikanische Tanzen mit dem skandinavischen Nordlicht. Das Schweizerische an Yello ist offensichtlich: eine protestantische Arbeitsethik bei Boris, dazu Präzision und Verlässlichkeit, eine unaufgeregte Präsenz und ein Klang, dem man das Luxuriöse anhört, denn Yello klingt perfekt. Dieter Meier ist, um im Klischee zu bleiben, der Weltoffene, Dadaistische – und der Geschäftsmann.

Dabei sind die beiden, es ist schwer zu glauben, vom Punk beeinflusst. Den konnte Boris Blank zwar nicht ausstehen, er hörte die Dilettanten aus den Übungsräumen der Roten Fabrik lärmen, als Yello ihr Studio noch in Dieter Meiers Malatelier betrieben hat. Auch musikalisch kann man sich kaum etwas Unterschiedlicheres denken als Punk und Yello. Was das Genre und die Band aber gemeinsam haben: Es sind oder waren Autodidakten am Werk, die ihre Musik vorzugsweise ohne Einmischung komponierten, weder von einer Plattenfirma noch vom Management.

Dazu passt, dass sich Boris Blank bis heute als Dilettant bezeichnet und von sich sagt, er könne weder ein Instrument spielen noch Noten lesen. Aber er habe schon als Kind Geräusche geliebt. Ihm sei zum Beispiel aufgefallen, wie anders sie jeweils klangen, je nach Resonanz. So hat er zum Beispiel schon als Bub entdeckt, wie sich das Echo in den Alpen verändert, je nachdem, wer wo wohin ruft.

Wie haben sich die beiden eigentlich kennengelernt? Boris Blank gibt eine sehr zürcherische Antwort: «Im Café Odeon am Bellevue», sagt er. Ein gemeinsamer Bekannter habe sie einander empfohlen. «Und wir verstanden uns von Anfang an.» Schon bei der zweiten Begegnung, erinnert er sich, hätten er, Dieter und damals noch der Musiker Carlos Perón mit dem Musizieren angefangen. Das war in einer Wohnung an der Wehntalerstrasse.

Weil die Nachbarn sich beklagten, zog Yello in Dieters Malatelier. Nach der dritten Platte verliess Perón die Band, seither arbeiten Meier und Blank als Duo. Dass sie einander kaum sehen, hält Boris für einen entscheidenden Grund, warum sie immer noch zusammen sind. Und egal wie lange die letzte Begegnung zurückliege, sagt er: «Sobald Dieter zur Studiotüre hereinkommt, kommt es mir vor, als habe er das Studio gerade verlassen.»

JEAN-MARTIN BÜTTNER

Sternstunden für Promifans: Eddie Redmayne vor der Premiere seines Films *The Good Nurse* am 18. Zurich Film Festival 2022 beim Bellevue.

35

GRÜN IST DIE HOFFNUNG

Mit dem Zurich Film Festival (ZFF) ist es wie mit dem Sechseläuten: Man gehört dazu – oder man ist Zaungast. Beim ZFF bedeutet das, am grünen Teppich zu stehen und Oscar-Gewinner wie Eddie Redmayne zu einem gemeinsamen Selfie zu überreden. Das ZFF geizt seit seiner Gründung 2005 nicht mit guten Gelegenheiten: Filmfans durften auf 20 Sekunden Aufmerksamkeit von Sharon Stone, Glenn Close, Cate Blanchett, Johnny Depp, Harrison Ford, Sylvester Stallone oder Hugh Jackman hoffen. Nur einmal crashte eine Bundesrätin die glamouröse Party: Justizministerin Eveline Widmer-Schlumpf liess Regisseur Roman Polanski 2009 verhaften und stellte ihn für neun Monate unter Hausarrest in seinem Chalet in Gstaad. Er war wegen der Vergewaltigung einer 13-Jährigen von den USA seit 1978 zur Verhaftung ausgeschrieben. Den Ehrenpreis, den ihm das Festival verleihen wollte, holte er zwei Jahre später ab. Das ZFF war damit definitiv auf dem Radar der internationalen Filmwelt.

Für einmal kein Dichtestress:
Münsterhof während des Lockdowns 2020.

EIN BLICK ZURÜCK

«Es schööns Sächsilüüte!»: Autor Roman Zeller mit Blumen am Umzug. Dafür gibt es drei Küsse.

36

INSIDE SECHSELÄUTEN

Das Zürcher Frühlingsfest mit seinen Zünften ist für Outsider schwer zu fassen. Ihnen bleibt die Zuschauerrolle. Zoifter Roman Zeller gibt einen Einblick in die Mechanismen und Gepflogenheiten dieses speziellen Universums.

Stirbt das Sechseläuten? Fertig? Schluss? Die These mag steil daherkommen. Aber ganz so abwegig ist sie nicht. Denn das Zürcher Frühlingsfest durchlebt turbulente Zeiten. Noch nie standen Brauchtum und Tradition derart in Verruf wie heute. Gelebte Gepflogenheiten vergangener Tage sind nicht gerade en vogue. Klar, an die «Bonzen-Fasnacht» haben wir uns längst gewöhnt. Genau wie an die «gestopften», «hochnäsigen» – Achtung! – «Zünftler», wie es abschätzig klingt, wenn die Klischeekiste klappert. Neu sind die feministischen Protestparolen, die diese «Ungleichbehandlung der Geschlechter» monieren. Und ganz neu sind die übrigen Woke-Bewegten, die «homophobe Witze» und «Blackfacing am Sechseläuten» wittern und auch anprangern.

Wenn es so weitergeht, wird es nicht mehr lange dauern, bis Umwälzungen erfolgen – etwa bei der Kämbel-Zunft, deren Mitglieder sich in Arabergewänder hüllen und ihr Gesicht leicht schwärzen. Was folgt dann als Nächstes? Die schneeweissen Perücken? Die Fake-Schnäuzer? Die angeklebten Backenbärte?

Mir geht es nicht um einen mediatorischen Vermittlungsversuch. Ich bin voreingenommen, Zünfter, Fan. Mir liegt das Zürcher Frühlingsfest am Herzen, so wie es aktuell ist. Mich begeistert die faszinierende Feier, über die sich viele Menschen freuen.

Was aber ist das «Sächsilüüte», wie es auf Mundart heisst? Das Fundament bilden die Zürcher Zünfte, die auf das Jahr 1336 zurückgehen. Damals, im Mittelalter, regierten Ritter und reiche Adelige aus wenigen Magistratsfamilien die Limmatstadt. Eine kleine Elite missbrauchte ihre Stellung zum Leidwesen der einfachen Handwerker. Am 6. Juni 1336 stürmten diese unter Führung des jungen Ritters Rudolf Brun das Zürcher Rathaus und vertrieben die herrschende Klasse.

Brun, heute auch als «Diktator von Zürich» bekannt, wurde Bürgermeister und proklamierte sogleich die Zunftverfassung. Hervor gingen 13 Zünfte, die fortan die Geschicke Zürichs bestimmen sollten. Diese Zunftordnung überdauerte rund 450 Jahre – bis 1798, dem Ende der alten Eidgenossenschaft.

Anders die Zünfte. Sie existieren bis heute, wenn auch rein repräsentativ. Es gibt die klassischen Handwerkszünfte wie die Bäcker, Schneider, Schmiede, Fischer, Schumacher. Mit der Zeit entstanden auch Quartierzünfte – Wiedikon, Riesbach, Schwamendingen oder Hottingen, wo mein Vater Mitglied war. Insgesamt gibt es 25 Zürcher «Zöift», wie sie im Dialekt genannt werden. Ausserdem die vornehme, altehrwürdige Gesellschaft zur Constaffel. Und seit 1989 die Gesellschaft zur Fraumünster, die erste Frauenzunft.

Sie alle, rund 3500 Zünfter, bilden die Trägerschaft des Sechseläutens. Dieser Begriff taucht in der Geschichtsschreibung erstmals 1525 auf, als die Arbeitstage mit dem «Sechs-Uhr-Läuten» endeten. Aus diesem Grund wird heute, jeweils am dritten Montag im April, um 18 Uhr, ein grosses Feuer entfacht, um den Schneemann auf einem Scheiterhaufen zu verbrennen und sinnbildlich den Winter zu vertreiben. Je schneller es dem mit Sprengkörpern gefüllten Böögg den Kopf «verjagt», desto schöner wird der Sommer.

Dies ist der Höhepunkt, nachdem der «Zug der Zünfte» durch die beflaggten Strassen Zürichs gezogen ist. Begleitet von Blasmusik, marschieren nicht nur Männer in Tracht oder Uniform, sondern auch Ehrendamen und Kinder in farbenfrohen Kostümen und aufwendig geschneiderten Gewändern. Ein Schauspiel, das verschiedene Epochen des Mittelalters bis zur Neuzeit widerspiegelt. Zürich blüht dann regelrecht. Zünfter, Pferde, Wagen paradieren blumenverziert. Die überwiegend weiblichen Zuschauer beschenken die Vorbeiziehenden mit Nelken, Rosen, Tulpen, die sie später meist zurückbekommen. Nie ist der Frühling greifbarer. Alles strahlt. Kein Hudelwetter kann die Stimmung trüben.

So geht das in unserer Familie, seit ich denken kann. Erstmals lief ich als drei- oder vierjähriger Knirps mit. Bei uns, der Quartierzunft Hottingen, tragen selbst die Jüngsten Biedermeiertracht. Prinzessinnenkleid, Frack, Gehrock, grauer Zylinder – mein Kopf schien damals darin zu versinken.

Bis etwa 12 oder 13 läuft man einfach mit, verteilt Süssigkeiten, freut sich über die Blumen, die man geschenkt bekommt. Wer am meisten kriegt, verkörpert: Man kennt mich. Als Dank gibt es drei Küsse. Alle «woischen» sich: «Es schööns Sächsilüüte!», das weiss jedes Kind. Die erste Aufgabe erwartete mich als Brezelbub. Als Teenager verteilte ich während des Umzugs Laugenbrezeln. Mit 16 Jahren schenkten wir Zünftern und Zuschauern Wein aus – aus «Züristiitze», Zunftkannen. Von da an war ich dabei im Zunftsaal, auf der «Stube». Mit der Volljährigkeit folgt die Aufnahme als Zunftgeselle; mit 30, so ist es bei den meisten Zünften Usus, die vollwertige Mitgliedschaft. Dieser Moment, wenn man vor dem Chef des Vereins, dem Zunftmeister, steht und feierlich aufgenommen wird, ist unvergesslich.

Wem aber kann diese Ehre überhaupt zuteil werden? Normalerweise wird die Mitgliedschaft vererbt. Heisst, Söhne werden, wenn sie wollen, in der Regel aufgenommen; Ausnahmen gleichen Staatsaffären. Auch Schwiegersöhne, Ehemänner von Zünftertöchtern, können sich gute Chancen ausrechnen, sofern sie sich für den Generationenbund, für die Wertegemeinschaft interessieren. Manche Zünfte haben strengere Anforderungen – an Bürgerort oder Konfession etwa. Aber grundsätzlich kann jeder Schweizer beitreten. Die Mär vom geschlossenen Zirkel stimmt also nicht ganz.

Wie aber steht es um das Bonzen-Gehabe? Klar wimmelt es von Akademikern und alten Zürcher Familiendynastien, die zu gewissen Zünften gehören. Interessant ist, dass dazu auch viele Handwerker-Clans zählen, die ihre Betriebe über Generationen weitervererben, genau wie auch das Zunftabzeichen. Maler-, Maurer-, Metzgermeister.

Freundschaften pflegen Zünfter generationen-, aber eben auch gesellschaftsübergreifend. Wer sich den stolzen Mitgliederbeitrag anfänglich nicht leisten kann, kriegt solidarische Unterstützung. Zünfter sind einander gleichwertig. Ausser man empfiehlt sich mit Fleiss und Musse für Ehrenämter. Die Würdenträger erhalten keine Vergütung, sondern Applaus und einen symbolischen Schluck aus dem Zunftmeisterbecher. Egal, ob Zunftmeister, Schreiber, Stubenmeister, Zugführer. Das Zürcher Zunftwesen ist einfach und ehrlich.

Wer aufgenommen ist, bekommt das Zunftwappen als Schmuck fürs Revers. Bei uns: ein Kleeblatt auf rotem Grund. Damit signalisieren wir unsere Zugehörigkeit an offiziellen Anlässen – am Monatshöck (den monatlichen Vortragsveranstaltungen mit Abendessen), am Rechenmahl (der festlichen Generalversammlung), am Sechseläuten. Dann gelten meist Kleidervorschriften: Kittel und Krawatte, am Sechseläuten dann Kostüm. Das haben wir verinnerlicht, es gehört sich. «Zunft» kommt von «was sich ziemt».

Generell gilt, dass frischgebackene Zünfter in den ersten Jahren nach der Aufnahme eine Rede am Sechseläuten-Auszug halten. Das ist die Zeit, wo sich die Zünfte nach Umzug und Abendessen gegenseitig besuchen. Ein Highlight! Mit Laternen und in Begleitung des Musikspiels zieht die Schar durch die Stadt und kehrt bei drei Zünften ein.

Die Sprecher überbringen «Gruss und Handschlag», halten dann aber eine pointenreiche Rede zu Ehren – oder besser: zulasten – des gegenüberstehenden «gegnerischen» Meisters. Die rhetorische Kampfzone ist abgesteckt. Zur besten Waffe gehören gehalt- und humorvolle Worte. Trumpf ist das Florett, nicht der Zweihänder.

Der Auftritt als Sprecher bedeutet Ehre, aber auch Herausforderung. Für nicht wenige ist die Aufgabe eine Schuhnummer zu gross. Viele scheitern. Das Publikum ist kritisch, die Messlatte hoch. Die feuchtfröhliche Stimmung kann schnell kippen. Etwa bei zu flachen Witzen, vor allem bei solchen unter der Gürtellinie. Beleidigungen sind ebenso verpönt. Es gilt Luthers Rat: «Tritt frisch auf, tu's Maul auf, hör bald auf!» Der Besuch endet mit einer spontanen Replik des Zunftmeisters. Nach dem Auszug, so gegen Mitternacht, endet der offizielle Teil des Sechseläutens im eigenen Zunftsaal. Bis dahin sind die Zünfter mehrheitlich unter sich. Zünfterinnen gibt es nur in ganz wenigen Zünften. Dass sich manch eine freuen würde, als vollwertiges Mitglied dabei zu sein, kann ich nachvollziehen. Gleiches gilt übrigens für Zünfter, die keinen Sohn als Nachfahren haben. Wer würde sich nicht wünschen, dass die einzige Tochter den Familienstamm im Zunftwesen hält?

Dass sich die Zürcher Zünfte und damit auch das Sechseläuten in diesem Fall verändern würden, ist ein «no-brainer». Fraglich ist, ob die Umwälzung gut oder schlecht wäre. Heute jedenfalls verkörpert das Sechseläuten aus meiner Sicht das traditionsreichste, freudigste, stilvollste, bunteste, offenste Volksfest, das es weltweit gibt. Mag sein, dass Zünfter mehrheitlich bürgerlich gesinnt sind. Aber erstens ist daran nichts auszusetzen und zweitens darf trotzdem jeder mitmachen, so wie er oder sie will.

Diese persönliche Freiheit endet dort, wo die Freiheit des Gegenübers anfängt. Das kann im Fall des Sechseläutens an den Pforten der Zunfthäuser sein. Die allerdings auch offen sind, gegenüber praktisch allen. Als Beweis dient Knackeboul: Der linksaktivistische Rapper war 2022 der Hauptshowact an einem Sechseläutenball. Die Menge tobte trotzdem. Wenn das nicht gelebte Vielfalt ist?

ROMAN ZELLER

Proteststreik: Kavallerie auf dem Paradeplatz am 9. November 1918.

37

RICHTUNGSKÄMPFE IM ROTEN VÖLKERBUND

Die Zürcher Arbeiterunion trieb die schweizerische Sozialdemokratie und die Gewerkschaftsbewegung in den Generalstreik. Für den radikalen Kurs waren zwei Zürcher und ein Immigrant mitverantwortlich: Ernst Nobs, Fritz Platten und Wladimir Iljitsch Lenin.

Man schrieb den 6. November 1918. Der grosse europäische Waffenstillstand schien nur noch Tage, vielleicht sogar nur Stunden entfernt zu sein. Die Schweiz hatte ihren militärischen Grenzschutz seit einiger Zeit auf ein Minimum reduziert und wollte gemäss Bundesratsbeschluss dafür keine zusätzlichen Wehrmänner mehr einberufen.

Doch dann, frühmorgens, meldeten die Zeitungen wie aus dem Nichts das Aufgebot von zwei Infanterieregimentern und zwei Kavalleriebrigaden. Die kurze Notiz, übernommen von der Schweizerischen Depeschenagentur, listete ohne weitere Erklärung die vom Bundesrat auf 15 Uhr gleichentags einberufenen Einheiten auf. Das schiere Ausmass des Aufgebots und die dramatisch kurze Einrückungszeit sorgten in den Redaktionen für Alarmstufe Rot. Viele Blätter setzten die Meldung auf die Titelseite oder publizierten sie in einem Extrablatt, wie dies die freisinnige NZZ bereits um 7 Uhr morgens tat. Das sozialdemokratische Zürcher *Volksrecht* spekulierte, wenn auch in einem etwas anderen Zusammenhang, aber durchaus zutreffend, über ein «Truppenaufgebot gegen die Revolution in Zürich».

Von alledem schienen die Herren des sogenannten Oltener Aktionskomitees (OAK) in Bern nichts mitbekommen zu haben, als sie sich um 10 Uhr im Büro des Schweizerischen Gewerkschaftsbundes trafen. Nicht das bundesrätliche Truppenaufgebot war der Grund für die Besprechung des obersten Führungsorgans der schweizerischen Sozialdemokratie und Gewerkschaftsbewegung, sondern die «elenden Anrempelungen» durch die Zürcher Genossen und ihr Leibblatt, das *Volksrecht* unter der Leitung von Chefredaktor Ernst Nobs. Die andauernde «Hetze» drohe die Arbeit ihres nationalen Aktionskomitees vollends lahmzulegen, klagten die Sitzungsteilnehmer. Um das Ansehen des Gremiums bei der Arbeiterschaft zu verbessern, schlug Präsident Robert Grimm die Ausarbeitung einer «Broschüre» vor, die die Arbeit und das Programm des OAK klarer darstellen sollte.

Doch mit einer Kommunikationsmassnahme konnte Grimm bei den Zürchern sein Image als «Krämergeist» und Kompromissler nicht mehr aufpolieren. Schritt um Schritt angetrieben von der radikalen Zürcher Arbeiterunion, einem Zusammenschluss von Sozialdemokratie und Gewerkschaften, sollte Grimm mit seinem nationalen Aktionskomitee bereits fünf Tage später einen unbefristeten landesweiten Generalstreik ausrufen – oder vielmehr: ausrufen müssen.

Die Eskalationsspirale verlief nachgerade schulmässig: Die Zürcher waren stets einen Schritt schneller, und Grimm musste, wenn er die Führung der Bewegung nicht verlieren wollte, immer einen Schritt weiter gehen. Den scharfen öffentlichen Protest der Zürcher gegen das Truppenaufgebot übertrumpfte er mit der Ausrufung eines samstäglichen 24-stündigen Proteststreiks in 19 Schweizer Industrieorten. Doch die Zürcher machten daraus sogleich einen unbefristeten regionalen Generalstreik, woraufhin dem machtbewussten Grimm nichts anderes übrigblieb, als einen landesweiten Generalstreik zu proklamieren. Der Rest der Geschichte ist bekannt: Der als unbefristet angekündigte Landesgeneralstreik von 1918, der erste und einzige in der Schweizer Geschichte, wurde bereits nach drei Tagen, am 14. November, abgebrochen. «Wir sind mit unseren Forderungen nicht durchgedrungen», schrieb das Streikkomitee in seiner Erklärung zum Streikabbruch.

Ewartungsgemäss machte Ernst Nobs das OAK und Grimm für die Niederlage verantwortlich. Unter dem Titel «Es ist zum Heulen!» schrieb er im *Volksrecht:* «Das Aktionskomitee war immer stark in grossen tönenden Worten, in bombastischen Drohungen. Es war ein Meister der theatralischen Regie. Aber es war nichts dahinter. Es blieb Mache, berechnet auf optische Täuschung. Ein Windhauch blies die gemalte Szenerie zusammen.»

Der Konflikt zwischen der Zürcher Arbeiterunion und dem OAK war im Sommer 1918 offen ausgebrochen. OAK-Chef Robert Grimm steuerte auf einen Verständigungskurs mit dem freisinnigen Bundesrat zu, während die Zürcher Arbeiterunion einen kompromisslosen Oppositionskurs vertrat. Gestärkt durch den Zürcher Bankbeamtenstreik von Ende September 1918, der unter ihrer Führung bei den Bürgerlichen Angst und Schrecken verbreitet hatte, trieb die Zürcher Arbeiterunion die schweizerischen Parteigremien vor sich her.

Ihr landesweit bekanntestes Aushängeschild war Fritz Platten. Der Nationalrat und Sekretär der sozialdemokratischen Geschäftsleitung war schon im

August 1918 aus Protest gegen Grimms Kurs aus dem OAK ausgetreten und führte seither, wie ihm gemässigte Sozialdemokraten vorwarfen, einen veritablen «Krieg gegen das OAK». Platten focht das nicht an. «Jawohl», konterte er die Vorwürfe, «wir wollten zur revolutionären Tat schreiten. Die Partei hat ihre einstigen Grundsätze verlassen. Ich will lieber in der Internationalen untergehen als eine solche verwässerte Politik mitmachen. [...] Wir werden vorläufig im Kanton Zürich allein vorgehen müssen.»

«Zürich ist immer die Avantgarde der revolutionären Bewegung der Schweiz», lautete Plattens Credo. Und die Schweiz, erklärte er noch am 5. November 1918 in einer Aussprache mit Bundesrat Eduard Müller, «die Schweiz ist das gegebene Land für eine internationale Bewegung, wie es der Bolschewismus ist». Platten war erfüllt von den «heiligen Zielen des Sozialismus» und solidarisierte sich mit der sogenannten Zimmerwaldner Linken um die Bolschewisten Wladimir I. Lenin, Karl Radek, Grigori Sinowjew und Jan Berzin. Das auf deren Drängen hin verabschiedete «Kientaler Manifest» fand 1917 auch an einem ausserordentlichen Parteitag der gesamtschweizerischen Sozialdemokratie viel Zuspruch. Der Parteitag erklärte sich überdies solidarisch «mit den Internationalisten aller Länder, die durch die Organisierung und Fortführung des Klassenkampfes die Stellung ihrer Regierungen zu untergraben versuchen und durch die Entfachung der Revolution dem Kriege ein Ende bereiten und einem sozialistischen Frieden die Bahn brechen wollen». Den Antrag hatten die Zürcher eingebracht.

Platten war es auch, der als Parteisekretär den flammenden Aufruf zur Jahresfeier der bolschewistischen Revolution in Russland verfasst haben dürfte, der Anfang November im Namen der Geschäftsleitung der SPS auf den Frontseiten aller sozialdemokratischen Zeitungen publiziert wurde: «Schon rötet die nahende Revolution den Himmel über Zentraleuropa. Der erlösende Brand wird das ganze morsche blutgetränkte Gebäude der kapitalistischen Welt erfassen. Eine neue Geschichtsära öffnet sich, die Ära des Kampfes um die Befreiung der Volksmassen von Druck, von Ausbeutung, von Hunger und Krieg, die Ära des Sozialismus.» Nach dem Krieg wanderte Platten in die Sowjetunion aus und wurde dort später ein Opfer des stalinistischen Terrors.

Dass es Zürich war, das die Radikalisierung der Linken vorantrieb, war kein Zufall. Die grösste Industriestadt der Schweiz war bereits vor dem Krieg ein Sammelbecken für linksradikale Emigranten aus dem umliegenden Europa gewesen. Während des Krieges kamen Heerscharen ausländischer Sozialdemokraten dazu, die sich gegen den kriegsfreundlichen Kurs der «Regierungssozialisten» in ihren Heimatländern organisieren wollten.

Ohne sie wären die internationalen sozialistischen Konferenzen von Zimmerwald und Kiental, die auch die Radikalisierung der schweizerischen SP vorantrieben, nicht zustande gekommen.

«Das Vorkriegs- und Kriegs-Zürich war ein glänzendes Chaos», schwärmte der Arzt und Psychiater Fritz Brupbacher, der eine «libertär-sozialistische» Splittergruppe inspirierte. «Auf einem Hintergrund von etwa 200000 Bürgern und verbürgerlichten Arbeitern tummelten sich tausend Geister aus aller Herren Länder: russische Menschewiki und Bolschewiki, revolutionäre Syndikalisten und Anarchisten aus Italien, Polen, Deutschland, Russland, Österreich. Marx-, Bakunin-, Kropotkin-, Stirnerbazillen schwirrten nur so in der Luft herum. Was alles gärte in Europa [...], sandte auch einen Vertreter zu dem roten Völkerbund nach Zürich.»

Lenin, der in seiner Zürcher Zeit die schweizerische Sozialdemokratie gelegentlich ungefragt mit Ratschlägen und «Aufgaben» eindeckte, stand in regem Austausch mit einigen Parteilinken und radikalen Jugendgruppen um den Immigranten Willi Münzenberg und den Jungburschenführer Jakob Herzog. «Wir haben mit den revolutionären Sozialdemokraten der Schweiz solidarisch zusammengearbeitet, namentlich mit jenen Genossen, die sich zum Teil um die Zeitschrift ‹Freie Jugend› gruppierten», schrieb Lenin in seinem «Abschiedsbrief an die Schweizer Arbeiter». Seine Frau, Nadeschda Krupskaja, hielt in ihren «Erinnerungen an Lenin» fest: «In Zürich lebte viel revolutionär gesinnte Jugend aus verschiedenen Ländern, es waren Arbeiter da, die Sozialdemokratische Partei stand weiter links, und überhaupt machte sich der kleinbürgerliche Geist weniger stark bemerkbar.» Für eine richtige Revolution hat es dann doch nicht gereicht.

TOBIAS STRAUMANN

MARTIN A. SENN

Klar, wer hier der Chef ist (1933): Das Sihlquai war die Einfallachse in die Stadt für die Getreideindustrie. Im Gebäude an der Kornhausbrücke hatte die Corn Products Company ihre Lagerräume. Von dort aus wurden Maisstärkeprodukte wie Maizena vertrieben. Das Maisstärkepulver ist keine Erfindung des Fonduelandes Schweiz, sondern wurde 1862 in Amerika von Wright Duryea patentiert.

38

ARBEITSWELTEN

Zürich war nicht immer eine Dienstleistungsmetropole. Die Stadt stand bis Mitte des letzten Jahrhunderts genauso für Industrie und Gewerbe. Die fotografischen Bestände des Baugeschichtlichen Archivs zeigen die faszinierende Produktpalette.

Lehm wurde in der Binz in imposantem Ausmass abgebaut, in Schlieren stand das grösste Gaswerk der Schweiz und Textil- und Schwerindustrie produzierten hier für die grosse weite Welt. Neben den Fabriken blühte das Gewerbe. Das Angebot reichte von der Zigarettenfabrik am Sihlquai über Rechenwalzen aus Uster bis zum Flugzeugbauer in Oberrieden. Ab den 1960er-Jahren nahm die Vielfalt ab, Dienstleistungsanbieter etablierten sich zunehmend.

Einen Eindruck von den Betrieben vermitteln historische Fotografien. Viele Direktoren beauftragten Zürcher Fotoateliers, ihre Werkstätten und die Belegschaft zu fotografieren. Für die Nachwelt, zur Absicherung der eigenen Bedeutung, zur Selbstvergewisserung und vor allem, weil sie ihre Produkte verkaufen wollten. Genauso wie heute, aber noch sehr analog. Die Fotos spiegeln die Arbeitswelten vor etwa einem Jahrhundert, geben aber auch Einblick in die Auftragsfotografie, ausgeführt von Fotografen wie Johannes Meiner (1867–1941).

YLVA MEYER

Für die Frau von Welt (1926): Die textilverarbeitende Industrie war in Zürich breit vertreten. Zu den guten Adressen gehörte Grieder & Cie, wo Kundinnen massgeschneiderte Kleidung bestellten. Modeaufnahmen sollten der Kundschaft zeigen, wie elegant Kleider aus dem Haus Grieder sein konnten. Als Bühne für das Fotoshooting diente das schicke Hotel Baur au Lac, wenige Schritte vom Verkaufshaus am Paradeplatz entfernt.

Kriegsmaterial (1928): Der Flugzeugpionier Alfred Comte begann 1923 – nach dem Ausstieg aus der mit Walter Mittelholzer geführten Flugfirma – mit der Produktion von Flugzeugen in Oberrieden am Zürichsee. In seiner Fabrik waren ausser Ingenieuren auch Schreiner, Sattler, Tapezierer und Schlosser am Werk, um Rümpfe, Flügel und Leitwerke für Kampf- und Beobachtungsflugzeuge vom Typ «Wild X» zu bauen, eine Bestellung der kolumbianischen Armee.

In der Wolle gefärbt (1898): Zürich war eine Stadt der Textilindustrie. Zu den zahlreichen Fabriken in Aussersihl-Industrie gehörte die Wollfärberei von Hermann Reinhard Schütze (gegründet 1893 als Weidmann, Schütze & Dittmar) an der Limmatstrasse, hier vom nachmaligen Escher-Wyss-Platz aus aufgenommen.
Links des langen, flach gedeckten Baukörpers der Wollfärberei Schütze & Co. erstreckte sich die Weidmann'sche Seidenstückfärberei Zürich (heute KV Business School). Die aktuelle Bezeichnung Schütze-Areal für die Schule und das Quartierhaus am Ort verweist auf den Firmengründer.

Analoge Taschenrechner (1923): Heinrich Daemen-Schmid produzierte seit Beginn des 20. Jahrhunderts in Zürich-Oerlikon, später in Uster, mathematische Apparate mit dem Markennamen Loga Calculator. Bekannt waren vor allem die Rechenwalzen, die weltweit zu den präzisesten gehörten, bevor die Technik in der Nachkriegszeit von elektronischen Rechnern abgelöst wurde. Für die Handhabung der komplizierten Rechenwalzen bot die Firma Schulungen an, wie hier in den Büroräumlichkeiten am Bahnhofplatz in Zürich.

Druckfrisch (1902): Beim 1901 erstellten Druckerei- und Bürogebäude des *Tages-Anzeiger* versammelten sich für Fotograf Johannes Meiner Zeitungsverträgerinnen mit ihren Korbwagen, darin die Zeitungen. Die Grossdruckerei am damals neu befestigten Sihlufer bzw. Stauffacherquai sorgte für die höchste Auflage einer städtischen Tageszeitung in Zürich.

Ganz früher Cyborg (1923): Hans Ogg, Orthopädist, produzierte in seiner Werkstätte in Zürich-Unterstrass Prothesen – nach dem Ersten Weltkrieg ein Geschäftszweig mit steigenden Auftragszahlen. Der Herr im Bild führt vor, wie gut er mit der Handprothese den Alltag meistern kann, hier beim Bedienen des Telefonapparats im Büro.

39

EUPHORISCHE ALTSTADT-VISION

Das über Jahrhunderte gewachsene Nieder- und Oberdorf, das «Dörfli», sollte einem einheitlich geplanten Stadtquartier mit Luft, Licht und Sonne im Sinne der Moderne weichen. Wieso gelang der grosse Wurf nicht?

Karl Moser (1860–1936), Architekt des Uni-Hauptgebäudes und aufgrund seiner umfangreichen Lehrtätigkeit auch Vater der Moderne genannt, stellte 1933 seinen Neubauplan für die Zürcher Altstadt rechts der Limmat vor. Das städtebauliche Jahrhundertprojekt wurde jedoch nicht umgesetzt: Wohl hat die Stadt Zürich im Hinblick auf den Abbruch unzählige Häuser aufgekauft und sich damit zur massgeblichen Eigentümerin der Altstadt aufgeschwungen. 1946 wurde das Büro für Altstadtsanierungen gegründet. Mosers Pläne aber wurden um 1950 auf Druck der Bevölkerung schubladisiert. Vom Saulus zum Paulus: 1958 hat der Stadtrat das «Abbruchbüro» zur Denkmalpflege mutiert, die bis heute ihre schützende Hand über die Altstadt hält. 1964 haben sich die inzwischen vielerorts gegründeten Denkmalpflegen im Rahmen der «Charta von Venedig» verpflichtet, den Substanzerhalt schützenswerter Gebäude und Ensembles an die oberste Stelle ihres Wirkens zu setzen – ein Ansinnen, das im Rahmen der aktuellen Klima- und Weiterbaudiskussion nicht aktueller sein könnte.

Effektiv wurde die Altstadt in den letzten 90 Jahren weitgehend neu gebaut. 95 Prozent der Bausubstanz stammen aus der Zeit nach 1850. Kaum ein Haus ohne grössere Erneuerung. Nicht nur am Limmatquai reihen sich viele Neubauten als städtebauliche «Chorsingende» mit wohltuendem Verzicht auf eine herausstechende architektonische Handschrift selbstverständlich in das Altstadtgefüge ein.

Für die Identität der Altstadt entscheidend ist die unverändert kleinteilige und schiefwinklige Parzellierung: An schmalen, teilweise nicht befahrbaren Gassen reihen sich dicht kleine Teeläden, Antiquariate, Blumenläden, Bars in allen Lichtfarben, Beizen, Tischbauer, Goldschmiede und gar ein Bäcker mit Holzofen. Dank fairer Mieten vieler langjähriger privater Hausbesitzenden und der unter Volksaufsicht stehenden Stadt Zürich sorgt ein oft von der Inhaberin betriebenes Gewerbe für persönliche und einzigartige Einkaufs- und Ausgangserlebnisse. Aktuell erfinden wir diese fussläufige 15-Minuten-Stadt in der Raumplanung gerade wieder. In der Europaallee wurde mit viel Aufwand und – zumindest auf den ersten Blick – mit Einnahmeverzicht eine Replika geschaffen. Grobe schiefe Winkel und der bunte Materialmix können die Qualität der über Jahrhunderte gereiften Altstadt zwar nicht erreichen, finden aber dennoch zunehmend Akzeptanz.

Und wie haben sich die Architektinnen und Architekten seit Mosers gescheitertem Wurf 1933 aus der Affäre gezogen? Sie lassen – zumindest in der Altstadt

Radikaler Wurf:
Karl Moser wollte die Altstadthäuser abreissen lassen (r.) und durch sein Ensemble ersetzen (l.).

– die Finger vom Städtebau! Die Neubauten seit der Nachkriegszeit zitieren beflissen eine kleinteilige Ordnung mit Sockel, stehenden Fenstern und vorspringendem schrägen Dach und setzen viel daran, nicht aufzufallen. Der Versuch, die Altstadt für den zunehmenden Autoverkehr dienlicher zu machen, erwies sich aufgrund der zerklüfteten Eigentumsverhältnisse als hoffnungsloses Unterfangen und hat stattdessen früh zum autofreien Innenstadtquartier geführt.

Im Gegenzug erfreuen sich die Architekturschaffenden am Objekt: In den 1960er- und 70er-Jahren schaffen namentlich Architekt Fritz Schwarz (u. a. Möbelgeschäft Neumarkt 17), Wolfgang Behles (u. a. Restaurant Kantorei) wertig-virtuose Sehnsuchtsorte für die Bohemiens. Architekt Manuel Pauli ist zwischen 1967 und 1975 mit der Gemüsebrücke – einem eigentlichen Marktplatz – doch noch die Realisierung einer städtebaulichen Bagatellvision gelungen. In den 1980er-Jahren greift etwa Architektin Tilla Theus (u. a. Rathauswache) recht frei historisierend ein. Beim Wiederaufbau des abgebrannten Zunfthauses zur Zimmerleuten ist dann die Rekonstruktion keine Frage. Der rund zehnjährige, den Bestand durchdringende und überformende Umbau an der Marktgasse 14 von Miller Maranta verbindet die Bauetappen zeitgenössisch zu einem neuen Ganzen.

Gespannt bin ich, ob Zürichs Parlamente dereinst in die Altstadt zurückkehren. Die aktuelle Bleibe in der forumsartigen und damit für politische Ausmarchungen idealen Bullingerkirche bietet gegenüber dem Rathauskorsett und dem künftig vorgesehenen frontalen Layout mit zwei gegenüberliegenden Ratshälften markant bessere Voraussetzungen für lösungsorientierte Debatten. Die Lage nahe dem Bahnhof Hardbrücke ist gleichwertig. Attraktive Restaurants für den informellen Austausch um den Ratsbetrieb locken im angesagten Kreis 4.

Was ist die Altstadt heute? Ein Sehnsuchtsort für nostalgische Zeitgenossen? Ersatz-Jelmoli? Tourismusmagnet? Kleingewerbeschutzzone und Altmieterprivileg? Polterabendmeile? Eine Oase im Zentrum? Zwischenstation der Kreativwirtschaft auf dem Weg in die Kreise 3, 4 und 5? Und wieso hat Karl Moser die Durchsetzungskraft seiner euphorischen Vision für die Altstadt derart überschätzt?

Glück im Städtebau zu finden ist anspruchsvoll. Die stete Suche verläuft selten geradlinig und spiegelt die Opportunitäten. Zusammenhängend Geplantes lässt sich einfacher ersetzen als historisch Gewachsenes. Geschichte lässt sich jedoch nicht klonen. In einer direkten Demokratie mit hohem Eigentumsrecht fehlt die Durchsetzungskraft für grossflächige Neuanfänge. Erfolgreicher Städtebau braucht wechselwirkend Konstanz und Erneuerung, Reibung, Widerstand und auch einmal treffsichere Befreiungsschläge. Das Pendel der Lösungsansätze schlägt hin und her.

Eigentümerinnen und Eigentümer sind gefordert, Verantwortung für die gebaute Stadt und deren bauliche Weiterentwicklung zu übernehmen. Die Denkmalpflege als Wächterin muss ihre Praxis periodisch an den sich wandelnden gesellschaftlichen Werthaltungen eichen. Bewohnende und Besuchende sind eingeladen, sich an der Stadt mit verschiedenen Quartieridentitäten zu erfreuen und dort, wo es ihnen behagt, zu verweilen, sich niederzulassen, Visionen zu reflektieren und das Glück selbst in die Hand zu nehmen.

MICHAEL HAUSER

Nur aus der Zeit heraus zu verstehen: Das Erntedankfest der NSDAP im Zürcher Hallenstadion 1942.

40

PARALLELGESELLSCHAFT

1942 feierten über 10 000 Personen im Zürcher Hallenstadion das nationalsozialistische Erntedankfest. Es war die grösste Nazi-Veranstaltung ausserhalb Deutschlands. Wie war das möglich?

Am Haupteingang zum Zürcher Hallenstadion standen zwei Obelisken mit dem Reichsadler, einem der nationalsozialistischen Embleme. Im Innern hingen Hakenkreuzbanner, die längsten an der Fensterfront (und damit auch von aussen sichtbar), unter dem Dach eine Schweizer Fahne, quadratisch. Weitere Hoheitszeichen waren an den Tribünen befestigt: Italien, Japan, Spanien, Jugoslawien, Ungarn, Finnland – die sechs einzigen Nationen, die Deutschland freundschaftlich verbunden blieben. Die Radrennbahn war mit Spruchbändern belegt: «Nichts kann uns rauben Liebe und Glauben zu unserem Land» lautete die eine Parole und die andere: «Was die Heimat leistet, muss vor der Geschichte dereinst bestehen». Die Journalistin und Schriftstellerin Rea Brändle beschrieb das Nazitreffen 2017 detailliert in der *Wochenzeitung*.

An jenem Sonntag, 4. Oktober 1942, trafen sich 10 000 Nationalsozialisten und Sympathisanten auf Einladung der zwei Diplomaten Otto Carl Köcher, reichsdeutscher Gesandter in Bern, und Hans-Sigismund Freiherr von Bibra, Landesgruppenleiter der Auslandsorganisation der NSDAP in der Schweiz.

Die Schweizer Medien durften nicht über den Anlass berichten. Der Bundesrat hatte das Verbot erst am 29. September ausgesprochen. Er ordnete auch an, dass die Nazi-Feier nur von Deutschen besucht werden durfte. Zum Hallenstadion bekam nur Zugang, wer ein amtliches Dokument mit Foto vorlegte. Uniformierte deutsche Saalschützer machten die Türsteher, die ihrerseits von Zürcher Kantonspolizisten überwacht wurden. Die Stadtpolizei kontrollierte die Strecke von den Bahnhöfen bis zum Hallenstadion und sorgte dafür, dass die Teilnehmer nicht in Kolonnen aufmarschierten, im öffentlichen Raum keine Uniformen und Parteiabzeichen trugen, keine Fahnen schwenkten oder Kampflieder sangen. Sie stand auch bereit, sollte es zu Gegendemonstrationen der Kommunistischen Partei oder der Sozialistischen Jugend kommen. Die Jusos hatten Flugblätter mit dem Aufruf verteilt, gegen den Anlass zu opponieren: «Einerseits werden Landesverräter zum Tode verurteilt und andererseits können die Spione und Hitleragenten im Einverständnis mit den Behörden zusammenkommen. Diese freche Provokation lässt sich das Zürchervolk nicht gefallen. Zieht zu Tausenden zum Hallenstadion hinaus und singt gemeinsam patriotische Lieder.»

Im Gegensatz zur NSDAP waren die beiden Linksparteien in der Schweiz verboten. Der Grund sei eine informelle Übereinkunft zwischen den Bundesbehörden und den Vertretern der Nazis in der Schweiz gewesen, schreibt Brändle. Die NSDAP musste jede Veranstaltung bei der Polizei anmelden und bewilligen lassen. Sie versprach, die Vorgaben des Bundesrats einzuhalten. Die Polizei observierte die Funktionäre, beanstandete Zuwiderhandlungen, überwachte alle Veranstaltungen und schickte ihre Rapporte an die übergeordneten Instanzen in Bern. Im Gegenzug verzichtete der Bundesrat bis kurz vor Kriegsende darauf, die NSDAP in der Schweiz zu verbieten.

Die Dramaturgie des Erntedankfestes im Hallenstadion folgte dem bewährten Muster: Fanfarenstösse, Einmarsch uniformierter Männer in Sechserkolonnen, Schaulaufen der Schweizer Sektionen der Hitlerjugend und des Bundes deutscher Mädel, Rede von Gauleiter Ernst Wilhelm Bohle aus Berlin, dem Chef der Auslandsorganisation der NSDAP. Er sagte, dass am ersten Oktobersonntag überall auf der Welt das deutsche Erntedankfest begangen werde. Als eine einzige grosse Schicksalsgemeinschaft würden die Deutschen von der übrigen Welt seit Langem beneidet, die Missgunst sei in Hass umgeschlagen, daraufhin habe «man schliesslich den Zweiten Weltkrieg entfesselt». Im Übrigen bemühte sich Bohle, wie ihm die Nachrichtendienstleute attestierten, um eine vergleichsweise moderate Wortwahl. Es folgten weitere Reden, das dreifache «Sieg Heil», die deutsche Hymne und das Horst-Wessel-Lied.

Die Zürcher Polizei notierte nach der Grossveranstaltung in ihren Berichten, dass die behördlichen Anweisungen eingehalten worden seien. Zwischenfälle habe es praktisch keine gegeben, mit einer Ausnahme: Ein rechtsextremer Bündner hatte versucht, sich mit einem ausländischen Pass einzuschleichen. Er wurde verhaftet.

Und schon im Bahnhof hätten einige Subjekte die verbotenen Armbinden getragen und in aller Öffentlichkeit den Hitlergruss gezeigt.

Das Erntedankfest war auch in der Zürcher Politik ein Thema. SP-Gemeinderat Otto Schütz verlangte drei Tage nach der Nazi-Show, den Nachtragskredit «wegen der antidemokratischen Kundgebung» zu verweigern, mit dem das Hallenstadion seine Bauschulden hätte tilgen wollen. Nach einer «unerquicklichen Debatte» *(Volksrecht)* sowie zwei freisinnigen Rettungsversuchen wurde der Kredit in der Schlussabstimmung versenkt.

Mitte November thematisierte der parteilose Gemeinderat Werner Schmid in seiner Interpellation die «intensive politische Tätigkeit der deutschen Kolonie in der Schweiz» und fragte den Stadtrat, wie er sich dieser gegenüber künftig zu verhalten gedenke. Der kurze Text war so explosiv, dass er der Kantonspolizei zugestellt und von dort an Bundesanwalt Werner Balsiger weitergeleitet wurde, der sofort Bundesrat von Steiger informierte. Schmid wurde zweimal nach Bern zitiert. Von Steiger meldete der Abteilung Presse und Funkspruch, die als Zensurbehörde diente, das Ergebnis der Gespräche. Schmid habe eingewilligt, seine Interpellation mit Takt und Zurückhaltung vorzubringen.

In den letzten Kriegstagen, am 1. Mai 1945, verbot der Bundesrat die NSDAP. Als eine Woche später die deutsche Botschaft aufgelöst und auch in den Konsulaten noch vorhandenes Material beschlagnahmt wurde, stiess die Zürcher Polizei auf eine Liste von 350 zahlenden NSDAP-Mitgliedern. Der Bundesrat beschloss daraufhin, 295 Deutsche mit ihren Familien wegen nationalsozialistischer Aktivitäten des Landes zu verweisen.

PETER RÖTHLISBERGER

41

MUSTERLAND FAST ABGEBRANNT

Zürich war 1968 eine Stadt, an der diametral entgegengesetzte Kräfte zerrten. Die Bürgerschrecke forcierten mit dem Globuskrawall die Kulturrevolution. Die Etablierten bestanden auf Ruhe und Ordnung, schützten Goldkartell und Bankgeheimnis.

«Zurich enters the 60s»: So titelte das US-amerikanische Magazin *Newsweek* Ende Mai 1980 einen Frontbericht über den spektakulären «Opernhauskrawall». Bilder von blockierten Strassen, brennenden Autos, zerschlagenen Schaufensterscheiben und rauchenden Müllcontainern schockierten das internationale Publikum.

Dieser Titel war allerdings eine Fehlanzeige. Denn die Vorstellung, im zwinglianisch geprägten Zürich sei in den 1960er-Jahren nichts passiert und die Kulturrevolte sei erst jetzt mit einem guten Jahrzehnt Verspätung in der verschlafenen Limmatstadt angekommen, lässt sich leicht widerlegen. Dass die turbulent-tumultuösen 1968er-Ereignisse weitgehend vergessen gingen, war vor allem dem weltumspannenden Imagemanagement des hiesigen Finanzplatzes geschuldet. Dieser verbreitete das Bild eines grundsoliden Musterlandes, in dem zugunsten der Sicherheit alles etwas gemächlicher vonstatten geht also anderswo.

Zürich war 1968 ein Hotspot des Protests und ein Hort des Bankgeheimnisses zugleich. Im «heissen Sommer» 1968 koexistierten diese Phänomene auf merkwürdige Weise. Die mediale Berichterstattung fokussierte auf die rebellierenden Jugendlichen. Abgeschottet davon fungierte dieselbe Stadt als Ort einer unsichtbaren Vermögensverwaltung, als sicherer Hafen für Kapitalflucht und als Drehscheibe für Goldtransaktionen.

«Sex, Drugs and Rock 'n' Roll» dienten in den 60er-Jahre überall als Objekte jugendlicher Begierden und zugleich verdichtete sich in dieser Parole der Bürgerschreck. Der später zusammen mit Peter Fischli international erfolgreiche Künstler David Weiss schilderte die Jahre vor 1968 (in einer von Heinz Nigg herausgegebenen Anthologie): «An der Riviera, einem Szenetreff beim Bellevue, direkt an der Limmat, sassen wir herum mit anderen, die sich als Künstler, Lebenskünstler und Existenzialisten fühlten oder Aussenseiter waren: eine Ansammlung von Nonkonformisten.» Aus dieser «antispiessigen und antikleinbürgerlichen» Szene heraus hätten sich «ein paar Jahre später eine neue Art von Jugendkultur und der Zürcher Untergrund entwickelt». Diese Aufbruchstimmung war transnational inspiriert, waren es doch Protestformen, Aktionsmuster und politische Slogans aus den USA sowie aus europäischen Ländern, die lokal aufgegriffen und konkretisiert wurden.

Nach den Maiunruhen in Paris und anderen Grossstädten lag das Aufbegehren spürbar in der Luft. Demonstrationen gegen den Vietnamkrieg mobilisierten Massen. Am 31. Mai endete im Hallenstadion Oerlikon ein Konzert von Jimi Hendrix mit der (medial inszenierten) Zertrümmerung der Sitzmöbel. Das harte Vorgehen der Polizei erhitzte die Gemüter und nachdem Anfang Juni Demonstrationen und Strassentheater für ein autonomes Jugendzentrum ergebnislos verlaufen waren, besetzten Jugendliche das sogenannte Globus-Provisorium, ein in die Limmat gebautes Geschäftsgebäude in der Nähe des Hauptbahnhof, und stellten dem Stadtrat ein Ultimatum.

Im Leitartikel «Wehret den Anfängen» hielt die *Neue Zürcher Zeitung* am 17. Juni fest, es könne der falsche Eindruck entstanden sein, «wir seien in Zürich, verglichen mit Paris, Rom, Mailand, Frankfurt und Berlin,

Globuskrawall beim Central im Sommer '68: die «antispiessige und antikleinbürgerliche» Jugend verlangte Sex, Drugs, Rock 'n' Roll und ein autonomes Zentrum.

wieder einmal gut weggekommen». Doch das «Gaudi» sei inzwischen «nicht mehr harmlos» angesichts einer «von A bis Z bewussten und offen funktionierenden klassenkämpferischen Regie» mit dem Ziel einer «Provokation der Gesellschaft und ihrer demokratischen Ordnung»: «Wenn man das durchgehen lässt, wenn das Schule macht, dann haben wir die Anarchie.»

Mit dramatisierender Rhetorik heizten die NZZ und weitere Medien die Konfrontation an. Als der Zürcher Stadtrat nicht auf die Forderung der Bewegung einging, rief diese mit einem Flugblatt auf den 29. Juni zu einer Demonstration vor dem Globus-Provisorium; um das Gebäude einrichten zu können, seien «Baumaterial, Holz, Latten, Stangen, Bretter, Nägel, Hämmer, usw.» mitzubringen. Rund 2000 Protestierende versammelten sich an diesem Samstag auf dem neuralgischen Verkehrsknotenpunkt beim Hauptbahnhof und stiessen dort auf gegen 400 Polizisten. Die Trams steckten fest. Polizei und Demonstrierende schallten mit Megafonen aufeinander ein. Schliesslich rückten die Ordnungskräfte mit Feuerwehrschläuchen vor, zurück flogen Steine und Flaschen. Die Kämpfe eskalierten, in der Altstadt kam es zu Scharmützeln. Am nächsten Morgen lautete die Verletztenbilanz: 19 Demonstranten, 15 Ordnungshüter und 7 Feuerwehrleute. Die Polizei hatte 169 Verhaftungen vorgenommen. Es triumphierte die binäre Welt des Kalten Krieges. Es ging um «Law & Order» versus das «Modell einer Kulturrevolution» (so die NZZ).

Am Sonntagabend formierte sich nach dem Motto «Solidarisieren – mitmarschieren» ein Demonstrationszug, der lautstark auf die «Urania», die Hauptwache der Stadtpolizei, zusteuerte. Wiederum setzten die Ordnungskräfte ihre Wasserhydranten in Aktion. Der Platz vor dem Heimatwerk an der Kreuzung Bahnhofquai/ Uraniastrasse wurde leer gefegt. Darauf folgten direkte Schlägereien zwischen Knüppeln und Transparenten.

Tags darauf, am Montagmorgen, war die Interpretation der Ereignisse maximal polarisiert. Die NZZ fabulierte von einem «riesigen Arsenal von Waffen und Wurfgeschossen», welches die «Gefährlichkeit der Kämpfe» manifestiert habe. Die Anwälte der Demonstrierenden verwiesen auf Arztberichte und hielten fest, die nächtlicherweise festgenommenen Personen seien im Globus-Provisorium und anschliessend auf der Polizeihauptwache systematisch verprügelt worden.

Nicht nur bei diesem Globuskrawall, sondern auch in den globalen Finanzbeziehungen liessen sich damals transnationale Austauschbeziehungen feststellen. Der farbige Protest am unteren Ende der Bahnhofstrasse fiel zeitlich zusammen mit einer in der Öffentlichkeit kaum bemerkten radikalen Reorganisation des internationalen Goldmarkts am Paradeplatz. Dort und gleich nebenan, beim Sitz der Schweizerischen Nationalbank, entstand am 17. März 1968 ein internationales «Goldkartell». Nachdem der traditionsreiche Londoner Goldmarkt nach Turbulenzen auf Antrag der US-Währungsbehörden geschlossen worden war, witterten die «Gnomes of Zurich» ihre Chance. Sie arrangierten sich mit dem südafrikanischen Apartheidstaat, der nach Mitteln und Wegen suchte, um die gegen ihn verhängten Wirtschaftssanktionen zu umgehen. In den 1960er-Jahren galt Südafrika hierzulande als attraktiver Wirtschaftspartner. So kannten die drei Schweizer Grossbanken keine moralischen Skrupel, London, das unter den Druck der UNO geraten war, auszubooten. Binnen Kurzem wurden um die drei Viertel des weltweit produzierten und mehr als die Hälfte des aus Südafrika stammenden Goldes über den neu geschaffenen Zürcher Goldpool vermarktet.

Die Schweizer Finanzmetropole unterstützte das rassistische Regime fortan auch mit Krediten, Direktinvestitionen und Dienstleistungen. Zudem beteiligte sich die Schweiz an südafrikanischen Rüstungsprogrammen, inklusive Entwicklung einer Atombombe (die nicht realisiert wurde). Das Frühjahr 1968 stellte ein Schlüsselmoment in dieser Kooperation dar. Der damals geräuschlos über die Bühne gehende Coup des Bankenplatzes half mit, nach aussen das Bild eines nützlichen kleinen Landes zu stabilisieren, das ruhig in die eigene Tasche wirtschaftet und andern hilft, Geld zu waschen, Steuern zu hinterziehen und Sanktionen zu umgehen. Ein Blickwechsel von der Horizontale in die Vertikale macht sichtbar, dass die moderne Schweiz zwei ganz unterschiedliche Varianten von «Untergrund» hervorgebracht hat: eine kapitalistisch-privatwirtschaftliche und eine politisch-subversive. Die Banktresore, Schliessfächer und Golddepots, welche zur materiellen Infrastruktur des Finanzplatzes gehören, sind unterirdisch angelegt. Wertsachen werden überwiegend unter der Erde aufbewahrt und tief unten befand sich auch die operativ-physische Drehscheibe des diskreten «Goldkartells».

Die gesellschaftliche Antithese dazu war der Globuskrawall, der eine enorme Medienresonanz entfaltete. Hier wurde ein diametral anderes Konzept des «Untergrunds» praktiziert. Es bestand in einem Kommunikationsraum für die Erprobung und die Diskussion gesellschaftlicher Alternativen. David Weiss berichtete über seine kalifornischen Erfahrungen anno 1968: «Plötzlich waren solche Leute wie ich, Bohemiens, Künstler, Anhänger von englischer Beatmusik, Beatniks und andere Aussenseiter im Underground miteinander verbunden – eine Massenbewegung.» Heterogene Subkulturen, die sich rhizomartig ausbreiteten, verstanden sich als grenzüberschreitende Netzwerke der Subversion. Sie zielten darauf ab, die Fassaden bürgerlicher Doppelmoral und die Säulen der kapitalistischen Wirtschaft zu erodieren. In Zürich verfügte der «Underground» mit Urban Gwerders Magazin *Hotcha* über ein international angesehenes Leitmedium. Dieses propagierte eine Gegenwelt zum «Establishment» dort oben. Diese untergründigen Aktivitäten blieben allerdings prekär. Nach seiner Rückkehr nach Zürich im Frühjahr 1968 schrieb David Weiss, «unsere Undergroundszene mit Hippies, Zöglingen, Anarchos und Künstlern» sei «nur ein paar Jahre intakt» gewesen. Anfangs 1971 markierte die Zwangsräumung der «Autonomen Republik Bunker» durch die Polizei auch metaphorisch den Niedergang dieses kontestativen «Untergrounds». Obwohl Protestaktionen anhielten, wurden diese durch Drogen, Ideologien und Karrieren zerfasert und zersetzt.

Der Untergrund der Grossbanken hingegen erwies sich als dauerhaft und robust, war er doch ein Fundament der bürgerlich-kapitalistischen Gesellschaft. Dem gewöhnlichen Auge entzogen, durch ein ausgeklügeltes Sicherheitsdispositiv geschützt, häuften sich hier die Reichtümer der Besitzenden an, die ihre goldene Zeit damals erst noch vor sich hatten.

JAKOB TANNER

42

KOMPLETT ZU

Es gibt Jahrhundertereignisse, die sich wiederholen könnten. Die Seegfrörni gehört leider nicht dazu. Wer sie verpasst hat, wird sie für immer verpasst haben. Am 1. Februar 1963 um 12 Uhr gaben die Behörden das Eis frei. Dank einer anhaltenden Kälteperiode hatte sich eine 30 Zentimeter dicke Eisschicht gebildet. Sie vermochte die 150000 Menschen zu tragen, die das Naturspektakel zwischen Zürich und Rapperswil an Spitzentagen selbst erleben wollten. Mit Schlittschuhen, Schlitten und Kinderwagen querten die Zürcherinnen und Zürcher den See von einem Ufer zum anderen – eine metaphysische Erfahrung, die gewohnten Aggregatzustände von Wasser einfach ignorieren zu dürfen. Nach fünf Wochen taute das Eis. Vorbote war ein langer Riss im Eispanzer in der Mitte des Sees. Der Föhn beendete das Schauspiel. Und eine Anordnung der Behörden. Sie sperrten die Eisfläche am 8. März.

43

MISSBEHAGEN

In den 30er-Jahren wurden Schönheitskonkurrenzen des Zürcher Verkehrsvereins aus moralischen Gründen bekämpft, 80 Jahre später vom Zeitgeist erledigt. Alles war trotzdem nicht falsch: Die Siegerin von 1969 wollte mit ihrem Gewinn einen Antibabypillen-Automaten am Bellevue finanzieren.

Protestaktion gegen veraltetes Frauenbild: Die Künstlerin Verena Voiret (stehend) und Dieter Meier versteigerten am 5. Juli 1969 am Limmatquai ein Kleid, das ein Mitglied ihrer Frauenbefreiungsbewegung (FBB) an einer Schönheitskonkurrenz gewonnen hatte.

Spieglein, Spieglein an der Wand, wer ist die Schönste im ganzen Land?», fragt 1931 der Zürcher Verkehrsverein. Prominent kündigt er an, dass am 17. Januar erstmals in einem Wettbewerb die Miss Switzerland gekürt werden sollte. Bei den bürgerlichen, insbesondere den konfessionellen Frauenvereinen löst der Aufruf zur Schönheitskonkurrenz einen Sturm der Entrüstung aus. Allein schon die englische Bezeichnung ist eine Provokation, weist sie doch auf den vermeintlich negativen Einfluss aus dem Ausland hin. Die Vertreterinnen der Frauenbewegung sind zuversichtlich, dass die Schweiz gegen solche Importe gefeit ist. Der «nüchterne» und «gesunde Sinn unseres Volkes» verhindere wohl eine «Prämierung des Fleisches», heisst es im *Schweizer Frauenblatt* vom 16. Januar 1931.

Auch der Verein Freundinnen junger Mädchen und die Schweizerische Gemeinnützige Gesellschaft, die sich um die jungen Frauen Sorgen machen, stimmen in den Protestchor ein. «Eine solche Schaustellung ist eine Entwürdigung unserer weiblichen Jugend, die sich heute mehr denn je bewusst ist, dass es gilt, andere Werte zu pflegen und zur Geltung zu bringen als nur rein äusserliche», schreibt das *Schweizer Frauenblatt.*

Die Gegnerinnen und Gegner des Wettbewerbs befürchten, dass die Einführung der Miss Switzerland-Wahl die Beteiligung an internationalen Konkurrenzen nach sich ziehen wird. Immerhin gibt es in Europa schon seit 1888 Schönheitskonkurrenzen. Im benachbarten Frankreich wurde 1927 eigens ein für Schönheitswahlen zuständiges Komitee ins Leben gerufen. Die jungen Frauen, die an diesen Schönheitskonkurrenzen teilnehmen, sind nach Meinung der Frauenorganisationen realen Gefahren ausgesetzt. Laure Curchod-Secretan, Präsidentin des Internationalen Vereins der Freundinnen junger Mädchen, verurteilt die Wettbewerbe als Begünstigung des Mädchenhandels. Im Völkerbundkomitee gegen Frauen- und Kinderhandel beantragt sie eine Resolution, welche die Regierungen anhalten soll, Schönheitskonkurrenzen zu verbieten. Die Resolution wird aber nur als Wunsch dem Protokoll des Komitees angefügt und hat keine konkreten Folgen. In düsteren Farben schildern die Gegner der Schweizer Misswahlen das Schicksal ehemaliger Schönheitsköniginnen in anderen Ländern: Miss Mexico habe im Strudel der Leidenschaft ihren Gatten erschossen und sei dafür zu einer langen Gefängnisstrafe verurteilt worden. Die Siegerin der englischen Misswahl von 1923 habe man beim Stehlen in einem Laden erwischt und dafür drei Monate lang ins Gefängnis gesteckt. Schaurig tönt auch die Geschichte über die nationalen Schönheiten von 1929, die ihrem Agenten nach Amerika gefolgt sind und dort von ihm schnöde im Stich gelassen werden: Gänzlich mittellos in einem fremden Land, leben sie im Elend und sind der Schande preisgegeben. Miss Germania findet nur mithilfe des Konsulats und gütiger Menschen den Weg in die Heimat zurück. Miss Russia hat weniger Glück. Sie wird wegen eines riesigen Schuldenbergs verhaftet. Im Gefängnis muss sie warten, bis ihre Bekannten dank einer Kollekte die Kaution bezahlen. Von Miss Bologna verliert sich überhaupt jede Spur. Die abschreckenden Beispiele sollen illustrieren, was geschieht, wenn eine Frau nur auf ihre Schönheit reduziert wird. Schönheit basiert nach dem damaligen Frauenbild auf inneren und nicht auf äusseren Werten. In der Heimat von Johann Heinrich Pestalozzi sei man gewohnt, das Frauenideal in anderer Richtung zu suchen und zu erstreben, sagen die Vertreterinnen der Frauenbewegung. Von der im Volke wurzelnden Auffassung echter «Schweizer Frauenart» dürfe nicht abgewichen werden.

Das im 19. Jahrhundert wurzelnde Frauenideal Pestalozzis verweist die Frau ins Haus und an den Herd. Eine gute Mutter und Erzieherin soll sie sein. Sexualität, Sinnlichkeit und Erotik haben in diesem Bild der Schweizer Frau keinen Platz. An diesen Vorstellungen hat sich bis in die 30er-Jahre nichts geändert. Ähnlich heftig sind die Reaktionen auf den aufklärenden Film über Abtreibung *Frauennot – Frauenglück*, der 1929 in die Kinos kommt. Bei der darin gezeigten Geburt ist für das damalige Empfinden zu viel nackte Haut zu sehen.

40 Jahre später flammt der Protest gegen das Schönheitsdiktat und gegen die Reduktion der Frau auf ihre Körper erneut auf. Eine Aktivistin der Frauenbefreiungsbewegung (FBB) nimmt selbst an einer lokalen

Misswahl teil. Das Kleid, das sie dabei gewinnt, wird am 5. Juli 1969 in einer Strassenaktion öffentlich versteigert. «Wir sind nämlich keine Kühe, die man für die Grösse ihres Euters prämiert. Wir lassen uns nicht durch Miss-Kronen, Miss-Schärpen und Miss-Orden über den Missstand in dieser Gesellschaft täuschen! Das misslingt!», steht auf dem Flugblatt, das die Passantinnen und Passanten in die Hand gedrückt bekommen, und weiter: «Miss-brauch, Miss-achtung, Miss-behagen, Miss-vergnügen, Miss-erfolg, Mis(s)t».

Das Geld, das bei der Versteigerung des Miss-Kleides zusammenkommt, wollen die FBB-Aktivistinnen für einen Antibabypillen-Automaten am Bellevue einsetzen. Die Veranstalter der ersten Miss-Switzerland-Wahl kapitulieren vor dem Proteststurm und sagen die Schönheitskonkurrenz von 1931 ab. Das heisst, sie verschieben sie zunächst einfach um ein Jahr. Wollen die Veranstalter damit ihr Gesicht wahren, oder hoffen sie, dass die öffentliche Meinung 1932 zu ihren Gunsten umschlägt? Die Gegnerinnen der Miss-Switzerland-Wahl bedanken sich bei der schweizerischen Presse für die einhellige Ablehnung des Miss-Wettbewerbs, nicht ohne den Veranstaltern mit dem Zaunpfahl zu winken: Falls sie es wagen sollten, 1932 nochmals einen Anlauf für die Kür der schönsten Schweizerin zu nehmen, werde die Opposition noch heftiger sein.

In den folgenden Jahren werden hin und wieder Schönheitskonkurrenzen und Miss-Schweiz-Wahlen durchgeführt. Der erste professionell organisierte Wettkampf um den Titel der Miss Switzerland findet jedoch erst Jahrzehnte nach dem ersten Anlauf statt. Die erste Miss Zürich wird 1984 gekürt, wiederum unter dem Patronat des Zürcher Verkehrsvereins, und erst im folgenden Jahr gibt es auch einen Wettbewerb um den nationalen Titel. Der Schönheitswettbewerb des Zürcher Verkehrsvereins komme nicht nur der grossen Nachfrage des Publikums nach solchen Shows entgegen, sondern auch dem «Präsentationsbedürfnis von mode-, schönheits- und ästhetikbewussten jungen Damen», sagt der Präsident des Organisationskomitees, Edgar Schumacher.

Der Titel «Miss Zürich» bietet den jungen Frauen in Stadt und Kanton genügend Anreiz, sich der Konkurrenz zu stellen, auch wenn mit dem Titel nicht automatisch die Qualifizierung für die Miss-Schweiz-Wahl verbunden ist. Die Preise sind im Vergleich zu den Misswahlen in anderen europäischen Ländern sehr bescheiden. Statt Pelzmantel oder Porsche winken der Zürcher Schönheitskönigin von 1984 eine Reise nach Berlin an die Schweizer Tage an der Bundesgartenschau, eine Eintageskarte der Zürichsee-Schifffahrtsgesellschaft und ein Valserwasser-Badetuch. Wichtiger als die Preise sind wohl die Geschichten von Glück und Erfolg, die um die Missen gesponnen werden, zum Beispiel die der Zweitplatzierten der Miss-Germany-Wahl von 1977, die das Zürcher Organisationskomitee ausschlachtet. Die junge Frau habe nicht geahnt, als sie – einmal im Bikini und einmal im Abendkleid – auf die Bühne trat, dass sie hier dem Mann ihres Lebens begegnen würde. Dieser sass in der Jury und hielt sogleich die höchste Punktzahl hoch, als er die schöne Tänzerin sah. Drei Jahre später läuten für die Fast-«Miss Germany» und den 50-fachen Millionär und begehrten Junggesellen die Hochzeitsglocken.

In den fünf Vorselektionsrunden von Dezember 1983 bis April 1984 stellen sich 68 Bewerberinnen aus Stadt und Kanton Zürich zur Wahl. 18 Teilnehmerinnen gelingt der Sprung ins Finale. Eine junge Frau verlässt der Mut, sie meldete sich nachträglich ab, sodass der Jury am 2. Mai 1984 die Wahl unter 17 Titelanwärterinnen bleibt. Die Miss-Zürich-Wahl geht in «locker-ungezwungener Atmosphäre» auf dem Laufsteg des Tanzlokals La Ferme am Stadthausquai über die Bühne, wie die Zeitungen berichten. Höhepunkt des Abends: Die jungen Frauen tanzen in der Unterwäschekollektion von Feldpausch zum Rhythmus des Disco-Hits «Ladies' Night» vor. Offiziell tragen sie nicht Unterwäsche, sondern Bikini – ein kleines Zugeständnis an diejenigen Kreise, die in den Vorrunden nicht einmal die Bade-Zweiteiler toleriert haben. Das Publikum spendet tosenden Beifall für die Show. Auch die Jury ist begeistert. Luisa Rossi gewinnt mit der Höchstnote «sechsmal sechs» den Titel der ersten Miss Zürich. Anders als vor 50 Jahren stösst die Misswahl in der Öffentlichkeit auf ein positives Echo.

Bis in die Zehnerjahre des 21. Jahrhunderts leben Boulevardmedien sehr gut von den Missen-Stories, die Leserinnen und Leser von ihrem Leben in Normalität ablenken. 2011 kippt das Schweizer Fernsehen die Miss-Schweiz-Wahl aus dem Programm. Ohne grosses Publikum keine Sponsoren. 2018 findet die letzte Wahl statt, 2020 geht der Veranstalter Konkurs. Der Zeitgeist siegt über ein sehr spezielles Kapitel der Kulturgeschichte.

JEANNETTE EGLI
ERIKA ZILTENER

44

WAS MACHT EIGENTLICH … YOGI BÄR?

Ihre Arena war das Hallenstadion. Ihre Gegner ein Olympia-Judoka und ein Schwingerkönig. Früher machten die Menschen merkwürdige Dinge mit Bärinnen.

Der 2. Dezember 1976 wird nicht als Tag der Tierliebe in die Zürcher Geschichte eingehen. Ein polnischer Dompteur brachte die 150 Kilo schwere Bärin Yogi für einen Showkampf nach Zürich. Yogi Bär war eine legendäre US-Comicfigur, 1961 erfunden und heute fast vergessen. Wie das Spektakel, das damals in einem seriösen Rahmen und für einen guten Zweck stattfand. In der Nacht des Schweizer Sports rang Yogi mit Maulkorb und Boxhandschuhen gegen den späteren Judo-Olympiasieger Jürg Röthlisberger. Yogi umarmte den 90 Kilogramm schweren Judoka mit eisernem Griff. «Der Bär drückte mich mehrmals fest zusammen. Aber keiner fiel hin, es war ein klassischer Gestellter», sagte Röthlisberger dem *Tages-Anzeiger*. Eine andere Taktik wählte der dreifache Schwingerkönig Ruedi Hunsperger, Model für Übergrössen, Schauspieler in der Verfilmung von Friedrich Dürrenmatts *Der Richter und sein Henker*, der Hausi Leutenegger des Schwingsports. Der Hüne liess Yogi sich müde laufen, packte sie mit einem Schwingergriff und legte sie auf den Rücken. Das Publikum tobte, Yogi war richtig sauer. Der Eidgenössische Schwingerverband nach der Galanacht auch. Aber nicht aus Tierliebe. Verbandsobmann Ernst Marti fand das Verhalten des Schwingerkönigs «unwürdig», obwohl der Erlös des Anlasses der Sporthilfe zugutekam und die beiden Kampfsportler kein Honorar bekamen. Hunsperger, der bereits vom Schwingsport zurückgetreten war, entzog der Verband vorsichtshalber die Lizenz. «Wir alle dachten nicht wirklich darüber nach, was wir taten», sagte Judoka Röthlisberger im Nachhinein. Was aus Yogi Bär wurde, wissen wir nicht. Ihre Spur hat sich verloren. Ruedi Hunsperger starb im Spätsommer 2018. Judo-Olympiasieger Röthlisberger lebt in Spanien.

PETER RÖTHLISBERGER

Vorgeführt: Schwingerkönig Ruedi Hunsperger und Yogi Bär 1976 im Hallenstadion.

Unruhige Jugend: Proteste und Randale am Sechseläuten vom 27. April 1981.

45

«BIM BELLEVUE TÄTSCHTS IM FALL»

Bob Marley, Opernhauskrawall, AJZ, eine brennende Bahnhofstrasse und zuletzt ein Buspark. Persönliche Erinnerung von Jean-Martin Büttner an die Zürcher Bewegung. Und an ihre Folgen für Zürich.

«Fassaden steinharter Bürgerlichkeit»: Demonstranten schlagen am
1. Mai 1981 Schaufenster der SBG an der Bahnhofstrasse ein.

Als er «Get Up, Stand Up» sang, seine Hymne des Protests, konnten wir nicht wissen, was Bob Marleys Song für ihn heissen sollte und für uns. Das Hallenstadion war mehr als voll, die meisten von uns waren es auch; schwer hing der Geruch von Marihuana in der Luft.

Für Bob Marley war der Song eine Erinnerung an die Hölle von Trenchtown, dem Ghetto von Kingston in seiner Heimat Jamaika, in dem er aufgewachsen und wo er auf dem Steinboden geschlafen hatte. Zugleich handelte «Get Up, Stand Up» davon, was ihm selbst verwehrt werden würde. Zwar begann Marley in Zürich seine Welttournee. Aber es sollte seine letzte werden; der Musiker war an Krebs erkrankt, weil er eine Verletzung am Fuss aus religiösen Gründen nicht hatte operieren lassen. Als er in Zürich auftrat, hatte er kein Jahr mehr zu leben. Dafür sollte sich das Lied mit seinem kämpferischen Refrain für Zürich in einer Weise realisieren, die niemand in der Stadt hatte voraussehen können. Den Anfang dessen, was passieren würde, erlebten wir am Ende des Konzerts, als wir aus der Halle traten und ein paar Aufgeregte sagten: «Bim Bellevue tätschts im Fall.» Ich fuhr mit dem Velo über den Milchbuck zum Central und weiter zum Limmatquai. Und tatsächlich: Vor dem Bellevue sah es aus, wie man sich Beirut im Krieg vorstellte: Umgestürzte Autos brannten auf der Strasse, vermummte Typen huschten durch das Niederdorf. Trotzdem war damals den wenigsten klar, dass an diesem Abend, der als Opernhauskrawall in Erinnerung geblieben ist, in Zürich etwas angefangen hatte, das fast zwei Jahre anhalten sollte.

Es war der 30. Mai 1980, und in dieser Nacht entlud sich die jahrzehntelange Frustration der Jugendlichen in ihrer Wut auf ein Opernhaus, dem der Stadtrat 60 Millionen Franken für die Renovation zugesprochen hatte. Gleichzeitig warteten die Jungen immer noch auf ein Kulturzentrum, in dem sie sich treffen und Ausstellungen, Vorträge oder Konzerte abhalten konnten. In der Roten Fabrik, die sie für sich reklamierten, bewahrte das Opernhaus seine Kulissen auf.

Ich hatte, als Student von Basel her kommend, Zürich als kalt und protestantisch versteinert empfunden, vor allem im Vergleich zu London, wo ich einen Sommer lang gewohnt hatte. London war hellwach – Zürich schlief. Der Weckruf am 30. Mai kam unerwartet. Ich war 20 Jahre alt, korrekt immatrikuliert; Ohrring links. Nach dieser und allen folgenden Demonstrationen konnten wir jeweils am Küchentisch der WG nachlesen, wie andere beschrieben, was wir erlebt hatten. Die NZZ klirrte vor Wut, der *Tages-Anzeiger* oszillierte zwischen Empörung und Verständnis. Es gab bei dieser Zeitung Fälle von Zensur, aber man spürte das Engagement. Kirchenleute erschraken, Lehrerinnen und Lehrer solidarisierten sich, die SP versuchte zu vermitteln.

Die Bewegten beeindruckte das wenig. Sie diskutierten lieber untereinander und zogen das Selbergemachte vor, das dadaistische «Stilett», Manifeste, die Klebeletten des Punk, die grellen Slogans. Aus den Plattenläden drang neue Musik, sie klang wie ein offenes Messer. Grauzone sangen «Eisbären müssen nie weinen». Die Haare wurden kürzer, die Schuhe länger. Zum Gefühl der Befreiung gesellte sich eine höhnische Freude über die Ereignisse, die sich so anfühlte, wie Johnny Rotten bei den Sex Pistols sang: Schadenfreude ohne Neid.

Dieser dadaistische Einschlag gefiel mir an der neuen Bewegung am meisten, unvergesslich inszeniert in der Sendung *CH-Magazin* Mitte Juli 1980. Die Bewegten hatten zwei Aktivisten entsandt, die sich Herr und Frau Müller nannten und als faschistoide Kleinbürger auftraten. Die Politiker waren auf alles gefasst gewesen, ausser auf den brillanten Einfall, mit dem Mittel der paradoxen Kommunikation vorgeführt zu werden.

Denn was konnten die Politiker entgegnen, wenn die Bewegten selbst nach Napalmeinsätzen verlangten und die Armee aufbieten wollten? Am Institut für Klinische Psychologie analysierten wir die Sendung ein Semester lang. Das Beleidigtsein von Emilie Lieberherr, der rechten SP-Frau, die öffentlich um ihre Empathie gebracht wurde, amüsierte uns am meisten.

Schwer vorstellbar heute, wie mumifiziert die Politiker damals wirkten. Die Politik wurde von älteren Herren verwaltet, von denen ich den Eindruck bekam, sie hätten keine Ahnung, was in der Stadt passierte. Im Fernsehen sahen sie aus wie der oberste Sowjet bei einer Militärparade. Auch die Parlamente waren überaltert und unterfraut. Ideologisch dominierte der durchmilitarisierte, wirtschaftlich und administrativ vernetzte Freisinn. Die SVP hütete noch Kühe.

Als die Studenten in Zürich gegen die Bildungspolitik von Alfred Gilgen demonstrierten, trugen viele einen roten Ansteckknopf, «Gilgen an den Galgen». Ob ich noch bei Verstand sei, fragte mich ein Kommilitone, der älter und gescheiter war. Ich nahm den Button beschämt ab. An andere Grossanlässe der Akademie kann ich mich nicht erinnern, weil es keine gab. Denn anders als bei den 68ern lag das Epizentrum der Unruhen nicht an der Uni, obwohl es auch dort Diskussionen und Sympathien gab. Die Bewegung verstand sich

Bürgerliches Unverständnis für die Forderungen der Jugend: Polizisten verriegeln am 23. März 1981 das Tor zum Autonomen Jugendzentrum AJZ.

als Jugendprotest von unten. Wie wenig elitär sie auftrat, wie unintellektuell sie sich gebärdete, merkte man schon den linkischen Reden ihrer Sprecher an. Die Bewegung dauerte ungefähr zwei Jahre, ihre Auswirkungen waren bis 1990 zu spüren.

Beim Konzert von Jimmy Cliff im AJZ, Juli 1981, war die Stimmung gelöst. Wir feierten den Auftritt des Jamaikaners als Respekt der Dritten Welt gegenüber dem Protest der Ersten, als Anerkennung einer Revolte, die so gar nicht zu dieser Stadt passen wollte. Er habe sich nach seinem Konzert im AJZ Gras besorgen wollen und entschlossen, ein Gratiskonzert zu geben, schwebte als Gerücht über dem Gelände. Zürich pulsierte damals im schweren Takt des Reggae, die dunklen Bässe brachten die Stadt zum Beben.

Das AJZ war aus einer Bauruine heraus renoviert worden, die Leute handwerkten unermüdlich, es gab eine Bar und einen Konzertsaal und einen Fixerraum, viele fühlten sich zum ersten Mal daheim. Aber es ging nicht lange gut. Immer mehr Junkies kamen, liessen ihre blutigen Spritzen liegen, es gab Streit, Dealer und Zuhälter drangen in das Gelände. Das Gerücht ging um, die Polizei jage alle Süchtigen hierher, um den Ort kaputt zu machen. Ich fand ihn trostlos und ging nicht mehr hin. An einem späten Abend im darauffolgenden März fragten mich zwei Engländer im Niederdorf, wo es Haschisch zu kaufen gebe. Ich erklärte ihnen den Weg zum AJZ, aber sie sagten, das gebe es nicht mehr. Kurz zuvor hatte die Polizei räumen lassen, dann fuhren die Bagger vor. Das AJZ wurde geschleift, die Drogensüchtigen taumelten durch die Strassen, kollabierten in den Hauseingängen. Später lagen sie am Platzspitz und am Letten. Acht Jahre sollte das im Park und beim Bahnhof dauern, heute undenkbar.

Wenn immer möglich, mündeten die Demonstrationen damals in der Bahnhofstrasse, Inbegriff des rücksichtslos reichen Zürich mit seinen «Fassaden steinharter Bürgerlichkeit», wie der *Spiegel* treffend titelte. Jede Demonstration endete im Kampf gegen die Polizei, bei der man mit grosser Härte gegen die Demonstrierenden vorging, was ihren Hass weiter schürte.

Andere blieben mit der Zeit weg, weil sie die Sinnlosigkeit solcher Zusammenstösse nicht mehr ertrugen, die zum eigentlichen Ziel der Demonstration verkommen waren. Mich und meine Freunde widerte das an. Wir zogen uns in den Alltag zurück, der ja

«Züri brännt»: Die Polizei geht gegen Demonstranten vor, die wegen der Schliessung des AJZ randalieren.

nicht aufgehört hatte. Mich regten schon diese blechernen Durchgaben der Megafone auf, der Kollektivismus, das schrille Skandieren, diese rituellen Tränengas-Taufen. Von der Polizei ganz zu schweigen. Was mir den Rest gab, war eine quälend lange, im depressiven Grundton gehaltene, bleiern schwere und inhaltsarme Vollversammlung von Bewegten in der Roten Fabrik. Ich weiss nicht mehr, wann sie stattfand; aber ich weiss genau, was bei mir damals aufhörte: der Glaube an eine politische Veränderung durch Basisdemokratie, bei der eine Abstimmung nur dann als genehmigt gilt, wenn alle derselben Meinung sind.

Und dabei die wenigsten merkten, dass sich auch eine solche Mehrheit zurechtmanipulieren lässt, wenn die Leute gut reden, vielen schmeicheln und allen das Unmögliche versprechen. Zugleich konnte eine Minderheit den ganzen Prozess blockieren, und hier pervertierte die Idee von der Basisdemokratie für alle zum Meinungsterror von wenigen. Dabei geht vergessen, was die Bewegung vor über 40 Jahren lostrat und die rot-grünen Regierungen in der Stadt dann umsetzten: mehr Kultur, bessere Luft, mehr Wohnlichkeit, weniger Verkehr und viel weniger protestantisch-militärische Versteinerung. Diese Entwicklung hat dazu beigetragen, dass sich Zürich mediterranisierte. Aber vielleicht hat auch der ehemalige Journalist Kenneth Angst recht; für ihn bleibt der einzige nachhaltige Einfluss der Bewegung die Abschaffung der Polizeistunde. Letzten Endes, schrieb Angst in seinem Aufsatz zu einem Jubiläum des Xenix-Kinos, habe die Zürcher Bewegung nicht nur die Alternativkultur mitgezähmt. Sie habe auch zur Spassgesellschaft und zur chemischen Techno-Glückseligkeit geführt, zu einer Inflation der «marketinggesteuerten Event- und Selbstinszenierungsgesellschaft», zur «gnadenlosen Auslieferung des öffentlichen Raumes an die Kräfte des Marktes».

Dafür ist das Leben in Zürich – auch dank der Bewegung und ihrer Folgen – so viel angenehmer geworden, dass die Reichen aus dem Grünen zurückgekehrt sind und sich immer weniger arme, ausländische und alte Leute das Wohnen in der Stadt leisten können. Darin liegt die bittere Dialektik der rot-grünen Vitalisierung: Sie hat die Stadt so lebenswert gemacht, dass sie unerschwinglich geworden ist. Zürich ist so teuer geworden wie seine Oper.

JEAN-MARTIN BÜTTNER

Die vier besten Jahre seines Lebens: Stützlisex-Gründer Gody Müller bei seiner Verlobungsfeier 1978 auf der Bühne seiner Peepshow.

46

ACHTUNG, KLAPPE!

Der Chreis-Cheib-Bub Gody Müller hatte eine frivole Geschäftsidee: Er brachte den Stützlisex an die Langstrasse, die Peepshow für einen Franken. Er verdiente damit Millionen. Bis der Gesetzgeber einschritt und sein Etablissement schloss.

War es die Frivolität der Idee, diejenige ihres Erfinders oder der Erfolg? Jedenfalls reagierte Zürich höchst skandalisiert, als Gotthard «Gody» Müller den «Stützlisex» nach Zürich importierte. Diese eigentlich harmlose Form der Peepshow sollte Müller reich machen und die halbe Schweiz während sechs Jahren in ihren Bann ziehen: 36 Gucklöcher um einen Raum von 2,5 Metern Durchmesser, jedes der Löcher mit einer Klappe versehen, die sich öffnete und den Blick auf eine sich räkelnde nackte Frau freigab, wenn man einen Stutz einwarf, und sich nach 30 Sekunden wieder senkte, sofern nicht ein zweiter Stutz folgte.

Er sei ein «Ghettokind aus dem Chreis Cheib», sagte Gody Müller über sich selbst. Er wuchs im Spielsalon seiner Eltern an der Brauerstrasse 30 auf. Nach dem frühen Tod des Vaters übernahm er den Betrieb, wollte aber höher hinaus. Mitte der 70er-Jahre besuchte er ähnliche Voyeur-Etablissements in München und Frankfurt und beschloss, die Idee nach Zürich zu bringen. Er stellte zwei Architekten an und liess den Spielsalon der Eltern 1977 für 400 000 Franken umbauen. Ein unternehmerisches Wagnis, das sich aber auszahlen sollte.

Das neue Erotik-Angebot schlug ein. «Anonymität, Einsamkeit und Passivität des Vorgangs», so fasste es die *Schweizer Illustrierte* zusammen, «kommt beim Zürcher Publikum gut an». Schon im ersten Jahr machte Müller 1 Million Franken Umsatz, an guten Tagen verdiente er über 10 000 Franken. Müllers Peepodrom, angeschrieben mit fetten roten Lettern, empfing seine Kundschaft von 12 Uhr mittags bis 11 Uhr abends. Die Frauen, es waren Sekretärinnen, Hausfrauen, Verkäuferinnen, manchmal auch eine Tänzerin, arbeiteten in Vierstundenschichten, 15 Minuten pro Stunde zeigten sie sich auf dem Podest. Dafür bekamen sie zunächst 150, später 200 Franken pro Tag.

Doch noch mehr als die zahlende Kundschaft erregte das Voyeur-Etablissement die nicht zahlenden Politiker und Bürgerinnen. Man witterte galoppierenden Sittenverfall und eine Beschmutzung der weiblichen Würde. In Stadtratssitzungen wurde das Schreckgespenst einer anrollenden «Stützlisexwelle» heraufbeschworen, eine SP-Politikerin verlangte, den «kulturellen Hintergrund des Bedürfnisses dieser Kundschaft» sowie ihr Geschlecht, Alter, soziale Schicht und geografische Herkunft in Erfahrung zu bringen. Der Stadtrat lehnte das ab und erwiderte: «Aus der guten Besucherfrequenz muss auf ein gewisses Bedürfnis der Kundschaft nach geschlechtlicher Erregung und nach Befriedigung sexueller Natur geschlossen werden.»

In Luzern und Bern wurde der Stützlisex kurzerhand verboten. Auch in Basel versuchte man es, doch das Verwaltungsgericht schickte eine Delegation los, um in Zürich einen Augenschein zu nehmen, damit das Angebot vertieft diskutiert und beurteilt werden konnte. Die Herrschaften kamen zum Schluss, das Ganze sei «unter dem Gesichtspunkt der Würde der Frau» zwar fragwürdig, aber das sei die Prostitution auch, und sie sei trotzdem erlaubt.

Gody Müller mauserte sich derweil zum Milieu-König. Er liess die Wohnung über dem Peepodrom mit Leopardentapeten, Deckenspiegeln und einer frei stehenden, runden Badewanne bestücken, kaufte Wohnungen und Boote. Im Quartier war er oft mit dicken Geldbündeln unterwegs, die ihm «aus Hosen und Hemden quellen», wie der *Blick* schrieb. Hemden übrigens, die nie sassen, weil er sie nie anprobiert hatte, bevor er sie kaufte. Gody Müller war aber nicht nur mit sich selbst, sondern auch mit allen anderen grosszügig. Die Spendierfreudigkeit des verschmitzten, pausbäckigen Milieu-Königs war legendär. In Bars und Restaurants lud er regelmässig sämtliche Anwesenden ein, auch wenn es ihn Tausende von Franken pro Abend kostete.

Und dann kam der Absturz. 1982 trat das neue Unterhaltungsgewerbegesetz in Kraft, auch «Lex Stützlisex» genannt. Müller musste sein Peepodrom 1983 schliessen. Erst verliess ihn das Geld, dann auch seine Freundin («meine Liebe ist erloschen»). Dafür kamen die Steuerrechnung, Diabetes, Misswirtschaft. Müller verarmte und landete schliesslich im Obdachlosenheim Suneboge, wo er bis 2004 seine letzten neun Lebensjahre verbrachte und 66-jährig starb. Er begann dort mit Schreiben und benutzte dafür eine mechanische Schreibmaschine. Sein Leben diktierte ihm die Themen. Sie sind ihm bis zu seinem Tod nie ausgegangen.

MICHÈLE BINSWANGER

Rot ist die Liebe
und die Farbe der Sünde:
Langstrassenquartier
im Chreis Cheib.

HOT SPOTS

47

ÜBERHITZT

Willkommen an der neuen Langstrasse. Im begrünten Paradies, wo das Glas Naturwein 17 Franken kostet und die Dreieinhalbzimmerwohnung 5000 Franken. Das berichten jedenfalls Quartierkämpfer Niggi Scherr und *Republik*-Journalist Daniel Ryser.

Wir stehen auf dem Helvetiaplatz vor der «Bank», dem grossen Eckgebäude, der Niggi Scherr und ich, und Scherr, der Linke, sagt, wenn die Langstrasse bald für den Verkehr gesperrt werde, sei das ein weiterer Sargnagel für das Quartier. Zehn Jahre hat Scherr gegen das Projekt gekämpft, der Mann, der in den 80er-Jahren selbst die Langstrasse blockierte, als die Langstrassen-Unterführung, die Kreis 4 und 5 verbindet, nur aus einem einzigen Tunnel bestanden hatte, keine Fussgängerdurchgänge, und wo sich deshalb die Fussgängerinnen im Tunnel auf der Langstrasse neben dem Autoverkehr durch das Abgas zwängen mussten, und alles sei ganz grauenhaft gewesen damals und jeden Donnerstagabend die Stadt vom Autoverkehr aus der Innerschweiz überflutet. Aber die Sperrung, sagt Scherr, das links-grüne Projekt «Autoarme Langstrasse», die mache eben gar nichts besser, im Gegenteil, und ich, während 16 Jahren Langstrassen-Anwohner, stehe daneben und nicke und fühle mich wie ein grauenhafter Verräter, denn eigentlich habe ich in meinen 16 Jahren Langstrasse Autos ganz fest zu hassen gelernt und bin heimlich eigentlich ein Befürworter jeglicher Schikanen für Autoverkehr in Innenstädten, da kann SVP-Nationalrat Thomas Matter an seiner Goldküste von mir aus einen Nervenzusammenbruch haben, mir egal, aber von mir aus kann man die Bellerivestrasse im Seefeld, wo ich inzwischen wohne, nicht bloss täglich eine Stunde lang klimaklebern, sondern gleich ganz zumauern.

Aber da stehe ich also und nicke unterstützend, wie grauenhaft eine Stilllegung der Langstrasse wäre, schliesslich, da vertraue ich Scherr ziemlich fest, kennt kaum einer die Quartier-Entwicklungen und deren Folgen im Kreis 4 so genau wie der 79-jährige Scherr, Ex-Geschäftsführer des Zürcher Mieterverbandes, 38 Jahre sass er für die Alternative Liste im Gemeinderat und verhinderte beispielsweise Anfang des Jahrtausends die Privatisierung der Zürcher Elektrizitätswerke, und wenn dieser im Kreis 4 sehr umtriebige Mann bereits vor Jahren an die Begrünung der Langstrasse dachte, dann sagte er schon damals: «Dieses Projekt auf diese Art und Weise führt bloss zu noch mehr Social Cleaning.»

Das Gebäude Ecke Langstrasse/Helvetiaplatz zum Beispiel, wo das Restaurant Hooters, die Bäckerei John Baker und die Bar Bank untergebracht sind und wo wir stehen und über die bald autofreie Langstrasse schimpfen, dieses Gebäude wurde 1999 von Swiss Prime Site gekauft, der grössten Immobiliengesellschaft der Schweiz. Sie zahlte damals 16 Millionen Franken. «Und 2012 verkaufte sie das Gebäude für 34,5 Millionen an die Swiss Life», sagt Scherr – für 23 000 Franken pro Quadratmeter. Das war über zehn Jahre vor «Langstrasse autofrei».

Heute, mit Blick auf die begrünte Langstrasse, würde dasselbe Gebäude für 50 Millionen verkauft werden können, sagt Scherr, und das behauptet er nicht einfach so. Scherr war nämlich so freundlich, für mich bei der Stadt Zürich eine kleine Recherche zu tätigen: Grundstückspreise für eine Adresse an der Langstrasse. Scherr pickte sich – stellvertretend für den Rest – die Adresse Langstrasse 119 heraus, das Haus, in dem sich die legendäre Memphis Bar befindet. An der Ecke Militär- und Langstrasse gelegen, quasi das Epizentrum der Langstrasse, wo man mit den richtigen Augen zu jeder Tages- und Nachtzeit noch jede Menge Hustlers und Junkies, Sexarbeitende und Dealer sehen kann. Die Bodenpreise, die das Statistikamt für diese Ecke ausspuckte: Bitcoin quasi Witz dagegen.

2008 kostete ein Quadratmeter Langstrasse netto – also bloss der Boden ohne eine Liegenschaft obendrauf – 2391 Franken. 2022 kostete derselbe

Quadratmeter 19216 Franken. Fast eine Verzehnfachung. Der Quadratmeter für Boden mit geplantem Stockwerkeigentum kostete 2009 netto 6583 Franken – 2022 dann 46375 Franken.

Der Quadratmeter Boden mit einer Liegenschaft inklusive kostete 2008 13374 Franken. 2022 kostete der «Quadratmeter Boden ganze Liegenschaft» 34898 Franken und der Quadratmeter Stockwerkeigentum inklusive: 65764 Franken (2009 waren es noch 19828 gewesen). Ein ordentlicher «turn up», wie man neudeutsch sagt.

Überquert man dort, bei der Memphis-Bar, die Militärstrasse, gelangt man zur Europaallee, die den Boden gelegt hat für die völlig aus dem Ruder gelaufene Gentrifizierung der einstigen Gemeinde Aussersihl, 1893 mit der Stadt Zürich vereinigt, dort den Kreis 4 bildend, auch Chreis Cheib genannt, weil im 17. Jahrhundert, in der Nähe vom Letzigrund, Tierkadaver vergraben wurden. Ein Quartier, wo in den 60ern eine Arbeiterfamilie mit zwei Kindern für eine Dreizimmerwohnung noch 150 oder 200 Franken zahlte. «Elternschlafzimmer, Wohnzimmer, Kinderzimmer mit Doppelbett – das war der Standard», sagt Scherr. Und wo die gleichen Eigentümer in der zweiten Hälfte der 60er das Geschäftsmodell der Appartementhäuser entdeckten und die Schweizer Arbeiterfamilien aus ihren Wohnungen warfen und stattdessen in jedes der drei Zimmer jeweils ein Doppelbett einbauten und dann von jedem Saisonnier 100 Franken verlangten, zwei Saisonniers pro Zimmer, und somit mit derselben Wohnung plötzlich 600 statt 200 Franken pro Monat verdienten. Und das, mitunter, führte zum Schwarzenbach-Effekt, denn die Schweizer, die wegen des Gewinns der Eigentümer aus ihren Wohnungen geworfen wurden, sahen die Schuld bei den Saisonniers und wählten nun nicht mehr die Sozialisten, sondern die Nationale Aktion.

Überquert man dort also bei der Memphis-Bar die Militärstrasse, gelangt man zur Europaallee, dem Gentrifizierungsmotor, wo Google sein Zuhause gefunden hat. In Scherrs Augen war die Europaallee der «Dolchstoss für den Kreis 4», ein Brandbeschleuniger einer rot-grünen Verdrängungspolitik (die natürlich auch von den anderen Parteien getragen war). Und bei den Bodenpreisen, dem unfassbaren Gewinn, der da gemacht wurde und wird, wird einem tatsächlich ja ganz schwindelig. «Vor 100 Jahren kauften die SBB das Land rund um den Bahnhof, also den Boden der Europaallee, von der Schweizerischen Nordostbahn ab», sagt Scherr. «Der Preis: fünf bis zwölf Franken pro Quadratmeter. 2009 verkauften die SBB zum Beispiel einen Teil jenes Bodens der UBS für 26000 Franken pro Quadratmeter.»

2013 gingen die SBB so weit, Wohnungen an der Europaallee an die Meistbietenden zu versteigern – ein Novum auf dem Wohnungsmarkt, das laut Scherr sogar der Hauseigentümerverband als unanständig empfunden habe. «Der Quadratmeter ging für 71 000 Franken weg», sagt Scherr. «Das ist Bahnhofstrassen-Niveau.» Das ehemalige Arbeiterquartier: mit seiner grossen Nähe zum Hauptbahnhof, die grundsätzlich wichtig ist für hohe Bodenpreise, nun eine der teuersten Adressen in Zürich.

Wir spazieren zur Ankerstrasse, Ecke Müllerstrasse: Wenn man bis zum Ende der Strasse blickt, zur Sihl, kann man den Gebäudekomplex sehen, den die Swisscom gerade im Auftrag der zukünftigen Mieterin Google für 220 Millionen Franken umbauen lässt. In einer Stadt, in der der Raum immer knapper wird, sorgt ein Konglomerat aus links-grün-bürgerlicher Politik und Standortmarketing dafür, dass Big Tech, die Steuerdumper aus dem Silicon Valley, die allerbesten Räume an den allerbesten Lagen bekommen (niemand weiss bis heute, ob sie dafür in Zürich überhaupt Steuern zahlen).

Näher an uns, auf der Ankerstrasse stehend, beispielsweise ein Eckhaus: Angeboten werden hier, an der Müllerstrasse 57, von der Firma eines Nidwaldner SVP-Politikers, sogenannte Business-Appartements – dieser weitere Auswuchs eines überdrehten und irrsinnigen Wohnungsmarktes, wo sich bald jeder in die nächste Mülltonne schmeissen kann, der keine Million im Jahr verdient oder von Google eine 6000-Franken-Wohnung bezahlt bekommt. «Ein solches Einzimmerappartement, 50 Quadratmeter, kostet 4600 bis 5200 Franken pro Monat», sagt Scherr. An der Ecke Müller- und Ankerstrasse, im Haus vom Typ eines in die Höhe gezogenen Luftschutzbunkers, wie man sie immer häufiger im Kreis 4 sieht, weil die Neubauten wegen des (noch existierenden) Strassenlärms eine gewisse Robustheit erfordern, kriegt man die 2,5-Zimmer-Attika-Wohnung ab 4250 Franken und die 3,5-Zimmer-Maisonette mit 94 Quadratmetern für 5700 Franken. Und rundherum ein paar übrig gebliebene Nachtclubs, Stundenhotels und Kioske, die nachts nie schliessen, weil sie als Familienbetriebe keinen Restriktionen unterliegen. Daneben Sozialwohnungen, wo Hausbesitzer von der Stadt Zürich jeden Monat 1100 Franken pro häufig ziemlich verlotterte Einzimmerwohnung kassieren.

Die Leute, die hier, rund um die Lang-Brauer-Dienerstrasse den Immobilienmarkt dominieren, heissen Fredy Schönholzer, Hans Ulrich Kobelt, Taxi-Meier (zwei Brüder). Und wo früher echtes Milieu anzutreffen war, treffen sich heute immer häufiger Hipster in Bars, die sich nur noch Milieu nennen und die alle ziemlich gleich aussehen und gleich beschriftet sind und die gleiche langweilige Musik spielen und mit demselben spiessigen «radical chic» verziert sind, wo aber gleichzeitig dann, als direkte Folge, Tierfutterläden im Tiefpreissegment überteuerten Blumenläden weichen, wo das von Dominikanern betriebene Money-Transfer-Café wegen Geldwäscherei ins Visier des FBI gerät und verschwindet und man an derselben Adresse heute in einer Bar mit französischem Flair komplizierten Naturwein für 17 Franken das Glas kaufen kann. «Wenn wir immer von Aufwertung sprechen, was meinen wir dann eigentlich?», sagt Scherr dann. «Dass das Quartier vorher minderwertig war, und die Leute, die darin wohnten?»

Die frühen 90er-Jahre, sagt Scherr, waren die Zeit der Rezession, der harten Drogen auf dem Platzspitz und am Letten und der Finanzkrise: Die Stadt war mit 1,3 Milliarden Franken verschuldet, die Kreise 4 und 5, durch die sich die Langstrasse, diese seltsam verrenkte, überhaupt nicht gerade Strasse zieht, ziemlich raues Pflaster. «Man hatte Angst, eine A-Stadt zu werden, eine Stadt für Arme, Alkoholiker, Ausländer. Der sozialdemokratische Flügel der Linken spannte sich in einer sogenannten Koalition der Vernunft mit den Bürgerlichen zusammen, um das abzuwenden. Gewisse Dinge, die erreicht wurden, waren wichtig und gut, etwa in Sachen Drogenpolitik. Aber die Stadtentwicklungspolitik war verheerend.»

In den 80er-Jahren habe sich die städtische Linke gegen eine Politik der Stadt gewehrt, die aus steuertechnischen Gründen Mehrverdienende anziehen wollte. Ein erster Kristallisationspunkt dieses Konflikts sei die Besetzung in der Hellmutstrasse 1980 gewesen, die in direkter Nähe der Langstrasse an die Bäckeranlage grenzt, einen grossen Park, wo sich heute noch immer soziale Spannungen manifestieren, wo die Stadt dann beispielsweise Parkbänke abmontieren lässt, die sich im direkten Sichtfeld des Kinderspielplatzes befinden, damit dort die Alkoholiker den Kindern kein schlechtes Vorbild sein können.

«Bei der Besetzung der Hellmutstrasse», sagt Scherr, während wir durch die besagte Strasse schlendern, «und wo vor 40 Jahren ein riesiges, futuristisches PTT-Fernbetriebszentrum hätte entstehen sollen, ging es sehr bald konkret um die Frage: Welche Zielgruppe will die Liegenschaftenverwaltung der Stadt eigentlich? Die bürgerliche Politik sagte: ‹Wir wollen gute Steuerzahler.› Die Linken bekämpften das, sagten: ‹Wir wollen eine Stadt, in der alle Platz haben.›»

Dem vehementen politischen Engagement des kommunistischen Abwarts der angrenzenden Sekundarschule Schönau sei es zu verdanken gewesen, dass die PTT ihre Überbauungspläne nach Zürich-Herdern verlegten (und dadurch letztlich auch die Bäckeranlage als Stadtoase gerettet wurde). Aber die zentralen Fragen – wem denn eine Stadt zum Beispiel überhaupt gehöre? – würden schon lange nicht mehr gestellt, sagt Scherr: «Dass bei dieser rasanten Stadtentwicklung, wo der knappe Raum immer teurer wird, ein paar vom Karren fallen – kratzt das noch irgendwen? Die Kasse stimmt, während eine schleichende Auswechslung der Bevölkerung stattfindet.»

Und weil sie diese zentralen Fragen ausblende, lande die links-grüne Politik, welche die Stadt seit 30 Jahren präge, bei einer auf den ersten Blick ja so naheliegenden Idee – eine autofreie Langstrasse –, ohne diese an «soziale Korrektive» zu koppeln, die zwingend wären, wie das beispielsweise die Verkehrsberuhigung des Röntgenplatzes im Kreis 5 auch gezeigt habe.

Weil dort bei der Verkehrsberuhigung die Häuser in genossenschaftlichem Besitz gewesen seien, hätten zuerst einmal einfach die Menschen profitiert, die dort schon wohnten. Das Quartier sei lebenswerter geworden, aber die Mieten nicht gestiegen. Anders am Idaplatz, sagt Scherr, im Trendviertel Kreis 3, wo die Eigentümersituation mit jener an der Langstrasse – fast ausschliesslich Private – vergleichbar sei: Erst kam dort die Verkehrsberuhigung, die Begrünung, wie sie der Langstrasse nun bevorsteht, dann die regelrechte Explosion der Mieten.

DANIEL RYSER

48

FISKALISCH MILDE GEFILDE

Während die Pfnüselküste im Schatten hockt, schiebt sich die Goldküste die Sonnenbrille ins Gesicht. Die goldene Abendsonne ist aber nur einer von vielen Gründen, weshalb das Geld- und Showbiz-Zürich Schwarmverhalten zeigt.

Es ist ein Get-together, das jedes Jahr neu belebt wird: Immer im August startet die Chilbi in Zollikon, gastiert eine Woche später in Küsnacht, zügelt darauf nach Erlenbach, landet schliesslich in Herrliberg. Wie ein Wanderzirkus folgen die Karussells und Essensstände dem rechten Zürichseeufer langsam Richtung Osten. Und junge und weniger junge Bewohner der Goldküste lassen sich jedes Mal neu anziehen von Riesenrad, Autoscooter und Zuckerwatte.

Es ist – neben dem Grümpi der Schülerinnen und Schüler – eine der wenigen Gelegenheiten im Jahr, zu denen sich zwei Welten durchmischen, die sonst klar getrennt sind: das Bürgertum von links und rechts der Bahngeleise – und der Geldadel vom Seeufer und von oben auf den Hügeln. Mittelstand meets Masters of the Universe. London hat den Stockbroker Belt, Paris hat Neuilly-sur-Seine, Berlin hat Dahlen, München hat Grünwald, Zürich hat die Goldküste: ein Edelrefugium vor den Toren der Grossstadt, wo die Mehrbesseren das Leben geniessen. 14 Kilometer ist der Streifen lang und führt durch fünf Gemeinden: Zollikon, Küsnacht, Erlenbach, Herrliberg und Meilen. Was weiter östlich liegt, mag zwar auch am See liegen, zählt aber offiziell nicht zur Goldküste: Die Musik spielt bis zur Fähre.

Den Reiz der Gegend macht nicht nur der See aus – in Trinkwasserqualität, wohlgemerkt, während durch viele Weltstädte eine düstere Kloake fliesst. Es ist auch der Blick auf die Alpenkette, die Nähe zur Stadt Zürich und zu den Wäldern des Pfannenstiels. Man findet noch ein bisschen Dorfcharakter, sicher und sauber ist es sowieso, man geniesst Abendsonne. Und dann natürlich das Mikroklima: meteorologisch so mild, dass Hanfpalmen und Feigen wachsen, fiskalisch so mild, dass Konti und Fuhrpark wachsen. Der Steuerfuss in Küsnacht ist der zweitniedrigste des Kantons, die anderen vier Gemeinden liegen nicht weit dahinter. Goldküste – der Name stammt ursprünglich daher, weil sie in der Abendsonne golden erscheint. Er ist aber durchaus wörtlich zu nehmen: Unter den vier teuersten Wohnorten der Schweiz finden sich gleich drei der fünf Gemeinden (Zollikon, Erlenbach und Küsnacht). Der Quadratmeterpreis für eine Eigentumswohnung liegt um die 18000 Franken, für Einfamilienhäuser um die 22000, Tendenz klar steigend. Logisch, dass das eine ganz bestimmte Klientel anzieht: Der Bezirk Meilen, zu dem die fünf Gemeinden gehören, weist die zweitgrösste Kaufkraft der Schweiz aus. Und die Gegend die höchste Millionärsdichte, die höchste Bentleydichte, die höchste Oldtimerdichte, die höchste Pool- und Villendichte. Aber es gilt eben auch, was ein Schweizer Nachrichtenmagazin in den Nullerjahren wie folgt zusammengefasst hat: «Villa + Swimmingpool + gut gekleidete Unglückliche = Goldküste». Denn die Scheidungsraten in der Gegend sind enorm hoch.

In der Lokalpolitik geben FDP und SVP den Ton an, was immer mal wieder zu Scharmützeln führt mit der links-grün dominierten Stadt Zürich, etwa wenn's um einen Spurabbau auf der Bellerivestrasse geht, der Hauptschlagader von und zur Goldküste. Die Wirtschaft ist kleingewerblich geblieben, Grosskonzerne gibt es keine: Swarovski hat seinen Hauptsitz weiter unten in Männedorf, Sonova in Stäfa, Lindt & Sprüngli gegenüber in Kilchberg, alles andere ist in Zürich. Dafür pendelt eine ganze Dienstleistungsindustrie tagsüber an die Goldküste, vom Personal Trainer über den Gärtner, den Hundesitter und den Shopping Assistant bis zum Störkoch. Der Bedarf ist so gross, dass weiterhin das alte Bonmot gilt, wonach man an der Goldküste leichter einen CEO für eine Grossbank findet als eine gute Putzfrau.

An Geld mangelt es also nicht, da kann man sich auch etwas Grosszügigkeit leisten: Mitte der Nullerjahre war es ein Schlag für die Gegend, als der Küsnachter Feinkostladen Oggenfuss Konkurs ging –

nicht nur ein Traditionsbetrieb, sondern auch ein Hotspot für Goldküstengourmets. Modeunternehmer Robert Ober, die Bankiers Raymond Bär und Eduardo Leemann sowie Unternehmensberater Nils Hagander bliesen zur Rettungsaktion, organisierten frisches Kapital und einen neuen Geschäftsführer. Seither läuft der Laden wieder – inzwischen unter dem Namen Moreira Gourmet Haus – und ist ein Fixpunkt geblieben. Auch die Migros in Erlenbach hat sich auf die Ansprüche der lokalen Klientel eingestellt: M-Budget findet man hier kaum, stattdessen stehen Kaviar, Trüffel und Gänseleber in den Regalen. So lässt man sich das soziale Kapital gefallen.

Die Goldküste ist ein Familienort, mangels Nightlife nichts für Singles. So sind die anderen Hotspots ebenfalls eher genussorientiert: in Herrliberg Feinkost Lehmann, in Erlenbach der Edelmetzger Ledermann (im Volksmund «Der Juwelier» genannt ob seiner Preise), das Sternerestaurant Rico's in Küsnacht. Für einfachere Mahlzeiten tut es Strozzi's Strandhaus in Herrliberg oder die Küsnachter Sonne mit ihrem lauschigen Biergarten direkt am Seeufer. Die Manager-Elite läuft sich beim Joggen im Küsnachter Tobel über den Weg, die Damen halten ihre Figur derweil im Bonnie in Form, und die diversen Strandbäder und die neue Küsnachter Seesauna geben Einblicke auf gelungene und weniger gelungene Schönheits-OPs der Goldküstenbewohner. Ein Golfplatz aber konnte nie realisiert werden, trotz jahrelanger Bemühungen.

Dabei mangelt es nicht an einflussreichen Persönlichkeiten in diesem Landstrich. An der Goldküste wohnen die Verleger Michael Ringier, Hans Heinrich Coninx und Roger Köppel, Christoph Blocher, die Swarovski-Erben, Finanzier und Kunstsammler Urs Schwarzenbach (dem neben dem Hotel Dolder in Zürich auch das Seehotel Sonne in Küsnacht gehört), Schriftsteller Adolf Muschg sowie zahllose Topmanager und Unternehmer. Auch Anna Mae Bullock, besser bekannt als Tina Turner, war mit ihrem Mann Erwin Bach bis zu ihrem Tod im Mai 2023 in der Küsnachter Villa Algonquin gemeldet, wo sich die beiden 2013 mit viel Pomp und illustren Gästen von Bryan Adams bis Oprah Winfrey das Jawort gegeben haben.

Zudem hat das Paar Anfang 2022 ein riesiges Landgut 11 Kilometer weiter unten in Stäfa erworben – als Wochenendrefugium, wie es heisst. Auch wenn dort Roger Federer und Biermilliardär Jorge Lehmann wohnen: Prestige-, luxus- und auch steuermässig kann dieser untere Abschnitt des rechten Züriseeufers nicht mithalten mit der Goldküste. Und auch nicht die Pfnüselküste gegenüber. Dass man sich im Uferabschnitt zwischen Kilchberg und Horgen den Schnupfen holt, war zwar schon immer übertrieben. Ebenso wie der Spruch, das Beste an der Pfnüselküste sei der Blick auf die Goldküste.

Tatsache bleibt aber: Während man dort schon im Schatten sitzt, prostet man sich gegenüber noch mit der Sonnenbrille auf der Nase zu. Und anders als am rechten Zürichseeufer rumpeln dort Güterzüge durch die Nachtruhe. Dass die Immobilienpreise trotzdem inzwischen ähnlich hoch sind wie an der Goldküste, liegt am 2009 eröffneten Uetlibergtunnel: Er verbindet das linke Zürichseeufer mit den weitgehend steuerbefreiten Holdings im Kanton Zug, wo viele gute Leute für sehr viel gutes Geld arbeiten. Wenigstens diesbezüglich also fruchteten die Anstrengungen der Immobilienmakler, die Pfnüselküste in Platinküste umzupositionieren.

Erste Adresse bleibt aber die Gegend mit den Ziffern 910 am Anfang der Telefonnummer – ein Statussymbol wie in den USA die 212 für Manhattan. Wer zwischen Zollikon und Meilen wohnt, weiss: Er ist privilegiert. Und zieht in der Regel auch nicht mehr weg. Ausser vielleicht, das Vermögen ist inzwischen wichtiger als das Einkommen, dann erweist sich die Diamantküste weiter östlich auf der linken Seeseite mit Orten wie Schindellegi, Wollerau oder Freienbach als steuerlich vorteilhafter. Oder er muss, wie nach ein paar Jahren, die zahlreichen Expats. Sie durchmischen sich während ihres Aufenthaltes kaum mit den alteingesessenen Familien und nehmen auch sonst selten am Dorfleben teil, ausser es geht um Schulfragen. Im Supermarkt oder auf der Post sieht man viele Frauen (Männer sieht man selten), die kein Deutsch können. Dafür sprechen halt die Kassiererinnen Englisch.

Entsprechend schwierig ist das Verhältnis der zwinglianisch-reformierten Altzürcher zu den Neuzüglern. Viele haben sich in ihre Villen hinter die hohen Hecken und Mauern zurückgezogen. Dorthin lädt man sich auch gegenseitig ein zum Dinner oder zur Party. Aber man kocht in der Regel nicht selber: Welches Caterer- oder Störkoch-Auto in der Auffahrt steht, ist wichtig, wenn der Besuch anrückt.

Nicht wichtig, wer nicht dabei war: Die verstorbene Rock-Ikone Tina Turner und Musikmanager Erwin Bach feierten am 21. Juli 2013 ihre Hochzeit mit 200 Gästen im Park ihrer Villa Algonquin in Küsnacht.

Noch höher wird der soziale Druck beim allergrössten Statussymbol überhaupt, dem Nachwuchs: Wer organisiert den aufwendigeren Kindergeburtstag, die grössere Torte, den lustigeren Clown? Später müssen die Kids auf die richtige Schule – selbstverständlich zweisprachig und privat, für einen fünfstelligen Betrag pro Jahr. Auch wenn es gleich mehrere dieser exklusiven Bildungsangebote in der Gegend gibt (das Lakeside und das Terra Nova in Küsnacht etwa, oder das ICS den Berg hoch in Zumikon), sind die Wartelisten lang. Schliesslich muss auch die nächste Generation auf das Leben an der Goldküste vorbereitet werden.

MARC KOWALSKY

Offene Türen seit 1998: Valentin Landmann im Petite Fleur in Wollishofen.

49

GROSSE ERREGUNG

Eine Gesetzesänderung ermöglichte das erste offizielle Bordell von Zürich, das Petite Fleur in Wollishofen. Bis 1992 war die gewerbsmässige Kuppelei in der Schweiz verboten. Anwalt Valentin Landmann war der Geburtshelfer.

Strafbar war ein Täter, der der Unzucht Vorschub leistete, um sich finanzielle Vorteile zu verschaffen. So stand es in der Bestimmung über die Kuppelei (StGB, damals Art. 198 und 199). Als gewerbsmässige Kuppelei war es strafbar, einen geschäftsmässigen Betrieb zu führen, der auf regelmässige Einnahmen ausgerichtet war und in welchem mehrere Prostituierte tätig waren, denen der Inhaber Räume und die übrige zur Betreibung «der Unzucht» nötige Infrastruktur zur Verfügung stellte. Bei einem Bordell lag gewerbsmässige Kuppelei vor, mit erhöhter Strafbarkeit gegenüber der einfachen Kuppelei.

1992 erfolgte eine sehr intelligente Gesetzesänderung, mit der die Bestimmung über Kuppelei – wie auch die Bestimmung über Zuhälterei – definitiv fallen gelassen wurde. Vorher hatte die Bestimmung über Kuppelei die Frauen praktisch gezwungen, sich irgendwo inoffiziell einzumieten, oft mit hohen Zahlungen unter dem Tisch. Dank dieser Strafbestimmung waren die effektiven Kuppler reich geworden. Zudem verunmöglichte die Bestimmung über Zuhälterei den Frauen praktisch, eine normale Partnerschaft zu führen, in der ja auch die Frau zum gemeinsamen Haushalt beiträgt. Diejenigen Männer, denen das Risiko der Strafbarkeit egal war, waren genau diejenigen, die das Gesetz bekämpften. Das neue Strafgesetz ersetzte diese alten Bestimmungen durch die neue Bestimmung «Förderung der Prostitution» in Art. 195 und die neue Bestimmung über Menschenhandel. Art. 195 schützt nicht mehr das Geld der Prostituierten, sondern ihre Freiheit, zu arbeiten und selbst zu entscheiden. Gleich verhält es sich mit der Bestimmung über Menschenhandel. Auch hier ist der freie Wille der Prostituierten geschützt. Es darf niemand in diesen freien Willen eingreifen, aber ein Puff zu betreiben, in welchem die Prostituierte auch finanzielle Leistungen erbringt, ist möglich und zulässig. Einige Zeit traute sich auch nach der Gesetzesänderung niemand, ein

Bordell zu eröffnen. Die Änderung musste zuerst bekannt werden. In der ersten Hälfte der 90er-Jahre kamen dann schliesslich drei deutsche Kaufleute aus Frankfurt zu mir ins Büro mit folgendem Anliegen: Sie möchten in Zürich ein Grosspuff eröffnen. Absolut legal müsse es sein. Auch mit allen notwendigen Bewilligungen, insbesondere Baubewilligung (Nutzungsänderungsbewilligung). Die Regelung mit den Frauen müsse auch total dem Gesetz entsprechen. Das war eine willkommene Challenge.

Die drei Kaufleute kamen aus der Erotikbranche in Deutschland und hatten auch bereits Laufhäuser in Deutschland. Sie wollten das Haus in der Schweiz auf ähnliche Art als Laufhaus gestalten. Sie hatten auch den nötigen finanziellen Background, um ein längeres Bewilligungsverfahren und die Suche nach einem geeigneten Objekt sowie die Konzeption durchziehen zu können. Zuerst suchten wir ein geeignetes Objekt. Es musste ein grosses Haus sein und den baurechtlichen Bestimmungen für Prostitution entsprechen: möglichst 100 Prozent gewerbliche Nutzung, keine direkte Wohnumgebung (wegen Einsprachen). Und wenn ein Objekt gefunden wäre, müsste wohl eine Totalrenovation bzw. ein Umbau erfolgen, um es als Laufhaus auszugestalten.

Wir fanden ein grosses Haus am Mythenquai 386 und traten in Verhandlung mit dem Eigentümer. Das Haus lag etwas erhöht zwischen zwei grossen Strassen. Zum See hin erstreckte sich ein Gewerbequartier. Bergseitig standen zwar Wohnhäuser, aber in gehörigem Abstand. Idealer konnte es nicht sein, und der Eigentümer war willens und einverstanden, für diesen Zweck zu vermieten. Er verlangte aber auch, während der ganzen Umbauzeit eine Miete zu erhalten, was natürlich recht teuer wurde. Aber das war es meinen Klienten wert. Das Haus musste vertraglich reserviert sein während der Dauer des Bauverfahrens. Wir machten die entsprechende Baueingabe «erotische Dienstleistungen / Bordell». Und damit war dann natürlich auch die Presse auf dem Plan: Wow, das erste Grosspuff in der Schweiz. Das Haus erfüllte alle von der Stadt gesetzten Voraussetzungen für die Bewilligung. Unsere Eingabe war detailliert und schliesslich kam das Einverständnis der Stadt – ob mit Begeisterung, mag hier dahingestellt bleiben. Auf jeden Fall war alles völlig lega . Meine Klienten gaben den Umbau mit Bar, Aufenthaltsraum und Dutzenden Duschen, wie man sie im Puff eben braucht, in Auftrag. Folgendes Konzept war vorgesehen: Jede Frau, die dort arbeiten will, mietet tageweise eines der 30 möblierten Zimmer mit Wäscheservice. Sie kann das Zimmer jederzeit kündigen, wenn sie möchte. Abgesehen von der zu entrichtenden Miete arbeiten die Frauen vollständig auf eigene Rechnung. Wenn sie frei sind, können sie die Tür zum Korridor geöffnet lassen und die Gäste in Empfang nehmen. Für die Führung des Betriebs wurde ein schweizerischer Geschäftsführer angestellt. Eine eigentliche Betriebsbewilligung brauchte man damals für ein Puff nicht, wohl aber die baurechtliche Bewilligung, die sehr schwer zu erhalten war. Die baurechtlichen Voraussetzungen waren aber alle erfüllt, und so gelang das Vorhaben schliesslich. Bis zu diesem Zeitpunkt hatte es noch niemand gewagt, ganz offiziell ein Puff in Zürich zu bauen. Das war etwas ganz Besonderes. Umbau und baurechtliches Verfahren nahmen einige Zeit in Anspruch. Ich war froh, dass die Klienten den nötigen finanziellen Rückhalt hatten. Denn in dieser Zeit konnte das Gebäude ja noch nicht betrieben werden.

Als alles fertig war, stellte sich die Frage nach dem Namen. Da Stadträtin Ursula Koch (SP) das Puff als Vorsteherin der baurechtlichen Abteilung bewilligt hatte, schlug ich vor, das Puff «Kochtopf» zu nennen. Das fand aber nur mässig Anklang. Man machte mir klar, dass der Freier ernst genommen werden will und keinen Humor in dieser Hinsicht hat.

Als Alternative schlug ich «Mövenfick» vor. Natürlich sehr prozessträchtig, aber dankbar für die Medien, wenn es zum Prozess käme. Die Klienten und der Betreiber einigten sich schliesslich auf den unverbindlichen Namen «Petite Fleur».

Das Petite Fleur öffnete Ende Februar 1998 und lief zur allgemeinen Zufriedenheit gut an. Die Polizei und Strafuntersuchungsbehörden konnten feststellen, dass es mit dem neuen Puff in Zürich keine Probleme gab. Ein Schritt zur Normalisierung des Gewerbes war getan. Natürlich blieb später das Petite Fleur nicht allein, aber es ist immer noch das einzige Laufhaus in Zürich. Andere Clubs haben andere Konzepte.

Dass die Kuppelei- und Zuhältereibestimmung aufgehoben wurde, war das einzig Richtige. Prostituierte dürfen nicht mehr geächtet werden, sondern sollten im Gegenteil den Rechtsschutz bekommen, wie ihn jeder andere Beruf kennt. Prostituierte sollen sich auch gesellschaftlich nicht mehr ausgestossen fühlen müssen. Was natürlich mit moralischen Vorstellungen zu tun hat und nicht im Recht verankert werden kann. Diese Entwicklung wird noch einige Zeit in Anspruch nehmen. Hoffentlich kommt kein Rückschlag.

VALENTIN LANDMANN

50

EIDGENÖSSISCH PERFEKTIONIERTER FRESSBALKEN

Die Autobahnraststätte in Würenlos, an der Grenze zu Zürich, war einst ein Tempel des Konsums, europaweit eine Sensation – und das Sinnbild einer Schweiz, die einer fröhlichen Zukunft entgegenraste.

Die Bundesbeamten haben wohl selbst darüber gelacht, was aus ihren Vorgaben wurde. Von «einfach gestalteten Erfrischungsräumen», die den Tankstellen an Autobahnen angegliedert werden können, war einst die Rede. Und nun das: eine rund 140 Meter lange Brückenraststätte im Aargauer Niemandsland, getragen von über 40 Meter hohen Pylonen, gespannt über die sechsspurige Autobahn und zwei Tankstellen hinweg, mit einer Einkaufspassage im ersten Stock und Restaurants mit 700 Sitzplätzen im zweiten. Kosten: 25 Millionen Franken.

Als der Konsumtempel in Balkenform und Braun-Orange am 24. November 1972 vor geladenen Gästen feierlich eröffnet wird, ist die Begeisterung gross. Die Superlative jagen sich: Von der «weltweit grössten Anlage ihrer Art» schreiben die Medien (obwohl es wohl «nur» die grösste in Europa ist). Von einer Raststätte, die «sensationell und attraktiv wirkt, alles in allem eidgenössisch perfektioniert». Die Zeitung *Die Tat* jubelt, dem «modernen Autokult» werde «eine geradezu verschwenderisch dargebrachte Reverenz erwiesen», die den Besucher «in paradiesische Gefilde führt».

Die Autobahnraststätte in Würenlos, an der Grenze zum Kanton Zürich gelegen und im Volksmund bald «Fressbalken» genannt, wird zu einer Ikone der Schweiz. Der «Ponte Vecchio der Postmoderne» (so der Historiker Fabian Furter) erhält gar als Modell im Massstab 1:25 einen Platz im Freiluftmuseum Swissminiature in Melide – neben dem Bundeshaus, dem Zürcher Grossmünster oder der Kapellbrücke. Und im Band *Asterix bei den Schweizern* speist der Gallier mit seinem Gefährten Obelix in einem solchen Brückenrestaurant, das Comic-Fans hierzulande als Hommage an Würenlos sehen. Der Kellner sagt zu den beiden Galliern: «Wenn ihr Glück habt, könnt ihr beim Essen einen Verkehrsunfall beobachten.»

Der Autobahnbau – und damit auch der Bau von «Nebenanlagen» für Reisende, wie es im Beamtendeutsch heisst – ist in der Schweiz eine Folge des Wirtschaftswunders nach dem Zweiten Weltkrieg. In den 50er- und 60er-Jahren erlebt das Land einen beispiellosen ökonomischen Aufschwung. Immer breitere Bevölkerungsschichten können sich immer mehr leisten. Der Fortschrittsglaube ist unerschütterlich. Das Statussymbol dieser Zeit ist das Auto. Und der neue Typus Mensch, der Automobilist, will möglichst schnell und gepflegt von A nach B kommen. Mit dem Inkrafttreten des Bundesgesetzes über die Nationalstrassen 1960 beginnen Bund und Kantone, das geplante 1811 Kilometer lange Verkehrsnetz zu realisieren, das das Land näher zusammenrücken lässt und es gleichzeitig besser mit dem Ausland verbindet. Einweihungen von Teilstrecken sind Volksfeste, an denen nicht selten ein Bundesrat auftritt. Der Bauboom hat aber auch Folgen für das Siedlungsbild. Die Bagger fressen sich durch Wälder und Felder. Wo es früher grün und ruhig war, wird es nun asphaltgrau und lärmig. So auch auf dem Gebiet der 2500-Seelen-Gemeinde Würenlos, die an der neuen Hauptschlagader des Landes liegt, der A1 (damals noch N1).

1968 wird dort ein Wettbewerb ausgeschrieben für die Errichtung einer Autobahnraststätte. Es gewinnt der amerikanische Erdölkonzern Gulf Oil mit einem Projektentwurf des Zürcher Architekturbüros Marti+Kast, der an einen über den Fahrbahnen schwebenden Balken erinnert und aus beiden Richtungen ansteuerbar ist. Gulf Oil kooperiert daraufhin mit dem Zürcher Gastro-Pionier Ueli Prager. Dieser hat mit seiner Mövenpick-Gruppe in der Schweiz Furore gemacht, indem er modische Verpflegungskonzepte aus den USA importierte. Prager, der gross denkt und in Deitingen im Kanton Solothurn bereits das erste Autobahnrestaurant errichtet hat, sieht das Potenzial des neuen Standorts:

Nationales Kulturgut: Der «Ponte Vecchio der Postmoderne» im Sommer 1973 (oben).
Amerikanisches Innendekor, klimatisiert: Shopping-Welt der 70er-Jahre über der Autobahn (unten).

Laut Planungsdaten sollen täglich 50 000 Fahrzeuge die Raststätte passieren. 15 Prozent von ihnen halten erfahrungsgemäss an. Rechnet man nun mit zwei Personen pro Auto und damit, dass ungefähr die Hälfte der Anhaltenden ein Restaurant besucht, so kommt man auf einen Tagesschnitt von 8000 Besuchern. Und diesen soll «alles unter einem Dach» geboten werden.

Der Besuch des «Kolossalbaus» (Ueli Prager) ist ein Erlebnis. An sieben Tagen die Woche kann hoch über der Autobahn bis spätabends eingekauft werden – ein Novum damals. Von Damenwäsche, Blumen, Rauchwaren und Lebensmitteln bis zu Spielsachen, Schmuck und Souvenirs wird in 18 Geschäften fast jeder Wunsch erfüllt. Ein Coiffeursalon empfängt Fahr-Kundschaft, die Schweizerische Bankgesellschaft bedient die ersten drei Bankschalter auf einer Autobahn. Mit dem Slogan «Eine Brücke, die viele Brücken schlägt» bewirbt Prager auch seine sechs Restaurants in der Raststätte. In gediegenem, von einem amerikanischen Innendekorateur gestaltetem Ambiente könne man «die Hatz der schnellen Piste vergessen», vollklimatisiert natürlich.

Der Gastrobereich ist als historische Gegenwelt zur beschleunigten Moderne auf den Schnellstrassen inszeniert. In der urchigen Land-Beiz sind «Würste noch Würste, hier knackt die Rösti knusprig». Im Gourmet-Lokal Habsburg-Grill wird am offenen Feuer Premium-US-Beef gebraten («Treffpunkt für Ritter der Strasse und ihre Edelfrauen»). Dazu kommen ein Selbstbedienungsrestaurant, eine Filiale der Fast-Food-Kette Silberkugel, eine Eis-Bar (mit 16 verschiedenen Glacesorten) und ein betreutes Kinderparadies samt Kindermenü, Märlistube, Kino und nachgebauter Spanischbrötlibahn («Die Grossen müssen draussen bleiben!»). Sogar bei den Toiletten wird geklotzt: «Die Dame wird es begrüssen, eine bequeme Einrichtung vorzufinden, um sich ihr Make-up aufzufrischen», lobt eine Zeitung. Für die Männer stehen «hygienisch gereinigte Apparate» zur Verfügung – für eine Morgen- oder Abendrasur.

Nur etwas ärgert Ueli Prager masslos. Dass er auf der Autobahn keinen Alkohol verkaufen darf. «Intolerant und bevormundend» sei das Verbot der Behörden, klagt der Mövenpick-Boss, dessen Mutter aus einer Weinhändlerfamilie stammt. Der Wein sei ein sehr bedeutendes Schweizer Landesprodukt, das in einer möglichst vielfältigen Landeswerbung nicht fehlen dürfe. Das Publikum auf der damals wohl spektakulärsten Autobahnraststätte Europas nimmt es gelassen. Die Umsätze stimmen, der «Fressbalken» wird nicht nur von Durchreisenden frequentiert, sondern wird selbst zum Ausflugsziel. Es gilt als chic, dort abends zu dinieren oder sonntags zu brunchen. Manche Familie aus der Nachbarschaft spaziert an den Wochenenden auch zu Fuss zur Raststätte. Prager weiss, was Erlebnisgastronomie bedeutet, veranstaltet regelmässige Kulturanlässe mit Jazz oder Ländler. Und er veranstaltet auch einmal «schwedische Wochen» mit Spezialitäten aus dem Norden, zubereitet vom persönlichen Koch des schwedischen Königs.

Doch die Zeiten ändern sich. Schon im Jahr nach der Eröffnung folgen die Ölkrise und einige autofreie Sonntage. Später kommt die Umweltbewegung auf. Die Staus auf den Strassen werden immer häufiger und länger. Der Fortschrittsglaube materialisiert sich nicht mehr im Auto. Und die Autobahnraststätte in Würenlos verliert ihren früheren Zauber. Sie bleibt zwar die bekannteste im Land, aber schrumpft vom Ausflugsziel zum normalen, wenn auch überdimensionierten Dienstleistungszentrum auf der A1. Auch die einst bestaunte Architektur wird immer mehr zum Ärgernis. Spötter zählen den «Fressbalken» zu den hässlichsten Gebäuden des Landes. Nach zwei Modernisierungen der Restaurants wird schliesslich im Jahr 2004 im grossen Stil saniert: Der «orange-braune Mief» *(Tages-Anzeiger)* muss weichen. Seit dem Facelift trägt die Fassade dezente Blautöne. Auch im Innern ist das Lokalkolorit verschwunden. Vom Dach strahlt immer noch der Schriftzug «Mövenpick», obwohl die Eigentümerin seit 2017 Bovida Real Estate heisst, eine Immobilienfirma aus dem Kanton Zug.

Der Kultstatus dieser Ikone aus den 70er-Jahren ist trotz allem erhalten geblieben. Auch wenn sich dort heute freiwillig eigentlich nur noch eine Klientel versammelt: die Auto-Poser. Fans von aufgemotzten Fahrzeugen und röhrenden Motoren fahren an den Wochenenden aus der ganzen Schweiz nach Würenlos und besetzen die Parkplätze der Raststätte. Während der Corona-Pandemie sind es mitunter sogar so viele, dass sich Kolonnen bis auf die Autobahn rückstauen und die Polizei eingreifen muss. Inzwischen hat sich die Lage wieder beruhigt, aber es gilt weiterhin: sehen und gesehen werden. Und natürlich gehört.

MARC TRIBELHORN

Das USZ der Zukunft: Visualisierung der Spital-Neubauten im Hochschulquartier.

51

NICHT NUR BEIM HERZEN EIN SCHRITTMACHER

Das Universitätsspital Zürich war der Zeit häufig voraus: Es bildete die ersten Ärztinnen der Schweiz aus, baute die ersten WCs von Zürich und schenkte der Menschheit bahnbrechende medizinische Erfindungen. Jetzt steht der nächste grosse Schritt an.

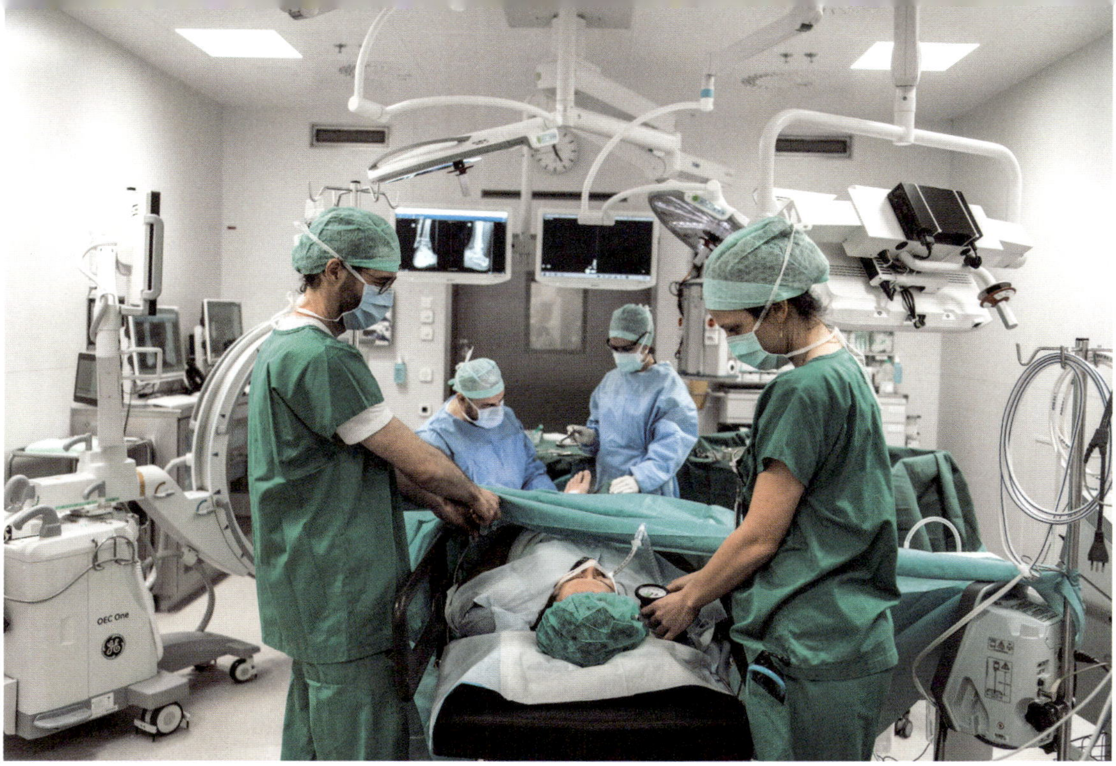

Hochmoderne Infrastruktur: Ein Patient wird im USZ Flughafen am Circle ambulant operiert.

Für sein Seelenheil» («pro suorum peccatorum remedio») spendete der Zähringer Herzog Berthold IV. 1204 das erste Zürcher Spital für seinen Sohn – ein lobenswertes Investorenmotto! Aus diesem ersten Spital im Niederdorf (dort, wo heute die Zentralbibliothek steht) wurde 600 Jahre später das erste Kantonsspital. Gebaut wurde dieses einige Hundert Meter weiter hangwärts, am Standort des heutigen Universitätsspitals (USZ), von den zwei jungen (23-jährigen!) Architekten Gustav Albert Wegmann und Leonhard Zeugheer, die zahlreiche weitere prominente Gebäude in Zürich erstellten. Der Bau war innovativ und nachhaltig: hierfür wurde 1837 die erste Eisenbahn der Schweiz eingesetzt, die Steine der abgebrochenen Schanzenbefestigungen wurden wiederverwendet und im Kantonsspital gab es die ersten Klosetts von Zürich. Und einen grossen Weinkeller! Nicht nur die Patienten erhielten zur Stärkung Wein: Gemäss Spital-Reglement von 1878 «erhalten die männlichen Angestellten täglich 15 Deciliter, die weiblichen Angestellten 8 Deciliter Dienstenwein». Dieser Spitalamtskeller war Grundstock der späteren Staatskellerei Zürich.

Bis heute erhalten ist das damalige Anatomiegebäude, wo angehende Ärzte ausgebildet wurden. Aber auch die ersten Schweizer Ärztinnen überhaupt genossen hier ihre Ausbildung. Als praktisch erste Universität ermöglichte die Uni Zürich den Frauen bereits 1864 das Studium! Weltbekannte Ärzte prägten im 19. und bis Mitte des 20. Jahrhunderts das Unispital. Einige von ihnen sind in Strassennamen oder in medizinischen Fachbegriffen verewigt. Auch vier Ärztinnen sind in Zürich mit Strassennamen geehrt worden, etwa die erste Schweizer Ärztin Marie Heim-Vögtlin und die erste Schweizer Chirurgin Anna Heer. Lange blieb die Medizin von Männern dominiert, heute aber sind die Medizinstudentinnen in der Überzahl, und auch auf Stufe der Chefärztinnen zeichnet sich ein Wandel ab. Rund ein Fünftel der USZ-Kliniken stehen heute unter der Leitung von Professorinnen.

Als unschlagbares Trio erwiesen sich bis heute die drei direkt benachbarten Institutionen, das «Poly» (die ETH), das «Kanti» (seit 1978 Universitätsspital) und die Uni Zürich. Innovationen aus diesen Kooperationen kamen immer wieder Millionen von Menschen zugute, wie beispielsweise raffinierte Armprothesen oder die weltweit erste Ballondilatation verengter Herzkranzgefässe. Heute bilden diese drei Institutionen nicht nur einen grossen Teil der Schweizer Medizinstudierenden aus, sondern erzielen immer wieder Erfolge in der internationalen Spitzenforschung. In der personalisierten Medizin – einer für das Individuum optimierten Behandlung – nimmt das USZ eine Vorreiterrolle ein und betreibt zusammen mit Roche einen Forschungsstandort in Schlieren. Baulich veränderte sich lange Zeit wenig, doch nun geht es in grossen Schritten vorwärts: Das Universitätsspital, im Herzen des Hochschulquartiers gelegen, erstellt seine ersten grossen Neubauten seit über 30 Jahren. Diese werden ähnlich innovativ wie vor knapp 200 Jahren, indem sie Hightech mit Nachhaltigkeit verbinden: Fassaden werden begrünt und tragen damit zu einem guten Stadtklima bei, oder sie werden mit Fotovoltaik bestückt. In wenigen Jahren werden Patientinnen und Patienten von den interprofessionellen Teams in modernen Räumlichkeiten behandelt werden und mit ihren Angehörigen und Besuchern den Kaffee direkt nebenan im stilvoll renovierten Anatomiegebäude von 1842 geniessen.

In Zürich fanden Medizin und Naturwissenschaften immer wieder zusammen mit Kunst und Kultur. Der berühmte Chirurg Theodor Billroth war nicht nur der Begründer der Qualitätskontrolle in der Medizin (ihn interessierten vor allem die Misserfolge und ihre Ursachen), sondern auch ein begnadeter Musiker, der in seinem Haus im Hochschulquartier mit Johannes Brahms musizierte und dessen in Zürich entstandene Werke aufführte. Der damals prominente Augenarzt Professor Alfred Vogt hatte einen noch prominenteren Patienten, der seinetwegen häufig in Zürich weilte: Hier verfasste der irische Dichter James Joyce denn auch einen grossen Teil seines Jahrhundertromans *Ulysses*. Begraben ist Joyce auf dem Friedhof Fluntern oberhalb des Spitals, in der Nähe der Zürcher Chemie-Nobelpreisträger Leopold Ružicka (Entdeckungen zu Cortison und Sexualhormonen) und Paul Karrer (Aufbau der Vitamine A und B) und von Åke Senning, dem Herzschrittmacher-Pionier, der 1969 im USZ die erste Herztransplantation in der Schweiz durchgeführt hat. 1996 feierte das USZ seinen vorerst letzten Nobelpreisträger Rolf Zinkernagel für seine bedeutenden immunologischen Entdeckungen. Das USZ ist aber auch seinerseits zum Ort der Kunst geworden. So hinterliess Harald Naegeli, der «Sprayer von Zürich» und Enkel des berühmten Internisten und Begründers der Lehrbuch-Tradition der Differenzialdiagnose, Otto Naegeli, hier einige seiner Werke. Und einst gestaltete Gottfried Honegger, einer der wichtigsten Vertreter der konkreten Kunst, im USZ mehrere Patientenzimmer, um zu untersuchen, wie die Raum-Farbgestaltung die Genesung nach Operationen unterstützt. Das Universitätsspital ist heute einer der grössten Arbeitgeber in der Stadt und im Kanton Zürich, mit 8500 Mitarbeitenden aus fast jedem zweiten Land der Erde. Rund ein Drittel zählt zur Pflege, etwa jeder fünfte zur Ärzteschaft. Das Spital benötigt aber auch zahlreiche weitere Fachpersonen vom Schreiner über die Köchin und den Elektroingenieur bis zur Softwareentwicklerin. In zahlreichen Berufen bildet das Unispital zudem Lernende aus, weit über die klassischen Medizinalberufe hinaus – eine faszinierende Stadt im Kleinen. Über 40 Fachkliniken und -institute sind in der Patientenversorgung, der Forschung und der Lehre am Unispital tätig, interdisziplinär und interprofessionell. Daher ist es für Fachpersonen besonders interessant, am USZ zu arbeiten. Daneben bevölkern rund 1200 Medizinstudierende das Spital und erlernen mit den Patientinnen und Patienten die praktische ärztliche Tätigkeit. Behandelt werden stationär pro Jahr rund 40 000 Menschen, was der gesamten Bevölkerung des Kantons Glarus entspricht. Ambulant werden täglich über 4000 Sprechstunden und Behandlungen durchgeführt. Dabei setzt sich der Trend ungebremst fort: Viele Untersuchungen, Behandlungen und Eingriffe, die früher einen Spitalaufenthalt nötig machten, werden zunehmend ambulant durchgeführt.

Die drei medizinischen Schwerpunkte des USZ – Onkologie, Herz-Kreislauf und Neurowissenschaften – sind bedeutend und zukunftsweisend, weil Tumorleiden und Herz-Kreislauf-Erkrankungen für mehr als zwei Drittel aller Todesfälle in der Schweiz verantwortlich sind und weil Behandlungsmöglichkeiten bei Multipler Sklerose, Parkinson, Demenzerkrankungen und Schlaganfällen zunehmend an Bedeutung gewinnen. Hier kann das USZ sein Wissen aus der eigenen und der internationalen Forschung für seine Patientinnen und Patienten täglich umsetzen.

«Wir wissen weiter»: Der Claim des USZ nimmt dieses Erbe auf. Man wusste sich in der Vergangenheit zu helfen und will auch künftig immer einen Schritt weiterkommen. Grundlage dafür ist die Forschung, die zügig den Transfer von Forschungsresultaten direkt ans Spitalbett zugunsten Erkrankter und Verletzter bezweckt: mithilfe von über 100 Spin-offs und Start-ups aus dem Universitätsspital Zürich.

LORENZO KÄSER

52

STATT BAD

Einst dienten die Fluss- und Seebadis der Stadt der persönlichen Hygiene. Statt daheim wurde die Reinlichkeit öffentlich wiederhergestellt. Wenn auch als nach Geschlechtern getrennter Akt. Bis 1837 waren den Frauen die Zürcher Gewässer verwehrt. Heute sind die 18 Badis der Stadt Sehnsuchtsorte, Laufstege, gesellschaftliche Hotspots, Antithesen zum fleissigen Zürich, Sommer in seiner kondensiertesten Form. Wenn er stattfindet.

BADI MYTHENQUAI

OBERER LETTEN

TIEFENBRUNNEN

FRAUENBADI

SAFFAINSEL

MYTHENQUAI
Familienbadi mit Strand. Über 100 Jahre alt und eine der ersten, in der der Stadtrat die Geschlechtertrennung aufhob – weil sie sich nicht durchsetzen liess. Unangefochtene Rekordhalterin bei den Besucherzahlen.

OBERER LETTEN
Dichtestress war an diesem überstrapazierten Ort schon immer. Bis zur Räumung der offenen Drogenszene sassen dort Junkies und Dealer dicht an dicht. Heute sind es die Hipster auf dem Holzrost.

TIEFENBRUNNEN
Sehr schlau, die lärmenden Kinder im See auszusetzen, überwacht von der Bademeisterin. Die schöne Parkanlage wurde 1954 im Wohngartenstil eröffnet. Mit Teepavillon und seltenem Baumbestand.

FRAUENBADI
Ganz unter sich sind die Frauen im nostalgischen Laubsägeli-Bad mit orientalisch geschwungenen Ecktürmchen. Geschützt vor den Avancen der Männer. Die dürfen erst abends rein, wenn die Badi zur Bar wird.

SAFFAINSEL
Die «Schweizerische Ausstellung für Frauenarbeit» gab der vorgelagerten kleinen Insel ihren Namen. Sie wurde für die Ausstellung von 1958 aufgeschüttet – wie die ganze Landiwiese.

UTOQUAI
Mit 130 Jahren eine der ältesten Holzbadis von Zürich. Eine wehrhafte Stammkundschaft verteidigt die ganze Saison über ihr angestammtes Plätzchen im Männer-, Frauen- oder gemischten Abteil.
Via Leiter oder Sprungbrett geht's direkt in den See.

Die Badi-Serie «Ein Platz an der Sonne» fotografierte Alessandro Della Bella aus dem Helikopter.

53

GROSSE KLEINE SCHWESTER

Winterthur war im Spätmittelalter Untertanengebiet der Stadt Zürich. Keine gute Ausgangslage für eine Beziehung auf Augenhöhe. Weshalb die kleine Schwester besser für voll genommen werden sollte, schreibt die ehemalige Winterthurer Stadträtin Pearl Pedergnana in ihrer Liebeserklärung.

Winterthur, Bahnhofplatz: Einzigartige Mischung aus Kleinräumigem und Grossstädtischem.

Zürcherinnen und Zürcher unterschätzen Winterthur oft. Sie ziehen vor allem wegen der tieferen Mieten nach Winterthur. Eine intrinsische Motivation liegt ihnen fern. Ganz anders die ehemaligen Winterthurerinnen und Winterthurer, die in ihre Heimatstadt zurückkehren: Sie vermissten andernorts die Vorzüge von Winterthur. Das verstehe ich bestens, denn Winterthur bietet eine einzigartige Mischung aus Kleinräumigem und Grossstädtischem. In Winterthur kann ich mich wie in einem Dorf aufgehoben fühlen: Im Quartier winkt mir der Stadtpolizist zu, der hier Quartierpolizist heisst, und an der jährlichen «Dorfete» treffe ich mit Sicherheit alte Bekannte, die ich ein Jahr lang nicht gesehen habe. Das Leben im Quartier ist unaufgeregt. In der Altstadt dagegen ist mehr los und ich geniesse die herrliche Vielfalt. Hier kann ich Delikatessen aus aller Welt kaufen und mich danach gemütlich im Liegestuhl beim Albani Music Club sonnen. Hier finde ich für jedes Anliegen einen Spezialisten, für jedes Problem eine Lösung und in Bars treffe ich Freundinnen und Freunde. Diese sehe ich auch an den tollen Events wie der Jungkunst, Afropfingsten, dem Albanifest (Europas grösstes Stadtfest) und den Musikfestwochen, welche Tausende nach Winterthur locken.

Das Kulturangebot unserer Stadt ist grossartig. Die Strahlkraft des Technoramas reicht weit über die Landesgrenzen hinaus, das Orchester des Musikkollegiums Winterthur lädt jährlich zu mehreren Freikonzerten auf international hohem Niveau ein und die 17 Museen bieten für jeden Geschmack etwas. Von den 100 weltweit wichtigsten Bildern sind sechs in Winterthurer Museen ausgestellt. Weil unser Theater Winterthur ein Gastspielbetrieb ist, werden hier Produktionen aus Wien, London und São Paulo gezeigt. Man muss also für hochstehende Kulturerlebnisse nicht weit reisen. Wer will, bleibt in Winterthur.

Ich liebe nicht nur die Kulturstadt Winterthur, sondern auch all die Geschichten rund um das schwierige Verhältnis zwischen den beiden Städten Winterthur und Zürich. Winterthur war einst ein habsburgischer Stützpunkt im Kampf gegen die Eidgenossen. Doch als die Habsburger 1467 in Geldnot gerieten, verpfändeten sie die Stadt den Zürchern – keine gute Ausgangslage für ein ungestörtes Verhältnis zwischen den beiden Städten. Die Zürcher auferlegten nämlich der Untertanenstadt jahrhundertelang strenge wirtschaftliche Einschränkungen, um jegliche Konkurrenz im Keim zu ersticken. So wurde beispielsweise den Winterthurern der Salzhandel, der Buchdruck, die Produktion von Seidenbändern und das Bilden einer Zunft verboten. Nischenproduktion war gestattet, etwa der Ofenbau, die Konstruktion von Tischuhren und der Messingguss. Als Napoleon 1798 die Schweizer Untertanengebiete befreite, nutzten die Winterthurer ihre wirtschaftliche und politische Freiheit rasch. Aus dem Messingguss erwuchs der spätere weltumspannende Industriekonzern Sulzer AG mit den berühmten Dampfmaschinen und den gigantischen Schiffs-Dieselmotoren. Weitere Winterthurer Unternehmen wurden gegründet und entwickelten sich ebenfalls zu bedeutenden Konzernen: die Textilmaschinenfabrik Rieter AG, die Winterthur Versicherungen (heute Axa), die Schweizerische Lokomotiv- und Maschinenfabrik SLM, die Schweizerische Bankgesellschaft (später zur UBS fusioniert) und verschiedene Handelshäuser wie die Volkart AG (bis 1989 die viertgrösste Baumwollhändlerin der Welt und später als Volcafé die zweitgrösste Kaffeehändlerin der Welt). Die Stadt blühte auf.

Nicht nur der Erfindergeist und die Geschäftstüchtigkeit waren Teil der Winterthurer DNA, sondern auch der Einsatz für die politischen Rechte der Landbevölkerung. Es galt, die Sonderstellung der Stadt Zürich im Kanton zu brechen und stattdessen die Macht der gesamten Kantonsbevölkerung zu erteilen. Unter der Leitung des Winterthurer Stadtpräsidenten Dr. Johann Jakob Sulzer schuf der Zürcher Verfassungsrat 1869 eine Kantonsverfassung mit weitreichenden direktdemokratischen Rechten. Das Volk durfte die Ständeräte und die Regierung wählen, über Gesetze abstimmen, Initiativen einreichen und Referenden ergreifen. Die Demokraten kämpften ausserdem erfolgreich für die Wirtschaftsfreiheit und hoben gleichzeitig das Koalitionsverbot auf. Von da an durften auch Gewerkschaften gegründet werden. Sie erstritten die Abschaffung der Ketten- und Todesstrafe, führten die obligatorische und kostenlose Volksschule ein und verschärften die Steuerprogression. So verfügte der Kanton Zürich dank der Demokraten damals über die modernste Verfassung ganz Europas. Eines aber vergassen diese Demokraten, nämlich, dass es auch Demokratinnen gab. So dauerte es über 100 Jahre, bis 1971 in der Schweiz auch den Frauen das Stimm- und Wahlrecht gewährt wurde. Den Erfolg der Winterthurer Demokraten erkennt man auch daran, dass der Winterthurer Demokrat Jonas

Furrer der erste Schweizer Bundespräsident wurde. Ihre Werte verewigten sie im neuen Stadthaus, das der Dresdener Architekt Gottfried Semper als Tempel der Demokratie baute. Darauf sind wir heute noch stolz.

Der Gegenpol zu den Winterthurer Demokraten waren die elitären Zürcher Liberalen mit ihrem Wirtschaftsführer Alfred Escher. Der Gründer der Schweizerischen Kreditanstalt (heute Crédit Suisse), Patron der ETH, Leiter der Schweizerischen Nordostbahn und Initiator des Gotthardtunnels schrieb eine einzigartige Erfolgsgeschichte. Aus Sicht der Winterthurer Demokraten war dieses «Escher-System» allerdings wegen seiner enormen Machtkonzentration zutiefst verwerflich. Mit der Industrialisierung wurden Transportverbindungen immer wichtiger. So brauchte auch Winterthur einen guten Eisenbahnanschluss. Heute ist Winterthur ein Schweizer Eisenbahnknotenpunkt und wird das «Tor zur Ostschweiz» genannt. Doch der Weg dahin war äusserst schmerzhaft. Winterthurs Stadtpräsident Sulzer skizzierte 1863 ein «Winterthurer Eisenbahnprogramm» mit seiner Stadt als Mittelpunkt einer «Weltbahn». Diese Pläne mit den direkten Verbindungen nach Paris, Italien und Konstantinopel mussten jedoch massiv redimensioniert werden. Unter der Führung der Winterthurer Demokraten wurde schliesslich 1875 die Schweizerische Nationalbahn (SNB) mit Sitz in Winterthur gegründet, welche im Gegensatz zu den verschiedenen privaten «Herrenbahnen» von Städten und Gemeinden finanziert wurde. Auch bei diesem Unternehmen zeigt sich das schwierige Verhältnis der beiden Städte Winterthur und Zürich: Die «Volksbahn» der Demokraten sollte von Kreuzlingen am Bodensee bis nach Vevey am Genfersee führen, mit Stationen in Aarau, Zofingen und weiteren Kleinstädten. Das Pikante ihrer Linienplanung: Die Bahn führte an der Stadt Zürich vorbei, schliesslich sollte die Schweiz «aus den Klauen der Eisenbahnbarone» befreit werden. Ob es tatsächlich zutrifft, dass der Rivale Escher der Nationalbahn marode Schienen liefern liess, um sie scheitern zu lassen, sei dahingestellt. Jedenfalls behinderte Eschers Nordostbahn die Konkurrenz wirtschaftlich und betrieblich massiv. Gleichzeitig blieben die Einnahmen der Nationalbahn deutlich hinter den Erwartungen zurück, sodass sie 1878 zwangsliquidiert werden musste und ein immenser Schuldenberg zurückblieb. Die Stadt Winterthur litt am stärksten unter der Schuldenlast: Als Hauptaktionärin musste sie bis ins Jahr 1952 Schulden abtragen. Und wer übernahm damals die Konkursmasse? Eschers Nordostbahn, und zwar für etwa 14 Prozent der ursprünglichen Investitionssumme. Seit dem Kollaps der Nationalbahn sind mittlerweile 150 Jahre vergangen, doch Winterthur blieb all die Jahre von finanziellen Sorgen belastet, sei es wegen des Bevölkerungszuwachses und der notwendigen Infrastrukturausgaben, wegen der Weltwirtschaftskrisen und der hohen Arbeitslosigkeit oder später wegen des Wegzugs der Wohlhabenden in die umliegenden steuergünstigen Landgemeinden, in den sogenannten Speckgürtel der Stadt.

Entsprechend bleibt die Winterthurer Stadtverwaltung bis heute sparsam, ganz besonders im Vergleich mit der Stadt Zürich. Wir waren, sind und bleiben auf einen sehr gut geregelten innerkantonalen Finanzausgleich angewiesen. Heute leben rund 120 000 Einwohnerinnen und Einwohner in Winterthur und es werden täglich mehr. Jede Person hat ihre eigenen Gründe für ihre Liebe zu Winterthur. Meine tiefe Verbundenheit mit der Stadt hängt auch damit zusammen, dass ich während 35 Jahren die Stadtentwicklung mitprägen konnte, zuerst als Parteimitglied, später als Parlamentarierin und danach 13 Jahre als Stadträtin. Ich erlebte hautnah im privaten Umfeld, aber auch in Diskussionen mit den Verantwortlichen des RAV, wie verheerend es war, wenn der eine oder andere Winterthurer Betrieb eine Massenentlassung durchführte. Die Deindustrialisierung fand europaweit statt. In der Schweiz war die Industriestadt Winterthur in besonderem Masse davon betroffen.

1984 war es bei der Sulzer AG so weit. Auf die riesigen Konzernverluste folgten Abwehrkämpfe gegen unerwünschte Aktionäre, Entlassungen, Reorganisationen und Restrukturierungen. Nichts von alledem half. Die Raiders wollten Gewinne sehen. Die Sulzer AG wurde zerschlagen, die erfolgreichen Sparten verkauft oder verselbstständigt, die Produktion in den Stadtkreis Oberwinterthur verlagert und das riesige, beim Hauptbahnhof gelegene Sulzerareal sollte versilbert werden. 1989 gab die Sulzer AG ihre Pläne bekannt: Sie wollte die Fabrikhallen im Sulzerareal Stadtmitte abreissen und das Gebiet nach amerikanischem Muster mit rechtwinkligen Strassenzügen und hohen Bürogebäuden neu bebauen. Die ganze Stadt wusste stets, wie wichtig Konzernerfolge für das Wohlergehen der Stadt waren. Aber gegen diese Pläne wurde aufbegehrt. Als Sulzer die Tore zum Sulzerareal öffnete, betraten viele Winterthurerinnen und Winterthurer erstmals die verbotene Stadt entlang der Gleise.

Sie entdeckten einen Stadtteil, den sie wie einen blinden Fleck nie wahrgenommen hatten, obwohl er grösser als die gesamte Altstadt ist. Auch ich staunte über die imposante Hektarenhalle, das 100-jährige Eichenklötzli-Parkett in der Dieselmotorenhalle und die mächtigen Kranbahnen. Mich packte die Ehrfurcht in jener Halle, wo 1937 der Patron Robert Sulzer und der Gewerkschaftsführer Robert Grimm sich gemeinsam an Tausende streikende Metallarbeiter gewandt und Verbesserungen der Arbeitsbedingungen versprochen hatten. Hier also wurde damals der Grundstein für das Friedensabkommen gelegt. Seither gibt es Gesamtarbeitsverträge, sind Streiks sehr selten geworden und daher gilt die Schweizer Wirtschaft als äusserst zuverlässig. All diese wichtigen Zeitzeugen unserer Vergangenheit sollten abgerissen werden? Das geschichtsträchtige Sulzerareal sollte bloss noch eine lukrative Immobilien-Spekulationsfläche sein? Die Kritik an Sulzers Neubau-Plan «Winti Nova» war heftig und erfasste weite Kreise. Die Eigentümer sahen, dass an eine Realisierung nicht zu denken war.

Um die Situation zu deblockieren, lud die Stadt zur höchst wirksamen Dialogreihe «Werkstatt 90» ein: Sulzer-Vertreter, Stadtentwickler, Immobilienbesitzer, Fachleute, Interessenvertreter und Politikerinnen und Politiker aller Couleurs debattierten während Jahren gemeinsam über das Potenzial des Sulzerareals. Wir lernten viel über Städtebau, entwickelten gemeinsame Ziele und konnten ein Vierteljahrhundert lang einen Dialog voller gegenseitiger Wertschätzung aufrechterhalten. So lange dauerte es nämlich, bis aus der einstigen Industriebrache ein attraktiver Stadtteil für Gewerbe, Wohnen, Freizeit und Bildung entstand. Altes wurde geschützt, Neubauten ermöglicht. Der heutige Nutzungsmix überzeugt: die Zürcher Hochschule für Angewandte Wissenschaften ZHAW, der Technopark, die Lofts, die Wohnungen der Wohnbaugenossenschaften, die Künstlerateliers, das Nischenkino Cameo, das Gewerbe, der Skills Park für die Jungen, die Bar Plan B, die Stadtverwaltung (leider in einem architektonisch etwas missglückten Superblock), die Axa, das Public Viewing, das schönste Parkhaus Europas in der einstigen Giessereihalle, der Snowboard-Produzent, der Kinderspielplatz – all dies und noch viel mehr hat im Sulzerareal heute Platz. Und das Kabäuschen bei einem der einstigen Eingänge zum Areal ist heute das hübsche Bistro Portier. Winterthur wurde nicht nur über Jahrzehnte von der Industrie geprägt, sondern war und ist auch eine eigentliche Gartenstadt.

Während in vielen Stadtzürcher Wohnquartieren die Blockrandbebauung vorherrscht und die Wohnbauten direkt an die Trottoirs grenzen, liegen in Winterthur vor und hinter den allermeisten Wohnhäusern grössere Gärten. Heute sind das Blumenbeete und Rasenflächen, doch bis vor 20, 30 Jahren haben die Arbeiterschaft und selbst der Mittelstand im Garten Gemüse angepflanzt. Und weil das oft nicht zur Selbstversorgung reichte, schuf die Stadt in jedem Quartier Püntenareale. Noch heute werden in der Stadt 2700 Pünten verpachtet. In Zürich werden die Pünten Schrebergärten genannt. Doch in der einstigen Arbeiterstadt Winterthur nimmt man es genauer und unterscheidet Pünten und Familiengärten: Die Pünten sind Pflanzplätze. Hier wird gearbeitet, die Erde für den Anbau von Kartoffeln und Gurken umgestochen und danach brätlet man den Cervelat oder die Cevapcicis auf dem Grill beim Hüttchen. In den Schrebergärten hingegen ist diese Art von Arbeit streng untersagt. Beerensträucher und Obstbäume können gepflanzt werden, aber ansonsten dienen die Winterthurer Schrebergärten allein der Erholung an der frischen Luft.

Es gäbe noch viel Tolles über Winterthur zu berichten, zum Beispiel die Ausflugsziele mit den wunderlichen Namen Paradiesli, Totentäli und Bruderhaus. Auch die vielen herausragenden Persönlichkeiten wären erwähnenswert. Und der einmalige FCW erst recht. Bei diesem Fussballclub steht nicht der Kommerz im Vordergrund, sondern das Gemeinschaftliche, seine überaus sympathische Fankultur, die Bierkurve, die Sirupkurve für die Kleinen und die Kult-Matchuhr. Bei jedem Treffer muss jemand die Leiter zur Matchuhr hochklettern und die passende Ziffertafel in die Uhr schieben. Der FCW hat jahrelang mit «erstklassig zweitklassig» für sich geworben. Dann aber überkam die Stadt eine einzigartige Feststimmung, als der FCW überraschend in die Super League aufstieg. Ob am Tabellenende oder nicht, das Stadion Schützenwiese ist seither fast immer ausverkauft. Was wir Winterthurerinnen und Winterthurer übrigens den Züzis mit ihren zwei Fussballclubs FCZ und GC gerne unter die Nase reiben: Unsere Schützenwiese ist das einzige Fussballstadion im Kanton Zürich. Auch das liebe ich an Winterthur.

PEARL PEDERGNANA

Vibrierend und verrucht: das Kaufleuten der 90er-Jahre.

DELIKAT ESSEN

Les Belles de Nuit: Die Linien wurden fetter, die Models dünner.

54

KAUFLEUTEN, MON AMOUR!

Heimat ist dort, wo man zu Hause ist. Ist dieser Ort aufregend, voller Leben, vibrierend und verrucht wie das Kaufleuten der 90er-Jahre, dann ist es die Heimat des grossen Zürcher Fotografen Alberto Venzago. Er gibt uns Einblick in sein Wohnzimmer, wo er schon als Siebenjähriger weisshaarige Damen zum Weinen brachte.

Fotografie ist die Fähigkeit zu dokumentieren, zu interpretieren oder neu zu erfinden. Ich weiss nicht, ob der Anblick der Welt durch den Sucher nach all dieser Zeit meine Sichtweise geklärt oder verzerrt hat. Vielleicht ist die Kamera vor meinem Auge einfach ein nützlicher Filter, damit ich nicht alles aus erster Hand erleben muss. Auf jeden Fall habe ich nach all den Jahren den Verdacht, dass ich es mit meinem Beruf gründlich übertrieben habe. Wenn Orte zu «locations» und Menschen zu «objects» werden. Wenn das Wort «Heimat» die Vision eines Hotelzimmers oder eines Restaurants heraufbeschwört. Heimat ist nicht länger ein Ort. Sie ist ein Zustand. Und der kann sich ändern. Eine neue Liebe, eine neue Aufgabe, all das ist Teil des Ganzen. Ich spüre sofort, wenn alle diese Elemente zusammenkommen: Hier bin ich zu Hause – für diesen kostbaren Moment. Und nur für jetzt. Einer dieser Orte ist das Kaufleuten der 90er-Jahre. Eine meiner Lieblingswohnungen. My place.

Angefangen hat meine Liebe zu diesem Ort viel früher. 1957 war die Welt noch in Ordnung. Mindestens meine. Und Zürichs sowieso. Mit meinem Vater und meinem Bruder Mario traten wir als Trio Venzago im Konzertsaal des Kaufleuten auf. Wir zwei süssen Kinder vierhändig am Klavier, mein Vater an der Geige. Unser Programm: Wiener Kaffeehausmusik. Da mein Bruder zwei Jahre älter ist, ärgerte mich sein besseres Klavierspiel. Ich war verdammt, die unteren langweiligen Partien zu spielen, die Begleitung, während er die Melodien spielen durfte. Und dazu noch mit seiner Engelsstimme singen. Damals beschäftigte mich die Frage noch nicht, was wichtiger ist: Melodie oder Rhythmus. Das kam erst 30 Jahre später, unterwegs als Kriegsfotograf irgendwo am irakischen Golf mit iranischen Truppen. Der Sound der Maschinengewehre und die dumpfen Einschläge der Bomben um die Ohren. Tätätätätätä Bum!!! Aber zurück in den Saal an der Pelikanstrasse. Aus Trotz lernte ich das Klarinettenspiel. Von nun an durfte ich auf der Bühne auch Melodien spielen, abwechselnd mit der Geige meines Vaters. Das Publikum blieb immer gleich. 75 plus. Frauen. Witwen in weisser Haarpracht. Vorweihnachtszeit.

Beim Anblick dieser intakten Familienidylle auf der Bühne vor den tiefroten Vorhängen weinten alle Frauen. Alberto, das Kind, konnte das nicht ertragen. Nein –, nicht aus Mitgefühl – es war einfach verdammt lustig, und ich musste immer lachen. Das funktioniert mit einem Blasinstrument nicht, deshalb spielte ich von da an mit dem Rücken zum Publikum.

1990 war anders. Niemand auf der Bühne drehte dem Publikum den Rücken zu. Man zeigte, was man hatte. Um in Stimmung zu kommen, gab es die unterdessen berühmt-berüchtigten Toiletten. Schlange stehen. Schlangen auf den Spülkästen. Die Linien wurden fetter, die Models dünner. Zürich war im Fieber. Die ganze Schweiz war ein Land, das zwischen Rebellion und Ordnung pendelte, Freigeistern und Spiessbürgern. Und hier war der Schaukasten. Und hier unten gab's keine alten weisshaarigen Witwen mit verweint geröteten Augen. Nein. Jugend. Sex. Rock 'n' Roll.

Ich wohnte damals alternierend in New Yorks Soho und in einer Altbauwohnung mit Stuck am Zürichberg. Das sonntägliche Ritual fand im Kaufleuten statt. Verliess ich mal am späteren Abend die Wohnung ohne meine M6 Leica, fühlte ich mich nackt. Ich musste umkehren. Und ob Zürich oder New York, es waren die gleichen fucking Vibes. Nichts verpassen. Dabei sein. Jeden Sonntagabend. Nachtessen. Alle Tische mit den weissen Papierbezügen bedeckt. Hitzige Diskussionen über Beuys und Newton und viel Lachen. Alles so unschweizerisch. Die Schönen. Die Unbeschwerten. Es riecht nach Hackbraten, frischer Butter, Hermès, frisch gewaschenen Haaren. Rot und Gold an den Wänden dominieren, Ersatz trifft auf Authentisches.

Ich feierte mit der Zürcher Hautevolee bis in die Morgenstunden: Champagner, Drogen, Highlife. Meine Leica war immer dabei. Sie dokumentierte diesen kollektiven hedonistischen Rausch, und nicht wenige noch heute bekannte Gesichter finden sich im Partyvolk. Und auf den Hunderten von Negativen.

Ah, da sitzt ja der Dieter mit Frau und den Kindern und dort Boris. Yello. Frank Bodin trägt heute noch den gleichen Haarschnitt. Er ist sich treu geblieben. Gaby in ihrem Midsummernight-Sonnenblumendress sieht einfach umwerfend aus. Damals durfte man noch Komplimente machen. Und wurde belohnt dafür. Die Küsse schmeckten süss. Und nach Verlangen.

Ich war im Rausch. Drogen und die Kamera. Ob auf der Damentoilette oder backstage, in Freddies Büro oder sonst beim Rupfen und Schlucken. Ich war immer dabei. So nahe, dass ich unsichtbar wurde. Es gab keine Grenzen, everything goes. Jeder war verliebt in sich. Und man liebte die Kamera. Man präsentierte sich, man inszenierte sich. Die opulenten Kaufleuten-Feten gaben den passenden Hintergrund: ob die Mr.-Kaufleuten-Wahl mit Yves Spink als Gewinner im grellen Scheinwerferlicht auf der Bühne, die Toiletten, wo mehr als nur die Schwänze gerieben wurden, das legendäre Frühlingsfest, die Modeschauen von Bellezza-Unterwäsche, die den Namen Wäsche nicht mehr verdienten. Less is more.

Ewig lange Wimpern, Netzoberteile mit Strass und Klunker. Turmfrisuren. Nichts drunter. Man zeigte, was man hatte. Und das war immer grossartig.

Ein perfektes Setting für ein Instagram-Video. Doch halt! Wir sind im Jahr 1993. No smart phones – und das Zürich dort draussen ist noch zwinglianischer und bünzliger als Memphis, Ohio, in den 50er-Jahren. «Bis nächsten Sonntag!» Am Ende der Nacht heisst es dann «Bis dann». Beziehung ist gut. Doch jeder alleine. Ich fühle mich heimisch und spüre den Gleichschritt mit diesem Ort.

Wieder ein Ort, der eigentlich keiner ist. Mein Seelenzustand. Mein Zuhause. Das Kaufleuten.

ALBERTO VENZAGO

Schaukasten, Schaubühne: Ob Zürich oder New York, es waren die gleichen fucking Vibes.

Alles so unschweizerisch: Damals durfte man noch Komplimente machen.
Und wurde belohnt dafür. Die Küsse schmeckten süss.

Erfolgsgeheimnis: Patron Richard Sprüngli 1986 im Tresorraum der SKA mit dem Luxemburgerli-Rezeptbuch.

55

DAS ERFOLGSREZEPT

Die Confiserie Sprüngli passt wie kaum eine andere Institution zu Zürich: Produkte von bester Qualität, Fleiss, guter Geschäftssinn, intaktes Selbstbewusstsein. Eine Innovation von 1957 trug den Ruf des Familienunternehmens in die Welt hinaus.

Die Lage ist so exklusiv wie die Spezialitäten in den polierten Verkaufsvitrinen. Alles am Sprüngli-Paradeplatz strahlt Eleganz, Verheissung und eine Botschaft aus. Egal, wer sich sonst noch im High-End-Bereich der Confiserie-Branche tummelt: der Platzhirsch lässt sich nicht verdrängen.

Dafür hat Sprüngli eine zu lange und zu intensive Geschichte mit der Stadt Zürich erlebt. David Sprüngli und sein Sohn Rudolf kauften 1859 die Liegenschaft am späteren Paradeplatz. Dabei hatten sie sich verkalkuliert. Sie rechneten fest damit, dass der Hauptbahnhof dort gebaut würde, und hatten schlaflose Nächte, bis das Glück der Tüchtigen und die erblühende Bahnhofstrasse ihnen die Sorgen nahmen. Die Confiserie wurde schnell zu einem Ort, an dem man gerne gesehen wurde. Eisenbahnpionier Alfred Escher, seine Tochter Lydia, die Schriftsteller Conrad Ferdinand Meyer, Gottfried Keller und Heidi-Autorin Johanna Spyri tranken ihren Kaffee am Paradeplatz.

Seither trotzt die legendäre Confiserie allen Veränderungen an der Zürcher Bahnhofstrasse. Grosse Warenhäuser kommen und gehen, genauso wie globale Brands. Grossbanken gehen ein, aber Sprüngli bleibt. «Wir hätten heute kein Geschäft mehr am Paradeplatz, wenn uns das Haus nicht gehören würde», sagen die Brüder Milan und Tomas

Prenosil, die die Geschäfte des Traditionshauses von ihrem Onkel Richard Sprüngli 1994 übernahmen und in sechster Generation führen. Milan ist der Verwaltungsratspräsident, zuständig für Unternehmensführung, Finanzen und Organisation. Sein Bruder Tomas ist Verwaltungsrat und innovativer CEO, Stratege, Tüftler und Kulinariker.

Die Brüder schwören auf Perfektion, auf Frische und Qualität. Ihre Produkte verkaufen sie nur in den eigenen Geschäften. Ihre Wachstumsstrategie ist auf die Schweiz ausgerichtet, kombiniert mit dem Ausbau ihres weltweiten Versandgeschäfts. Sie setzten schon sehr früh, 1998, auf das Internet.

Sprüngli ist Zürcher Heimat – und ganz viel Erinnerung an ikonische Erfindungen, die sich in der DNA so vieler Feinschmecker festgesetzt haben. Sprüngli gehört zu den Pionieren edler Grand-Cru-Kreationen wie beispielsweise der frischen Truffes du Jour. Die Confiseure verstehen ihr Handwerk. 2020 kreierten sie eine Weltneuheit: Grand-Cru-Absolu-Schokolade bestehend aus nur zwei Zutaten – den Kakaobohnen und dem frischen, natürlich-süssen Saft der Kakaofrucht. Diese Pralinés und Truffes sind schon fast so begehrt wie die berühmten Luxemburgerli in ihren 50 Varianten. Ja, die Luxemburgerli!

Die Erfolgsgeschichte dieses inzwischen weltberühmten Konfekts begann 1957. Der junge Konditor Camille Studer aus Luxemburg, der bei der Confiserie Sprüngli in Zürich arbeitete, brachte ein wunderbares Rezept aus seiner Heimat mit – zarte, mit Buttercreme gefüllte Mandelmakrönchen, Macarons fourrés. Richard Sprüngli modifizierte das Rezept ein wenig, verkaufte seine neue Errungenschaft erst unter dem Namen Baiser de Mousse, aber die Kundschaft nannte den Schaumkuss lieber «das Gebäck des Luxemburgers». Der Name Luxemburgerli setzte sich durch. Täglich verlässt etwa eine halbe Tonne der namentlich geschützten Macarons die 1961 gebaute Produktionsstätte in Dietikon. Heute haben die Brüder Prenosil vor allem damit zu tun, Nachahmer im Blick zu haben und wenn nötig einzugreifen, wenn sie sich am Rezept, an der Form oder der Verpackung vergreifen. Bisher ist es keinem Konkurrenten gelungen, Sprüngli den Macaron-Markt streitig zu machen. Auch das Pariser Traditionshaus Ladurée blies seinen Grossangriff nach einigen Jahren in Zürich wieder ab.

Zurück zu den Ursprüngen der Sprüngli-Geschichte: 1836 kaufte David Sprüngli an der Marktgasse im Niederdorf die Konditorei Vogel und nannte sie neu Confiserie Sprüngli & Fils. 1845, noch vor dem Umzug an den Paradeplatz, stieg er ins Geschäft der Schokoladenfabrikation ein. Eine Pioniertat. Auch dank der Sprünglis nimmt die Welt die Schweiz als Schoggi-Nation Nummer eins wahr.

1892 teilte Sohn Rudolf das Unternehmen unter seinen beiden Söhnen auf. Johann Rudolf erhielt die Schokoladenfabrik, die heutige Firma Lindt, während David Robert die Konditorei, die Confiserie Sprüngli, bekam. Seither sind die beiden Unternehmen unabhängig. Lindt entwickelte sich zu einem börsenkotierten industriellen Weltkonzern mit Milliardenumsatz. Die Confiserie blieb ein handwerkliches Familienunternehmen. Die Namensverwandtschaft ist also kein Zufall.

Ab 1924 trug mit Hermann Sprüngli die vierte Generation die Verantwortung. Da kinderlos, folgte auf ihn der prägende Richard Sprüngli. Onkel Hermann, bei dem Neffe Richard schon als Bub in der Backstube gestanden hatte, war 1956 unerwartet gestorben. Richard übernahm, mit dem Konditorenmeister- und einem Handelsschuldiplom in der Tasche, die berühmteste Zürcher Confiserie und wurde Chef von 100 Mitarbeitenden. Er war ein Zürcher alter Schule: Zunftmeister der Schiffleuten, Präsident der Vereinigung Zürcher Bahnhofstrasse, Oberst im Militär, Jäger und Sammler.

Richard Sprüngli eröffnete 1970 die erste Filiale im Aargau, ausgerechnet im Shoppingcenter Tivoli in Spreitenbach, was die Zürcher Hautevolee naserümpfend zur Kenntnis nahm. Sprüngli betreibt heute in und um Zürich 17 Verkaufsgeschäfte. Weitere neun befinden sich in Shoppingzentren. 2007 baute Sprüngli das Ladengeschäft und die Bar im Erdgeschoss am Paradeplatz um, nur der erste Stock wurde in seiner unantastbaren, eleganten Ehrwürdigkeit belassen.

Wo steht Sprüngli in 20 Jahren? CEO Tomas Prenosil sagt: «Wir werden auch dann noch unabhängig sein. Mein Bruder und ich leiten ein Familienunternehmen, das wir hegen und pflegen. Mit Respekt, aber ohne von der Vergangenheit zu zehren. Das Schicksal der Firma mit ihrer langen Tradition und über 1000 Mitarbeitenden ist auch unser Schicksal.»

PETER RÖTHLISBERGER

Zürich auf dem Teller: Geschnetzeltes mit Rösti in der legendären Kronenhalle.

56

KULINARISCHE TISCHBOMBE

Zürichs Küche ist in diesen Tagen besser und vielfältiger als je zuvor. Das liegt am Vermächtnis einer reichhaltigen Geschichte, dem kulinarischen Einfluss prägender Figuren – und an der Hingabe einer jungen Gastro-Generation.

Ach, Zürich, du riechst so gut! Wen wundert's, wird doch in deinen Restaurants, Bars, Pubs, Kantinen, Strassenküchen, Pop-up-Lokalen und Beizen dem Teufel ein Ohr abgekocht. An deinen Herden und Öfen wird gebrutzelt, sautiert, frittiert, filetiert, vakuumiert, blanchiert, angeschwitzt und abgeschmeckt, was das Zeug hält.

Tagein, tagaus lässt du uns das Wasser im Mund zusammenlaufen. Du wickelst uns um deinen Finger wie saftiges Lammfleisch um einen Kebabspiess, wie Bucatini um die Zinken einer Gabel. Mit deinen kulinarischen Verlockungen bringst du uns regelmässig um den Verstand, und mit deinen Preisen treibst du uns manchmal in den Ruin. Ach, Zürich, du bist einfach unwiderstehlich.

Was auffällt, ist das breite Spektrum deines Angebots – und zwar in allen Preislagen. Der Zürcher Gastgewerbeverband kommt 2021 auf 2410 Mitglieder im ganzen Kanton. Knapp die Hälfte davon befinden sich auf deinem Boden, Zürich. Wer Betriebsbewilligungen zählt, wird dank Imbissbetrieben auf eine weitaus höhere Zahl kommen. «Nur Idioten eröffnen eine Beiz», titelte 2016 der *Tages-Anzeiger* und entfachte damit hitzige Diskussionen. Vor knapp zehn Jahren schrieben 65 Prozent deiner Restaurants und Take-aways rote Zahlen, die Fluktuationsrate war riesig. Das hat sich bis heute wohl kaum geändert. Nichtsdestotrotz zeigst du dich nirgendwo so weltoffen, wie wenn es ums Essen und Trinken geht. In deinen zwölf Stadtkreisen tun wir uns täglich an vietnamesischer Pho-Suppe gütlich und an indischem Kottu Roti; wir naschen klebrige Baklava, verdrücken Burek vom Balkan-Büro und lechzen nach Pizza neapolitanischer Art; wir ordern lateinamerikanisches Ceviche und verleiben uns tonnenweise indische, thailändische und sri-lankische Curries ein; an deinen Streetfood-Festivals stehen wir Schlange für tibetische Momos und Kaffee aus guatemaltekischen Single-Origin-Bohnen; wir streiten darüber, in welcher «micro bakery» es die besten veganen Croissants gibt, und degustieren uns bei J. B. Labat durch das Sortiment an Premium-Mezcal aus Oaxaca; in Institutionen wie der Brasserie Lipp oder der Hummerbar treffen wir uns auf ein paar Austern, auf Kaviar und gedämpfte Krustentiere, und zu besonderem Anlass gönnen wir uns das Chateaubriand in der Kronenhalle in Gesellschaft von Chagall und Miró, einen Sechsgänger im Widder bei Stefan Heilemann (zwei Michelin-Sterne, 18 Gault-Millau-Punkte) – oder wir lassen uns beim Omakase-Dinner mit passender Sake-Begleitung im Edomae vom japanischen Sushi-Chef überraschen. Zürich, du bist und bleibst eine kulinarische Tischbombe!

Dass dein Einfluss als Foodie-Stadt heute bis weit über die Landesgrenzen reicht, ist allerdings bei Weitem kein Zufall. Das zeigt ein Blick zurück. In deiner Geschichte hast du wieder und wieder bewiesen, wie lernbereit, anpassungsfähig und innovativ du bist. Das sieht auch der St. Galler Ernährungsforscher Dominik Flammer so, der seine Zelte unweit des Hauptbahnhofs aufgeschlagen hat. Er hat Publikationen wie *Das kulinarische Erbe der Alpen* geschrieben und als Foodscout Köche wie Andreas Caminada oder Sven Wassmer auf den Geschmack von heimischen Spezialitäten gebracht. Flammer nennt fünf Haupteinflüsse, die dich, Zürich, kulinarisch entscheidend geprägt haben.

Am Anfang stand die Regionalität. Als Handelsstadt warst du stark von deinen Nachbarn im In- und Ausland abhängig, die ihre Produkte etwa auf dem Münsterhof anpriesen. So zeigen die «Ausrufbilder» des Kupferstechers David Herrliberger (1697–1777) Männer und Frauen, die «meylandische Zitronen» feilbieten, «Amelämähl», «Haase, Fincke», «Lärche», «Baach-Kräbsli» und «Ziger» – diese überschüssige Magermilch, die im Glarnerland verkäst, zu Magerbutter verarbeitet und in Würfel geschnitten wurde, nahmst du stets mit offenen Armen in Empfang. (Wobei man noch heute in der Confiserie Schurter beim Central auch typische Offleten findet. Diese Vorläuferin der Hostie wurde schon im 16. Jahrhundert gebacken und teilweise mit repräsentativen Motiven verziert.)

Auf Napoleons Einmarsch im Jahr 1798 folgte der Niedergang deiner Zünfte. Plötzlich kamen Metzger aus der Ostschweiz angereist, genauso wie Scharen von Bäckern vom Bodensee, aus dem süddeutschen Raum und aus Vorarlberg – unter ihnen auch Johannes Baur, der 1826 in Zürich landete, am Kreuzplatz und an der Marktgasse wirtete und schliesslich beim Bürkliplatz das erste offizielle Hotel der Stadt erbauen liess: das heutige Baur au Lac.

Der dritte und vermutlich stärkste Einfluss aber war jener der französischen Küche, der dich via Luzern erreichte. Cäsar Ritz und Auguste Escoffier, die am Ursprung der Hotelier-Ausbildung standen, prägten das ganze Land. Sie bildeten auch Köche aus – und Patissiers. So bist du, Zürich, nach 1870 zu einer der weltweit führenden Zuckerbäcker-Städte avanciert. Und eine solche bist du bis heute geblieben. «Honold, Sprüngli, später auch Teuscher, sie alle verfügen nach wie vor über internationale Ausstrahlung», sagt Dominik Flammer. Davon erzählen das C in der Bezeichnung «Confiserie», aber auch die Namen der süssen Backwaren selbst: Eclair, Millefeuille, Carac, Saint-Honoré, Truffes au Champagne, Pain de Gênes etc.

Weiter hat auch die Frauenbewegung deine Gastronomie stark beeinflusst. Man denke bloss an Autorinnen wie die Winterthurerinnen Marie Kübler (*Das Hauswesen*) und Elisabeth Fülscher, an Elfie Casty aus Baden und natürlich an deine Marianne Kaltenbach, deren Kochbücher Millionenauflagen erreichten. Oder an Susanna Orelli-Rinderknecht – die Vertreterin der Abstinenzbewegung war die erste Geschäftsleiterin des 1894 gegründeten Zürcher Frauenvereins, führte einen regelrechten Kreuzzug gegen deine traditionellen Wirtshäuser und strebte eine umfassende Reform an.

So wurde einerseits dein Alkoholkonsum in einigermassen normale Bahnen gelenkt, andererseits erlebte die sogenannte gesunde Küche Auftrieb in jener Zeit, als man auf dem Monte Verità nackt tanzte und sich vegan ernährte und als Max Bircher-Benners Patienten am Zürichberg in dessen Sanatorium sein inzwischen legendäres Müesli vorgesetzt bekamen. Dass Ambrosius Hiltl 1898 an der Sihlstrasse das gemäss *Guinness-Buch der Rekorde* erste vegetarische Restaurant der Welt eröffnete, kommt also nicht von ungefähr.

Es folgte fünftens die Nachkriegszeit, in der Persönlichkeiten wie Mövenpick-Gründer Ueli Prager, Gottlieb Duttweiler, Assunta und Angelo Marinello oder Jean Bindella begannen, dich, du leckere Limmatstadt, zu globalisieren. Besonders stark war dabei der italienische Einfluss.

Und heute? Mittlerweile hält in vielen deiner Restaurants und Beizen eine neue Generation die Pfannen und Fäden in der Hand. Es handelt sich dabei um Küchentalente, die Aromen, Zutaten, Techniken und Trends überall auf der Welt finden – und auf raffinierte Weise den Ansprüchen zeitgenössischer Geniesserinnen und Geniesser sowie dem Kulinarik-Tourismus anpassen.

Es sind Menschen wie Marius Frehner, der im Gamper eine Nose-to-tail- und Farm-to-table-Küche mit unerhörtem Aufwand zelebriert. Oder Zineb Hattab, die in ihrem Kle wahre vegane Küchen- und Handwerkskunst betreibt. Oder die Equipe des Rechbergs, wo der Einkaufskorb einzig (nicht industriell verarbeitete) Zutaten enthält, wie man sie in deinen Breitengraden bereits anno 1837 hätte antreffen können. Fast schon kultartige Verehrung bei deiner Bevölkerung geniessen Elif Oskan und ihr Partner Markus Stöckle. Während er im Rosi den Balanceakt zwischen bayerischer Tradition und Fine Dining meistert, vertraut sie im Gül auf anatolische Rezepte, auf einen türkischen Holzkohlegrill, Ocakbaşı genannt, und auf regionale Produkte für eine hoch ethische Küche: Fleisch, Käse, Joghurt – all das stammt von Produzentinnen und Produzenten aus deiner Umgebung.

Viel zu verdanken hast du auch dem kleinen, aber feinen Team um Koch Nenad Mlinarevic und Gastronom Valentin Diem, das bereits drei deiner Traditionsbetriebe in der Altstadt – Bauernschänke, Taverna Catalana und Wirtschaft zum Neumarkt – exhumiert und ihnen neues Leben eingehaucht hat.

Zürich, so verdrehst du uns mit modernen Genüssen den Kopf und stopfst deinen Kritikern das Maul. Du weist uns den Weg in eine Zukunft, in der bewusster Konsum, ein sorgfältiger Umgang mit Ressourcen sowie die schonende Zubereitung überwiegend regionaler Zutaten eine ebenso grosse Rolle spielen wie der Geschmack. Deiner jüngsten Gastro-Generation fällt die Rolle zu, dafür zu sorgen, dass die Wurzeln deiner heimischen Küche vor lauter Multikulti nicht zu kurz kommen. Es gilt, den Binnentourismus stärker zu beachten, damit du, Zürich, tasty bleiben kannst, ohne dafür deine Seele verkaufen zu müssen. Denn auch kulinarische Tradition muss gepflegt und gelebt werden. Sonst geht sie im wahrsten Sinne des Wortes ver-g-essen.

Menschen, die kochen, seien – neben Musikerinnen und Musikern – verantwortlich für die grössten Freuden im Leben von uns Menschen. So brachte es die New Yorker Autorin Fran Lebowitz einmal auf den Punkt. Essen kann uns in Nullkommanichts in einen Zustand des Glücks katapultieren. Und je düsterer die allgemeine Weltlage, desto stärker, so scheint es, suchen wir Ablenkung, Wärme, ja sogar Liebe auf dem Teller und im Glas.

Darum, Zürich, fragt sich deine Bevölkerung ständig, in welcher zwischengenutzten Ecke sich gerade das beste Pop-up-Lokal befindet, wo es den saftigsten Cheeseburger gibt, das beste vegane Tatar oder die Tantanmen-Ramen mit dem höchsten Suchtfaktor. Und wo, sag uns bitte, wo servierst du uns das beste Geschnetzelte nach deiner Art – auf Wunsch mit Nierli? Etwa im Münsterhöfli, einem deiner ältesten Gasthäuser, jener selbsternannten Chnelle, von deren mittelalterlichen Wurzeln das Wandgemälde «Der Lustgarten» im Obergeschoss erzählt?

Dominik Flammer und die Rezeptautorin Zoe Torinesi sind sich einig: Sie suchen dafür das Zunfthaus zur Waag auf, das nur wenige Schritte neben dem Münsterhöfli liegt und wo eine Person einzig und allein mit der Zubereitung der Rösti – übrigens zweifelsfrei eine Zürcher Erfindung! – betraut ist. Restaurantkritiker David Schnapp wiederum schlägt das ungleich mondänere Baur's vor, Richard Kägi, der berühmteste Foodscout des Landes, bevorzugt die Kronenhalle, und Alex Kühn, Chefredaktor des Food-Magazins *Marmite*, verlässt dich dafür in Richtung Thurgau, wenn in der Taverne zum Schäfli in Wigoltingen die Kalbsmetzgete beginnt.

Was aber, Zürich, ist denn nun deine wahre kulinarische Essenz? Zur Antwort würdest du uns vermutlich Innereien auftischen. Immerhin befand sich die Metzgerhalle lange Zeit mitten in deinem Herzen, erst bei der Gemüsebrücke, dann beim Walche-Areal. Dort kaufte auch das Fussvolk ein: Leberknödel, die in der Suppe landeten, Markbein, spanische Nierli, Chüngelleber – all das gilt als urzürcherisch.

Urzürcherisch sind auch deine beschränkten Öffnungszeiten. Deine Gastronomie besteht auf ihren Schönheitsschlaf, und somit sind deine Genüsse im Gegensatz zu anderen, grösseren Städten nicht rund um die Uhr verfügbar. Doch genau das erlaubt es uns und deinen Gästen, Gegessenes und Erlebtes zu verdauen, bevor wir uns alle mit frischem Appetit ins nächste kulinarische Techtelmechtel stürzen dürfen. Ach, Zürich, wir haben dich einfach zum Fressen gern.

OLIVER SCHMUKI

«Gastronomie ist knallhart, macht aber total Spass»:
Katja Weber und Marc Blickenstorfer im Büro der Miteinander GmbH.

57

«DIE GRENZE ZWISCHEN MUT UND BLAUÄUGIGKEIT IST FLIESSEND»

Die beiden Quereinsteiger Katja Weber und Marc Blickenstorfer prägen die Gastroszene von Zürich seit mehr als 20 Jahren. Im Interview sprechen sie über ihre Lieblingsrestaurants, ihre Risikobereitschaft, menschliche Bedürfnisse und illoyale Gäste.

Wie lautet das Rezept, um in der Zürcher Gastronomie erfolgreich zu sein?
Marc Blickenstorfer: Ein gutes Team. Ich glaube, das ist das Wichtigste. Ausserdem muss man versuchen, anders zu denken und etwas zu wagen. Wer nie ein Risiko eingeht, erreicht auch nichts. Bei dieser Risikobereitschaft geht aber auch mal etwas schief. Das muss man verkraften können.

Was ging bei Ihnen schief?
Blickenstorfer: Nie richtig glücklich geworden bin ich mit dem Seerestaurant Quai 61 und dem Restaurant Bank am Helvetiaplatz. An der Bank waren viele Parteien beteiligt. Niemand konnte mehr frei genug handeln, was zu vielen Kompromissen führte.

Katja Weber, was ist Ihr Erfolgsrezept?
Es braucht Glück und ein wahnsinnig langes Durchhaltevermögen. Unternehmer müssen bereit sein, anfangs gratis zu arbeiten, immer und überall anzupacken. Bis wir eine solide finanzielle Basis hatten, konnten wir es uns nicht leisten, langfristige Mietverträge abzuschliessen. Deshalb haben wir mit befristeten Projekten gearbeitet und diese quersubventioniert.
Blickenstorfer: Gastronomisches Know-how ist sicher auch von Vorteil. Katja ist Ökonomin, ich bin Anwalt. Es hätte manchmal geholfen, wenn wir mehr von der Gastronomie verstanden hätten *(lacht)*.

Dennoch sind Sie beide erfolgreich. Viele scheitern. Was machen Sie besser?
Blickenstorfer: Mit meinen Partnern der Miteinander GmbH haben wir über die Zeit ein gutes Gespür für Örtlichkeiten und Konzepte entwickelt, die Anklang finden. Für mich ist es sehr wichtig, dass wir uns mit Katja und meinen Partnern der Miteinander GmbH, Roger Link, Mischa Dieterich und Thomas Maurer, dauernd austauschen und nur Entscheidungen treffen, die alle gut finden. So entstehen tolle Konzepte, bei denen die Location eine kleinere Rolle spielt. Oder wir finden einen fantastischen Ort, dann ist das Konzept weniger wichtig. Kommt beides zusammen, haben wir die beste Chance, erfolgreich zu sein.
Weber: Es braucht gute Ideen. Das beste Beispiel ist die Rimini-Bar. Heute ist sie eine Zürcher Selbstverständlichkeit, aber auf die Idee, eine Bar in einer Badi zu eröffnen, muss man zuerst kommen. Manchmal entstehen erfolgreiche Projekte auch aus einem Wunsch heraus. Wir wollten einen Ort schaffen, an dem sich die Leute im Winter draussen treffen können. So entstand unser Wienachtsdorf.
Blickenstorfer: Oft ist aber auch die Persönlichkeit eines Gastronomen für den Erfolg eines Restaurants verantwortlich. Seigi Sterkoudis ist nicht der Erste, der mit dem Astra ein Restaurant in Zürich betreibt, in dem die Gäste zugleich essen und feiern können. Aber er ist der Erste, der damit erfolgreich ist. Einfach weil Seigi Seigi ist, weil man spüren kann, dass er das macht, was er liebt.

Gibt es Gastro-Ideen, die Sie cool fänden, die in Zürich aber nicht funktionieren?
Blickenstorfer: Wir kopieren nie ganze Konzepte, lassen uns aber vom Vibe eines Ortes inspirieren. So entstand beispielsweise auch die Idee zu Frau Gerolds Garten. In Berlin sahen wir ein cooles Gartenlokal in urbaner Umgebung. In Panama ein Hotel, das aus Containern gebaut wurde. Daraus entwickelte sich Frau Gerolds Garten neben dem Freitag-Containertower.
Weber: Als wir vor mehr als zehn Jahren die Idee dazu hatten, wurden wir von vielen ausgelacht. Sie hielten das Konzept für viel zu teuer und zu risikoreich, den Ort für zu weit weg vom Stadtzentrum.

Blickenstorfer: In solchen Momenten braucht es eben Mut. Aber die Grenze zwischen Mut und Blauäugigkeit ist fliessend. Dann müssen wir uns auf unser Bauchgefühl verlassen können.

Wie würden Sie die Zürcher Gastroszene beschreiben?
Weber: Zürich ist sehr diversifiziert. Die Stadt bietet ein riesiges Angebot für diverse Szenen. Im George triffst du andere Gäste an als im Gartenhof, in der Kronenhalle oder im Miss Miu an der Europaallee.

Welches Restaurant würden Sie gerne übernehmen?
Weber: Übernehmen wohl eher nicht, aber ich liebe die Klassiker wie die Kronenhallen-Bar, das Volkshaus, das Italia oder das thailändische Ah-Hua.
Blickenstorfer: Das ist eine ganz schwierige Frage, weil ich allgemein sehr stolz darauf bin, was Zürich zu bieten hat. Ich finde aber beispielsweise den Zeughauskeller beeindruckend, weil er in einer ganz anderen Liga spielt und gut gemanagt wird. Die Legende besagt, dass man zwar anrufen und reservieren kann, das Restaurant aber gar kein Reservationssystem hat. Der Laden ist so gross, dass ein Gast innerhalb weniger Minuten immer einen Platz findet. Kulinarisch finde ich die Restaurants von Nenad Mlinarevic oder Zizi Hattab top. Genauso Elif Oskan mit ihrem Gül oder Markus Stöckle, der im Rosi die deutsche Küche neu interpretiert.

Wie wichtig ist die Gastronomie für eine Stadt?
Blickenstorfer: Sie ist natürlich das Wichtigste, dicht gefolgt von den Clubs *(lacht)*. Aber ganz im Ernst, wovon erzählt man, wenn man von einem Citytrip nach Hause kommt? Nicht vom Flagship-Store eines internationalen Brands, oder? Sondern davon, wie und wo man gegessen hat. In der Gastronomie wagen noch immer viele Einzelfiguren etwas Kreatives. Das ist eine Gegenbewegung zum Detailhandel, der zunehmend von internationalen Grosskonzernen dominiert wird.
Weber: Wozu sollen die Menschen heute noch in die Innenstadt? Vor allem für die Gastronomie. Das Beispiel Jelmoli zeigt, dass der Einzelhandel auf städtischem Gebiet ein Riesenproblem hat. Restaurants, Cafés, Foodmärkte hingegen erfüllen das menschliche Bedürfnis, gemeinsam Zeit zu verbringen. Am liebsten an einem schönen Ort mit gutem Essen.

Mit Ihrer Arbeit machen Sie viel für die Freizeitgestaltung der Menschen dieser Stadt. Bekommen Sie von den Zürcherinnen und Zürchern dafür genug Liebe?
Blickenstorfer: Wir bekommen viel Liebe, wenn wir es gut machen. Aber wir hören es auch unmittelbar, wenn wir es nicht gut machen, vor allem via Social Media.
Weber: Gastronomie ist eine sehr emotionale Sache, deshalb reagieren die Gäste auch mit vielen Emotionen.
Blickenstorfer: Viele unterschätzen, wie schwierig unsere Arbeit ist. Welche Herausforderung es beispielsweise ist, qualifizierte Mitarbeiter zu finden. Deshalb stinkt es mir, wenn die Stadtpolizei mit einem Plakat wirbt, auf dem ein Koch mit einem Kochlöffel in der Hand zu sehen ist, und darunter steht: «Werd doch Polizist!». Ich würde mir mehr Wertschätzung wünschen. Die Gastronomie ist teuer, nervenaufreibend – und extrem schön. Aber es ist kein einfacher Job, deshalb brauchen wir mehr Liebe als andere.
Weber: Die Gastronomie wird oft als Spasskultur belächelt, was sie wirklich nicht ist. Sie ist knallhart, aber macht total Spass.

Wie hat sich die Gastroszene in den letzten Jahren verändert?
Weber: In den letzten 20 Jahren haben die Nischenküchen klar zugenommen. Früher gab es asiatische Restaurants wie das Lily's. Heute ist das Angebot viel grösser und spezifischer. Du kannst koreanisch, tibetanisch oder kantonesisch essen gehen.
Blickenstorfer: Es gibt auch viel mehr Sterne-Küchen. Wir können auf sehr hohem Niveau essen gehen. Für die Ausstrahlung einer Stadt ist das toll.

Was hat die grösste Auswirkung auf Ihr Geschäft? Gute Kritiken auf Tripadvisor, Social Media oder ein Artikel in den klassischen Medien?
Weber: Mund-zu-Mund-Propaganda. Zürich ist immer noch klein genug, dass Word-of-mouth funktioniert.
Blickenstorfer: Die beste Werbung ist ein stets volles Restaurant und Gäste, die gut darüber reden.

Was halten Sie von Gastrokritikern?
Blickenstorfer: Die nerven manchmal, aber sind natürlich wichtig. Wir brauchen Kritik als Antrieb. Ich finde jedoch, dass ein Kritiker mindestens zwei Mal in einem Restaurant essen sollte, bevor er einen Verriss schreibt. Vielleicht hatte der Chefkoch gerade einen schlechten oder einen freien Tag. Ein vernichtender Artikel kann viel kaputt machen, vor allem auch im Team des betroffenen Restaurants.

Katja Weber, Sie wurden heftig kritisiert, als im Herbst 2022 bekannt wurde, dass Sie mit einer Geschäftspartnerin das Restaurant in der Badi Utoquai übernehmen.
Weber: Das hat mich extrem getroffen. Die Berichterstattung war unfair und schlicht falsch. Alle zehn Jahre wird die Badi-Gastro neu ausgeschrieben. Wir haben uns regulär beworben und den Zuschlag bekommen.

Natürlich ist es hart, dass unsere Vorgängerin gehen muss. Die Medien haben daraus einen David-gegen-Goliath-Konflikt gemacht und uns als Halligalli-Gastronomen betitelt.
Blickenstorfer: Wäre es nicht so peinlich, wäre es schon fast amüsant. Verlieren muss gelernt sein! Gastronomie auch.

Spüren Sie Trends wie Veganismus in Ihrem Berufsalltag oder sind das immer noch Nischenphänomene?
Weber: In der Stadt hat veganes Essen die Nische längst verlassen.
Blickenstorfer: Das Angebot wächst und somit auch die Qualität, was ich eine schöne Entwicklung finde.

Was sind die kommenden Gastrotrends?
Blickenstorfer: Draussen essen, trinken und Zeit verbringen wird immer wichtiger. Bewusst essen ist heute schon ein Trend, aber der wird noch zunehmen.
Weber: Ich bin sicher, dass Markthallen und flexible Raumkonzepte immer populärer werden.

Was halten Sie davon, dass entlang des Zürichsees eine Restaurant-Monopolisierung stattfindet?
Blickenstorfer: Ich hoffe, dass die kulinarische Abwechslung erhalten bleibt und sich das Angebot nicht zu sehr in Richtung Systemgastronomie entwickelt.
Weber: Gastronomie ist eine der diversifiziersten Branchen überhaupt. Ich glaube, dass der Ausdruck Monopolisierung nicht gerechtfertigt ist.

Marc Blickenstorfer, Sie sind im Vorstand der Gastro Zürich City. Hat das Ihre Perspektive verändert?
Ich war vorher schon Präsident der Bar-und-Club-Kommission. Verändert hat sich deshalb mehr meine Situation als meine Sicht. Wir arbeiten alle pro bono und es gibt wahnsinnig viel zu tun, um der Branche zu helfen. Eines der wichtigsten Themen, das ich in Angriff nehmen möchte, ist das Verhindern von No-shows. Das sind Gäste, die einen Tisch reservieren, dann aber nicht auftauchen. Heute ist es gang und gäbe, dass vier Freunde sich zum Essen verabreden und jeder in einem anderen Lokal reserviert. Am Abend entscheiden sie dann spontan, auf welches sie am meisten Lust haben. Für ein Restaurant mit wenigen Plätzen ist dieses Verhalten desaströs. Wir müssen deshalb eine gute Lösung finden, wahrscheinlich muss in Zukunft ein Depot angezahlt werden.
Weber: Aber das ist doch total unschweizerisch.
Blickenstorfer: Es ist auch unschweizerisch, dass wir von der Miteinander GmbH überall, wo es möglich ist, auf digitale Bezahlung setzen. Doch in der Gastronomie sind die Margen so klein, dass ein Cashless-System sicherer ist, weil weniger Fehler bei der Abrechnung passieren können.

Was sind neben unzuverlässigen Gästen andere Themen, die Ihnen das Leben schwer machen?
Blickenstorfer: Lärm ist wie in jeder Stadt ein schwieriges Thema. Die Menschen reagieren je länger, je empfindlicher darauf. Da wäre mehr Toleranz schön. Von den Behörden würde ich mir wünschen, dass sie nicht bloss aus Prinzip handeln, sondern auch mal ein Auge zudrücken. Aber grundsätzlich haben wir ein sehr gutes Einvernehmen mit ihnen. Wir sind dankbar, dass die Behörden uns unterstützen. Wir haben Anlaufstellen, an die wir uns wenden können. Das gibt es nicht überall, Zürich ist in diesem Punkt echt cool.
Weber: Wir haben immer wieder mit der Stadtentwicklung oder dem Büro für Veranstaltungen zu tun und machen wirklich gute Erfahrungen. Sie hören uns zu und versuchen, uns zu helfen.

Was sind Ihre liebsten Zürcher Restaurants?
Weber: Das Osso und das Volkshaus.
Blickenstorfer: Über Mittag gehe ich gerne ins La Santa Sete. Mein absoluter Favorit ist aber das Casa Ferlin.

INTERVIEW: BARBARA LIENHARD
FOTO: NATHALIE TAIANA

KATJA WEBER *1979, ist im deutschen Saarland nahe der französischen Grenze geboren und aufgewachsen. Sie studierte Business Administration in Stellenbosch und hat einen Master of Arts in Design in Zürich. Sie ist Mitgründerin und Partnerin von Frau Gerolds Garten, dem Street Food Festival und dem Wienachtsdorf. Katja lebt mit ihrem Partner und ihrem Sohn in Zürich.

MARC BLICKENSTORFER *1971, ist in Höngg aufgewachsen. Er studierte Jus an der Uni Zürich und ist Anwalt. Als Quereinsteiger gründete er 1998 mit Kollegen die Rimini-Bar, heute gehören Clubs wie das Plaza, Restaurants wie der Gartenhof oder Events wie das Street Food Festival und das Wienachtsdorf zum Portfolio der Miteinander GmbH, bei der er Partner ist. Blickenstorfer ist im Vorstand der Gastro Zürich City und lebt mit seiner Frau und seinen beiden Töchtern in Zürich.

58

DON RAFFGIER

Raphael Huber, Chef der Abteilung Wirtschaftswesen beim Kanton, kassierte Schmiergelder in Millionenhöhe für rare Ausschankverlängerungen und andere Gefälligkeiten. Er brachte damit sich selbst und prominente Zürcher Wirte vor Gericht.

Die Fahrt zum Anwesen Podere Vinci in Gaiole in Chianti im Juni 1995 wurde zur sich selbst erfüllenden Prophezeiung: Matthias Ackeret und ich fuhren auf Reportage für *TeleZüri* mit meinem altersschwachen Ford Sierra die letzte Kehre hinauf, um den Auslöser der legendären Zürcher Wirteaffäre in der Toskana zu interviewen. Huber war nicht zu seinem Prozess in Zürich erschienen. Wir hatten unseren Besuch nicht angemeldet. Don Raffaele, wie ihn die Medien nannten, sass mit sechs Männern in schwarzen Anzügen um einen Tisch auf der Veranda, wie es sich auch Francis Ford Coppola nicht klischeehafter hätte ausmalen können. Ausmalen ist deshalb ein gutes Stichwort, weil die Wirteaffäre durch Tricksereien mit Ölgemälden von Hubers Vater befeuert wurde.

Don Raffaele sah uns, sprang von seinem Stuhl auf, verwünschte und verscheuchte uns von seinem Anwesen. Als wir unsere Kollegen auf der Redaktion von *TeleZüri* anriefen, spuckte der Fax bereits ein Schreiben von Hubers Anwalt aus, in dem uns Hausfriedensbruch vorgeworfen wurde. Für Reporterkollege Ackeret und mich hatte der ungebetene Besuch bei Don Raffi kein Nachspiel. Ihn beschäftigten grössere Baustellen.

Vier Jahre davor hatte Regierungsrat und Finanzdirektor Eric Honegger die Affäre Huber mit einer Strafanzeige gegen seinen Chefbeamten ins Rollen gebracht. Ein Wirt hatte Don Raffi verpfiffen. Als Chef der Abteilung Wirtschaftswesen war er von 1979 an zuständig für die Bearbeitung von Betriebs- und Umbaubewilligungen für Restaurants, Hotels und Bars, für die Erteilung von Wirte- und Alkoholpatenten und für verlängerte Ausschankzeiten. Nur wenige Restaurants durften nach Mitternacht Alkohol ausschenken. Eine entsprechende Bewilligung war deshalb heiss begehrt. Die wenigen glücklichen Wirte verwandelten ihre Nachtlokale mit geringem Aufwand in Goldgruben. Der promovierte Jurist Huber machte sich die stark regulierte und reglementierte Gastronomie der 80er-Jahre zunutze. Für eine schnelle und wohlwollende Behandlung der Gesuche hatte Huber Bestechungsgelder in Millionenhöhe angenommen.

Seine Masche war simpel und effektiv: Er bot den Wirten von seinem verstorbenen Vater gemalte Ölbilder zu Fantasiepreisen an. Sie trugen die Signatur Pietri Corsen und waren in den 70er-Jahren entstanden. Raphael Hubers Vater, der die Familie früh verlassen hatte, verpflichtete sich, seinem Sohn monatlich fünf Bilder zu liefern. Das Ganze galt als Entschädigung für nicht geleistete Unterhaltszahlungen an den Sohn und dessen Mutter. 150 Bilder verkaufte Huber auf diese Weise an zahlungswillige Gastronomen. Ausserdem liess er sich in seiner amtlichen Funktion für mannigfaltige Dienstleistungen und Beratertätigkeiten bezahlen. Die Schmiergelder wurden auf ein Konto bei der italienischen Banca Monte dei Paschi di Siena überwiesen.

Am 12. November 1991 wurde Huber festgenommen und in Untersuchungshaft gesteckt. Als er entlassen wurde, floh er in die Toskana in sein Podere Vinci in Gaiole, in das er Millionen investiert hatte, und sorgte fortan mit allen juristischen Tricks dafür, dass die Zürcher Justiz ihn nicht greifen konnte, sodass seine Delikte verjähren würden. Er heiratete zum Beispiel seine Haushälterin Angelina Luccani, um dank des italienischen Passes im Land bleiben zu können. Nach fast dreijähriger Untersuchungszeit erhob der Zürcher Bezirksanwalt Emil Frei am 4. Juli 1994 Anklage wegen passiver Bestechung in 25 Fällen mit einer Summe von 2,38 Millionen Franken und wegen Amtsmissbrauchs gegen

Gegen Schmiergeld gab's ein Gemälde seines Vaters: Raphael Huber betrachtet im November 1994 auf seinem Landgut in der Toskana «Bauer, Brot und Wein».

«Raffinierte Scheingeschäfte und unverfrorene Geldforderungen»: Hubers Podere Vinci in Gaiole in Chianti.

Huber. Mitangeklagt waren sieben weitere Beteiligte. Darunter prominente Gastrounternehmer, ein Verleger und Detailhändler und Hubers damalige Lebensgefährtin. Im Juni 1995 machte das Zürcher Bezirksgericht dem Chefbeamten zum ersten Mal den Prozess.

Statt Huber erschien nur sein Anwalt Bernhard Gehrig. Huber entschuldigte sich mit der Begründung, er müsse seine kranke Mutter in Italien pflegen. Bei der Urteilsverkündung zwei Monate später sagte der Gerichtsvorsitzende Max Hauri: «Das Verschulden von Raphael Huber wiegt ausserordentlich schwer.» Der Chefbeamte habe mit «raffinierten Scheingeschäften und unverfrorenen Geldforderungen» nachweislich 1,38 Millionen Franken an Bestechungsgeldern einkassiert. Er habe mit seinen Taten das Vertrauen der Bürger in eine funktionierende Verwaltung in krasser Weise erschüttert. Das Gericht verurteilte ihn in Abwesenheit zu fünf Jahren Zuchthaus und büsste ihn mit 200 000 Franken. Das Schmiergeld müsse er der Staatskasse abliefern. Aber Huber verlangte die Wiederholung des Prozesses. Als Jurist kannte er seine Rechte. Das Gericht wurde neu zusammengesetzt und musste sich erst in den Fall einarbeiten. Kurz vor dem zweiten Prozesstermin am Bezirksgericht verzichtete Huber auf die Wiederholung der Hauptverhandlung. Er gewann wieder wertvolle Monate. An der ordentlichen Berufung hingegen hielt er fest, der Fall gelangte ans Obergericht. Weil Hubers Verteidiger Gehrig kurz vor der geplanten Berufungsverhandlung sein Mandat niederlegte, kam es zu einer weiteren Verzögerung. Inzwischen umfasste das Dossier 60 Bundesordner, die der neu eingesetzte Verteidiger Gian Andrea Danuser zuerst studieren musste.

Der Prozess vor Obergericht war auf den 17. November 1997 angesetzt. Diesmal verhaftete die italienische Polizei Huber in der Toskana, lieferte ihn aber nicht aus. Das Urteil entsprach in etwa dem der Vorinstanz. Die Oberrichter reduzierten die Zuchthausstrafe um ein halbes Jahr, Huber schuldete dem Staat neu 1,12 Millionen Franken plus Verfahrenskosten.

Nach langem Seilziehen mit den italienischen Behörden wurde er am 4. August 1998 vom Gefängnis Santo Spirito in Siena an die Schweiz überstellt. Zuvor gab er der *Rundschau* von SRF ein Interview. Er sagte, dass die Zürcher Justiz ihm nicht aus strafrechtlichen, sondern aus politischen Gründen den Prozess machen wollte. Als er im Juli 2000 zwei Drittel seiner Strafe abgesessen hatte, wurde Don Raffi aus dem Gefängnis entlassen. Er reiste sofort auf sein Weingut in Italien, das er längst durch eine Eigentumsübertragung in Sicherheit gebracht hatte. Er hat seine Schulden beim Staat nie vollständig beglichen.

Ob Don-Raffi-Effekt, ob Zeitgeist oder Zufall: Das Zürcher Nachtleben erlebte zeitgleich eine gewaltige Liberalisierungswelle. 1998 trat das neue Gastwirtschaftsgesetz in Kraft. Die Polizeistunde wurde aufgehoben und die Vergabe von Ausschankpatenten erleichtert. Die Stadt wurde zu einem Magneten für Nachtschwärmer, mit Ausstrahlung weit über die Landesgrenzen hinaus. Die Zahl der Lokale mit Nachtcafé-Bewilligung vervielfachte sich von 88 auf 650. Sie dürfen bis in die frühen Morgenstunden und darüber hinaus offen bleiben. Hubers Schmiergeld-Geschäftsmodell hätte nach 1998 nicht mehr funktioniert.

PETER RÖTHLISBERGER

59

ZWEIFELSFREI ERFINDERISCH

Reblaus, Anbauschlacht und Schicksalsschläge zwangen die Unternehmerdynastie Zweifel aus Höngg, immer wieder neue Wege einzuschlagen. Sie setzte auf Wein, Most und Kartoffelchips. Meistens erfolgreich.

Die Unheilsbringerin misst winzige zwei Millimeter und landet aus Nordamerika per Schiff auf unserem Kontinent: Um die Jahrhundertwende frisst sich die Reblaus durch die Rebgärten Europas, vernichtet wertvolles Kulturland, hinterlässt Hoffnungslosigkeit und eine Spur der Verwüstung. Auch die Weinstöcke der Gebrüder Zweifel in Höngg fallen dem Schädling zum Opfer, die alteingesessene Zürcher Winzerfamilie bangt um ihre Existenz. Dabei fing alles so vielversprechend an. Als Paul und Emil Zweifel 1898 mit einem Darlehen ihres Onkels Henri die Weinhandlung Gebrüder Zweifel gründen, floriert der Weinbau – und dessen Konsum: Sagenhafte 150 Liter trinken die Schweizer im Durchschnitt pro Jahr (bis 2021 wird der Weinkonsum auf rund 30 Liter pro Kopf sinken). Für die Zukunft der jungen Unternehmer spricht auch die Lage von Höngg. Es ist die drittgrösste Rebgemeinde des Kantons, nur übertroffen von Andelfingen und Meilen. Aber diese Dörfer liegen ziemlich weit weg von der Kantonshausstadt, die sich soeben durch Eingemeindungen auf über 100 000 Einwohner vergrössert hat. Und nun diese Katastrophe. Innert weniger Jahre schrumpft die Anbaufläche der Familie Zweifel kontinuierlich und beträgt 1925 noch gerade mal 30 gesunde Aren, knapp ein Viertel der ursprünglichen Fläche. Das, wie auch der frühe Tod von Paul, trifft die Familie hart. Davon zeugen Aufzeichnungen in der mit Sorgfalt geführten Chronik. Doch Not macht bekanntlich erfinderisch, und dank der Tüftelei von Pauls Sohn Heinrich machen sich die Zweifels bald einen Namen als Obstessig-Fabrikanten. Mit Süssmost als Erweiterung des Angebots steigt der Umsatz sprunghaft an und die Wende scheint geschafft. Doch dann sterben im Abstand von zwei Jahren sowohl Heinrichs älterer Bruder Paul als auch sein Onkel und Gründervater Emil – und Heinrich trägt für die nächsten 20 Jahre als einziger männlicher Nachkomme die Verantwortung für den Betrieb.

«Unser Grossvater war ein umsichtiger Patron und er hatte einen guten Riecher fürs Geschäftliche», erzählt der 1962 geborene Walter Zweifel, der mit 29 Jahren als frisch promovierter Agronom ins väterliche Unternehmen einstieg und bis heute zusammen mit seinem jüngsten Bruder Urs die Weingeschäfte führt. Er berichtet von Grossvaters Cousin Hans Meier, einem Kartoffelbauern aus Katzenrüti, der nach einem Herzversagen nicht nur Familie, Hof und eine reiche Ernte, sondern auch eine kleine Pommes-Chips-Fabrikation hinterlässt. Und weil auch in Höngg die meisten Rebberge der Kartoffel-Anbauschlacht des Zweiten Weltkriegs zum Opfer gefallen waren, entschied Heinrich Zweifel 1958, die Chips-Produktion ins Stammhaus am östlichen Stadtrand von Zürich zu verlegen. Damit eröffnete er einen Geschäftszweig, der schon bald die Mosterei und den Weinhandel überflügeln sollte. «Es herrschten paradiesische Zustände für uns Kinder. Wann immer wir mit unseren Freunden ums Haus zogen, roch es verführerisch nach Chips. Und wir durften uns nach Herzenslust bedienen – auch beim Süssmost. Kein Wunder, hatten wir so viele Freunde im Quartier», erinnert sich Walter Zweifel lachend. Als die Chips-Sparte immer erfolgreicher und bedeutender wird, teilt Heinrich Zweifel die Verantwortung unter seinen beiden Söhnen Paul und Hansheinrich auf. Paul führt fortan den Wein- und Getränkehandel und kümmert sich um Finanzen und Personal, derweil sich Hansheinrich vor allem der Zweifel Pomy- Chips AG widmet. Während Hansheinrich mit seinen knusprigen Kartoffelscheiben die Schweizer Haushalte erobert und 1970 im aargauischen Spreitenbach die damals modernste Chips-Fabrik Europas in Betrieb nimmt, hat es sein Bruder Paul alles andere als einfach: Sprudelndes Mineralwasser und Softgetränke wie Coca-Cola halten Einzug in die hiesigen Kühlschränke, der heimische Apfelsaft muss ihnen Platz machen. Der Zeitpunkt scheint gekommen, sich wieder auf die Ursprünge der Familie zu besinnen: den

Frisch-Service für Chips und den Most «Tobiässler»: Ab 1962 schickte Hansheiri Zweifel seine zehn VW-Busse wöchentlich los, um die ganze Schweiz zu beliefern.

Alles da für den Apéro: Rudolf Zweifel, Christoph Zweifel, Barbara Andres, Walter Zweifel, Urs Zweifel (v. l.).

Weinbau. Mit Herzblut, Handarbeit und Weitsicht erweitert Paul Zweifel, unterstützt von Vater Heinrich, mit Parzellen in Regensberg (1968) und im Lattenberg bei Stäfa (1969) die familieneigenen Anbauflächen. Er investiert in neue Produktionsanlagen und keltert für die Stadt den «Zürcher Stadtwein» mit Trauben aus dem städtischen Rebberg Chillesteig unterhalb der Höngger Kirche. Umtriebig steigert der gelernte Kaufmann die Produktionsmenge, erschliesst neue Absatzmärkte und übernimmt die Vertretungen für Weine aus dem Tessin, aus dem Elsass, aus Portugal und Übersee. 1983 beschliesst die Unternehmensleitung, zugunsten der expandierenden Kelterei, nach 80 Jahren die Produktion von Apfelmost und anderen unvergorenen Obstsäften aufzugeben.

Ein wegweisender Entscheid, auch für die darauffolgende vierte Generation mit Pauls Söhnen. Seit den 1990er-Jahren arbeiten Walter und Urs Zweifel im Unternehmen, mit klar aufgeteilten Aufgabengebieten: Walter verantwortet als Delegierter des Verwaltungsrates, zuvor als CEO, den Wein- und Getränkehandel für Geschäftskunden wie auch das Logistiklager in Uster. Sein sieben Jahre jüngerer Bruder führt als Önologe die Geschicke in der Kelterei, überwacht die Bereiche Marketing und Privatverkauf sowie die zum Stammhaus gehörende Weinbeiz im ehemaligen Stall der Winzerfamilie. Die beiden pflegen einen engen Austausch, wichtige Entscheide, wie etwa die Reduktion der Erträge zugunsten der Qualität oder den Anbau neuer Rebsorten, werden gemeinsam gefällt. Dabei herrsche durchaus nicht immer eitel Sonnenschein, verrät der Weinmacher. «Wer die besseren Argumente hat, gewinnt.»

Bei übergeordneten Themen – ganz gleich ob die Pommes-Chips- oder die Weinsparte betreffend – ist der Kreis der Entscheidungsträger gar noch grösser. Schliesslich ist nach wie vor die gesamte Zweifel-Familie an den Unternehmungen beteiligt. Dass das nicht in Chaos und Streit mündet, dafür sorgt eine gute Gesprächskultur – und eine Familienverfassung mit klaren Regeln und Geboten. «Unser Grossvater impfte uns ein, wie wichtig es sei, Traditionen zu pflegen und dennoch aufgeschlossen für Neues zu bleiben. Dieser Leitsatz begleitet uns nach wie vor, wenn wir strategische Fragen zu klären haben».

Fest verankert in der Familientradition ist auch das Engagement fürs Gemeinwohl. Davon zeugt der politische Palmarès der Familie, die seit Ende des 19. Jahrhunderts als Gemeinderäte, Gemeindepräsidenten oder Kantonsräte das Geschehen in und um Zürich mitgestaltet. Auch auf gesellschaftlicher Ebene nimmt die Familie Einfluss, zu Gründerzeiten etwa in der örtlichen Schulpflege oder, wie heute noch, im Verschönerungsverein Höngg. Zu Ehren des 1936 verstorbenen Mitglieds Paul Zweifel steht auf dem Höngger Müseli beim Waidbergweg noch immer die «Zweifel-Eiche». Die Verbundenheit mit lokalen Gepflogenheiten trägt auch die jüngste Generation mit: als Gesellen der Zunft Höngg, deren Gründungsurkunde von 1934 die Unterschrift ihres Urgrossvater Heinrich trägt.

Dass die Zweifels alles mit viel Leidenschaft machen, symbolisiert auch das 1983 geschaffene Familienwappen mit drei roten Herzen, je eines für jeden Produktionszweig: ein Herz für den Apfel und die Mosterei, eins für die Kartoffeln und die Chips und eins für Traube, Rebbau und Wein. Mit dem Rebmesser auf der rechten Seite knüpft es zudem an die fast 600 Jahre alte Weinbautradition der Höngger Dynastie an, deren Reben schon 1440 in einem Zehntenbrief des Klosters Wettingen erwähnt sind. Das Wappen versteht sich als Sinnbild für den vorherrschenden Charakter der Familie: alten Traditionen verbunden, aufgeschlossen für das Neue. «Walter und ich haben vieles anders gemacht als zuvor unser Vater. Wir bewirtschaften mittlerweile 15 Hektaren Reben, füllen jedes Jahr rund 30 verschiedene Weine ab, arbeiten heute mit Rebsorten, die vor 20 Jahren noch niemand kannte. Wir setzen Skuddenschafe als natürliche Rasenmäher ein und achten auf das ökologische Gleichgewicht in unseren Reben», führt Urs Zweifel aus. Und er ist überzeugt: «Auch für die nächste Generation wird es im Unternehmen Platz haben für neue Ideen.» Die Geschichte der Familie Zweifel aus Höngg scheint auf jeden Fall noch nicht zu Ende geschrieben zu sein. Und wer weiss, ob das Familienwappen nicht einmal noch ein viertes Herz tragen wird.

NICOLE HUNZIKER-FELBER

Kämpfte mit
Süsswasserfischen,
gewann meist:
Bianchi-Fischverkäufer
Pietro Zanoli 1971.

60

MEHR ALS EIN TOLLER HECHT

Fünf Generationen Bianchi haben das Gesicht der Stadt und die Essgewohnheiten der Zürcherinnen und Zürcher geprägt. An das legendäre Ladengeschäft im Niederdorf erinnert zwar nur noch der Schriftzug über der Tür, aber die Lieferwagen mit dem roten Hummer sind in der ganzen Schweiz unterwegs.

Das Schauspiel war im Niederdorf der 70er-Jahre legendär: Fischverkäufer Pietro Zanoli stapfte mehrmals täglich mit weisser Schürze und Gummistiefeln die Marktgasse zum Bassin in der Limmat hinunter, um von Hand Karpfen, Forellen und Aale für das Verkaufsgeschäft einzufangen. Der Fluss war lange vor den Kühlketten von heute die Frischhaltegarantie für Bianchis Süsswasserfische. Mehr als einmal hallten italienische Flüche über das Limmatquai, immer dann, wenn sich wieder ein Aal über den Kesselrand wand und zurück in die Freiheit fand. Comestibles Bianchi war mit seinem exotischen Angebot und seiner Weltläufigkeit weit über 100 Jahre lang eine Institution in der Stadt – und hat selbst die Fauna in den Zürcher Gewässern geprägt. Es geht die Legende, dass in den 80er-Jahren im Keller türkische Sumpfkrebse ausgebüxt sind, im Niederdorf aus der Kanalisation krochen und seither den Zürichsee bevölkern.

Auch die Bianchis waren erfolgreiche Einwanderer. 1881 zog Gründervater Giuseppe von Mailand via Genf an die Strehlgasse, wo er in seinem Ladengeschäft Orangen, Zitronen und Gemüse verkaufte. Es wurde bald zu klein, Giuseppe und seine Zürcher Frau Emma hielten 1888 nach einer grösseren Verkaufsfläche Ausschau. Er fand sie am anderen Ufer der Limmat in der Marktgasse 3. Das Nachbarhaus, die Marktgasse 5, kaufte er David Sprüngli 1907 ab, der seinerseits am Paradeplatz eine weitere Zürcher Institution aufbauen sollte.

Die Bianchis hatten den Unternehmergeist im Blut. Giuseppes Bruder Edoardo gründete eine Auto- und Velofabrik, die er nach dem Zweiten Weltkrieg an Fiat verkaufte. Noch heute steht bei manchem Bianchi-Nachfahren in Zürich das legendäre himmelblaue Rennvelo im Keller – ‹celeste› wie die Augen der italienischen Königin Margherita, der Edoardo das Velofahren beigebracht haben soll. Nach ihr wurde auch die berühmte Pizza benannt.

Gründervater Giuseppe wirtschaftete mit grosser Hingabe, bot neben Früchten bald auch himmlische Delikatessen wie Fisch, Meeresfrüchte, Geflügel und Wild an. Nach seinem Tod übernahm Sohn Nino 1920 das Geschäft und übergab es nach einigen gemeinsamen Jahren an der Marktgasse seinem Sohn Eduard, der sich von allen Mitarbeiterinnen und Mitarbeitern zeitlebens mit «Herr Edi» ansprechen liess.

Das Faszinierende an Comestibles Bianchi war die diverse Kundschaft. Der Lebensmittelhändler bediente die Goldküste mit ihren statusbewussten Wünschen nach Hummer, Austern und Fasanen, aber genauso die Einwanderer, die es gewohnt waren, Frischfisch zu kaufen.

Fisch wurde erst durch die Migrationswellen in die Schweizer Küchen getragen. Die dritte Generation der Bianchi-Dynastie erwischte diese Welle. Die Produktevielfalt wuchs. Herr Edi übertrug die Verantwortung 1985 seinen Söhnen Paolo und Giulio. Sie bauten ihren Lieferdienst für exotische Spezialitäten aus allen Weltmeeren weiter aus, versorgten Hotels, Restaurants und Grossküchen im Grossraum Zürich. Das Ladengeschäft an der Marktgasse aber war ihr Schaufenster, der sichtbare Beweis ihrer Expertise in Gourmet-Dingen.

Seit 1994 riecht es an der Marktgasse aber nicht mehr nach Fisch. Die vierte Generation erkannte die Zeichen der Zeit und verschob ihr Geschäftsmodell vom Detail- zum Grosshandel. Die beengten Verhältnisse am Limmatquai und das hart durchgesetzte Verkehrsregime beschleunigten diesen Prozess. Die Brüder Bianchi zogen mit ihrem Hauptsitz an die Peripherie des Grossraums Zürich, ins aargauische Zufikon.

Dorthin, wo sich am besten eine Logistik für die ganze Schweiz aufbauen liess. Dank strategischem Geschick, unermüdlichem Einsatz und ein wenig Glück, dass die Westumfahrung und der Uetlibergtunnel tatsächlich gebaut wurden, trieben Giulio und Paulo ihr Geschäft an dieser verkehrsgünstigen Lage zu neuer Blüte.

Im Dezember 2021 übernahm die fünfte Generation Bianchi die Aktien und die Geschäftsführung des Fisch- und Fleischgrosshändlers, der in der Zwischenzeit auf 300 Mitarbeitende angewachsen war. Wie schon ihre Väter haben auch die Söhne Meer und Land unter sich aufgeteilt. Luca betreut den Fisch und Dario das Fleisch. Sie haben jeweils den Geschäftsbereich des Onkels übernommen, nicht den des eigenen Vaters. «Das war leichter für alle», sagt Dario.

Die beiden Cousins beginnen um 5 Uhr morgens ihre Arbeit in Zufikon. Die Restaurants arbeiten bis 23 Uhr, geben danach ihre Bestellungen bei Bianchi bis 1 Uhr für den kommenden Tag auf. Der Fischeinkauf beginnt deshalb sehr früh, bis um 8 Uhr muss bei den langjährigen Partnern in Frankreich und Holland oder bei Bianchis eigenem Crevetten-Büro in Vietnam für den kommenden Tag bestellt werden. Trifft die Ware in Zufikon ein, werden die Bestellungen vorbereitet, verladen und mit einem der über 100 Bianchi-Büssli ausgeliefert. Der legendäre Claim «Hier riecht's nach frisch», den jeder Autofahrer kennt, wird jetzt abgelöst zugunsten der eleganteren Reduktion auf die Tradition. Auf den Lieferwagen steht in Zukunft unter dem roten Hummer nur noch «Est. 1881», was auch in der Romandie verstanden wird. Denn Bianchi ist als grösster Comestibles-Händler in der ganzen Schweiz unterwegs. Neue Essgewohnheiten und die Lust auf rohen Fisch für Sushi und Poké Bowl befeuern das Geschäft.

Kommt Comestibles Bianchi je zurück in die Innenstadt? Luca sagt: «Der Detailhandel, wie wir ihn betreiben würden, lebt von den Saisonhöhepunkten Weihnachten und Ostern. Wir schliessen nichts aus, würden es aber zuerst mit einem Pop-up versuchen.» Tradition ist den ehemaligen Einwanderern wichtig, vor allem die der Familie. Jeder männliche Bianchi-Nachfahre heisst mit zweitem Vornamen Giuseppe. «Mein Cousin und ich nennen uns gegenseitig ‹Giusi›», lacht Luca. Laufen sie gelegentlich die Marktgasse hinunter, umweht sie kein Fischgeruch mehr, dafür ein Hauch Nostalgie. Dario: «Unsere Familiengeschichte über fünf Generationen macht uns beiden auch Druck. Wir wollen unser Unternehmen auch an eine sechste Generation weitergeben können. Wir sind stolz, Bianchis zu sein.»

PETER RÖTHLISBERGER

Schweizer Alltagskultur: Bianchi-Lieferwagen am Paradeplatz 1940.

Muss hohe Erwartungen erfüllen: Glitter Gwitter im Plaza.

61

GUTE NACHTGESCHICHTEN

In ihrer typisch unbescheidenen Art finden die Zürcher, ihr Nightlife sei zeitlose Weltklasse. Das ist leicht übertrieben. Ein paar legendäre Discos, Figuren und Momente hat «Downtown Switzerland» aber tatsächlich vorzuweisen.

Nachtclubs, die sowohl Mick Jagger als auch Jimi Hendrix den Eintritt verwehren? Damit können wahrscheinlich nicht viele Städte der Welt angeben. Zürich schon. Am 14. April 1967, nach dem berüchtigten Konzert der Rolling Stones im Hallenstadion, will sich deren Sänger im Privatclub High Life verlustieren. Beim Anblick von Jaggers schmuddelig-wildem Look kennt der von der Securitas angeheuerte Türsteher Stöckli indes kein Pardon und schickt ihn wieder weg.

Ende Mai 1968 ereilt Gitarrengenie Hendrix das gleiche Schicksal. Im Anschluss an das erste seiner beiden «Monsterkonzerte», die ebenfalls in Oerlikon über die Bühne gehen, will der Amerikaner im Crazy Girl im Langstrassenquartier an die eigens für ihn veranstaltete Afterparty. Sein «Problem» ist die dunkle Hautfarbe, auch er wird abgewiesen. Hendrix nimmt es gelassen. Und lässt sich stattdessen nach Altstetten fahren, wo er an einem Schnitzelautomaten den ärgsten Hunger stillt, zu vorgerückter Stunde ist das damals die einzige Verpflegungsmöglichkeit. Nachdem ihn der Taxifahrer später beim Hotel abgeladen hat, bedankt sich der Musiker mit einer 100-Dollar-Note und geht schlafen.

Als Mitte der 1960er-Jahre erste Musiklokale wie das Embassy oder das Café Pony ihre Beatband-Abende mit Auftritten von Discjockeys wie Roger «Pichi» Bollier, Hardy Hepp oder Teddy Meier ergänzen oder gar ersetzen und damit Zürichs modernes Nightlife einläuten, ist die Limmatstadt fraglos ein hartes Pflaster: viel Reglementierung, wenig Toleranz, spärlich Spass. Was folgt, ist stets Evolution, niemals Revolution. Freiräume – egal ob ideologisch oder real – müssen wieder und wieder und wieder erkämpft werden. Dasselbe gilt fürs Strapazieren von Gesetzen, fürs Ausloten von Grauzonen.

Das ist anstrengend. Aber nicht unbedingt schlecht. Die Bar-, Musik- und Tanzclub- oder Partylandschaft gedeiht dadurch organisch, nachhaltig, im besten Sinn «zeitgeistig». In den 1970er-Jahren entstehen so teils verwegene und teils elitäre Unikate. In der darauffolgenden Dekade findet eine Popularisierung statt, Discos werden quasi zum pauschalen Allgemeingut: Egal ob alternative Szene (in der Dronenhalle der Roten Fabrik) oder Jeunesse dorée (im Pasadena beim Carparkplatz), ob Normalos (im Dillon's bei der Allmend Brunau) oder echte Szene (im Roxy Club), alles grooved und moved. In den 90ern wird es richtig gigantisch und kommerziell – sei es durch die Street Parade, die Energy-Raves im Hallenstadion oder durch Superclubs. Es wird zugleich richtig intim und verrucht – sei es durch illegale Bars, kreative Subkulturevents oder das Lethargy-Festival in der Roten Fabrik. Was noch fehlt, ist die Klimax. Man erreicht sie in den frühen Nullerjahren, als Zürich mit der Toni Molkerei, dem Rohstofflager und vor allem mit der Dachkantine den scheinbar perfekten Mix aufweist – und mit Berlin und London als eine von Europas Nightclub-Hauptstädten gefeiert wird.

Von diesem High hat sich das kollektive Ego seither nie wirklich erholt. Notorisch unbescheiden, wie sie nun einmal sind, finden die meisten Zürcherinnen und Zürcher nach wie vor, ihr Nightlife sei zeitlose Weltklasse. Das ist übertrieben. Falsch aber ist es nicht. Denn ja, ein paar legendäre Discos, Figuren und Momente hat diese Stadt – die zwischendurch grossspurig als «Downtown Switzerland» vermarktet worden ist – nämlich tatsächlich vorzuweisen.

Zum Beispiel die hedonistische Partyvilla namens Ugly, in den 1970er-Jahren am oberen linken Seeufer eingeweiht. In der *Alien*-Erfinder und Oscar-Preisträger HR Giger einen Tempel einrichtet. Und sein Manager, der Ugly-Hausherr Ueli Steinle, Stars wie Freddie Mercury, Cat Stevens, Bryan Ferry, Nina Hagen, David Bowie oder Isaac Hayes beim Karambolagebillard fordert (und angeblich bloss gegen den Queen-Sänger den Kürzeren zieht) oder für die «normale» Gästeschar stets gegen 1.30 Uhr morgens Schweinskoteletts brutzelt.

Oder das Diagonal, die 1970 eröffnete piekfeine Souterrain-Diskothek des Luxushotels Baur au Lac. Für deren Ein- und Ausrichtung Hotelpatron Charles Kracht als Berater den mit allen Wassern gewaschenen *Blick*-People-Reporter Jack Stark engagiert, der ihm zu rauschenden, exzessiven Soireen rät. Und wo Thomas Kündig, der im Digi fast 40 Jahre als DJ amtet, eines Nachts auf Anweisung seines Chefs mit der gelangweilten Hollywoodgrösse Tony Curtis bis 7 Uhr morgens an der Gamekonsole Pacman spielen muss.

Und natürlich das fast zur selben Zeit gestartete Blackout beim Flughafen Kloten. Das sich als erstes Dancing der Schweiz ein Equipment mit Lasershow, Grossleinwand und Soundsweep-Anlage leistet, wodurch die Besucher den Eindruck haben, Bässe und Hochtöner würden hin- und herschwingen. Weil dazu auf der Leinwand farbige, psychedelische Blubbereffekte herumtanzen, «kam das Delirium auch ohne Drogen», wie Betriebsleiter Jean-Louis Faucherre versichert. 1985 die zweite Premiere: Das Blackout wird zu Zürichs erster Unterhaltungsfabrik: Bistro-Foyer, Game- und Gambling-Zone, Video-Kino, noch mehr Lasershow und Leinwände, Modenschauen, «Miss»-Anlässe, Erlebniswelt-Events, Clubhit-Konzerte. Auch noch wichtig: Der Name ist die unbeabsichtigte

Langlebigster Technoclub: Rohstofflager an der Josefstrasse.

«Idee» der Gattin des Flughafenrestaurant-Chefs Werner Glinz, die am Ende einer abendfüllenden Sitzung bemerkt: «Ich habe ein Blackout, ich gehe jetzt schlafen.»

Apropos Fliegerei: Das Mischpult und die Plattenspieler der Zeremonienmeister, die ab 1985 im The Club in Oerlikon für die passenden Beats und Vibes sorgen, befinden sich in einem 20 Meter langen, umgebauten US-Kampfhelikopter des Typs Sikorsky S-58, der im Vietnamkrieg im Einsatz stand. Erwähnenswert ist auch das The-Club-Resident-DJ-Duo Butterfly & Whiteside. Und das weniger wegen der durchaus stilprägenden Auftritte, sondern wegen des «Nebenprojekts»: In ihrer WG produzieren die Kumpels mithilfe von 20 Doppelkassettengeräten jahrelang sogenannte Billboard-Mixtapes. Und verticken von jeder neuen Ausgabe mehrere Hundert Stück für 20 bis 25 Franken ..., notabene illegal, kommerzieller Handel mit kopierter Musik ist nämlich verboten.

Ein Mann, der noch mehr Tonträger verkauft – notabene legal – ist Udo Jürgens. 1977 zieht er ins Penthouse des Corso-Hauses ein und wird zudem Anteilseigner des Clubs Mascotte im ersten Stock. Auf dem Parkett der 1916 als Palais Mascotte eröffneten Location hat schon die «schwarze Venus» Josephine Baker getanzt, auch Louis «Satchmo» Armstrong und Sammy Davies Jr. haben hier begeistert, 1934 pinselt Max Ernst ein surreales Gemälde an die Wand. 1977 aber ist auf dem Floor die «Travoltitis» en vogue, also das laszive Gebaren, das John Travolta im Discofilm *Saturday Night Fever* demonstriert. Dem Schlagerstar gefällt's. Er macht den Club zu seinem zweiten Wohnzimmer, dann und wann – soviel Dandy muss sein – begleitet ihn eine Beauté in seine Gemächer im obersten Stock. Weil das Penthouse heute für Privatanlässe vermietet wird, ist (trotz strikten Fotoverbots!) inzwischen auch bekannt, wie es da oben aussieht ... und dass sich gleich neben Udos «Ladykiller»-Fauteuil eine gut kaschierte und gut bestückte Hausbar befindet.

Auch noch interessant: Obwohl der Wahlzürcher angeblich nie in New York war (wie er singt), weiss er doch ganz gut, wie's dort läuft: «Udo Jürgens hat mal gesagt, wenn ich das Jail in New York eröffnet hätte, wäre ich innerhalb eines Jahres zum Millionär geworden. Ich denke, er hatte recht.»

Das Zitat stammt von Edi Herren, der im Mai 1997 beim Letzipark in Altstetten mit ebendiesem Jail das wohl wahnwitzigste Projekt von Zürichs Nachtclubgeschichte anstösst. Auf den 2000 Quadratmetern Fläche einer stillgelegten Grossbäckerei verbaut er tonnenweise Fenstergitter, Pritschen, Gefängnistüren oder Geländer der 1995 abgerissenen Strafanstalt Regensdorf, das er sich mithilfe von Milieu-Anwalt Valentin Landmann organisiert. Besonders verrückt: Der Beichtstuhl für vormalige Schwerverbrecher wird zum Kassenhäuschen, der DJ mixt auf dem früheren Wachtturm. Wer essen will, tut das im integrierten Thai-Restaurant Sing Sing. Grösste Attraktion des Jail jedoch sind die HR-Giger-Kunstwerke, die Edi Herren dem *Alien*-Schöpfer abkauft, den er zufällig an einer Tankstelle kennenlernt. Alles in allem kostet der Bau der Knast-Disco 4 Millionen Franken. Die Medien kritisieren die zur Schau gestellte Dekadenz, was die Neugier noch steigert. Die ersten Monate sind mit 3000 Eintritten an den Wochenenden verheissungsvoll. Auch die Konzerte mit grossen Acts wie Robbie Williams, Ricky Martin, Daft Punk oder Tricky kommen an. Doch dann, kein Jahr nach dem Opening, kommt es vor dem Lokal zur Schiesserei. Ein Mann stirbt, involviert ist ein Türsteher des Jail, der danach abtaucht. Das Tötungsdelikt ist der Anfang vom Ende des Clubs. Besucher- und Umsatzzahlen brechen ein, viel Personal muss gehen. Irgendwann findet Edi Herren einen Käufer, sein Investment aber muss er abschreiben.

Ganz andere «Probleme» haben die jungen Wilden um Celtic-Frost-Bassist Martin «Ain» Stricker, die ab 1991 das Atelier Milvus an der Hardturmstrasse betreiben (heute befindet sich da die Buchhandlungsbar Sphères). Da sie keine Bewilligung haben, ist jeder Anlass eine fingierte Geburtstagsparty, einer der Gäste wird jeweils als «Geburtskind» bestimmt. Und auch der Rest ist reiner Freestyle (offiziell nennen sie das «Management by Zettel»): Das Barpersonal wird aus dem Publikum generiert, per Beamer werden komische Unterwasserfilme an die Wand projiziert, das Musikkonzept der DJs ist der konsequente Stilbruch, ab und zu muss man lästige Skinheads aus dem Raum prügeln.

Zum Highlight der dreijährigen Ära wird der Gig der Band Katastrophen-Kommando aus Düsseldorf. Unter diesem Pseudonym geben die Toten Hosen 1993 «Geheimkonzerte», und bei der Zugabe setzt sich Udo Lindenberg ans Schlagzeug, er ist zu jener Zeit praktisch Habitué im Atelier Milvus. Ein anderer Coup jedoch scheitert knapp: Als Nirvana 1991 zur «Nevermind»-Tour aufbrechen, ist vorvertraglich vereinbart, dass sie auch im Milvus spielen. Doch dann wird der Hype um Kurt Cobains Grunge-Formation schlicht zu gigantisch, die Abmachung wird aufgelöst. Wär's das? Beinahe. Was noch fehlt, ist das Schlusswort. Es kommt in Form einer (persönlichen und somit streng subjektiven) Liste der bedeutendsten Discos und Clubs dieser Zürcher Nachtclubgeschichte, Begründung inklusive.

High Life (1965, Lessingstrasse): Das Innenleben wirkt wie die Kulisse eines gezielt überästhetisierten David-Lynch-Films: stilvolle Licht- und eigenartige Kunstobjekte, exotische Pflanzen, wallende Vorhänge, elegante Spannteppiche, minimalistische Ledersofas. Entsprechend illustre Gäste von Gina Lollobrigida bis ZSC-Präsident Walter Frey.

Hey Club (1976, Freieckgasse, Hinterer Sternen): Der originellste «Kulturclash» der Nachtgeschichte: Die Schwulenszene teilt sich den Club mit den Punks, der Künstleravantgarde um Fischli/Weiss, Afroamerikanern und Latinas und Latinos, es entsteht ein weltoffenes Mit- und Durcheinander.

Flamingo Club (1981, Limmatstrasse): Das «Flämmli» ist die Heimstätte von Roger Giger, dem «Godfather» der Zürcher DJ-Szene: Bei seinen neunstündigen House-Sets gucken ihm ehrfurchtsvoll künftige Helden wie Oli Stumm und Dani Koenig über die Schultern – und er verzichtet auf den Toilettengang, aus Angst, einen Mix zu verpassen.

Roxy Club (1983, Beatengasse): An der Costa Brava hat Jean-Pierre Grätzer in den 1960er-Jahren mit dem Tiffany's den Prototyp der modernen Diskothek miterfunden, «ein Ort der Toleranz, Verführung und Enthemmung». Alles, was er in Spanien erlebt und erlernt, setzt er im stilprägenden Roxy Club um.

Kaufleuten (1992, Pelikanplatz): Der legitime Nachfolger des Roxy: Was Fredi Müller und seine freigeistig kreativen Szenenköpfe in den ersten Jahren im Kaufleuten anstellen, sucht bis heute seinesgleichen. Trotz (oder wegen?) Kokainproblemen in der Hochphase ist das «Kauf» der Club mit der grössten internationalen Ausstrahlung.

Rohstofflager (1997, Josefstrasse): Nicht Zürichs erster Technoclub (diese Ehre gebührt dem 1994 in Rümlang lancierten Grodoonia), aber der langlebigste, wuchtigste – und dank dem Netzwerk von Techno-Papst Arnold Meyer und Bookerin Marion Meier auch der mit dem eindrücklichsten internationalen DJ-Line-up.

Abart Music Club (1998, Bahnhof Giesshübel): Nach ein paar Monaten sind die Abart-Macher Oli Zemp und Christian Gremelmayr beinahe pleite und überlegen ernsthaft, im Ausland unterzutauchen. Dann aber finden die Musiknerds den Dreh – was folgt, ist ein grandioser Steigerungslauf, der dem Indie- und Rockclub den inoffiziellen Titel «Hall of Fame» beschert.

Tonimolkerei (2001, Förrlibuckstrasse): Vegi-Food von Hiltl, ein Clubkurator namens «Metastar», Frauen, die den Porsche waschen, in dem ein Popkultur-Autor eine Lesung macht, eine Klangbar mit futuristisch anmutenden Licht- und Soundinstallationen, unerhörte Electroclash-Sounds, ein CNN-Beitrag: Walter Häglis Vision des Zeitgeist-Clubs ist selbst für Zürich too much Avantgarde, nach zwei Jahren wird die Tonimolkerei zum gewöhnlichen Hip-Hop- und Dancehall-Club umfunktioniert.

Dachkantine (2003, Toni-Areal): Das Nonplusultra, zumindest temporär. Weil etliche unterschiedliche Zürcher Partylabel und kreative Egos realisieren, was Einzigartiges entstehen kann, wenn alle gemeinsame Sache machen. Berühmt ist der Club auf dem Dach der heutigen ZHDK auch für das schräge Phänomen, dass Menschen von Grenzerfahrungen schwärmen, die sie da oben gemacht haben – obwohl sie schon altersmässig gar nie da gewesen sein können.

Zukunft (2005, Dienerstrasse): Die Zukunft entsteht sozusagen aus der Dachkantine heraus, indem ein paar der jungen DJs und Partymacher alles, was sie dort an Gutem und weniger Gutem erlebt haben, im eigenen Club umsetzen. Dass sie es danach fast zwei Jahrzehnte lang schaffen, ideologisch wie musikalisch tatsächlich Zukunft zu bieten, verdient ein riesiges «Chapeau!». Im Frühling 2024 wird dann aber leider auch die Zukunft der Vergangenheit angehören.

THOMAS WYSS

62

KRISE? NUR WENN DAS GLAS LEER IST

Die Zürcher Kronenhalle-Bar kennt die Konsumentenstimmung besser als die Börse. Hier treffen sich internationale Kunsttrinker. Hier frönt die Welt dem «Hemingway of Life».

Die Dame legt ihren Kopf schief und überzieht ihr Gesicht mit einem Lächeln. Er legt seine Hand auf ihr Knie. Doch beim Knie soll es nicht bleiben. Und so entspinnt sich vor den Augen der Gäste in der Bar der Kronenhalle der Rosamunde-Pilcher-Film *Gezeiten der Liebe*. Die Szenen schreiben die Tiden des Martini: je tiefer der Pegelstand im Glas, umso höher die Kraft der Anziehung. Ein derart amouröses Entgleiten sieht man hier wohl nicht jede Nacht. Doch heute ist nicht alle Tage. Es ist Wochenend'.

Was ist das eigentlich, eine Bar? Man bezeichnet so einen flaschenreichen Ort der Kommunikation, anfangs zumeist im Zustand des Stehens, wogegen es anzutrinken gilt. In einer Bar wird Alkohol bar jeder Kritik genossen, weswegen sie schliesslich auch so heisst.

Jetzt sind sie wieder unterwegs, die Barfliegen am Tresen. Corona ist gegessen, und die Rezession ist erst eine Prophetie von Experten, die ihr Scheitern in den letzten zwei Jahren erfolgreich bewiesen haben. Jeder hatte zur Pandemie eine Meinung und jeder eine andere. In der Restaurant-Bar der legendären Kronenhalle sitzen die Gäste, als wären sie nie woanders gewesen. Virilität liegt in der Luft, das Mahagoni glänzt wie frisch gebohnert, Rosso Francia für die Tische, die Diego Giacometti entworfen hat. Alles wie immer, oder fast.

An der Rämistrasse in Zürich treffen sich die Bargänger aus der ganzen Welt. Die wenigen Stühle mit dem flaschengrünen Saffianleder, die kleinen Logen an der Wand sind bereits fast wieder so gut besetzt wie in alten Zeiten. Dresscodes gelten für das angrenzende Restaurant, hier gibt man sich salopper. Auch Velohelme dürfen passieren, wenn diskret verstaut unterm Arm. Die Velohelme erinnern daran: Es gab in der kleinen Trinkhalle, wo Rezepte nicht vom Arzt geschrieben sind, vor der Pandemie eine Verjüngung der besonderen Art. Einer der neuen Cocktails, die der Chef de Bar, Christian Heiss, kreiert hat, heisst entsprechend H&M, wie das Billig-Label. Holey-Dollar-Rum aus Zuckerrohr von den Fidschi-Inseln ist sein Geheimnis. Heiss ist der Nachfolger des Cocktail-Weltmeisters Peter Roth. 40 Jahre schmiss Roth hier den Laden und erfand nebenbei den Ladykiller, als an dieser Zuschreibung noch niemand Anstoss nahm. Jedenfalls verweist der Name H&M nun darauf, dass man auch hier nur knapp dem Verludern entging: Rich Kids der Zürcher Goldküste fluteten an den Wochenenden das Etablissement und machten Top-Bankern, Headhuntern und deren Begleitung die Plätze streitig.

Rich Kids, man hat nichts gegen sie, falls sie darauf verzichten, Randale vom Zaun zu brechen. Denn wenn Urteile und Vorurteile über die Bar an und für sich auf eine Schankstätte dieses Rangs mit Sicherheit nicht zutreffen, dann auf das Zürcher Atoll der Alkoholkenner, das seit 1965 allabendlich offenhält. Hier findet sich ein, wer freiwillig auf das verzichtet, was andernorts in der Szene üblich ist: Erotik, Erlebnisambiente und Ekstase. Das Haus ist verglichen mit verwandten Etablissements, die sich Bar nennen, ein Institut für Betschwestern und Klosterbrüder. Der Gast bewundert, bestaunt, man fotografiert, wenn man Tourist ist, doch egal, was man zu tun beabsichtigt, stets bewahrt man dabei Contenance.

Denn was hier gehütet wird wie ein Schatz, ist das Schweizer Bankgeheimnis des Kunsttrinkens. Man trifft sich mitten in der Stadt öffentlich anonym. Hinter Fenstern, die ein venezianischer Vorhang blickdicht verschliesst. Geschichte wurde hier geschrieben, und jeder Gast schreibt an ihr weiter. Die Kronenhalle-Bar ist der Typ American Bar nach dem Vorbild der Loos-Bar in Wien, die Adolf Loos 1907 an der Kärntnerstrasse realisierte. Nichts von Szene und Moden also oder von Fancy Drinks. Es herrscht – üblicherweise – Nüchternheit, auch wenn alkoholisiert.

Hier tranken Stars und Grössen wie Saint Laurent, Givenchy und Balenciaga ihre Dry Martini; Faruk und Onassis den Bloody Mary; Marc Chagall und Joan Miró süffelten alkoholfrei. Sie alle waren gute Freunde des Kunstsammlers und Bar-Gründers Gustav Zumsteg. Kunstbände loben sein Werk, Publikationen würdigen es. Denn das ist die Kronenhalle-Bar unbestritten: eine wie keine, unvergleichlich. Besonders, ja einzig ist sie allemal in einem Punkt. Die Bar ist auch ein Museum. 18 Jahre nach dem Tod von Zumsteg erhält man hier die höheren Trinkerweihen dank Matisse, Picasso, Chagall und Robert Rauschenberg an der Wand. Das Prozedere des Trinkens und des Mixens verläuft dabei so diskret wie in einem Schliessfach. Es ist beständig wie der Goldkurs und steht jedem offen, der sich die Dienstleistung leisten kann. Die Institution ist Garant, dass Traditionen da sind, um gepflegt zu werden. Die Welt dreht sich lediglich, wenn sich, ein rares Geschäft, die Getränkekarte ändert. Statt Martini als Vermouth schenkt man seit Kurzem Jsotta aus. Einen Zürcher Vermouth für eine internationale Bar-Ikone.

Christian Heiss und sein Team sind bereits preisgekrönt. Und sie ignorieren, was der gute Anstand verbietet. Die begeisterten Pilcher-Autoerotiker etwa und die Herren mit den bedeutungsvollen Brillen, die als Klone durch die Tür wehen und ihre Runden drehen. Man muss sie kennen – und schätzt sich glücklich, dass man sie nicht zu kennen braucht. Die Brillen mustern beim Abschreiten ihres Territoriums die Damenwelt wie Gemüse in einer Auslage. Bebrillte Jäger in kleinkariertem Karo denken tatsächlich daran, ihre Wahl nach dem Grad der Reife zu fällen. Doch das sind die Ausnahmen. Entspannt nippt man selbst an einem Carpe Diem und schätzt die Bitternote, die von der japanischen Yuzu stammt. In der Bar ist vor der Bar, und dort steht heute Nacht ein Bentley.

DANIELE MUSCIONICO

Dieser Text erschien zuerst in der Neuen Zürcher Zeitung.

Die Kraft der Anziehung: Kronenhalle-Bar an der Rämistrasse.

Fast Food für das Volk: Eröffnung der dritten Zürcher Silberkugel-Filiale im Hochhaus zur Palme am Bleicherweg im Oktober 1963.

63

EINZELKIND UNTER TECHNO-BRÜDERN

Das 1967 erfundene Gesamtkunstwerk Silberbeefy ist der kleinste kulinarische Nenner der Zürcherinnen und Zürcher. Von einst acht Silberkugeln leben zwar nur mehr zwei, aber der Züri-Burger wird niemals sterben.

Die meisten essen ihren Silberbeefy mit Messer und Gabel. Wir sind schliesslich in Zürich. Genauer am Bleicherweg 33, neben der Filiale in Oerlikon inzwischen die letzte Silberkugel in der Stadt. Gegründet 1962 von Mövenpick, 1996 von René Wehrli übernommen, gibt es hier Fast Food, wozu nach Silberkugel-Auslegung auch Fitnessteller und Birchermüesli gehören – aber natürlich vor allem Burger. Zwei davon haben in Zürich Legendenstatus erreicht: der Beefy Original mit dem hauseigenen süsslich-säuerlich-schärflichen Relish, aber allen voran wurde der Silberbeefy zur Ikone. Das Wort allein reicht, um Fans ein glückliches Lächeln und verstärkten Speichelfluss zu bescheren. Und steht er einmal vor ihnen, zücken eben die meisten Messer und Gabel. Er mag zwar ein Hamburger sein, amerikanische Ikone, cool, leger, Trainerhosen und Turnschuhe, ausserdem Symbol für den Kapitalismus, der uns dazu zwingt, selbst beim Essen effizient zu sein, aber wir können nicht aus unserer ordentlichen und protestantischen Haut und essen ihn deshalb mit Besteck. Wir öffnen uns der Welt, handhaben sie aber mit Distanz und Methode. Ich finde, so wird man einem Silberbeefy nicht gerecht. Vielmehr noch: Ich glaube, ihm von Hand zu begegnen bedeutet, seiner demokratisierenden Mission zu folgen.

Ich war versucht, für diesen Text seinem Geheimnis auf die Spur kommen zu wollen. Herauszufinden, was genau in der Sauce steckt, die – orange wie Trump zu seinen besten Zeiten und genauso schmierig – aus dem stupenden Stapel tropft, in ihrer Cremigkeit alle anderen Zutaten wie eine mütterliche Umarmung zusammenführt, vereint, eint. Aufzudecken, dass es banales Aromat ist, das dem Fleisch seine Würze gibt, offenzulegen, dass der Käse 17 Jahre höhlengereift ist und deshalb besser schmeckt als seine Techno-Brüder bei McDonalds und Co. und die Brötchen bei einer ganz bestimmten Temperatur aufgetoastet werden müssen, damit der genau richtige Grad an Karamellisation erreicht wird. Und der Chabissalat! Nach einem Rezept von Betty Bossis Urgrossvater, bis heute unverändert. Aber ich habe mich dagegen entschieden. (Mal ganz abgesehen davon, dass ich es auch nicht geschafft hätte. Das Burgergeheimnis wird in Zürich ähnlich ernsthaft gehütet wie früher das Bankgeheimnis.) Ich will es nicht wissen. Mir reicht es, mich jedes Mal wie ein Kind zu freuen auf das, was kommt: eine köstliche Sauerei. Eine Komposition, die die unschuldigsten menschlichen Freuden bedient: Salz, Fett, Kohlenhydrate, ein Hauch Säure, eine sanfte Süsse. Und so viel Saftigkeit, vom Fleisch, vom Chabissalat, von der Cocktailsauce, dass es tropft, über die Finger, auf den Teller, und es wird, das lässt sich reihum beobachten, säuberlich wieder aufgewischt mit dem Rest des Burgers. Alle sind kleinlich in ihrer Devotion.

Die Silberkugel ist wie eine Kirche: Menschen kommen zusammen, generationen-, klassen-, partei- und stilübergreifend. Kinder freuen sich darüber, dass Maria Huber, die 82-jährige wolkenhaarige Hohepriesterin dieses Kults an der Kasse der Filiale Bleicherweg für alle ein nettes Wort hat oder manchmal sogar einen Kaugummi. Bauarbeiter und Investmentbankerinnen, Schwerreiche und Arbeitslose, Szenis und Landeier. Man ist sich nah, aber nicht miteinander konfrontiert – nebeneinander in geschwungenen Reihen sitzend haben die Gäste ihren Raum gegen vorn. Sie können ihn nutzen, um vor sich hin zu starren, dem Treiben in der Küche zuzuschauen, die gegenüberliegende Gästereihe zu beobachten – oder um ihn mit an die Begleitung gerichteten Wörter zu füllen. Gespräche entwickeln sich Seite an Seite viel leichter als vis-à-vis, man denke an Spaziergänge und Autofahrten.

Und dann steht er irgendwann vor einem. Ich würde mir wünschen, dass sich niemand die taktile Freude entgehen lässt, das Gewicht eines Silberbeefys zu spüren, den Mund endlich wieder einmal weit aufzureissen, sich auf das Abenteuer einzulassen, herauszufinden, wohin was rutscht, wenn man an welcher Stelle einen Bissen nimmt, was natürlich Auswirkungen auf den nächsten Bissen hat. Ich glaube wirklich, dass das der letzte Schritt ist zur Erfüllung der Aufgabe, die der Silberbeefy auf der Welt hat: uns zu vereinen in der Freude, losgelöst von Erziehung, Status oder Eitelkeit, bekleckert, fettig und glücklich. Zürich ist nie so zusammen wie in der Silberkugel.

MICHÈLE ROTEN

Auch hier fehlt's nicht an Ehrgeiz: Teilnehmende der Seeüberquerung vom Mythenquai zum Tiefenbrunnen im Sommer 2019.

Engadin Skimarathon 2017

LEIDEN-SCHAFT

Ihr Stern ging nie unter: GC-Ikone Günter Netzer (l.), FCZ-Legende Köbi Kuhn am 7. August 1976 während des Zürcher Derbys. GC gewinnt das Cupspiel im Elfmeterschiessen.

64

BEZIEHUNGSSTATUS: KOMPLIZIERT

Es gab eine Zeit, da war Zürich eine politisch sauber aufgeteilte Fussballstadt. Im Letzigrund trafen sich die Büezer, im Hardturm die Bonzen. Es war, als hätte man rote Linien durch die Stadt gezogen.

Die Reihe ist am GC: Alain Sutter (r.) mit Pokal und Peter Közle beim Gewinn des Meistertitels am 8. Juni 1991.

Die Reihe ist am FCZ: Blerim Dzemaili feiert den Meistertitel am 1. Mai 2022 auf dem Balkon des Volkshauses über dem Helvetiaplatz.

Dem FC Zürich gehörten die Arbeiterquartiere und die Langstrasse, dem Grasshopper Club (GC) der Zürichberg und der Paradeplatz. So erzählte man sich diese Geschichte immer weiter, auch wenn sie schon lange nicht mehr stimmte und sich die Milieus auflösten und vermischten. Aber den Vereinen gab sie Identität.

Die Grasshoppers vertraten die Macht der Zünfte, der Golfclubs, der Rotary-Clubs, der Offiziersgesellschaft, der Banken und der FDP. Das Mitgliederverzeichnis des Vereins war jahrelang deckungsgleich mit jenem der Schweizer Wirtschaftsführer. So wie die Swissair die bewunderte Schweiz in der Luft war, war es GC auf dem Rasen – unverschämt erfolgreich und international angesehen.

Der FC Zürich verstand sich als Arbeiterverein, als Club für die kleinen Leute, für die Linken und die Underdogs. Der FCZ hatte das Selbstverständnis einer Fussball spielenden Gewerkschaft. Und er hatte verwurzelte Präsidenten, die 20 oder auch 30 Jahre im Amt blieben und ihren Nachfolgern auf dem Sterbebett das Versprechen abnahmen, dass sie den Club niemals im Stich lassen würden. FCZler war man, GCler konnte werden, wer zu den Erfolgreichen gehören wollte. Der Grasshopper Club und der FC Zürich verkörperten Geschichten für die Ewigkeit. Man wusste immer, wer man war: anders als der andere.

Niemand ahnte vor 20 Jahren, dass die alten Geschichten fertig erzählt waren und sich die Vereine neu erfinden mussten. An einem Frühlingstag im Jahr 2003 gaben die Besitzer der Grasshoppers, Rainer E. Gut und Fritz Gerber, bekannt, dass sie bei GC aussteigen. 90 Millionen Franken hatten sie in fünf Jahren für zwei Meistertitel ausgegeben. Es war das Ende einer Ära, GC war danach nie mehr so wie vorher. Es begann ein langsamer Niedergang in die Erfolglosigkeit. Und Verlieren galt in diesem Club mit seiner Sucht, immer der beste sein zu müssen, als unentschuldbar. Mit dem letzten Meistertitel 2003 kam die Erfolgsgeschichte zum Stillstand.

Fast zur gleichen Zeit, als Gut und Gerber ihren Abschied verkündeten, sass Lucien Favre in einem Büro des FC Zürich und verhandelte über ein Engagement als Trainer. Mit Favre wurde der FCZ nach 25 Jahren ohne Meistertitel wieder erfolgreich. Das war etwas Unerhörtes, weil sich der Club in langen Jahren ans Verlieren gewöhnt hatte.

Jetzt ging es darum, dem alten Image etwas Neues entgegenzustellen: ein Lebensgefühl, den urbanen Sound einer Stadt. Der Club und das rot-grüne Zürich verknüpften sich wie mit einem unsichtbaren Band. Die Südkurve wurde zum Treffpunkt einer alternativen, kreativen Kulturszene, und mit Ancillo Canepa kam 2006 ein Präsident, der ein Bewusstsein für Geschichte hatte. Er liess eine Vereins-Chronik schreiben und eröffnete ein Museum. Vom Arbeiterclub spricht heute kaum jemand mehr. Aus dem FCZ wurde der Stadtclub.

Der Verein konnte absteigen, so wie 2016, er konnte die falschen Spieler einkaufen, merkwürdige Trainer verpflichten, gewinnen oder verlieren. Aber er hatte etwas, das stärker war als alles andere: ein Bewusstsein dafür, wo er hingehörte.

Dass der FC Zürich die Stadt für sich einnehmen konnte, hatte viel mit den Grasshoppers zu tun. Als sie 2005 in ein Trainingszentrum nach Niederhasli ins Zürcher Unterland zogen, gaben sie mehr auf als ein paar Fussballfelder im Stadtkreis 5. Sie verloren ihre Heimat. Zwei Jahre später wurde der Hardturm abgerissen. Das abgebrochene Stadion wurde zum Friedhof ihrer Geschichte.

«Wir wissen nicht mehr, wer wir sind», sagte Roger Berbig vor ein paar Jahren, ein Zürcher Arzt, GC-Goalie und früherer Präsident des Clubs. Die Grasshoppers hatten eine grosse Vergangenheit, sie sind Rekordmeister im Schweizer Fussball, aber in der Gegenwart finden sie keinen Platz mehr. Zehn Präsidenten versuchten, den GC in den letzten 20 Jahren neu zu denken, unter ihnen ein Bauunternehmer, ein Banker, ein Airline-Manager und zwei Ärzte. Gelungen ist es keinem.

2019 stiegen die Grasshoppers zum ersten Mal nach 70 Jahren ab. GC, dieser Club, der immer über die Schweiz hinausdachte und als erster Schweizer Verein ausländische Spieler beschäftigt hatte, wurde nach China verkauft und Teil eines globalisierten Geschäftsmodells. Doch statt in der Moderne anzukommen, geschah etwas anderes: Aus der Identitätskrise wurde der totale Identitätsverlust.

Die letzte Hoffnung sind Steine und Mörtel. In ein paar Jahren soll auf dem Hardturmareal ein neues Fussballstadion stehen. Der FC Zürich könnte in der Arena mehr Geld verdienen. Für den GC geht es um mehr – darum, wieder einen Platz zu finden.

FLURIN CLALÜNA

Seit 1928 Weltklasse: Res Brügger (3. v. l.) mit seinem Vorzeigeathleten Carl Lewis (2. v. r.) 1991 im Letzigrund.

65

CARL DER GROSSE

Der Amerikaner war das Zugpferd, die Attraktion im alten Letzigrundstadion mit seiner «piste magique», auf der 19 Weltrekorde erzielt wurden. Einer davon von Carl Lewis selbst, dem neunfachen Olympiasieger und achtfachen Weltmeister im Sprint und im Weitsprung. Er gewann im August 1988 beim Leichtathletikmeeting «Weltklasse Zürich» das 100-Meter-Duell gegen den Kanadier Ben Johnson. Die 9,93 Sekunden wurden erst ein Jahr später zum Weltrekord, als Johnson an den Olympischen Spielen von Seoul des Dopings überführt und ihm auch gleich sein früherer Weltrekord von 9,83 Sekunden aberkannt wurde. Seinen sechsten und letzten Sieg in Zürich feierte Publikumsliebling Lewis 1992 über 100 Meter in 10,07 Sekunden. Der Mann im roten Blazer sorgte 27 Jahre lang dafür, dass Leichtathletik-Magier wie Lewis jeden Sommer in den Hexenkessel des Letzigrunds kamen. Res Brügger kämpfte für sein Meeting und gegen die Fussball-Lobby. Er wollte auch im neuen Letzigrund eine Leichtathletikbahn und bekam sie. Damit Zürich Weltklasse bleiben konnte.

66

«WIR HATTEN EIN ROCKSTAR-LEBEN»

Bruno Risi war der König des Sechstagerennens im Hallenstadion. Er gewann die legendäre Sportveranstaltung elf Mal. 2010 trat er zurück. Der ehemalige Urner Rennveloprofi über explosive Rennen, seinen Partner Kurt Betschart, verbrannte Haut und eine beneidenswerte Eigenschaft.

Was hat Sie am Sechstagerennen fasziniert? Wir waren Entertainer und bekamen wie Künstler eine Gage. Die Rennen Athlet gegen Athlet waren hochkompetitiv, aber wir fuhren immer auch für das Publikum. Damit die Stimmung in der Halle gut war.

Wie machten Sie Stimmung? Indem ich ein Rennen gewann. Hatte ich den Gegner im Griff, konnte ich zwei Rundengewinne hintereinander fahren. Das wäre für den Sieg gar nicht nötig gewesen, aber der Veranstalter bezahlte mich immer gut und ich wollte ihm etwas zurückgeben.

Das Sechstagerennen im Hallenstadion gab es von 1954 bis 2014. Weshalb traten Sie gerne dort an? Im sogenannten Wädlitempel hatten wir Heimvorteil. Die Bahn war mit 250 Metern ausgesprochen lang. Athletisch war das extrem fordernd. Deshalb gewann nie ein Aussenseiter. Die Favoriten liessen sich nicht überrumpeln. Zürich veranstaltete zudem eines der wenigen Steherrennen, also das Windschattenfahren hinter schweren Töffs.

Wieso hat das Sechstagerennen in Zürich nicht überlebt? Das Format, wie wir es kannten, funktionierte nicht mehr. Das alte Publikum ging verloren, neues konnte nicht gewonnen werden. Das Sechstagerennen zog auch wegen der fehlenden Polizeistunde viel Publikum an. Damit ist der Event aber schon lange nicht mehr allein. Nach 2014 fehlten dann die einheimischen Stars, die Lokalmatadoren, welche von den Sponsoren gefordert wurden.

Sie sind siebenfacher Bahn-Weltmeister im Punktefahren und in der Américaine und Olympiamedaillengewinner. Bestimmte das Ihren Marktwert? Ja. Der Veranstalter erhoffte sich dadurch mehr Publikum. Ist man aber ein guter Strassenfahrer, verdient man mehr als in der Halle. Wir wurden nur bezahlt, wenn wir Rennen bestritten – und sie zu Ende fuhren. Wir hatten keine Jahresverträge.

Bruno Risi / Kurt Betschart war eine legendäre Marke im Bahnfahren. Warum waren sie zusammen so erfolgreich? Wir waren von klein auf beste Freunde und entdeckten das Bahnfahren zusammen. Unser Talent und unser blindes Vertrauen haben uns verbunden. Uns gab es deshalb am Sechstagerennen nur im Doppelpack.

Trotzdem waren sie beide Einzelunternehmer. Risi/Betschart war zwar ein Brand, aber wir wurden einzeln engagiert und bezahlt.

Sie hatten nicht nur sportlich, sondern auch menschlich einen sehr guten Ruf bei Betreuern und Veranstaltern. Wie geht das zusammen? Ich war immer authentisch. Viele Fahrer behandelten die Mechaniker und Pfleger wie ihr Dienstpersonal. Von oben herab. Dabei leisteten auch sie viel, nicht nur wir Fahrer. Ich hatte vor jedem im Six-Days-Zirkus grossen Respekt.

Gab es im Hallenstadion auch Groupies? Ja klar! Als Sportler wurden wir bewundert für das, was wir konnten. Wir hatten ein Rockstar-Leben.

Für die Zuschauer sind die rasanten Rennen ein Riesenspektakel: Fahrer jagen millimeterknapp an Steilwänden hintereinander her. Sind Sie nie schlimm gestürzt? Ich verletzte mich einmal an der Schulter, aber am schlimmsten erwischte es mich kurz vor Olympia in

Nicht zu bremsen: Bruno Risi (oben) gewinnt das Finish vor Colby Pearce (unten) und Juan Llaneras (rechts) bei der Américaine über 100 Runden am Samstag, 13. Dezember 2008.

Athen. Ich knallte hart auf die Bretter und erlitt grossflächige Schürfungen, die eigentlich Verbrennungen waren.

Sie galten als angriffiger, spektakulärer Fahrer. Woher nahmen Sie Ihren Mut? Es waren eher Erfahrung und Routine, auf die ich nach Jahren als Profi bauen konnte. Ich musste mich 100 Prozent darauf verlassen können, dass der Fahrer vor mir keinen Fehler machte. Bahnvelos haben einen Starrlauf, was bedeutet, dass sich die Pedale immer weiterdreht, solange das Velo in Fahrt ist – und sie haben keine Bremsen. Eine Kollision lässt sich nur vermeiden, wenn man ausweicht. In der Hektik war schnell etwas passiert.

War das Publikum überhaupt interessiert an den Rennen oder nur am Rahmenprogramm? Das Sechstagerennen war immer auch ein gesellschaftlicher Anlass mit dicken Zigarren, Cüplibar, Beizen, Stripschuppen, grosser Unterhaltung. Die wirklichen Radsportfans sassen auf der Tribüne. ***Heute unvorstellbar, Profisportler in einer verrauchten Halle bis morgens um 5 Uhr antreten zu lassen.*** Manchmal sah ich kaum die Hand vor Augen. Da wurde geraucht und grilliert, dazu kamen die Abgase der Steher-Töffs. Uns Fahrern brannten die Lungen, manche hatten Probleme mit den Bronchien.

Tranken Sie Alkohol während der Rennen? Ja, aber sehr massvoll. Hier und dort anzustossen oder in den Katakomben ein Bier zu trinken nach einem Rennen, war Teil des Spasses. Die sportliche Leistung durfte aber nicht darunter leiden. Wir mussten an sechs Tagen hintereinander parat sein.

Was Ihnen umso leichter fiel, da Ihr Körper beneidenswerterweise keinen Hangover kennt. Das half mir immer sehr *(lacht)*.

INTERVIEW **PETER RÖTHLISBERGER**

Auf jeder Piste zu Hause: Peter Müller in seinem Haus in Unterägeri 2006. Rolf Knie malte das Bild nach Pitschs WM-Sieg 1987 in Crans-Montana.

67

«MIT DER ZÜRISCHNURRE BIST DU NICHT BELIEBT»

Peter Müller aus Adliswil ist der erfolgreichste Schweizer Abfahrer aller Zeiten. So intensiv wie der Kampf am Berg war sein Fight gegen die Bergler, die ihn, den Zürcher, nie akzeptierten. Seiner Leistung tat das keinen Abbruch.

Wieso hatten Sie es als Zürcher schwer im Skirennsport? Die Bergler finden, Zürcher sollen die Kassen der Bahnbetreiber und der Hoteliers füllen. Wenn einer dann doch einen Bogen fahren kann und schneller ist als sie, schämen sie sich in Grund und Boden. Wie häufig sagten mir die Rennfahrer aus den Bergkantonen, dass sie aufhören würden mit dem Skisport, wenn ich jemals schneller fahren würde als sie! Was dann auch geschah.

Gibt es diesen Konflikt noch immer? Nein. Es lag ja auch an mir. Wenn man akzeptiert wird, spielt die Herkunft keine Rolle. Ich hielt meine Klappe nicht und reagierte auf die Provokationen. Ich bin eigentlich harmoniebedürftig. Aber vielleicht hätte ich in einer Wohlfühloase weniger Rennen gewonnen.

Wie talentiert waren Sie? Ich stand erst mit 18 zum ersten Mal auf dem Gletscher. Ich machte rasante Fortschritte, trainierte doppelt so viel wie die anderen und fuhr allen um die Ohren, die damals mit mir in der Kandidatengruppe waren. Ich wurde von der Gruppe aber nicht akzeptiert. In Zermatt schlief ich alleine in einem Sechserschlag. Niemand wollte mit mir ins Zimmer. Sie sagten mir, ich solle wieder heim nach Zürich.

Wieso haben die Trainer nicht eingegriffen? Die waren gottenfroh, wenn sich einer wie ich so reinkniete und bei jedem Training 100 Prozent gab. Die anderen mussten nachziehen und hassten mich deswegen noch mehr. Unser Trainer Karl Frehsner hat das ausgenutzt und eine starke Abfahrtsmannschaft geformt. Mich

hat er geknüttelt, um die anderen aufzubauen. Es funktionierte. 1985 bei der Weltcupabfahrt in Bad Kleinkirchheim fuhren sechs Schweizer unter die ersten Acht.

Und in Crans-Montana 1987 wurden Sie Weltmeister. Emotional war das eine Riesensache für mich! Ein Freund hat mich die ganze Woche mit dem Rolls-Royce durchs Dorf chauffiert.

Wer ist der erfolgreichste Schweizer Skisportler aller Zeiten? Das wird jetzt sicher Marco Odermatt.

Er ist es noch nicht? Nein, er hat 24 Siege. So viele wie ich. Pirmin Zurbriggen bleibt mit seinen 40 Siegen noch einige Zeit die Nummer eins.

Auch bei der Beliebtheit? Einige Fans mochten mich, andere nicht. Aber mit der Zürischnurre bist du nicht beliebt. Die Medien haben mich falsch dargestellt. Pirmin war der Heilige und ich der Böse.

Immerhin widmete Ihnen Paraguay eine Briefmarke. Darauf war ich Slalomfahrer! Die fanden einfach Skifahrer cool.

Sie haben 19 Abfahrten gewonnen. Dieser Rekord wird noch lange halten. Dabei hiess es bei mir immer, ich könne nicht Ski fahren. Ich habe es mir selbst beigebracht. Als kleiner Knopf habe ich jeden Tag 1000 Tore trainiert. Ich erarbeitete mir eine gute Position auf dem Ski. Marco Odermatt dagegen wurde von klein auf optimal betreut. Bei ihm läuft alles in geordneten Bahnen. Ich freue mich, dass wieder einmal ein Schweizer so erfolgreich ist. Wir mussten Marcel Hirscher lange genug erdulden *(lacht).*

Wurden Sie von Ihren Eltern gefördert? Sie schickten mich erst ins Judo und dann in den Schwimmclub. Mir machte beides keine Freude. Ein Kollege hat mich dann fürs Skifahren motiviert. Ich gewann ziemlich schnell Rennen beim Skiclub Adliswil. Ich war nicht gerne Zweiter. Wenn ich als Bub mit meinem Vater auf dem Silsersee angeln ging und weniger fing als die anderen, musste ich weinen. Heute lache ich darüber.

Wie fühlt es sich an, legendäre Abfahrten wie Lauberhorn oder Streif hinunterzudonnern? Beim Rennen selbst war ich unglaublich fokussiert, in einem Tunnel drin. Der ehemalige Tennisprofi Jakob Hlasek begleitete mich einmal zum Start der Streif. Als er mich einige Monate danach darauf ansprach, wusste ich es nicht mehr. Ich träumte schon im Sommer von meinen zehn Abfahrten und ging vor dem Einschlafen jedes davon hundertmal im Kopf durch.

Ihr schönster Sieg? 1985 in Aspen. Als ich trotz gebrochener Hand die Abfahrt gewann.

Ihre schlimmste Niederlage? Die Calgary-Olympia-Abfahrt. Ich fuhr das perfekte Rennen und gewann nicht. Wegen des Neuschnees auf der Piste. Ich fuhr mit der Nummer 1. Erst vergangenes Jahr habe ich mir meine Fahrt zum ersten Mal überhaupt angeschaut.

Schauen Sie sich die Rennen Ihrer Nachfolger am TV an? Ja. Für mich ist jedes wie ein Krimi.

Sie traten 1992 zurück. Zu früh? Ich hätte mein Knie nochmals operieren lassen sollen. Ich hatte die Bewegungsfähigkeit nicht mehr, die es für die grossen Siege gebraucht hätte. Ich bereue, dass ich es nicht gemacht habe.

Fanden Sie nach dem Rücktritt Ihren Weg? Ich war lange auf der Suche. Und bin es eigentlich noch immer. Die Gefühle, die man nach einem grossen Sieg im Skifahren erlebt, gibt es im normalen Leben nicht. Jeder Sportler, der frühzeitig und ohne zwingenden Grund aufhört, macht einen Fehler.

Träumen Sie manchmal noch von Ihren grossen Taten? Ich stehe noch zweimal pro Jahr am Start eines Skirennens. Einmal fuhr ich eine Olympia-Abfahrt im Zoo Zürich. In diesem Traum verschlief ich, musste mit dem Tram zum Start hochfahren. Der Physiotherapeut und Frehsner kamen angerannt und sagten, ich müsse jetzt gleich losfahren. Dann wachte ich auf.

INTERVIEW **PETER RÖTHLISBERGER**

PETER MÜLLER

Der Zürcher Peter «Pitsch» Müller (*1957) ist mit 19 Siegen der erfolgreichste Schweizer Abfahrer. Er gewann dreimal die Abfahrts-Weltcupwertung, fünf WM- und Olympiamedaillen und insgesamt 24 Weltcuprennen. Heute betreibt er als Hobby erfolgreich Mountainbike Orienteering. Der zweifache Familienvater führt das Sportgeschäft Mythen Sport in Einsiedeln SZ.

Der Uetliberg ist sein Wohnzimmer:
Mountainbike-Pionier Alec Wohlgroth verhalf dem
Mountainbiken in Zürich zum Durchbruch.

68

BIKE KINGDOM

Downtown Switzerland ein Downhill-Paradies? Da lacht mancher Steinbock, bis er selbst zum ersten Mal die steilen Trails am Uetliberg ausprobiert. Was als Freizeitvergnügen einiger Freaks begann, ist heute Breitensport. Mountainbike-Pionier Alec Wohlgroth über seinen Weg zum Glück.

Die 80er-Jahre lüfteten das miefige Zürich durch. Die Stadt entdeckte eine neue Lebensfreude. Man war nun nicht mehr gegen alles, sondern für Neues. Weg mit den alten Zöpfen, her mit den illegalen Bars und Techno-Raves. Ich selbst setzte mich für Skateboardrampen und Freestylesport ein! Als Teenager war ich auf dem Skateboard unterwegs und genoss den Spass und die gewonnenen Freiräume. Zu jener Zeit sah ich auch die ersten Mountainbikes in Zürich. Cycle Shark an der Schaffhauserstrasse war der erste Bikeshop der Stadt. Pete Stutz und Peti Fontana importierten beachcruiser-artige Bikes aus den USA: in Neonfarben lackierte Gary Fishers, Diamond Backs oder Nishikis. Sie gingen weg wie warme Weggli. Zürich entwickelte sich zum Hotspot für diesen neuen Outdoorsport. Die Zürcher Jugend (und einige ihrer Väter) entdeckten die wilden Tobel, den schmierigen Moränenlehm, die holprigen Wurzeln und die ausgedehnten Hügelzüge rund um die Stadt. Richtig stolz war, wer es auf den fetten Reifen bis zum Forchdenkmal oder gar zum Altberg schaffte. Wie die Pfadis wollten wir Spass in der Natur haben. Der Altersdurchschnitt der Waldbesucherinnen und -besucher sank in wenigen Jahren deutlich. Die Bikes dienten aber auch als Statussymbol: Statt mit dem Boliden am Bellevue aufzuschneiden, fuhr der sendungsbewusste Zürcher nun mit dem Mountainbike die Seepromenade entlang.

Diese Bewegung riss mich mit. Mit 13 Jahren schenkten mir meine Eltern zur Firmung mein erstes Mountainbike. Ein Scott Windriver in Neonpink. Ausser meinen Eltern und der katholischen Kirche bin ich aber auch einem Alt-Punk zu grossem Dank verpflichtet: Chrigel Braun. Aus St. Gallen nach Zürich gezogen, organisierte Braun 1996 das erste Downhillrennen am Uetliberg. 30 Mountainbiker aus der Region donnerten am sogenannten Secret Downhill in wenigen Minuten vom Grat hinunter in die Stadt. Ich stand überraschenderweise als Sieger auf dem improvisierten Podest. Man wirft mir heute noch vor, ich hätte die Falllinie statt des Trails gewählt. Dieser

Szene-Event war der Startschuss für ein neues Kapitel, und ich wollte ein Teil davon sein. Bei Bier und Pizza ersann ein Grüppchen um Braun und andere Downhiller den Pizza Cup. Die Idee war simpel. Wir organisierten Mountainbike-Events. Wer gewann, erhielt neben Ruhm und Ehre eine Pizza.

In den Folgejahren entstanden legendäre Trails wie der Südabflug Ja! am Zürichberg. Oder der von Grünstadt Zürich immer wieder gesperrte Harakiri Massiv am Uetliberg. Rund 100 Freiwillige aus der ganzen Schweiz hätten diese kurvenreiche, steile Abfahrtsstrecke an einem einzigen Samstagnachmittag durch den Wald gelegt, sagt die Legende. Abends wurde gefeiert, am Sonntag der Trail eingeweiht. In Zürich entstand eine schillernde Avantgarde des Schweizer Mountainbikesports, die durch die Wälder rauschte, bis sich Blut, Schweiss und Kettenöl vermischten. Es war auch die Zeit von MTV und Videokameras. Erstmals konnte festgehalten werden, was ausserhalb der geplanten Drehbücher lief. So entstand 1998 der trashige *Pizza Cup – Der Film* und später das Label Halsundbeinbruch Film. Inspiriert von kanadischen Skifahrern, die sich im Sommer mit den Bikes und in Surfshorts statt Spandex dieselben Hänge wie im Winter hinunterstürzten, produzierten wir die ersten Freeride-Bikefilme Europas und verkauften VHS-Kassetten davon. Zur Filmpremiere pilgerten etwa 1000 Personen in die Rote Fabrik. Damals entstand auch der Teilchenbeschleuniger. Ein Markt für Bike-Ersatzteile, den die Nerds über die Landesgrenzen hinaus kennen. Vom eloxierten Ringlé-Schnellspanner über den 160-Millimeter-Vorbau bis zum Campagnolo-Wechsler ist dort alles zu finden.

Auch die Many Hill Show stammt aus der Jahrtausendwende. Das Rennen ist mit 135 Kilometern und 3300 Höhenmetern bis heute die längste und härteste Umrundung Zürichs. Waghalsige bezwangen zum ersten Mal (häufig auch neben und unter dem Bike) Trails wie die berüchtigte Elsbeth, den Briefkasten, das Testament und den Zringelum auf den Kreten und in den Flanken des Üetlibergs. Biken war zu Beginn der Nullerjahre noch kein Massenphänomen. Die paar Freaks im Wald liess man gewähren.

In den 20 Jahren darauf entwickelte sich das Biken in den bewaldeten Hügeln rund um Zürich zum Breitensport. Der Harakiri Massiv wurde über 10 000 Mal pro Jahr befahren, wie wir dank städtischer Messungen wissen. Das hätten sich die Erbauer nicht mal in ihren kühnsten Träumen vorstellen können. Natürlich erhoffte sich mancher Kritiker, dass der Boom bald wieder abflachen würde. Aber nur die anfänglichen Konflikte mit Spaziergängern wurden weniger. Die Begegnungen sind inzwischen meistens freundlich, sofern sich Bikerinnen und Biker frühzeitig bemerkbar machen, den Fussgängern den Vortritt lassen und langsam vorbeifahren.

Offensichtlich wechselten manche Spaziergänger selbst auf die Stollenpneus. Etwa 25 000 Stadtzürcherinnen und -zürcher fahren nämlich regelmässig Mountainbike. Mehr als 30 Bikeshops und viele Bike-Cafés eiferten dem Cycle Shark nach.

Das Sportamt der Stadt Zürich fördert das Mountainbiken. Mehrere Tausend Mitglieder zählt der 2010 gegründete Verein Züritrails, der sich politisch engagiert und Lösungen vorantreibt. In Kooperation mit der Stadt hat er die Bike-Infrastruktur verbessert und drei sehr beliebte Trails initiiert: am sanften Züriberg den Doldertrail, am steileren Uezgi den Antennen- und den Höcklertrail. Keine andere Stadt der Schweiz fördert den Bikesport so progressiv. In keinem anderen Kanton ausser in Graubünden ist die Gesetzeslage derart bike-freundlich: Biken ist seit 2022 in Zürich offiziell auf allen Wegen erlaubt, von offiziellen Fahrverboten abgesehen. Abseits der Wege zu fahren ist aber wie in allen anderen Kantonen verboten.

Zürich investierte rund 2 Millionen Franken in den Bikepark Allmend. Auf 5500 Quadratmetern beherbergt der Park neben dem Sihlcity verschiedene Parcours für den Dirtjump-Profi bis zum Kleinkind. Ein anderer Szenetreffpunkt ist der Idaplatz an lauen Mittwochabenden. Dort stellen die Biker nach der Abfahrt vom Hausberg ihre dreckigen Hosen zur Schau und stossen auf die neuesten Trailabenteuer an.

Unzählige anspruchsvolle natürliche Trails säumen die Kreten und Wälder der umliegenden Hügelzüge. Auf der rechten Seeseite, am Pfannenstiel ob Meilen, am Adlis- und am Zürichberg, limmatabwärts am Altberg und auf der Lägern, dem letzten Jura-Ausläufer. Auf der linken Seeseite locken Albis, Üetliberg, Hasenberg und nahe Baden der Rüsler. Die höchste Erhebung ist das Albishorn, 503 Höhenmeter geht es hinunter zum See.

Abseits vom überbevölkerten Uto Kulm und unter der Woche fahren Bikerinnen und Biker auch heute noch meistens alleine auf diesen Trails. Für sie und für mich ist Zürichs Natur ein Paradies.

ALEC WOHLGROTH

69

FLOWJOB

Kein anderer hat mit Trendsport-Events mehr Menschen auf die öffentlichen Plätze Zürichs gelockt als der Bündner Erwin Flury. Alles war immer im Flow. Selbst als seine 30 Meter hohe Snowboardrampe auf der Landiwiese unter der Schneelast kollabierte. Flury hat seinen Job gemacht.

Die Ära «Erwin Flury in Zürich» begann wenig verheissungsvoll. «Ich war 13 oder 14 Jahre alt und wollte das berühmt-berüchtigte Niederdorf sehen.» Doch am Hauptbahnhof wusste der Churer Sekundarschüler nicht mehr weiter. «Ich traute mich nicht, jemanden zu fragen, und reiste wieder nach Hause», erzählt der Bündner und lacht. Er lacht oft und oft laut. Wer Erwin kennt, kann sich nicht vorstellen, dass die gleiche Person sich einmal nicht traute, jemanden anzusprechen. Menschen für seine Ideen zu gewinnen und zusammenzubringen ist sein grösstes Talent.

Flurys Erfolgsformel: Flow. Nicht der Allerweltsbegriff, zu dem das Wort inzwischen geworden ist, sondern das psychologische Konzept des Amerikaners mit dem geschmeidigen Namen Mihály Csíkszentmihályi. Martin Venetz, ein Jugendfreund Erwins und Psychologe an der Uni Zürich, hatte ihn darauf aufmerksam gemacht. Flow beschreibt den Zustand, in dem man völlig in der Tätigkeit aufgeht, alles um sich herum ausblendet. Der Zustand passte perfekt zu der Art, wie Snowboarder, Skater und BMX-Biker ihre Sportarten betrieben: nicht auf der Jagd nach Siegen und Rekorden, sondern nach dem perfekten Gefühl, und dies mit dem Ziel, die Flow-Zeit zu verlängern. «Ich fand den Flow bei der Arbeit. Und von wenigen Ausnahmesituationen abgesehen, habe ich ihn bis heute», sagt Erwin.

Doch bevor er seine Plattform fand, um im Flow arbeiten zu können, hatte sein Leben schon mehrere Wendungen genommen. Nach der Lehre zum Serigrafen wanderte der 20-jährige Churer an die französische Atlantikküste aus. Erwin hielt sich in erster Linie am Strand auf. Schliesslich lockten ihn seine Eltern mit einem attraktiven Job-Angebot zurück in die Schweiz.

Es folgten einige Jahre in der Kommunikation eines Werkzeug- und Haushaltsgeräte-Herstellers. Er lebte in Zürich, der Stadt, die ihn als erste aus seiner Bündner Komfortzone gelockt hatte. «Eines Abends spazierte ich durch die Bäckeranlage nach Hause», erinnert er sich, «ich schaute an mir herunter und sah mich in langweiligen Kleidern und bünzligen Schuhen und fühlte mich alt.» Er war damals Mitte 20 und erkannte: «Ich brauche einen Wechsel.» Er zog nach Paris, baute ein Netz an Werbeflächen in Skigebieten und auf Golfplätzen auf. Seine Freundin Elvira zog nach einem Jahr ebenfalls nach Paris und gebar Sohn Nicolas. «Paris ist cool, aber für eine Familie ist Zürich besser», fanden sie und zogen zurück. Kurz danach kam Tochter Fabienne zur Welt.

Erwin baute sich zwei berufliche Standbeine auf: Immobilien- und Event-Marketing. «Am Morgen stellte ich im Anzug Investoren Bauprojekte vor. Am Nachmittag organisierte ich in Jeans Partys und Snowboard-Contests.» Keine Frage, wo er den Flow fand. «Finanziell hätte ich natürlich besser auf Immobilien gesetzt», blickt er ohne Reue zurück. Was er lernte: gross denken und liefern. Sein erster Streich in Zürich hiess aus heutiger Warte wenig sexy «Züri Inline». Der Bündner korrigiert: «Nescafé Züri Inline and Switzerland Life Snowboardcup presented by Swatch» sei der Titel des Events auf der Landiwiese gewesen. Und er hätte beinahe nie stattgefunden. Fünf Wochen vor dem Event erhielt Flury um 7 Uhr früh einen Anruf aus der für Veranstaltungen zuständigen Zürcher Amtsstube: «Wir haben einen Fehler gemacht und Ihre Veranstaltung am Eidgenössischen Buss- und Bettag bewilligt. An dem Tag dürfen aber keine Veranstaltungen stattfinden.»

Alles war organisiert – der Albtraum jedes Veranstalters. Erwin Flury meint nur: «Gut, dann gebt uns ein anderes Datum.» Eigentlich auch unmöglich bei einer Veranstaltung dieser Grösse. Aber es klappte. «Von da an waren die Mitarbeiter der Stadtverwaltung uhuara nett zu uns». «Uhuara» ist ein Ausdruck, den Erwin Flury oft braucht, meistens in Kombination mit «gail». Erwin spricht wie einer, der in den 90er-Jahren jung war – damals war er aber schon in seinen 30ern. Einem Journalisten erklärte er einmal, dass er kein Problem mit der

Mobilisiert seit 30 Jahren die Massen: Erwin Flury an seinem Grossevent Cycle Week im Mai 2023 in der Europaallee, der von 80 000 Menschen besucht wurde.

Bezeichnung Berufsjugendlicher habe, wenn dies bedeute, dass man offen für Neues bleibe. An seinen Events setzt er die jungen Wilden in Szene. Am Wochenende geniesst er die Ruhe in seinem Maiensäss, zu dem er mit dem Splitboard aufsteigt. Mindestens einmal pro Jahr sucht er gute Wellen für sein Longboard.

1997 erhielt sein Festival den Namen, unter dem es berühmt wurde: freestyle.ch. Zwischen 50 000 und 100 000 sahen sich das Spektakel am See Jahr für Jahr an. Wie viele genau, weiss niemand – Eintritt und Zugang waren frei. Snowboarden erlebte in diesen Jahren seinen grössten Boom, Skateboarden ungefähr seinen dritten und Inlineskating seinen ersten und letzten. Die Rider waren erst dabei, Weltstars zu werden. Terje Haakonsen und Gian Simmen begeisterten auf Schnee. Matt Hoffmann war der Irrste der irren BMXler in der Halfpipe. Und aus heutiger Sicht kaum vorstellbar: Tony Hawk flog für 2000 Dollar Gage nach Zürich und hing das ganze Wochenende über auf dem Gelände ab. Wenige Jahre später war Hawk Spielfigur in seinem eigenen Game, verdiente über 30 Millionen Dollar pro Jahr und hatte den gleichen Manager wie Tom Cruise. Bei seinem letzten Auftritt am freestyle.ch zeigte er den ersten 900 in Europa. Sturz um Sturz nahm er hin, kletterte wieder die Rampe hoch, bis der Stunt gelang. Für alle, die dabei waren, ein unvergesslicher Moment.

Um bei der Arbeit im Flow zu bleiben, musste Flury jährlich einen draufsetzen: Das ging nicht nur mit höheren Rampen und grösseren Namen, sondern auch beim Service für die Sponsoren. Wissenschaftlich begleitet vom Psychologen-Freund Martin Venetz liess er die Besucher auf der Landiwiese zu seiner Befindlichkeit befragen. Und siehe da, auch sie erlebten eine Art von Flow. Venetz und Flury hielten in jener Zeit Vorträge über Flow und dessen Bedeutung für Sport und Kommunikation. 2004 passierte etwas, das freestyle.ch prägen sollte: Die Snowboardrampe war inzwischen auf 30 Meter Höhe angewachsen. Am frühen Samstagmorgen stürzte jener Teil ein, unter dem die Bar des Schweizer Kleiderlabels Zimtstern aufgebaut war. Erst Stunden später war klar, dass niemand verletzt worden war. Erwin und sein Team brachen die Veranstaltung ab. freestyle.ch kannte danach jeder.

Es folgten schwierige Jahre, in denen freestyle.ch das Publikum zwar weiterhin zu Zehntausenden auf die Landiwiese lockte. Das Schweizer Fernsehen übertrug live. Die Freestyle-Motocrosser kamen dazu, die neuen Stars hiessen Iouri Podladtchikov, Marc-André Tarte, Elias Ambühl und Matt Rebeaud. Trotzdem liessen sich die auf über 2 Millionen Franken angewachsenen Kosten immer schwerer einspielen. Mehrmals wechselte freestyle.ch den Besitzer. Dann wollte Erwin freestyle.ch zur internationalen Serie mit Events in Deutschland, Spanien und China aufbauen. Er und sein Team kamen bis Berlin Tempelhof. Auf dem stillgelegten Flughafen zeigten die Stars ihre Tricks, aber wegen des Dauerregens geriet die Veranstaltung zum finanziellen Fiasko. Die 20. Austragung in Zürich, im September 2014, war die letzte. Erwin Flury war damals bereits fremdgegangen. Vom Freestyle-Spektakel zum Mountainbiken, von Zürich nach Solothurn. Die Bike Days waren eine Velomesse, kombiniert mit Rennen, Shows und Partys. Erwin spürte, dass er mit dem Velo ein neues Thema gefunden hatte, in dem viel mehr Potenzial steckte, als die meisten darin sahen. «Je mehr ich mich damit beschäftigte, desto mehr zog es mich hinein.» Er gründete mit Donald Nader und Thomas Eberle die BikeDays.ch GmbH und später kam die antritt GmbH mit Geschäftspartnerin Nathalie Schneitter dazu. 2016 fand das erste Urban Bike Festival statt. In Zürich West köderte Flury die Massen mit Shows, wie Zürich sie noch nicht gesehen hatte: Das altehrwürdige Radquer erhielt im Frühsommer auf der Josefwiese einen Auftritt. Der Youtube-Superstar Danny MacAskill zeigte seine Trial-Künste. Zum Testen bereit standen die Helden des Veloalltags: Stadträder, Lastenvelos, E-Bikes, Kindervelos, Falträder, praktisches und einfach nur schönes Zubehör.

Auch privat wird Erwin Flury immer mehr zum Velofahrer. Sein letztes Auto, einen VW Käfer, verkaufte er 2012. 2021 zieht es ihn zusammen mit einem Freund auf den Velos von Zürich nach Biarritz. 1200 Kilometer, entspannt, zielstrebig, im Flow. So wie er seine Projekte vorantreibt, erreicht er die Atlantikküste.

In Zürich kommt dann wieder einmal etwas dazwischen, das Flurys Veranstaltungen in ihrer Existenz bedroht. Dieses Mal ist es eine Pandemie. Wieder sind es keine zwei Monate bis zum geplanten Start des Urban Bike Festivals und der wenig später folgenden Bike Days. Wieder sind die meisten Investitionen längst getätigt, das OK seit Monaten an der Arbeit. Flury und sein Team tun zwei Dinge: Sie verlegen das Urban Bike Festival ins Netz. Das Programm findet in zwei vierstündigen Live-Casts statt. Natürlich treffen sich alle lieber live an einer Veranstaltung, aber das gewonnene Digitalisierungs-Knowhow diente dem neuen nationalen Velofestival Cycle Week, eine Fusion der Bike Days und des Urban Bike Festivals in der Europaallee und der Allmend Brunau.

Hat Erwin, der Bündner Snowboarder, Zürich zur Velostadt gemacht? Das nicht. Aber er hat Zürich geholfen, seine aus der Veloperspektive besten Seiten zu zeigen. Und nebenbei haben alle Menschen, die in den letzten 30 Jahren eine Flury-Veranstaltung miterlebt haben, eine gesunde Portion Flow verabreicht bekommen.

STEFAN MICHEL

Ur-Duell: Im ersten Finalspiel der Playoffs zwischen den ZSC Lions und den Kloten Flyers in der Saison 2013/14 freute sich Patrik Bärtschi über seinen Treffer. Die ZSC Lions gewannen die Meisterschaft.

70

STADT-LAND-KONFLIKT

Die ZSC Lions und der EHC Kloten, das ist die Geschichte zweier Eishockeyclubs, die nur ein paar Kilometer trennen – und doch liegen Welten dazwischen, wenn es um ihr Selbstverständnis geht.

Seit eh und je wird das Zürcher Derby als Duell zwischen Stadt und Land angesehen, obwohl sich diese Grenzen im Raum Zürich längst im städtebaulichen Einerlei aufgelöst haben. Lange war das kleine Kloten die unumstrittene Nummer eins im Kanton, fünffacher Meister (zuletzt 1996); doch in den letzten 25 Jahren ging der Club durch viele Turbulenzen. Er lebte gerne über seine Verhältnisse, die Folgen waren Eigentümerwechsel, Schuldenwirtschaft, ein Abstieg (2018) und vier Jahre im Halbschatten der Swiss League bis zum Wiederaufstieg. Vernunft statt Grössenwahn, so heisst nun das Motto. Abgeschieden in seinem Stadion am Waldrand, bezog der EHC Kloten Kraft und Identität immer aus der Idealvorstellung einer verschworenen Dorfgemeinschaft, die sich der Welt da draussen stellen muss – am liebsten angeführt von einem Leitwolf, wie der Ur-Klotener Felix Hollenstein viele Jahre lang einer war.

Und die Welt da draussen, die wird von niemandem besser verkörpert als vom Nachbarn ZSC. Er stand seit seiner Gründung 1930 stets für eine Stadt, die ausufert und alles vereinnahmt, unruhig, laut und stets im Wandel – irgendwie bedrohlich. Phänomene wie Globalisierung und Urbanisierung sind für das Selbstbild des ZSC keine Herausforderung, auf die er, wie die Klotener, eine Antwort finden muss in Form der Besinnung auf das Kleinräumige, Altvertraute. Die Lions können die Strömungen der Zeit aufnehmen und in das eigene Selbstverständnis integrieren. Die Fixierung auf das Lokale brauchte der ZSC nie, waren doch bereits bei seiner Gründung die zugezogenen Bündner mindestens so wichtig wie die Einheimischen.

Der Stadtclub bedient nicht primär jene, die ein heimeliges Wir-Gefühl suchen. Wer diesen Club unterstützt, gefällt sich auch in der Rolle dessen, der vom Rest des Landes mit Leidenschaft abgelehnt wird. Die meisten kommen einfach an die Spiele, um Teil eines Events zu sein. Früher pilgerten die Leute ins alte, verrauchte Hallenstadion in Oerlikon, um sich zu ärgern. Nirgendwo konnte man den Frust des Alltags besser vergessen als beim Anblick eines ZSC-Matchs. Der ZSC war eine erfolglose Wundertüte, und wenn es zur Abwechslung einmal etwas zu feiern gab, lagen sich Bauarbeiter und Anzugträger, die sich zuvor nie gesehen hatten, freudetrunken in den Armen – und verschwanden danach wieder in der Anonymität des Alltags. Nach 72 Jahren im Hallenstadion spielt der ZSC seit Oktober 2022 in der nagelneuen Swiss Life Arena in Altstetten – er hat zum ersten Mal eine Heimstätte, die ihm gehört. Die Ansprüche sind hoch. Ging es früher gegen den Abstieg, ist heute nur noch der Meistertitel gut genug. Das Publikum ist gesitteter geworden, aber es leidet noch immer gerne mit. Und bieten die Spieler nicht die erwartete Show, werden sie wie früher gnadenlos ausgepfiffen. Einem anständigen Kloten-Fan käme so etwas nie in den Sinn.

Dabei eignen sich die ZSC Lions eigentlich gar nicht mehr als Projektionsfläche für Anti-Zürich-Klischees. Von ihrer beispiellos umfangreichen Nachwuchsarbeit profitiert die ganze Liga. Und sie sind weder vorlaut noch arrogant, sondern einfach perfektionistisch. Es ist kein Zufall, dass die grosse Symbolfigur der Lions jene ist, die sich am meisten im Hintergrund hält: der Präsident Walter Frey. Der schwerreiche Eigentümer der Emil-Frey-Gruppe übernahm das Steuer 1997, als der ZSC (wieder einmal) kurz vor dem Bankrott stand. Frey verschmolz den Club mit der GC-Eishockeysektion und machte den chaotischen ZSC über Nacht zum Spitzenteam, das seither ZSC Lions heisst. Sechs ihrer bisher neun Meistertitel haben die Stadtzürcher in der Ära Frey gewonnen.

Aber ob zurückhaltend oder prahlerisch, am lieb gewordenen Feindbild Zürich ändert der Auftritt der Lions ohnehin nichts. Die ZSC Lions sind und bleiben die ideale Zielscheibe für alle, die irgendwie die gute alte Zeit, die heile kleine Welt vermissen. Doch sie leben gut mit den Klischees, die über die Stadt und alles, wofür sie steht, existieren. Nicht zuletzt diese Klischees sind es auch, die zur eigenen Identifikation beitragen. Dem EHC Kloten wiederum hilft dieser grosse Nachbar, das Profil des sympathischen Dorfclubs zu schärfen, damit er in einer Gegend, die von permanenter Verstädterung gekennzeichnet ist, nicht in der Unsichtbarkeit versinkt.

Kloten und der ZSC, das sind zwei Nachbarn, die nie viele Gemeinsamkeiten hatten und sich immer fremd geblieben sind. Dennoch profitieren beide Clubs von ihrer Nähe zueinander. Beide stehen für eine Art Heimat. Jeder auf seine ganz eigene Weise.

ULRICH PICKEL

DUNKLE SEITE

Ein Ort voller Schicksale und Abgründe: Zelle des Provisorischen Polizeigefängnisses auf dem Kasernenareal, kurz vor dem Abriss 2023.

Fixerin auf dem Platzspitz:
Eine Hölle mit eigenen Regeln.

71

ZOMBIETOWN

Niemand hätte für möglich gehalten, was sich 1991 im Zentrum einer der reichsten Städte der Welt abspielte: Auf dem Platzspitz entstand eine grosse offene Drogenszene. In den umliegenden Quartieren patrouillierte die Bürgerwehr. Aber das war erst der Anfang.

Das Blut musste die Ratte in jener warmen Sommernacht 1991 angelockt haben. Als Stammgast auf dem Platzspitz konnte Alain nicht mehr vieles erschrecken, aber das Grauen dieser Szene drang sogar durch seinen Heroinrausch. Das Tier war gross wie eine kleine Katze und machte sich offenbar über den Junkie her, der zusammengesunken an einem Baum lag, flussabwärts vom Rondell im Dunkeln. Normalerweise frassen die Ratten vom Platzspitz herumliegenden Kot, aber Blut schmeckte ihnen besser. Alain ging zu dem Mann hin, aber das Tier liess sich nicht abschrecken. Es steckte mit der Nase und den Nagezähnen bereits in der Armbeuge direkt unter der Nadel im Fleisch.

Alain versetzte der Ratte einen Tritt. Erst da liess sie vom Mann ab. Dann beugte er sich über den Bewusstlosen, kontrollierte Atem und Puls und versuchte ihn mit ein paar Ohrfeigen zu wecken. Erfolglos. Im Gebüsch hörte er die Ratte rascheln. Schliesslich zerrte er den Mann nach vorn in den Lichtkreis des Rondells, in der Hoffnung, die Ratte würde sich nicht zwischen die Menschen vorwagen. Dann ging er seinen Geschäften nach.

Zürich 1991 – die Stadt mit der höchsten Lebensqualität weltweit. Man legt Wert auf Sitte und Ordnung. Glaceverkäufer am Bellevue können keinen Sonnenschutz an ihrem Stand montieren, ohne dass die Polizei aufkreuzt und die Bewilligung prüft. Doch auf dem Platzspitz, wo früher das vornehme Zürich lustwandelte, wird das Gesetz stündlich hundertfach gebrochen. Täglich tummeln sich hier zwischen 3000 und 5000 Leute. Sie fixen, sie hängen herum, verschieben Geld und Drogen. In den Büschen zwischen Landesmuseum und Sihl verkaufen verwahrloste Mädchen ihren Körper für ein Taschengeld. Hinter improvisierten Marktständen aus Bananenschachteln, Gemüseharassen und Einkaufswagen stehen die sogenannten Filterlifixer, die neue Spritzen, Löffel, Ascorbinsäure feilbieten. Dazwischen rennen Ärzte herum, reanimieren Zusammengebrochene und verteilen Venensalben. Schlachtfelder nennen Kenner die eiternden Geschwüre, die viele Süchtige entstellen. Die ganze Szenerie erinnert tatsächlich an ein Schlachtfeld, wie ein Polizeibeamter sich erinnert, der damals täglich auf dem Platzspitz war: «Menschen lagen in ihrem eigenen Blut und Kot wie Gefallene. Wer noch gehen konnte, stieg einfach über sie hinweg.» Niemand, der das mit ansah, kann das bis heute vergessen. Weder den Anblick noch den Gestank nach Fäulnis und Erbrochenem.

In der Rückschau stellen sich viele Fragen: Wieso liess die Regierung das zu? Was sind die politischen Hintergründe dieser Katastrophe mitten in Zürich? Was sagt sie über die damals herrschende Weltanschauung aus? Warum liess man zu, dass sich so viele kranke und verstörte Menschen öffentlich zugrunde richteten? Dass harte Drogen die ganze Stadtbevölkerung in Geiselhaft nahmen? Was verrät diese Geschichte über Zürich?

Es gab ein Drinnen und ein Draussen. Die Welt drinnen war jene von Alain. Wenn er windgeschützt hinter dem Platzspitzdenkmal sass und Heroin von seinen dünn getriebenen Messingplättchen aus Bali rauchte, fühlte er sich zu Hause in diesem Kosmos, der nur nach dem Gesetz der Drogen funktionierte.

Die Welt draussen war die Welt der Stadtbewohner, die den immer surrealer anmutenden Zuständen fassungslos begegneten. Einer von ihnen war Jacky, damals Geschichtsstudent an der Uni Zürich. Er wohnte im Kreis 5 in der Nähe der Langstrasse. In der WG nannte man sie Zombiemeile – weil sich dort immer wieder Szenen ereigneten wie jene, an die er sich heute noch schaudernd erinnert. Eines

Morgens beobachtete er an der Ecke Langstrasse/Zollstrasse eine Frau. Auf allen vieren kroch sie die Strasse entlang, mit den Haaren am Boden und dem Rock über dem blanken Hintern hochgerutscht. Unterwäsche trug sie keine.

«Züri brännt und stinkt», hatte jemand an einen Bauzaun am Landesmuseum geschrieben. Wie es stank, daran erinnert sich Andres Oehler noch heute, der damals Informationsbeauftragter der Drogendelegation war. «Jahrelang hatte ich den Geruch in der Nase, sobald ich durch die Unterführung vom Kreis 4 in den Kreis 5 ging. Auch nachdem die Szene aufgelöst worden war. Die hatten Durchfall, waren krank, und wenn es regnete, stank es bestialisch.»

Um die Ausbreitung von Aids einzudämmen, verteilte die Stadt Spritzen, täglich bis zu 12000 Stück. Neue bekamen die Junkies nur gegen gebrauchte, trotzdem landeten Spritzen zu Hunderten in Hinterhöfen, auf Pausen- und Kinderspielplätzen. Man baute Barrikaden, vergitterte Hinterhöfe, umzäunte Schulen und Spielplätze mit Stacheldraht und montierte blaue Lampen in Hauseingängen, um den Junkies die Suche nach Venen zu erschweren. Ein Quartierpfarrer beklagte sich bei einem Treffen mit der Arbeitsgruppe der Stadt, Prostituierte und Freier kopulierten während des Gottesdienstes auf der Kirchentreppe. Das Pfarrhaus wurde danach mit einem Eisenzaun, einer Kamera und einer Stahltür geschützt.

Im Juni 1991 wurde die Aktion Betroffener Anwohner (ABA) gegründet, eine in ihrem Selbstverständnis «politisch und konfessionell neutrale Bürgeraktion», die eine Privatpolizei auf die Beine stellte und nachts durchs Quartier patrouillierte, um «Eigentum der im Einsatzgebiet wohnenden und arbeitenden Bevölkerung zu schützen».

Nicht, dass die Polizei tatenlos geblieben wäre. Bei ihren regelmässigen Razzien stürmte sie in Vollmontur auf den Platzspitz und sorgte kurz für Aufruhr und Geschrei. Die Filterlifixer galoppierten mit ihren Einkaufswägeli die Limmat entlang, die Dealer warfen die Drogen ins Wasser, und die Junkies fischten sie flussabwärts wieder heraus. Sobald die Polizei abzog, richteten sich alle wieder ein, erinnert sich Alain: «Wie wenn man eine Ameisenstrasse unterbricht: Sie bildet sich sofort wieder neu.» Will man erklären, wie der Platzspitz und später der Letten entstehen konnten, dann keimte diese Katastrophe irgendwo zwischen zwei politischen Ideologien. Zwischen einer linken, die die Süchtigen für Opfer eines harten und kalten gesellschaftlichen Klimas und düsterer Zukunftsperspektiven hielt. Und einer rechten, die davon ausging, dass man das Problem mit der nötigen Härte in den Griff kriegen würde. Im Verlauf der 80er-Jahre verhärtete sich das politische Klima. Und Zürich veränderte sich rasant. Das 1985 eingeführte Pensionskassenobligatorium spülte Milliarden in die dritte Säule, die in Immobilien investiert wurden. In der Innenstadt und den Kleingewerbequartieren wuchsen stahlglänzende Neubauten in den Himmel, billiger Wohnraum musste Einkaufszentren weichen.

Von 1986 an liess die Stadtregierung eine offene Szenebildung auf dem Platzspitz zu. «Das hatte es nie zuvor gegeben», sagt Alain. «Einen Ort, an dem man sich die Drogen besorgen und sie konsumieren konnte, ohne eine Verhaftung befürchten zu müssen.» Doch mit der offenen Szenebildung breitete sich auch Aids auf dem Platzspitz aus. Nirgends war der Schrecken dieser eben erst entdeckten Krankheit stärker zu spüren als bei den dahinsiechenden Süchtigen.

Bei den Stadtratswahlen 1990 errangen die Sozialdemokraten einen Erdrutschsieg. Das Stimmvolk hatte genug von Fichen-Skandal, Kopp-Affäre, Wohnungsnot, Platzspitz und den internen Zankereien in der Exekutive. Die Hoffnungen lagen ganz auf der neuen links-grünen Regierung. 1990 gab die Stadt erstmals mehr als 20 Millionen Franken für Drogenhilfe aus. Dabei wuchs die Szene ungebremst. «Es war eine schlimme Situation», erinnert sich der damalige Stadtpräsident Josef Estermann. «Im Stadtrat stritt man über mögliche Lösungen. Die Bruchlinien gingen durch alle politischen Lager, nicht einmal bei der Polizei war man sich einig.»

Der Platzspitz war die Hölle. Aber diese Hölle hatte System, Gesetze, eine eigene Hierarchie der Macht. Vom Sihlquai aus sahen unbeteiligte Beobachter auf dem Platzspitz nur dichte Gruppen blasser Gestalten wogen. Insider wie Alain kannten Rhythmus und Struktur des Irrsinns genau: erste Stosszeit zwischen 7.30 und 8.30 Uhr, dann folgten drei ruhigere Stunden. Ab 12.30 Uhr kamen Junkies in Seidenhemd und Krawatte für den Mittagsfix, bevor sie um 13.30 Uhr wieder zur Arbeit gingen. Ruhe bis um 16.30 Uhr, dann setzte der Abendverkauf ein. Waren viele Drogen im Angebot, torkelten die Heroinjunkies im seligen Delirium auf den Wiesen, während die Koksfixer wie batteriebetriebene Gespensterheuschrecken herumstaksten in ihrer Gier nach dem nächsten Kick.

Versuch von Normalität: Städtische Mitarbeiter reinigen 1990 das Rondell, zentraler Ort des «Needle Park».

Drama in zweiter Auflage: Offene Drogenszene unter der Kornhausbrücke am Letten im Juli 1993.

Rund um diese Hölle prosperierte die Hilfsindustrie der Stadt und wohlmeinender Sozialromantiker. Vertreter des Sozialamts, private Gassen- und Sozialarbeiter, medizinisches Hilfspersonal, das Gartenbauamt und kirchliche Organisationen richteten sich im Katastrophengebiet ein. Im Angebot waren Mittagstische, Rockkonzerte und Malkurse für Junkies. Regelmässig durchstreiften Journalisten und Neugierige auf Elendssafari das Drogensoziotop.

In der offenen Drogenszene beherrschten Qualität und Verfügbarkeit des Stoffs alles. Sie bestimmten auch die soziale Dynamik: König war, wer gute Drogen hatte. Zum Adel gehörte, wer wusste, wo man guten Stoff kriegte. Wegen der grossen Konkurrenz auf der Angebotsseite engagierten die Dealer sogenannte Schlepper, die sich am Eingang zum Platzspitz postierten und Kunden mit einer Stoffprobe zum Chef lockten. Geduldete Dienstleister waren Filterlifixer. Unauffällig verrichteten sie ihren Dienst, gaben Spritzen und Tupfer heraus und bekamen dafür die Reste des Heroinsuds. Nicht das Verlangen nach Status gestaltete diese Hierarchie, sondern der Selbstbetrug, der zu jeder Sucht gehört, erklärt Alain das System: «Wer noch Wert auf saubere Nadeln legte, konnte sich einreden, alles unter Kontrolle zu haben. Wer noch eine Wohnung hatte, fühlte sich besser als die obdachlosen Junkies. Selbst wenn man am Boden war, suchte man immer jemanden, dem es noch dreckiger ging, um sich zu beweisen, dass man es doch noch im Griff hatte.»

Niemand hatte irgendwas im Griff. Die Junkies nicht und auch nicht die Stadtregierung. Laut Andres Oehler betraf die Situation zwar fast jedes Amt. Lange versuchten alle, ihre jeweiligen Probleme im Alleingang zu lösen: «Dass es keine Strategie gab, war einer der Gründe für die Eskalation.»

Auf dem Platzspitz handelten Junkies, Dealer und Hehler mit allem, was sich zu Geld machen liess: mit Lederjacken, Parfüm, Stereoanlagen, Waffen, ersten Handys und Velos. Die damals neuen Mountainbikes waren besonders wertvoll, weshalb Junkies sich Kältespray und Hammer besorgten und sie in Serie knackten. Wenn dann unbescholtene Bürger wie der Geschichtsstudent Jacky sich beim Velohändler beklagten, das brandneue Bike sei schon wieder geklaut worden, bekamen sie zu hören: «Hol es auf dem Platzspitz. Dort bekommst du es für weniger zurück, als dich der Selbstbehalt der Versicherung kosten würde.» Die vielen Diebstähle drückten allerdings den Preis. Nach zwei Jahren bekam man für ein brandneues Mountainbike nicht mehr ein paar Hunderter, sondern gerade noch ein Stück Hasch im Wert von 30 Franken.

Die Drogen weckten auch bei Nüchternen den Traum vom grossen Geld. Viele Schweizer dachten: Ich nehme meine ersparten 30000 Franken und mache daraus eine Million. Ein Freund aus Alains Clique kaufte in Kolumbien ein Kilo Kokain, würgte es in Parisern herunter und brachte es in die Schweiz mit der Idee, auf dem Platzspitz ein Vermögen zu verdienen. Dann sei er verschwunden, berichtet Alain: «Vier Wochen lang blieb er auf seinem Zimmer und zog sich alles selbst rein. Am Ende war er so paranoid, dass er sofort das Messer zückte, wenn ihn jemand besuchen wollte.»

Die Drogen pervertierten alles, auch die Liebe. Viele Frauen gerieten über ihre Partner in die Drogenszene und sahen mit fortschreitendem sozialem Absturz den letzten Ausweg in der Prostitution. Das gab ihnen Macht in der Beziehungshierarchie, weil sie für Nachschub sorgten, während ihre Partner abhängig und doppelt gedemütigt waren: Als Junkies waren sie sozial geächtet, als Männer mussten sie die Schmach einer mit anderen verkehrenden Geliebten ertragen. Student Jacky erinnert sich an die typischen Junkiepärchen: «Man sah viele davon und hörte sie noch mehr. Oft stritten sie sich nächtelang lautstark in den Hinterhöfen.» Immer brutalere und absurdere Verbrechen häuften sich: Am 19. Januar 1989 erschoss ein Fixer einen anderen im Streit um ein Schmuckkettchen. Vier Tage später schoss ein Dealer einem Mann in den Rücken, «weil er sich geweigert hatte, Liegestützen zu machen», wie der *Blick* berichtete. Im Juli dann folgte der «Platzspitz-Mord», so die Schlagzeile: Drei Junkies gerieten in einen Streit, weil einer von ihnen Schokolade ass und die anderen zwei auch davon haben wollten. Als der 26-jährige Krankenpfleger nichts davon abgeben wollte, kam es zum Kampf. Die beiden Angreifer würgten den Krankenpfleger und zerrten ihn über die Fussgängerbrücke zur Limmat. Das Opfer wurde dabei bewusstlos, erwachte aber wieder und schrie. Die beiden fesselten und knebelten ihn und stiessen ihn in die Limmat. Die Polizei stellte «Tod durch Ertrinken» fest.

Alains Freunde aus seiner alten Clique starben nach und nach. Einer fuhr im Vollrausch mit dem Auto rückwärts in den See und ertrank. Einer holte sich eine Streptokokken-Infektion an den Herzklappen, ein anderer eine Blutvergiftung. Einer konsumierte so viel

Kokain und Alkohol, dass er starb. Zwei weitere Freunde starben an Aids. Keiner von ihnen tauchte je in der Statistik der Drogentoten auf, aber alle starben an den Drogen, die sie am Platzspitz bekamen und konsumierten. Bald war nur noch Alain übrig. Und dann kam der Letten.

In einer Hauruckaktion schloss der Stadtrat 1992 den Platzspitz – und schuf den Letten, die brutalste Fixerszene Europas. Es war eine fatale Niederlage auf dem Weg zur Lösung des Drogenproblems. Ein Jahr zuvor, am 30. Oktober 1991, hatte der Stadtrat im eichengetäferten Stadtratssaal beschlossen, die offene Drogenszene am Platzspitz zu schliessen. Niemand wollte mehr einen Sommer wie den von 1991 erleben. Mit den warmen Temperaturen kamen mehr Junkies und Dealer als je zuvor, es gab mehr Prostitution, mehr Überfälle, mehr Schmutz und Elend, das in den Kreis 5 schwappte. Auch der Kanton machte inzwischen Druck, die Szene zu schliessen – betrachtete die Angelegenheit aber weiter als eine ausschliesslich städtische. Und so bereitete die Stadt die Schliessung des Platzspitz' in aller Eile vor, stellte Betten für den Entzug und Betten in den Notschlafstellen bereit, rüstete Spritzenbusse aus und richtete Therapie-, Arbeits- und Wohnplätze für Entzugswillige ein. Stichtag war der 5. Februar 1992.

Von den Junkies erwartete die Stadt, dass sie die neuen Regeln so willig schlucken würden wie das Methadon, das man mittlerweile abgab. Es gab auch Kritik am Vorgehen. Nicht nur von ganz links, auch von Fachleuten. Der Termin sei überhastet gewählt, und es kursierten Gerüchte über einen vom Stadtrat unter Verschluss gehaltenen Expertenbericht, der eine versprengte Szene für unkontrollierbar hielt. Diese Einschätzung sollte sich als zutreffend erweisen.

Der näher rückende Tag X heizte die Stimmung auf. Am Samstagnachmittag des 1. Februar flogen an der Bahnhofstrasse Steine und Molotowcocktails. «Aktivisten aus der Hausbesetzerszene», schrieb die NZZ, «demonstrierten gegen Anpassungszwang und repressive Drogenpolitik.» Und, wie die Zeitung verwundert bemerkte, «offensichtlich gegen den linken Stadtrat». Am Mittwoch darauf wurde der Platzspitz geschlossen. Es war ein Desaster. Die Szene flutete die ganze Stadt, vor allem aber den Kreis 5. Die vorbereitete Infrastruktur reichte bei Weitem nicht.

Gehetzte Drogensüchtige jagten sich den Stoff nun auf offener Strasse in die Venen, immer in Angst vor der Polizei, die ihnen die Spritzen, wenn sie sie erwischten, aus den Venen zog. Ihren Stress liessen die Junkies an den Sozialarbeitern aus, bedrohten und schlugen sie. Die Dealer standen auf der Suche nach Kundschaft überall im Quartier, sprachen Buben auf dem Schulweg an, ob sie Kurierdienste leisten wollten, oder forderten Mädchen auf, sich zu prostituieren.

Die Polizei wusste nicht, wo sie mit dem Aufräumen anfangen sollte. Das zeigt folgender Vermerk einer Projektsitzung vom April 1992: «Das Sozialamt sagt, die Bevölkerung habe Angst vor der Entwicklung an der Langstrasse. Die Polizei kennt das Problem Langstrasse, sagt aber, erst müsse das Gebiet Hotel Arc en Ville, Carparkplatz und Parkhaus Sihlquai beruhigt werden. Erst dann könne man sich um Langstrasse, Stauffacher etc. kümmern.» Die Stadtpolizei sammelte auswärtige Junkies ein und deponierte sie vor den Gemeindehäusern ihrer Heimatdörfer. Nicht selten kauften ihnen die dortigen Beamten ein Ticket zurück nach Zürich – einfach.

In dieser Krisenstimmung zog der Sommer ins Land. Im Herbst beschloss die Stadt, eine neue offene Szene am Letten zuzulassen, um den schwer gebeutelten Kreis 5 zu entlasten. Sie war noch brutaler als der Platzspitz, erzählt Alain. «Auf dem Platzspitz herrschte anfangs eine fast familiäre Stimmung. Dann kamen jeden Tag mehr Leute. Auf dem Letten ging es gnadenlos ums Business.»

An einem kühlen Abend im November 1993 besuchte Bundesrätin Ruth Dreifuss den Letten. Lange hatte sich der Stadtrat um diesen Besuch bemüht. Es war bereits dunkel, als sie an der Seite von Andres Oehler den Uferweg an der Limmat entlangging. Ziel war der Letten, die grösste und brutalste offene Drogenszene Europas. Der Besuch war inkognito, kein Medienvertreter wusste davon. Einzig drei nervöse Stadtpolizisten mit Krawatte und einer Pistole unter dem Anzug waren dabei. Unter dem Bogen der Kornhausbrücke drängte sich der harte Kern der Szene. Im flackernden Feuerschein zeichneten sich schemenhaft Gestalten ab, vorn kauerte eine Gruppe Junkies. Die einen suchten nach zugänglichen Venen, andere dösten eingehüllt in Wolldecken.

Ganz anders die Szene vorn auf dem Lettensteg, wo Dealer-Clans aus dem Libanon, aus Albanien und Nordafrika das Sagen hatten. Dicht standen sie an diesem Abend auf dem Steg, es wurde gerufen und gestikuliert. Keiner wich freiwillig aus. Die Delegation musste sich durch die starrende Menge drängen. «Die Stimmung war sehr bedrohlich», sagt Oehler. «Uns brach unter den Winterjacken der Schweiss aus.»

Gut möglich, dass an jenem Abend auch Alain dort war. Er hätte Ruth Dreifuss Geschichten erzählen können. Jene von Amanda etwa, einem Mädchen, 16 Jahre alt, 40 Kilo schwer. Aufgewachsen im Heim, mit 13 heroinsüchtig, immer wieder von der Polizei aufgegriffen und in den Entzug gesteckt. Niemand vermisste sie, wenn sie sich jeweils bei der erstbesten Gelegenheit davonstahl und zum Letten zurückkehrte. Oder die Geschichte vom Jungen, der im August 1993 oberhalb des Letten in die Krone einer Eibe geklettert und dort gestorben war; wenige Meter entfernt von den Gleisen, auf denen Hunderte Junkies litten. Mehrere Tage dauerte es, bis ein Spaziergänger die in der Augusthitze schon halb verweste Leiche entdeckte. Endstation Letten, Ende der Zivilisation.

Im Spätsommer 1994 kam es innerhalb eines Monats zu vier Tötungsdelikten auf dem Letten. Im August wurde ein Dealer von hinten erschossen – mit Polizeimunition, so ging das Gerücht. Während der Spurensuche der Polizei kippten Dealer und Junkies auf der Kornhausbrücke ein Polizeifahrzeug um. Die Polizei verhaftete einen 16-jährigen Libanesen, woraufhin die libanesischen Dealer in einen zweitägigen Verkaufsstreik traten und versuchten, den Verhafteten mit einer Bombendrohung freizupressen. Junkies und Dealer, aber auch Polizei und Bevölkerung vibrierten vor Anspannung und Paranoia.

Aber nicht nur. In jenem Sommer wurde auch Fussball gespielt – die Weltmeisterschaft in den USA. Und Zürich fieberte mit. Bars und Kneipen zeigten die Spiele auf der Grossleinwand. Wenn die Schweizer siegten, feierten die Fans in bunten Corsos auf den Strassen, erinnert sich Student Jacky. «Die WM markierte ein neues Lebensgefühl, es herrschte Aufbruchstimmung. ‹I schänke dir mis Härz› war der Sommerhit, in dem Kuno Lauener sich in eine Stripperin verliebt. Die grauen 80er-Jahre waren vorbei.» Und auch die Geduld mit Dealern und Junkies.

Gewalt und Elend am Letten waren inzwischen ein grosses Medienthema im In- und Ausland, und das nutzte man aus. Als der Kanton der Stadt verbieten wollte, Polizeistatistiken zu publizieren, welche die Herkunft der aufgegriffenen Drogensüchtigen auswiesen, gab sie der Stadtrat an den *SonntagsBlick* weiter. Beamte führten Lokalpolitiker, National- und Ständeräte über das Lettenareal und liessen Schüler in Bundesbern Gedichte über ihren Lebensalltag zwischen Stacheldraht und blutigen Spritzen vortragen. Auch in den Kampf um die kontrollierte Drogenabgabe kam Bewegung. Die ausländische Presse hatte über den «Needle Park» zu schreiben begonnen, der Platzspitz wurde für die Schweiz zum Imageproblem. Wie auf der parteipolitischen Ebene der Stadt lag auch hier die Lösung darin, alle Beteiligten, nämlich Stadt, Kanton und Bund, an einen Tisch zu holen, damit jeder die Probleme in seinem Zuständigkeitsbereich identifizieren und Lösungen suchen konnte.

1993 hatte Ruth Dreifuss von Flavio Cotti das Innenministerium übernommen. Seit ihrem Erlebnis auf dem Letten hatte die Stadt in ihr eine Verbündete gefunden. In der Folge setzte sie sich für die kontrollierte Drogenabgabe ein und sorgte dafür, dass die Schweiz als eines der ersten Länder kontrolliert Heroin an Süchtige abgab.

Als die Stadt die Schliessung des Letten für den 14. Februar 1995 ansetzte, war sie besser vorbereitet als drei Jahre zuvor. Die kontrollierte Drogenabgabe war angelaufen, in der Zivilschutzanlage Waid gab es ein Notgefängnis, eine Rückführungsinfrastruktur für die auswärtigen Junkies stand bereit. Oehler erinnert sich: «Am Morgen, als der Letten geschlossen wurde, war dort kein einziger Dealer oder Junkie mehr anzutreffen.» Der Aufwand für die Schliessung war dennoch enorm. Hunderte Süchtige wurden aufgegriffen, heimgebracht und in Methadonprogramme gesteckt. Die offene Szene wurde zerschlagen. Ihr harter Kern zog sich zurück und nistete sich versteckt in Wohnungen an der Langstrasse ein. Alain entschloss sich in jener Zeit aufzuhören. Nach und nach setzte er alles ab. Heroin, Methadon, Barbiturate und zuletzt den Alkohol, Gifte, die er seinem Körper über Jahre stetig zugeführt hatte. So lange, bis er überzeugt war, dass in Zürich alles nur grau war und niemals die Sonne schien. «Als ich mein nüchternes Leben anfing, staunte ich, wie farbig und lebendig die Stadt ist, in der ich lebe.»

Fast ein Jahrzehnt offene Drogenszene hat Zürich verändert. Zunächst die Politik, sagt Oehler: «Heute noch sagt man über die Stadtzürcher Verwaltung, wie gut wir zusammenarbeiten würden, dass es wenig Gärtlidenken in den Departementen gebe. Das ist eine Folge dieser Geschichte.» Ohne diese sähe auch der Kreis 5 anders aus, ist Josef Estermann überzeugt. «Ich war überrascht, wie schnell sich das Quartier erholte.» Zuerst kamen die Kulturschaffenden zurück, dann die Familien. Heute tummeln sich auf der Josefwiese sonntags Eltern mit Kleinkindern, weiter im Westen werden Büros und Wohnungen gebaut, die Kulturunternehmer drängen in die Nischen. Nicht wenige davon haben diese ganze Geschichte miterlebt. Nur noch die mit geschweissten Gittern versperrten Eingänge zu den Hinterhöfen erinnern daran, dass es hier einmal ganz anders zu- und herging.

MICHÈLE BINSWANGER

Ob Leopard oder Gepard – Hauptsache Aufmerksamkeit: Hans Ulrich Lenzlinger mit Ehefrau und Raubtier 1975 im Garten seines Hönger Einfamilienhauses.

72

OPERATION LEOPARD

Der Höngger Hans Ulrich Lenzlinger war Gigolo und Angeber, DDR-Fluchthelfer und Milieufigur. Er spazierte mit einem Gepard durchs Quartier und kokettierte mit seinem Leben als Mafia-Boss, das kein gutes Ende nahm.

Am 5. Februar 1979 wurde der schillerndste Einwohner von Höngg in seinem Einfamilienhaus mit fünf Schüssen getötet. Der Mord ist bis heute ungeklärt. Das Gerücht ging um, die DDR-Staatssicherheit (Stasi) könnte etwas damit zu tun haben. Aber die Tat trug nicht die Handschrift eines Profikillers, wie die Untersuchungsbehörden feststellten. Hans Ulrich Lenzlinger hatte viele Feinde. Er liebte das Geld und das Abenteuer und hasste den Kommunismus, aber auch die Schweizer Justiz und Polizei.

In seinem Garten liess er seinen Grabstein aufstellen mit der Aufschrift: «Er wurde von den Schweizer Behörden zu Tode schikaniert.» Er hielt Doggen, einen Löwen, einen Leopard und einen Gepard als Haustiere. Er umgab sich mit Leibwächtern und zeigte seine umfassende Waffensammlung gerne den Medien. Ausserdem betrieb er einen Salon für «Feinmassage», den die Behörden nach einem halben Jahr wieder schlossen. Wirklich auf der Blacklist hatte ihn die Stasi. Ende der 60er-Jahre liess Lenzlinger mit umgebauten Autos und gefälschten Pässen Flüchtlinge aus der DDR, der Tschechoslowakei und anderen sozialistischen Staaten in den Westen bringen. Das Geschäft lief wie geschmiert. Lenzlinger soll 150 Personen für jeweils 30 000 bis 50 000 D-Mark aus dem Osten geschleust haben. In der *Bunten* prahlte er mit einem angeblichen Transport zwischen Österreich und Ungarn mittels Mini-Unterseeboot. Er will auch eine Frau in einem Raubtierkäfig aus der DDR in den Westen geschmuggelt haben. 1973 zählte die Stasi Lenzlingers Firma zu den aktivsten Organisationen des «staatsfeindlichen Menschenhandels». Mindestens 50 Spitzel wurden unter dem Decknamen «Operation Leopard» auf den Zürcher angesetzt. Sie lieferten Informationen für über 10 000 Seiten Akten, wie der Journalist Stefan Hohler in seiner Lenzlinger-Biografie schrieb. Lenzlinger wurde 50 Jahre alt. Ein fast biblisches Alter angesichts seines Lebens am Abgrund.

PETER RÖTHLISBERGER

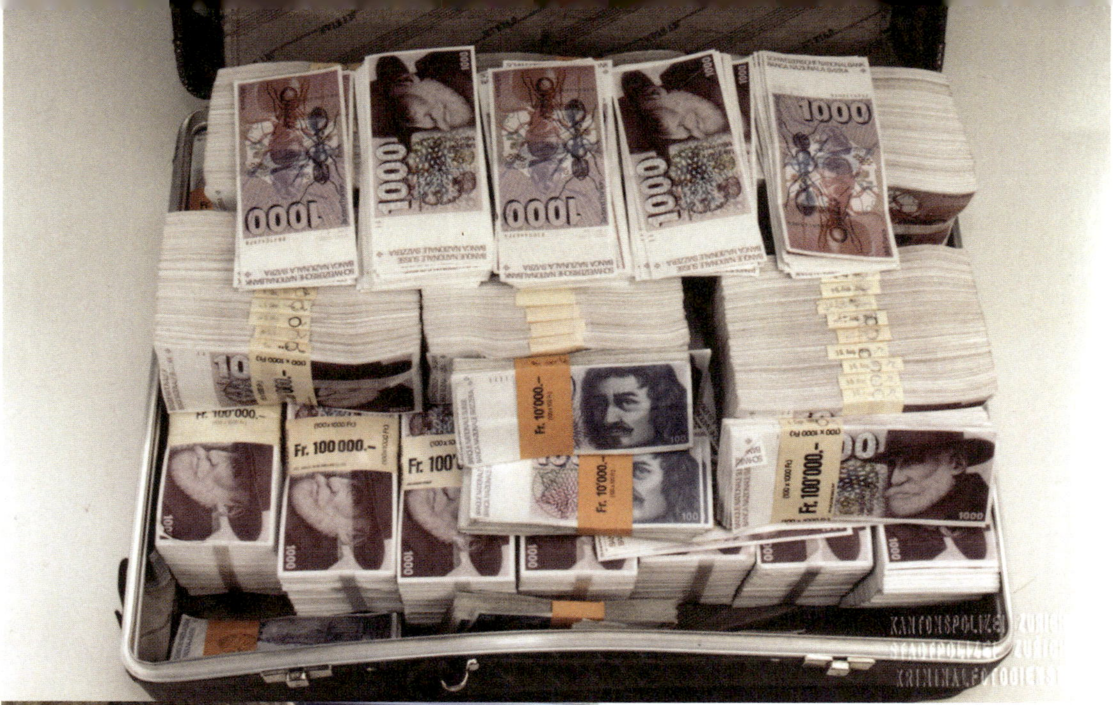

Beschlagnahmte Beute: Von 27 der erbeuteten 53 Millionen Franken fehlt bis heute jede Spur.
Heimweh als Verhängnis: Domenico Silano wird am 7. Juni 2000 ins Zürcher Obergericht geführt.

73

ZU KLEIN GEDACHT

Fünf Täter erbeuteten im September 1997 im Innenhof der Fraumünsterpost 53 Millionen Franken. Der Jahrhundert-Postraub nahm für die Laien-Räuber kein gutes Ende. Sie planten nur den Anfang, aber nicht das Ende der Geschichte.

Es ist eines der ehrwürdigsten Gebäude von ganz Zürich. Erbaut 1898, in einer Phase des Umbruchs, als sich die Städte radikal zu verändern begannen. Als Platz geschaffen wurde für das eben erfundene Automobil und die Trambahnen. Als sich der städtebauliche Gestaltungsanspruch für einen kurzen Moment an Metropolen wie Paris, London oder Rom orientierte. Und die Visionen in den Himmel wuchsen, wie der imposante Turm an der Fraumünsterpost. Passend zum grössten Postraub aller Zeiten, der sich dort fast ein Jahrhundert später ereignen sollte.

Doch wie erzählst du eine Geschichte, verankert im Gedächtnis von Generationen? Die so viel mediales Interesse erhielt, die verfilmt und immer und immer wieder erzählt wurde? Diese Geschichte von den fünf Räubern mit ihren Plastikpistolen und fünf Kisten voller grosser Geldscheine, erbeutet in nur vier Minuten. Minuten, die ihr Leben für immer verändern sollten, denn auf das schnelle Geld folgte – wie das bei solchen Geschichten üblich ist – der tiefe Fall.

Vielleicht wäre es gut, die Geschichte vom Ende her zu erzählen. Heute beheimatet die einstige Hauptpost einen Discounter, hinter neutralweisser Leuchtschrift getarnt, wie das in der Altstadt immerhin noch bei dieser Art von Gebäuden üblich ist. Während nebenan im Stadthaus noch immer unbeirrt vor Buntglasscheiben von Augusto Giacometti das grosse Glück gesucht wird – oder zumindest ein Bund fürs Leben.

Und wahrscheinlich war es letztendlich auch nur das Glück, das die Räuber suchten. Vielleicht beflügelt von dem Übermut, der einen überkommt, wenn du in irgendeiner Kneipe sitzt, vielleicht an der Langstrasse, in einem der Aussenbezirke, Schwamendingen oder, wie in diesem Fall: Seebach. Und der Saufkumpane nach ein paar Bier zu prahlen beginnt und du checkst, dass er der Schlüssel zum grössten Coup deines Lebens sein könnte. Denn am 1. September 1997, einem schönen, warmen Tag, standen im Innenhof der Fraumünsterpost mehr als 70 Millionen Franken zum Transport in die Nationalbank bereit. Denn der Aushilfsarbeiter hatte recht gehabt und ein weisser Fiat Fiorino mit selbst montierten Klebern der Telecom wurde zum wichtigsten Tatwerkzeug. Und war am Ende doch zu klein, um alle Kisten zu fassen. Zwei blieben im Innenhof zurück, neben Fotos mit Fingerabdrücken, zu denen sich später weitere Fingerabdrücke auf Espressotassen in einer Bar gesellen würden, wo die Täter kurz vorher noch eingekehrt waren. Vielleicht hatten sie auch nie wirklich damit gerechnet, dass ihr Plan aufgehen würde. Vielleicht war es auch einfach der Intuition von Domenico Silano geschuldet, dass sie vorderhand davonkamen. Denn statt das Geld einem Komplizen zu übergeben, fuhr er den Fluchtwagen in die Garage eines Freundes.

Weil sie eigentlich gar nie damit gerechnet haben, dass ihr Plan wirklich aufgeht, wissen sie jetzt auch nicht, wie weiter. Nicht einmal an einen Rucksack für das Geld hat er gedacht. Also stopft Silano seinen Anteil kurzerhand in einen schwarzen Abfallsack, der irgendwo in einer Ecke der Werkstatt herumliegt, schwingt ihn sich über die Schulter und spaziert zur nächsten Bushaltestelle. Es waren die letzten Tage jener guten alten Zeit, als sich das Internet zwar bereits ankündigte, aber man noch weit entfernt vom digitalen Bankenraum war, was eine derartige Summe überhaupt erst zu erbeuten ermöglichte. Es gab zwar schon Mobiltelefone, aber noch kein Roaming, es gab Kreditkarten, aber noch keine in der breiten Gesellschaft angekommenen digitalen Währungen. Und auch Überwachungssysteme wiesen diverse Lücken auf. Weshalb auch die Fahndung ins Leere lief, zumindest vorerst, an diesem schönen Septembertag, mit Temperaturen bis 28 Grad Celsius, in einem nicht enden wollenden Sommer.

Doch eine Reihe von Fehlern wurde den fünf Räubern zum Verhängnis. Etwa, dass sie den Fluchtwagen direkt neben einer Feuerwehrstation abfackelten. Was dazu führte, dass der Brand innerhalb kürzester Zeit gelöscht und zahlreiche Spuren gesichert werden konnten. Und so sitzen rund 16 Monate nach dem Postraub alle Täter im Gefängnis. Dazwischen führte Silano ein Leben als «Golden Boy» in Miami, wo er zur Tarnung in einem Nachtclub arbeitete. Es scheint so, als hätte er der Polizei ein Schnippchen geschlagen. Wäre da nicht ein menschlicher, nicht zu unterschätzender Faktor gewesen: Silano bekam Heimweh. Vermisste seine Familie, wurde unvorsichtig und führte zahlreiche Telefongespräche in die Schweiz und nach Italien. Verhängnisvolle Spuren, die zu einer erstinstanzlichen Verurteilung zu vier Jahren und neun Monaten führen.

Zwar fehlen bis heute noch immer 27 Millionen der Beute, doch bei Silano sind sie offensichtlich nicht. Er lebt wieder bei seiner Mutter, in einem malerischen Städtchen in Italien, neben einem erloschenen Vulkan, und hilft im lokalen Fussballclub aus, weil er keine Arbeit findet. Denn die Schweiz musste der Sohn eines Gastarbeiters schon 2016 verlassen. Nicht wegen des Überfalls auf die Sihlpost, sondern weil er Recherchen anstellte, wie ein Kurier der UBS-Bank zu überfallen wäre. Dieses Mal führte bereits die blosse Vorstellung von einem Verbrechen zur Verurteilung. Das Internet hat den Posträuber überholt.

SERAINA KOBLER

74

BODENLOS ABGRÜNDIG

Günther Tschanun erschoss 1986 vier seiner Mitarbeiter. Er war Chef der Zürcher Baupolizei. Die unfassbare Tat erschütterte das Land. Erst Jahre nach seinem Tod erfuhr die Öffentlichkeit, wo er nach seiner Entlassung aus dem Gefängnis gelebt hatte.

Es war ein banaler Tod. Am Abend des 25. Februar 2015 fuhr einer der bekanntesten Verbrecher der Schweiz mit einem silbernen Herrenfahrrad auf dem Damm der Maggia Richtung Losone. Gegen 17.20 Uhr kam er unmittelbar vor der Brücke über die Maggia vom Weg ab. Er starb, noch bevor die Ambulanz eintraf, 500 Meter von seiner Wohnung entfernt. Auf dem Totenschein wird er als Claudio Trentinaglia ausgewiesen. Aber getauft war er auf den Namen Günther Tschanun. 29 Jahre zuvor beging er als Chef der Baupolizei Zürich eines der schlimmsten Verbrechen der Schweizer Nachkriegsgeschichte. Am 16. April 1986 richtete er in seinem Büro im Amtshaus IV vier seiner engsten Mitarbeiter mit gezielten Kopfschüssen hin und verletzte ein weiteres Opfer schwer. Die Tat hinterliess eine Wunde in der Stadt, eine Narbe bei der Bevölkerung.

Für 14 Jahre ins Gefängnis: Günther Tschanun nach der Urteilsverkündung am 29. Februar 1988 vor dem Zürcher Obergericht.

Warum drehte Tschanun durch? Warum erschoss er seine Untergebenen, statt zu kündigen? Er gab darauf nie eine Antwort. Aber er beschrieb gegenüber seinem Gutachter detailliert und fast so, als handle es sich um einen anderen Menschen, was in den Stunden vor der Bluttat geschehen war. Wie er am Tatmorgen früh aufgewacht war mit dem Gefühl, «mit dem Rücken an der Wand zu stehen, vor sich einen Abgrund, kein Fluchtweg mehr offen». Wie ihn «dammbruchartig die Idee überfällt: Schluss machen mit mir selber und denen, die mich kaputt machen». Wie er «dort hinschleudert, wo innere Kräfte einen eben hinschleudern».

Nach den Morden floh er mit dem Zug nach Beaune im französischen Burgund, wo er im Hotel lebte und zweimal umzog. Nur langsam begriff er, was in Zürich geschehen war. Und fragte sich: Kann ein Mensch mit solcher Schuld leben? Am 25. April ging er gegen 5 Uhr abends zum Friedhof und zog seinen Revolver der Marke Taurus, Kaliber 0.38 special. Zwei Schuss waren noch übrig. Doch als er mit der Waffe hantierte, löste sich ein Schuss, erzählte er später dem Psychiater. Entmutigt liess Tschanun die Waffe sinken. Es war die Entscheidung für ein Leben mit der Schuld. Schliesslich verhaftete ihn die französische Polizei in seiner Unterkunft.

Von diesem Tag an bis zu seinem Ende war Tschanun «jeden Moment schmerzhaft seiner Schuld ausgesetzt», sagte er später seiner Seelsorgerin im Gefängnis. Er habe dadurch eine neue Haltung zum Leben gefunden. Er erlebe eine gewisse Ohnmacht, was die Wiedergutmachung angehe, schrieb er einmal. «Ich frage mich: Kann eine Strafe überhaupt hoch genug sein?» Als Günther Tschanun würde sein restliches Leben im Schatten seiner Tat stehen. Aber als Claudio Trentinaglia könnte er es vielleicht in Frieden beenden.

Wer war Tschanun? Der sensible Mann, den man in die Enge getrieben hat, oder der kaltblütige Mörder? Sein Leben war nie einfach. Aber 1986 befand er sich in einer beispiellosen Lebenskrise. 1941 in Wien mitten im Krieg geboren, verlor er den Vater auf dem Schlachtfeld, wuchs bei Verwandten auf und besuchte ein strenges Jesuitenkolleg. 1967 heiratete er eine Schweizerin, nach seinem Studienabschluss 1970 zogen sie in die Schweiz, wo Tschanun Anfang der 80er-Jahre im bernischen Worb eingebürgert wurde. Er machte sich mit einem Büro für Architektur und Raumplanung selbstständig. Doch das Geschäft lief schlecht, bald steckte er in finanziellen Schwierigkeiten. Auch seine Ehe geriet in Schieflage. Er ging eine Affäre ein, erhoffte sich eine Dreiecksbeziehung und wurde enttäuscht. 1983 starb seine Mutter und Tschanun versank immer tiefer in einer depressiven Krise.

Anfang 1984 bewarb er sich um den Job als Chef der Baupolizei in Zürich und trat die Stelle im Juni an. Hunderte Baugesuche waren bei Tschanuns Antritt hängig, in der 40-köpfigen Belegschaft, die ihm unterstellt war, vergifteten Rankünen und Rivalitäten das Arbeitsklima. Bald war er vollkommen überfordert, vor allem mit den komplizierten Baubewilligungsverfahren. Für juristische Fragen und Managementaufgaben war er denkbar ungeeignet. Er kapselte sich ab, arbeitete immer mehr und sah sich zunehmend von Feinden umzingelt. In den Wochen vor der Tat arbeitete er 80 Stunden pro Woche und schlief kaum mehr.

Am Abend vor der Tat trank er – «entgegen meiner sonstigen Gewohnheiten», wie er dem Psychiater versicherte – eine Flasche Rotwein, bevor er ins Bett ging. Seinen Gefühlszustand schilderte er so: «Innewerden des völligen Zusammenbruchs meiner Existenz, Ehe, Heimat, beruflichen Stellung und finanziellen Daseinsgrundlage. Zustand bodenlos abgründiger Verzweiflung: zu keinem Gefühl mehr fähig, gefühlsmässig wie ein ausgetrockneter Salzsee, ein Nichts an Gefühlen, völliger Verlust der eigenen seelischen Widerstandskraft. Chaotisch anstürmende Gedanken, die sich dem Zugriff eines geordneten Denkens entziehen.» Von den 14 Jahren seiner Haft verbrachte Tschanun zwei Jahre im Bezirksgefängnis Zürich, für ihn die schlimmste Zeit. Seine psychische Situation sei «wie eine Landschaft nach einem Waldbrand» gewesen, heisst es in seinem letzten Gutachten. Danach folgten zwei Jahre im Hochsicherheitsgefängnis Regensdorf, dann acht Jahre in der offenen Anstalt Oberschöngrün und die letzten zwei in der Strafanstalt Saxerriet.

In den ersten Monaten erreichten ihn sehr viele Zuschriften von Frauen zwischen 40 und 50, wie Akten aus dem Strafvollzug zeigen. Der *Blick* berichtete, manche hätten ihm die Wäsche machen oder ihn sogar heiraten wollen. Tatsächlich lernte er in Oberschöngrün seine künftige Partnerin Luise Kurz (Name geändert) kennen, die in der Nähe von Solothurn wohnte. Seine Urlaube verbrachte er in den folgenden Jahren bei ihr, sie blieben bis zu seinem Tod ein Paar.

Im Gefängnis Oberschöngrün ist der distinguierte Herr Tschanun ein besonderer Insasse. Er kam im November 1990 und wohnte in einer grossen Zelle im ruhigen zweiten Stock. Mit seiner Eloquenz machte er sich gern für Mithäftlinge stark, wenn er sie ungerecht behandelt sah. Doch schon ein Jahr nach seiner Ankunft beschwerte er sich bitterlich über den Strafvollzug. In anklagenden Briefen und einem Schreiben an den Solothurner Regierungsrat Rolf Ritschard vom Juni 1991 forderte er eine Reform des Urlaubsrechts. Die bestehende Regelung führe zu einer «Zerstörung des Beziehungsnetzes», was gerade bei Langzeithäftlingen «tiefe Ängste» auslöse, führte er aus. Eine grundlegende Reform dieser Regelungen sei «dringend» angezeigt.

Der sonst so korrekte Tschanun tat sich vor allem mit der Psychotherapie schwer. Sein Privatleben habe nichts mit der Tat zu tun, und er werde keine Angaben dazu machen, sagte er dem Anstaltspsychologen gleich zu Beginn. Als er sich dann doch etwas öffnete, zeigte er wenig Bereitschaft, zu reflektieren, schreibt der Therapeut: «Anstatt seine Tat zu verarbeiten, skizziert er die Machenschaften der Mitarbeiter und stellt sich als Opfer dar.» Ausserdem urteile er rigide über andere Menschen. Überall suche er Feinde, «um sein berufliches und soziales Versagen zu verdrängen», so der Psychologe. Und: «Im Hintergrund ist eine deutliche aggressive Gespanntheit zu spüren.» Bis zum Schluss beschäftigte die Strafvollzugsorgane eine Frage: Wie gefährlich ist Tschanun noch? Hat er seine Tat verarbeitet? Könnte sich etwas Ähnliches ereignen?

Im Januar 2000 hatte Tschanun mehr als zwei Drittel seiner Strafe abgesessen und konnte entlassen werden. Mit 59 Jahren war er wieder ein freier Mann, stand aber vor dem Nichts. Er hatte kein Geld, kein soziales Umfeld, keine berufliche Perspektive. Aber er hatte ein Ziel. Am Morgen des 5. Januar wurde er vom Gefängnis direkt an den Bahnhof gebracht, wo er einen Zug nach Lugano bestieg. Dort kam er für die ersten Monate in Freiheit im Convento dei Frati Cappuccini unter – inkognito. Denn man fürchtete nichts mehr, als dass er von der Presse aufgespürt und wieder in die Ecke gedrängt würde.

Sein Name blieb für Tschanun eine Hypothek. Zwar benutzte er bereits den Namen Trentinaglia, sein Pass wies ihn aber nach wie vor als Günther Tschanun aus. Im April buchte er eine zweiwöchige Kulturreise nach Ägypten, ein lang gehegter Traum, der zur Hälfte von seiner Freundin finanziert wurde. Doch als er sich in Kairo im Hotel auswies, gab es eine Szene. Der Rezeptionist verschwand im Büro, besprach sich mit seinem Team, ohne die Reisegruppe mit Tschanun aus den Augen zu lassen. Der Rezeptionist kehrte zurück und informierte ihn, dass er nicht bleiben könne. Man habe Prominente im Haus, und er sei ein Sicherheitsrisiko. Tschanun, der sich als Trentinaglia ausgegeben hatte, musste seine wahre Identität der Gruppe gegenüber preisgeben und in einem anderen Hotel absteigen.

Das ganze Jahr 2000 lebte Tschanun im Kloster. Zu seiner Erleichterung stellte er fest, dass er sich dank seines Pseudonyms unerkannt bewegen konnte. Von Januar bis Dezember pendelte er mit einem Roller zwischen der Wohnung seiner Freundin in Ronco sopra Ascona und dem Kloster hin und her. Aber er brauchte eine eigene Wohnung, eigenes Geld. Und einen neuen Namen, eine neue Identität.

Im Herbst 2000 liessen sich die Behörden endlich erweichen. Nachdem alle, der Strafvollzug, Frank Urbaniok, damals Chefarzt des Psychiatrisch-Psychologischen Dienstes im Amt für Justizvollzug des Kantons Zürich, und frühere Gutachter sich dafür eingesetzt hatten, bekam Tschanun seine neue Identität.

Er hiess jetzt offiziell Claudio Trentinaglia – nach einem ihm nahestehenden Grossonkel aus dem rätoromanischen Zweig seiner Familie. Was die Namensänderung psychologisch implizierte, ist in einer Aktennotiz aus dem Strafvollzug festgehalten: «Eigene, 57-jährige Identität aufgeben als Herr Tschanun, als Architekt, als Mann mit eigener Geschichte und persönlicher Prägung, auch als jetzt langjähriger Gefangener mit einer Art Sonderwahrnehmung. Dann plötzlich ein Hans Müller unter Hunderttausenden. Namen und Papiere werden wohl geändert, aber was ist mit Lebenslauf, neuer Geschichte? Was ist mit dieser 57-jährigen Leere? Wie kann sein Leben einfach so in den Hintergrund gedrängt werden durch einen neuen Namen?»

Festgehalten sind auch Überlegungen, wie eine Namensänderung die Opfer tangieren würde: «Der Täter verschwindet spurlos, keinerlei Information bedeutet riesige, unzumutbare Verunsicherung.» Trotz alldem sahen die Behörden schliesslich ein, dass ihm nur ein neuer Name eine neue Existenz ermöglichen würde.

Noch war er mittellos, aber seiner ebenso professionellen wie einfühlsamen Bewährungshelferin Kathrin Brändli gelang es dank unermüdlichem Engagement, ihm eine Invalidenrente mit Ergänzungsleistung zu organisieren. Ab 2002 brachte er sich mit 2500 Franken IV pro Monat über die Runden. Er bezog eine Wohnung in Ronco sopra Ascona. Gelegentlich half er als Gärtner bei seinen Nachbarn aus, machte Yoga-Kurse auf dem Monte Verità, kochte einen Sommer lang auf einer Alp oder half im Herbst bei der Weinernte. Kaum einer wusste von seiner wahren Identität. Er führte ein normales, unbehelligtes Leben als Trentinaglia.

Bis Kathrin Brändli aus den Vollzugsdiensten ausschied, war sie ihm eine Stütze. Ihrem Nachfolger schrieb Tschanun am 13. Januar 2013, dass er ihren Abgang sehr bedaure. Sie sei nicht nur sehr kompetent, sondern im Amt auch eine der raren Konstanten gewesen. «Und mit schnellem Schritt auf der Strasse blieb kein Hut leer, an dem sie vorüberging.» Der Brief war Tschanuns letzter Kontakt mit den Zürcher Behörden.

Am 6. März 2015 verabschiedeten sich Freunde, Nachbarn und Bekannte in der Kirche San Lorenzo in Losone «in tiefer Dankbarkeit und Liebe» von ihm. Er wurde im Gemeinschaftsgrab auf dem Friedhof in Losone bestattet. Weder ein Grabstein noch eine Gedenktafel erinnern an den Massenmörder.

MICHÈLE BINSWANGER

75

TIEFE WUNDEN

2000 und 2001 stürzten zwei Flugzeuge der Crossair ab. Die beiden Unglücke von Niederhasli und Bassersdorf haben den Glauben an die hohe Zuverlässigkeit der Schweizer Airline erschüttert.

Orientierung verloren: Der Crossair-Saab bohrte sich in ein Feld bei Nassenwil und zerbarst in Tausende Einzelteile.

Den ersten Menschen, die zu Hilfe eilten, präsentierte sich ein Inferno. Brennende Trümmer, schwarze Rauchsäulen, Leichenteile. Kurz nach dem Start vom nahen Flughafen stürzte eine Crossair-Maschine am Abend des 10. Januar 2000 senkrecht in einen Acker beim Weiler Nassenwil, zwischen Dielsdorf und Niederhasli. Die beiden Piloten, die Flugbegleiterin und die sieben Passagiere waren sofort tot.

Die Maschine des Typs Saab 340B war nach Dresden unterwegs. Die Absturzursache ist bis heute nicht vollständig geklärt. Das Büro für Flugunfalluntersuchungen kam in seinem 2002 veröffentlichten Bericht zum Schluss, dass verschiedene ungünstige Faktoren zusammenspielten: Einerseits hatten die Piloten die räumliche Orientierung verloren und «unzweckmässig» auf die Änderung der Instrumentenabflugroute durch den Kontrollturm reagiert. Dabei mögen Kommunikationsprobleme mitgespielt haben. Die Crossair wollte damals stark expandieren und stellte viele ausländische Mitarbeitende mit unterschiedlicher Ausbildung ein. Der Pilot der Unglücksmaschine stammte aus Moldau und der Co-Pilot aus der Slowakei. Ausserdem hatte der Pilot ein Beruhigungsmittel eingenommen.

20 Jahre nach dem Absturz interviewte der *Zürcher Unterländer* Augenzeugen. Zum Beispiel den damaligen Gemeindepräsidenten Hansruedi Hug. Er führte gerade ein Bewerbungsgespräch für die Verwaltung, als er kurz nach 18 Uhr angerufen wurde: «Es war dunkel und neblig. Überall loderten kleine Brandherde. Der Anblick war gespenstisch, ich werde ihn mein Leben lang nicht vergessen.»

Andreas Lochmeier, der heutige Kommandant der Flughafenfeuerwehr, fuhr sofort mit seinem Löschfahrzeug los, als er vom Tower hörte, dass ein Flugzeug nach dem Start abgestürzt sei. Er musste die Stelle erst finden. Dort angekommen, habe er den Schlauch herausgerissen und sei aufs Feld gerannt, in Richtung des Lochs, aus dem es rauchte. Er suchte ein Flugzeugwrack, fand aber keines. Der Crossair-Saab war in Tausende Trümmerteile zerschellt. Lochmeier war nicht zum ersten Mal an einer Absturzstelle, aber dieses Unglück sei so erschütternd gewesen, weil keine Menschen mehr gerettet und betreut werden konnten.

Das Unglück war für die Crossair, für die Fliegerei in der Schweiz, für die Menschen rund um den Flughafen traumatisch. Alte Wunden wurden wieder aufgerissen, die Erinnerungen an den Absturz des Swissair-Flugs 111 bei Halifax anderthalb Jahre zuvor wurden wieder wach.

Crossair-Chef Moritz Suter besuchte die Unglücksstelle in Nassenwil zusammen mit den Angehörigen. Für jeden Toten liess die Crossair eine Trauerweide pflanzen, ein Stein mit Gedenktafel erinnert bis heute an das Trauma.

Knapp zwei Jahre später passierte wieder, was nicht sein dürfte, was im Selbstverständnis einer Schweizer Airline mit ihren hohen Ansprüchen an Qualität und Zuverlässigkeit, an die seriöse Ausbildung ihrer Piloten bis vor wenigen Jahren undenkbar gewesen war: Am Samstag, 24. November 2001, schrammte ein Crossair-Jumbolino im Schneetreiben nur knapp über die Häuser von Birchwil und verschwand hinter dem nächsten Hügel im Wald. 21 Fluggäste und drei Besatzungsmitglieder starben, neun weitere Passagiere und Crewmitglieder wurden zum Teil schwer verletzt. Der Abschlussbericht Nr. 1793 der Schweizerischen Unfalluntersuchungsstelle (SUST) fasste den Unfallhergang wie folgt zusammen: Der Linienflug 3597 der Crossair startete um 21.01 Uhr Ortszeit auf dem Berliner Flughafen Tegel. An Bord des vierstrahligen Avro 146-RJ100 («Jumbolino») befanden sich 28 Passagiere und fünf Besatzungsmitglieder. Die Maschine erhielt kurz vor 22 Uhr von der Flugverkehrskontrolle in Kloten die Freigabe für den Anflug auf die Piste 28. Vor dem Unfall landete ein anderes Crossair-Flugzeug auf derselben Piste und dessen Besatzung meldete dem Kontrollturm, dass die Landung bei diesen Wetterbedingungen nur noch knapp möglich gewesen sei.

CRX 3597 setzte den Anflug fort und erreichte um 22.06 Uhr und 10 Sekunden die Mindestsinkflughöhe. Diese Höhe darf nicht unterschritten werden, ohne dass die Anflugbeleuchtung der Piste zu sehen ist. Der Kapitän erwähnte gegenüber dem Co-Piloten, dass er Sicht auf den Boden habe, und sank weiter ab. Um 22.06 Uhr und 36 Sekunden streifte das Flugzeug die Baumwipfel und schlug anschliessend auf dem Boden auf. Beim Aufprall fing die Maschine Feuer. Im Unfallbericht wird das grob fahrlässige Verhalten des Flugkommandanten als direkte Ursache für den Unfall bezeichnet. Der 57-jährige Pilot habe sich überschätzt. Die Verantwortlichen bei der Crossair hätten die «fliegerischen Defizite» des Piloten nicht erkannt und keine Massnahmen ergriffen.

Jacqueline Badran, die heutige SP-Nationalrätin und Unternehmerin (siehe auch Interview auf S. 24: «Wir wollen kein Monaco am See sein»), sass im Unglücksflugzeug. Dem SRF erzählte sie ihre Eindrücke: «Ich schaue zum Fenster hinaus und sehe dunklen

Zu tief angeflogen: Die Heckflosse des Crossair-Jumbolinos war im Wald von Bassersdorf gut erkennbar. Die Nase aber abgebrochen, der Mittelteil der Maschine ausgebrannt.

Nebel. Eigentlich müsste man die Lichter der Strassen und der Häuser sehen. Ich frage mich, ob wir noch in den Wolken sind. Aber nein, das kann nicht sein, zwei Minuten vor der Landung.» Die Maschine sei nicht voll besetzt gewesen. An Bord waren auch die bekannte US-Sängerin Melanie Thornton und die Girlgroup Passion Fruit, die für Konzerte in die Schweiz reisten. «Die jungen Frauen waren ziemlich aufgekratzt. Das störte uns nicht, aber wir waren todmüde und entschieden uns spontan, die Sitzreihe zu wechseln, und sassen in den hinteren Teil des Flugzeugs.» Die Maschine habe zu schütteln begonnen, es habe geknallt. Vor Jacqueline Badran ging eine Feuerwand hoch: «Ich war überzeugt, dass das jetzt mein Tod ist. Zuerst wünschte ich mir, einfach zu explodieren und nicht langsam zu verbrennen. Dann dachte ich noch, dass es kein guter Zeitpunkt ist, weil ich doch mein Geschäft jetzt nicht allein lassen kann. Doch dann hörte das Schütteln auf und ich merkte, dass das Ganze eine andere Wendung nimmt.» Badran konnte sich mit ihrem Geschäftspartner aus dem brennenden Flugzeugwrack retten. Sie habe eine Frau gesehen, deren Mantel lichterloh gebrannt habe – und eine Flugbegleiterin, die zitternd und nur in Strümpfen auf dem verschneiten Waldboden gestanden habe. «Ich sagte ihr: Hey, du lebst, du lebst!» Fernab von rationalen Gedanken und logischem Handeln sass Jacqueline Badran irgendwann in einer Beiz in der Nähe. Erst jetzt bemerkte sie, dass sie verletzt war. Ihre Hand war verdreht, sie hatte ein Loch im Bein. Schmerzen spürte sie keine. «Ich bestellte einen Zwetschgenlutz. Das habe ich schon mal getrunken, als ich in eine Lawine gekommen bin. Da dachte ich, das sei jetzt angemessen.» Sie habe später versucht, Fragen von Angehörigen zu beantworten: «Ich hatte das Gefühl, ich sei es ihnen schuldig. Sie hatten das Bedürfnis zu hören, dass ihre Liebsten nicht lange leiden mussten. Das konnte ich ihnen bestätigen.»

Da die beiden Piloten ums Leben kamen, mussten sich im Mai 2008 sechs ehemalige Verantwortliche der Crossair wegen des Flugzeugabsturzes vor dem Bundesstrafgericht verantworten. Die Bundesanwaltschaft hatte Anklage wegen fahrlässiger Tötung erhoben. Das Gericht sprach sie in allen Punkten frei.

Das Verfahren zum Absturz in Nassenwil wurde schon früher wegen Verjährung eingestellt.

PETER RÖTHLISBERGER

Seltenes Ereignis, vor Weihnachten herbeigesehnt: Frau mit Schlitten und Christbaum im Schneetreiben.

NATUR

76

UETLIBERG HELL

Die Sonne ist keine Freundin. Der Nebel wie ein lästiger Nachbar. Das Zürcher Wetter wäre eine ziemlich öde Angelegenheit, würde es nicht von Meteorologe Jörg Kachelmann beschrieben.

Wenn man in Schaffhausen aufgewachsen ist und den hinterhältigen Schwarzwald vor der Nase hat, der einem so viel Regen, Gewitter und Schnee wegnimmt, fragt man sich eine ganze Kindheit lang, ob es südlich des Rheins besser wäre. Spannenderes Wetter, wo's mehr seicht und chuttet, und nicht dieses weichgespülte Elend, wo es nur mit Warmfronten ein paar Stunden schneit und dann den ganzen schönen Schnee wegschifft, bevor er beschlittelbar ist.

Ich habe meine Eltern nie mit dem Klageruf «Warum nur, Vater, Mutter!» beelenden müssen. Denn weite Teile des Kantons Zürich sind nicht weniger langweilig. Sicher, man war in der Geschichte bemüht, die Besonderheiten des eigenen Wetters zu betonen. Den grössten Flughafen des Landes an den nebligsten Ort des Kantons zu bauen, dafür brauchte es Mut. Auch die Tatsache, dass die grössten Landebahnen nichts mit den häufigsten Windrichtungen zu tun haben und damit allen anderen Flugplätzen der Welt zeigen, dass Scherwindlandungen kein Problem sein können für die gebenedeiten Piloten der Swissair (RIP) von damals, entsprach dem zwinglianischen Arbeitsethos der Region.

Wer Spannung will beim Züriwetter, muss in die Berge – die einzelnen Hoger, die das Unterland schmücken, bringen allerdings noch nicht den grossen Durchbruch. Zwar fuhren Trams über Jahrzehnte vor der Erfindung von Internet und Webcams bei Inversionswetterlagen (unten kalte Stinkluft, oben warm und klar) mit dem Schild «Uetliberg hell» durch den vielkleintropfigen Nebel, aber 700 bis 800 Meter hohe Hügeli sind eben zu wenig, um das richtige Über-dem-Nebelmeer-Gefühl zu bekommen. Die Sonne scheint zwar schon, aber immer noch durch einen traurigen, kalten Dunst, der mit seinen Feinstaubmengen ahnen lässt, welche Katastrophe der Boom von Holz- und Pelletheizungen für die Züriluft ist. Das Wetter im Zürcher Unterland ist so langweilig, dass es im Winter sogar nasser ist als das in Luzern, von dem Zürcher Kinder womöglich immer noch lernen, dass dort der Schüttstein der Schweiz sei – was nur im Sommer richtig ist, den Gewittern aus dem Napfgebiet sei Dank. Und um es gleich zu sagen: In Basel scheint die Sonne auch häufiger als in der Stadt Zürich. Bäm.

Die Zürcherinnen und Zürcher von heute bekommen leider durch die Radiosender, die auch dafür verantwortlich sind, dass es nun «in Züri» statt «z'Züri» und «ichaufe» statt «poschte» heisst, zusätzlich völlig falsche Informationen vom Uetliberg – die Werte täuschen nur noch vor, dass wie früher auf 814 Metern gemessen würde (Endstation, rechts, wo jetzt der Spielplatz ist, da war früher die Wetterstation), indem behauptet wird, dass die «foif Grod» vom «Uetliberg» seien. Sind sie aber nicht. Was Zürcher Radiosender als Werte vom Hausberg verkünden, stammt in Wahrheit aus 1041 Metern Höhe von der Spitze

Oben blau, unten grau: Seltenes Glück auf dem nur 870 Meter hohen Uetliberg.

des Fernsehturms. Das hat grosse Folgen für Touristen, die sich aufgrund dieser Werte in die Bahn setzen: Bei winterlichen Inversionslagen ist diese Temperatur oft 10 Grad höher als in der Realität auf dem real existierenden Hügel, bei normalem Wetter auch mal 2 bis 3 Grad kälter als in der Realität, was zu frustrierten Schlittelversuchen führt, wenn es bei 2 Grad plus regnet statt wie behauptet bei 1 Grad minus schneit.

Sicher, das traurige Unterland hat noch den See. Aber der ist doch ziemlich voll im Sommer und es mag die trösten, die auf der pfnüselküstigen Seite wohnen: Die Sonne scheint wegen des Albis vor allem im Winter etwas kürzer, weil sie dadurch technisch etwas früher untergeht. Trotzdem hat aber die SVP-Seite kein besseres Wetter, allenfalls die bessere Aussicht. Der See an sich hat sowieso keinen Einfluss aufs Wetter, Gewitter interessieren sich nicht dafür, ob da unten ein Wässerli ist, und ziehen mühelos über den See, wenn sie wollen. Und wenn wir schon kurz Volkshochschule machen: In Flusstälern gibt es nicht mehr Nebel, weil dort ein Fluss ist, sondern weil dort ein Tal ist. In einem ausgetrockneten Flusstal gibt es nicht weniger Nebel, solange nicht extrem kalte Luft über vergleichsweise warmes Wasser streicht. Falls der Sihlsee ausläuft, wird die Wetteränderung kein Problem sein. Gut, so gesehen hat's der Blocher womöglich doch besser garamänd.

Niemand sollte also im Zürcher Unterland, in der grossen bösen Stadt oder am Zürichsee wohnen müssen (ausser dem Roger; nein, nicht der, *der*). Zu wenig Regen im Sommer, keine spannenden Gewitter, sowieso kaum Schnee im Winter, dafür tagelang Nebel, kein Wind im Sommer zum Segeln, kein Feinstaub verdünnender Wind im Winter. Schriebe man das Züriklima in einen Ferienprospekt, niemand würde in einer solch elenden Gegend Ferien machen wollen. Und wohnen?

Dabei wäre das Glück so nahe. Da das Konzept dieses Sammelgeschichten-Kompendiums die Mehrbesseren ansprechen soll, sage ich es zwar gleich: Es ist im Garten Eden auch nicht günstig. Keine Häuser unter einer Chischte und wenn es eine rechte Aussicht dazu geben soll, sind es auch zwei. Aber welch Unterschied zu den Niederungen, die so heissen, weil sie es sind: Engstringen und Schleinikon, man ahnt die bedrückende Stille, nur durchbrochen von dem einen getunten Audi nachts um eins, bevor am nächsten Morgen fünfjährige Kinder allein auf den Schulweg über drei Überlandstrassen geschickt werden, weil für arbeitsame Schweizer Eltern Kinder als erneuerbar gelten, wenn gegen pünktliches Erscheinen bei der Arbeit abgewogen werden muss. Im Oberland heissen die Orte Sternenberg und Saland und alle Audis sind getunt. Und das Wetter erst: Das Schnebelhorn ist knapp 1300 Meter hoch. Hier sind Sie wirklich an der Wärme, wenn unten das kalte Nebelmeer liegt. Hier schneit es noch, solange es der Klimawandel erlaubt, und hier schifft und gewittert es, dass Sie nicht mehr denken, dass Sie ins Tessin müssen, damit Ihr Sonnengeflecht etwas meteorologische Action spüren kann. Und sogar der Föhn, von dem Stadtzürcher glauben, dass er andauernd in der Stadt sei (in Wahrheit an einer Hand abzuzählen pro Jahr, wenn überhaupt), bläst über dem Oberland wirklich manchmal als Sturm.

Das Oberland mit seinen Segnungen der Natur hat es nicht nötig, sich künstlich mit Sauglattismus hübscher zu machen, indem es einen Parkplatz neben der Autobahn «Büsisee» tauft. Das Glück der prächtigen Natur ermöglicht echte Zuwendung zum Thema: Möge dem Katzengnadenhof Schnurrli in Sternenberg ein langes Leben beschieden sein.

Der Klimawandel wird die Unterschiede zwischen den privilegierten Oben und dem favelesken Unten noch grösser machen, wenn zum ersten Mal 40 Grad am Flughafen herrschen und bei Tiefsttemperaturen von 25 Grad «Nessun dorma» gilt – wobei ich nicht zweifeln möchte, dass es auf der einen Seite des Zürichsees Klimaanlagen geben wird. Die mindestens 5 Grad tiefere Temperatur in Sternenberg wird es erträglich machen. Und der nächtliche Wind, mit dem Sie Durchzug machen können.

Wenn Sie eine Chischte oder besser zwei davon haben: Sie wissen, was zu tun ist. Es wird nicht günstiger.

JÖRG KACHELMANN

Darf alles werden, nur nicht Brennholz: Seit 23 Jahren wird der Wildnispark Sihlwald nicht mehr bewirtschaftet.

77

UNGEZÄHMTE WILDNIS

Den Naturerlebnispark Sihlwald trennen nur zehn Kilometer von der Stadt Zürich. Seit der grösste zusammenhängende Laubmischwald des Mittellandes sich selbst überlassen wird, entwickelt er sich zu einem Naturwald, der Tieren, Pflanzen und Pilzen Lebensraum bietet.

Kurz nach der Albispasshöhe zweigt rechts ein erdiger Pfad vom Wanderweg ab und windet sich zwischen umgestürzten Fichten und Eschen höher. Äste mit dürren Nadeln ragen in die Luft. An manchen Stellen haben die herausgerissenen Wurzeln tiefe Gruben im Boden hinterlassen. Dünnere Baumstämme lassen sich übersteigen; dickere müssen umgangen werden, falls nicht schmale Durchlässe ausgesägt wurden. Das feuchte Holz und glitschiges Laub auf dem mit Steinen durchsetzten Waldweg erfordern konzentrierte Schritte.

Die Bäume liegen am Boden, seit sie im Dezember 1999 der Sturm Lothar umwarf. Weggeräumt werden sie nicht. Denn im Sihlwald, in dem die Stadt Zürich 700 Jahre lang Brennholz gewonnen hatte, wurde die Holznutzung im Jahr 2000 eingestellt. Seither bleibt der Wald zwischen Affoltern am Albis, Thalwil und Horgen auf einer Fläche von 11 Quadratkilometern sich selbst überlassen. Abgesehen von unumgänglichen Sicherungsmassnahmen für Besuchende greift der Mensch hier nicht mehr ein.

Mit der Idee, im Wald die natürlichen Prozesse ungestört ablaufen zu lassen und auf dem Areal Umweltbildung zu ermöglichen, entstand in der Folge 2010 der Wildnispark Zürich Sihlwald, der erste Naturerlebnispark der Schweiz, wie die zuvor neu eingeführte Schutzparkkategorie für in unmittelbarer Nähe von Städten gelegene Gebiete heisst. Neben der Kernzone, in der sich die Natur ungestört entwickeln kann, bestehen Naturerlebnisparks aus einer Übergangszone mit weniger strengen Schutzauflagen, die es Besuchenden ermöglicht, der Natur nahe zu kommen. Als zweiter Schweizer Naturerlebnispark wurde 2021 der Parc naturel du Jorat bei Lausanne anerkannt.

«Schon 20 Jahre nach dem Nutzungsstopp hat sich die Totholzmenge im Sihlwald auf mehr als 49 Kubikmeter pro Hektar vervielfacht», erklärt Nicole Aebli, die in olivgrüner Outdoorjacke und -hose vorausgeht. Die gelernte Gärtnerin und Natur- und Umweltfachfrau arbeitet seit 14 Jahren als Rangerin im Wildnispark Zürich. Zusammen mit vier Kollegen unterhält sie die Wege, kontrolliert die Einhaltung der Nutzungsregeln und führt Besuchergruppen durch den Wald. Zwar würden neuere Zahlen noch fehlen, aber die Menge des Totholzes habe mittlerweile weiter zugenommen, sagt sie – wenn auch noch nicht bis zur Grössenordnung europäischer Urwälder, die bis zu 200 Kubikmeter Totholz aufwiesen.

Im Sihlwald hat die 41-Jährige ihren Traumjob gefunden. Sie beobachtet täglich, wie sich der ehemalige Wirtschaftswald zum Naturwald entwickelt. Als solcher ist der Sihlwald, obwohl hier seit mehr als zwei Jahrzehnten nicht mehr eingegriffen wird, vergleichsweise jung. Umso mehr erstaunt, wie viele totholzbewohnende Lebewesen sich bereits angesiedelt haben. Im Rahmen eines Naturwald-Monitoring-Projekts der Eidgenössischen Forschungsanstalt für Wald, Schnee und Landschaft (WSL) und der Hochschule für Agrar-, Forst- und Lebensmittelwissenschaften wurden 407 Pilzarten nachgewiesen, von denen 40 auf der Roten Liste der bedrohten Arten stehen. Unter den 188 Flechten- und 166 Moosarten waren ebenfalls seltene und bedrohte Arten. Bei den Käfern, die Totholz zersetzen, wurde neben anderen seltenen Arten zum ersten Mal in der Schweiz ein Exemplar des Mycetochara flavipes entdeckt, eines schwarz glänzenden Käfers mit gelben Flecken auf den Schultern. Der einer Ameise gleichende Käfer Batrisodes buqueti ist eine Urwaldreliktart, die in bewirtschafteten Wäldern keine Überlebenschance hätte.

Damit sich solche seltenen und zum Teil ausgestorben geglaubten Arten ansiedeln und etablieren können, sei über den konservierenden, pflegenden Naturschutz hinaus auch Prozessschutz notwendig, sagt Nicole Aebli. Wildnis brauche Raum, in dem die natürlichen Prozesse frei und dynamisch ablaufen könnten: «Nur wenn Eingriffe bewusst unterlassen werden, stabilisiert sich das Ökosystem.» Deshalb dürfen im Sihlwald Bäume umfallen und liegen bleiben; ein natürliches Werden und Vergehen soll möglich sein. Aktiver Prozessschutz gilt bislang nur im Schweizerischen Nationalpark Engiadina Val Müstair, in den Kernzonen der beiden Naturerlebnispärke, im Naturschutzgebiet Grimsel und in Naturwaldreservaten, etwa im urwaldähnlichen Bödmerenwald zuhinterst im Muotatal. Diese Gebiete machen 1,2 Prozent der Landesfläche aus.

Wo es in der Schweiz überhaupt noch Wildnis gibt, ermittelte 2018 die Naturschutzorganisation Mountain Wilderness Schweiz zusammen mit der WSL in der sogenannten Wildnis-Studie. Dazu gewichteten Spezialisten aus den Fachbereichen Biologie, Landschaftsschutz und Schutzgebietsverwaltung vier Kriterien für Wildnis: Natürlichkeit, Abgeschiedenheit, Abwesenheit von menschlichen Einflüssen, Rauheit der Topografie. Auf diese Weise entstand eine Karte, die zeigt, welche Gebiete in der Schweiz eine hohe Wildnisqualität bewahrt haben. Gut 17 Prozent der Landesfläche gelten demnach als Wildnis. Diese Gebiete liegen überwiegend im Hochgebirge, in felsigen und vergletscherten Alpenregionen wie etwa im Aletschgebiet oder im Südwallis, die entlegen und meist menschenleer sind und schon immer Wildnis waren. Daneben entwickelt sich auf extensivierten Flächen vor allem im Tessin und im westlichen Jura neu sogenannte Sekundärwildnis, wenn die landwirtschaftliche Nutzung aufgegeben wird, die Täler sich entvölkern, Verbuschung und Verwaldung einsetzen.

Nach einer halben Stunde hat Rangerin Nicole Aebli mit ihrer Gruppe den Aussichtsturm Hochwacht erreicht. 153 Treppenstufen geht es nach oben, dann öffnet sich die Aussicht über den Sihlwald. Der Blick reicht vom Uetliberg über die Stadt Zürich, den Zürichsee, das Sihltal, über dem dünne Nebelflocken hängen, bis zum Siedlungsraum von Baar und Zug; dahinter stehen die Ketten der Voralpen und Alpen. Aus 30 Metern Höhe ist im Wald gut zu erkennen, welche Bäume vom Eschentriebsterben, einer Pilzinfektion, befallen sind.

Richtung Südosten, immer an der Krete entlang, beginnt die Kernzone des Naturerlebnisparks, die unter den Prozessschutz fällt. Sie umfasst gut 4 Quadratkilometer und ist an den Bäumen mit aufgesprühter Farbe markiert. Hier gilt das Wegegebot: Die markierten Pfade für Wanderinnen, Velofahrer und Reiterinnen dürfen nicht verlassen werden. Ausserdem sind Feuermachen, Pilzesammeln und Jagen – mit Ausnahme der Wildhut – verboten, Hunde müssen an die Leine. Ebenfalls am Grat entlang führt ein Wildtierkorridor, auf dem Hirsche und manchmal sogar Gämsen bis zum Uetliberg wandern. Ihnen folgen die Wölfe; es seien auch schon Tiere in der Nähe des Parks gesichtet worden, erzählt Aebli. Der Naturerlebnispark Sihlwald ist in allen Monaten frei zugänglich und zieht mehr als 150 000 Besucher pro Jahr an. «Die Nutzungsregeln durchzusetzen ist nicht immer einfach», sagt die Rangerin. Anfangs wurde die Kernzonenmarkierung an den Bäumen weggekratzt, und es kam sogar vor, dass Baumstämme, die einen Trampelpfad sperren sollten, mit einer Motorsäge durchtrennt wurden.

Folgt man vom Hochwachtturm dem schönen Gratweg bis zum Albishorn und steigt anschliessend zunächst recht steil nach Osten hinunter, taucht man in die Kernzone ein, wo sich der Sihlwald am natürlichsten zeigt. Hier macht Nicole Aebli darauf aufmerksam, wie viele Moose, Flechten und Pilze sich auf den umgestürzten, vermodernden Baumstämmen angesiedelt haben. Anschliessend geht es auf breiteren Waldstrassen – sie folgen teilweise dem zurückgebauten Trassee der Waldbahn Sihlwald, mit der früher das geschlagene Holz abtransportiert wurde – zum Besucherzentrum des Wildnisparks. Es befindet sich in der ehemaligen Sägerei und beherbergt neben Angeboten für Familien ein Naturmuseum, in dem auf zwei Stockwerken der Sihlwald, seine Geschichte und seine Bewohner vorgestellt werden. Geöffnet ist es jeweils von März bis Oktober.

Bevor die Gruppe dort eintrifft, legt Nicole Aebli einen letzten Halt an der Kreuzung zwischen zwei Waldstrassen, dem Spinnerweg und der Sihlwaldstrasse, ein. In der Nähe stehen die Bäume lichter. Es sind grosse, um die 50 Meter hohe Buchen, die ältesten und schönsten des Sihlwalds. Auf Brusthöhe misst die Rangerin den Stammumfang einer der Buchen: 3,65 Meter. Mit etwa 280 Jahren sei sie einer der ältesten Bäume im Sihlwald, sagt Aebli. Der Ort wird Rooseveltplatz genannt, nach einer berühmten Besucherin. 1948 besichtigte die US-amerikanische Präsidentengattin Eleanor Roosevelt auf ihrer Europareise den Sihlwald, als Musterbeispiel einer für damalige Verhältnisse fortschrittlichen Forstwirtschaft, die den Wald nicht übernutzt. Falls sie damals Buchennüssli sammelte, könnten heute in Amerika Sihlwald-Buchen stehen.

KARIN STEINBACH TARNUTZER

78

GERN GESEHENE GÄSTE

Zoologe Max Ruckstuhl nimmt uns mit auf seine Stadtsafari. Kein Widerspruch. 700 Tierarten fühlen sich in Zürich sehr wohl. Nur die Wanderfalken lassen noch auf sich warten.

Samstagmorgen sitze ich am Schreibtisch und brüte über diesem Text. Brüten? – Ein typisch tierischer Ausdruck. Doch kein Eizahn, sondern eine Geschichte zur Stadtnatur soll den Kalk durchbrechen. Immer wieder schaue ich zum Fenster raus, damit mir Inspiration zufliegt. Da, ein Hausspatz flattert zusammen mit seinen Kumpanen ins Gehölz! Sie zwitschern um die Wette. Streiten sie sich, unterhalten sie sich oder schimpfen sie über die heranschleichende Katze? Ich weiss es nicht, das spielt auch keine Rolle, ich muss ja meinen Text schreiben. Und schon die nächste Ablenkung: Türkentauben sitzen auf dem First des Nachbarhauses; später singen Ringeltauben, Amseln, Elstern, Rabenkrähen und ein Hausrotschwanz auf dieser Bühne. Wenn ich das Fenster öffne, höre ich Mönchsgrasmücke, Rotkehlchen, Blaumeise, Kohlmeise und ganz fein lassen sich gar Schwanzmeisen hören. Im Verlauf des Tages kommt noch viel mehr Gesang dazu. Die persönliche Statistik bei mir zu Hause: über 50 Vogelarten. Viel oder wenig? Fragt man die Schweizerische Vogelwarte, die akribisch über die Entwicklung der Vögel in der Schweiz Buch führt, sieht es alles andere als gut aus. Nicht nur bei den Vögeln, ganz allgemein werden die Listen gefährdeter Tiere und Pflanzen von Jahr zu Jahr länger.

Der Naturschutz erlebte in den 80er-Jahren mit der Rothenthurm-Initiative eine Sternstunde. Heute sind nicht nur die unwiederbringlichen Moorgebiete im Fokus, sondern die Biodiversität als Ganzes. Die Sorge um die Natur hat in den letzten Jahrzehnten stark zugenommen. Kein Wunder, dass täglich Dutzende Anfragen und Projekte auf unseren Tischen bei Grün Stadt Zürich landen. Unglaublich viele Interessen treffen dabei aufeinander und fordern Lösungen für eine Verbesserung der Stadtnatur. Aber nicht nur die Stadtverwaltung, auch als Privatperson kann ich zu einer positiven Entwicklung beitragen. Ich kann im eigenen Garten, auf dem Balkon oder der Dachterrasse möglichst naturnahe Bedingungen schaffen: Rückzugsmöglichkeiten in Form eines möglichst grossen Asthaufens bereitstellen, keine Gifte verwenden und auch etwas Unordnung belassen. Auf meinem Kompostplatz kann ich so über meine Wildtierkamera feststellen, dass sich dort Igel, Fuchs, Dachs, Steinmarder, Iltis, Mäuse, Vögel und nicht wenige Katzen tummeln.

In der Bevölkerung gibt es vielerorts die Meinung, Natur und Stadt, das gehe nicht einher. Es gibt jedoch viele Tiere und auch Pflanzen, die sich sehr wohlfühlen in der Stadt. Gebäudebrütende Arten wie Mauer- und Alpensegler nehmen die Gebäude als Felsersatz wahr. In Rollladenkästen, Mauernischen, Dachuntersichten oder unter Ziegelsteinen finden sie geeignete Nistplätze, genauso wie die Fledermäuse. Segler sind Zugvögel, die den Winter in südlichen Gebieten Afrikas verbringen. Anfang April tauchen sie nach 10 000 Flugkilometern über der Stadt auf, lassen ihre charakteristischen Rufe ertönen und suchen jenen Nistplatz auf, den sie im letzten Jahr schon benutzt haben. Ihr Orientierungssinn ist so gut, dass sie ihr altes Nest auf Anhieb wiederfinden: beispielsweise im Frau- und Grossmünster, aber auch am NZZ-Gebäude an der Falkenstrasse. Solche Nistplätze bei Neu- und Umbauten möglichst zu erhalten, ist eine wichtige Aufgabe unseres Fachbereichs. Für mich nehmen Turm- und Wanderfalken (unser schnellstes Tier) einen grossen Stellenwert ein. Schon vor über 25 Jahren haben wir auf dem Hochkamin der KVA Josefstrasse öffentliche Kameras eingerichtet (www.stadt-zuerich.ch/falken). Über diese

Privilegierte Wohnlage: Turmfalkenpaar vor seinem Nistkasten auf dem Hochkamin der ehemaligen KVA Josefstrasse.

kann man deren Brutgeschehen rund um die Uhr in Bild und Ton verfolgen. Ich warte jedes Jahr gespannt darauf, ob auch noch ein Wanderfalkenpaar Einzug hält. Die letzten Jahre leider ohne Erfolg.

Auch die Schlagzeilen über rückgängige Igelpopulationen lassen aufschrecken. Ausgehend von Einzelmeldungen hat Grün Stadt Zürich 1992 zusammen mit dem damals neu gegründeten Büro SWILD eine Forschungsarbeit initiiert. Erstmals hatten wir eine Studie unter Einbezug der Bevölkerung durchgeführt. 3000 bis 5000 Igel hielten sich in den Zürcher Grünflächen und zwischen den Häusern auf, so schätzten wir. Eine so grosse Population hatten wir nicht erwartet. Wie gross die Population zuvor war, ist nicht klar. Heute wissen wir aber, dass sie seither um über 40 Prozent zurückgegangen ist. Gründe für diese dramatische Entwicklung sind mannigfaltig – wie immer in der Ökologie. Der Verlust an Lebensraum, an Nahrung und an ungestörten Rückzugsmöglichkeiten gehört sicherlich dazu. Wie auch der Verkehr und die zunehmende Dachspopulation.

Aber es sieht nicht überall düster aus. Das im Herbst 2022 erschienene Buch *Neue Stadtfauna – 700 Tierarten der Stadt Zürich,* an dem ich mitarbeiten durfte, zeigt die aktuelle Situation aufgrund von Bestandsanalysen umfassend auf und macht Mut. Bereits in den 1980er-Jahren haben wir mit Birdlife Zürich Brutvogelbestandsaufnahmen durchgeführt. Heute machen wir im Rhythmus von zehn Jahren solche faunistischen Aufnahmen auch für Libellen, Heuschrecken, Tagfalter, Amphibien und Reptilien und neuerdings auch für Wildbienen. Dank Citizen-Science-Projekten, wie dem Projekt Stadtwildtiere vom Verein StadtNatur, ist das Wissen über Säugetiere ebenfalls sehr gut. Die 9200 Hektaren grosse Stadt Zürich ist zu einem Viertel mit Wald bewachsen und rund ums Siedlungsgebiet werden über 800 Hektar landwirtschaftlich genutzt. Uetliberg, Zürichberg, Käferberg, Hönggerberg und Grünwald bilden zusammen mit Zürichsee, den Katzenseen und den grossen Fliessgewässern Limmat, Sihl, Glatt, Katzenbach sowie den vielen Bächen, Tümpeln und Weihern das ökologische Grundgerüst. Entlang dieser Vernetzungskorridore bewegen sich viele Tierarten. Die Stadt Zürich ist ein wunderbares Biotop und lädt mich immer wieder zu Wildtier-Safaris ein – an schönen wie auch regnerischen Tagen.

Lebhaft in Erinnerung bleibt mir eine abendliche Exkursion zum Weiher am Käferberg. Mit zwei Dutzend Kindern vom Schulhaus Nordstrasse machte ich mich von der Rötelterrasse auf den Weg. Was würde uns erwarten? Werden wir Amphibien sehen? Wie verhalten sich die Kinder und ihre Begleitpersonen? Es war noch hell, als wir beim Weiher eintrafen. Die letzten Vögel wie Buchfink, Gartenbaumläufer, Singdrossel oder Zaunkönig liessen ihre Gesänge ertönen, Spechte trommelten nochmals und wie aus dem Nichts erhob sich fast lautlos ein Graureiher. Und da, was war das? Das «Huuu-huuu» eines Waldkauzes ertönte und ein zweiter antwortete aus anderer Richtung. Als die Dunkelheit langsam einsetzte, rief ein Kind ganz aufgeregt: «Was ist das da im Wasser?» Alle Kinder schauten hin. Eine Erdkröte! Und kurz danach bewegten sich Hunderte von Kröten im Weiher. Mit einem Gurren setzte ein wahres Naturspektakel ein: Die Tiere krochen aus dem Weiher und innert Minuten war der ganze Waldboden mit Amphibien bedeckt. Unsere Taschenlampen halfen, dass wir nicht auf die Tiere traten. Auf dem Rückweg kamen die Kinder auf mich zu und meinten: das war mega! Nie hätten sie erwartet, dass es so etwas in Zürich gibt.

Für mich ging die Safari am Abend noch weiter. Mit dem Fledermausdetektor, den ich bei nächtlichen Exkursionen immer dabeihabe, machte ich mich auf den Heimweg. Dieses Gerät erfasst die für uns Menschen sonst lautlosen artspezifischen Ultraschallrufe. Es verrät mir, ob es sich um Zwerg-, Weissrand-, Wasserfledermäuse, Grosse Abendsegler oder eine andere der 14 in Zürich vorkommenden Fledermausarten handelt. Ich wollte ihn gerade einschalten, als ein Fuchs auf der Scheuchzerstrasse den Fledermäusen die Show stahl. Seine Aufmerksamkeit galt nicht mir, sondern einer Katze. Die beiden schauten einander skeptisch an und nach ein paar Minuten wandte sich der Fuchs ab und verzog sich in einen Garten. Fehlte nur Ennio Morricones Soundtrack.

Zwei Orte sind in Zürich sehr speziell: der Hauptbahnhof und der Gewässerraum. Mein mittäglicher Spaziergang führt mich manchmal zum Schanzengraben. Hier kann ich aus nächster Nähe Fische wie Barben beobachten – eine von über 30 Fischarten. Wo Fisch ist, ist auch Vogel! Mit wachem Auge kann man sogar einen Eisvogel oder eine Wasseramsel entdecken und auch ein Biber schaute schon vorbei. Seine Ausbreitung ist eine wahre Erfolgsgeschichte. Noch vor zehn Jahren gab es in der Stadt Zürich nur einzelne Vorkommen an der Glatt. Seither hat sich der Bestand stark vergrössert. In Zürich leben derzeit etwa fünf Familien. Auf Spaziergängen am Leutschenbach oder an

Gefährdete Art: Einer von geschätzten 2500 Igeln in der Stadt. Der Bestand ist rückläufig. Was man von den Katzen nicht behaupten kann.

der Limmat beim Werdhölzli können fast jeden Abend beim Eindunkeln Biber beobachtet werden. Manchmal kann er uns auch lästig werden, nämlich dann, wenn er Bäume annagt und fällt. Ein grobmaschiges Gitter hilft in der Regel gut, die wichtigsten Bäume zu schützen.

Neben den Gewässern ist auch das 100 Hektaren grosse Bahnhofsvorfeld ein Paradies für manche Tierart. Hier tummeln sich Tausende Mauereidechsen, die Blauflügelige Sandschrecke liebt diese offenen, warmen, kiesigen, nur schütter bewachsenen Ruderalflächen. Dutzende von Wildbienen nisten in solchen Biotopen. Ein fantastischer Lebensraum, der dank kleiner sogenannter Trittsteinbiotope mit dem Siedlungsgebiet vernetzt werden kann, sofern unversiegelte Flächen wie Kiesstreifen, Magerwiesen und Hecken vorhanden sind. Eine meiner Lieblingsexkursionen verläuft darum auch vom Platzspitz hinüber zum Lettenareal und dem Lettenviadukt bis zur Josefwiese. Mauereidechsen können hier zu Dutzenden entdeckt werden. Sie sind sehr zutraulich.

Eine Tiersafari in der Stadt Zürich ist also abenteuerlicher als manche Netflix-Serie. Dafür lohnt es sich, mal die Kalkschale zu zerschlagen und aus dem Alltagsei(nerlei) auszubüxen. Zu jeder Tages- und Nachtzeit gibt es überraschende Augenblicke. Für manche muss man mehr Geduld aufbringen und genau hinschauen. Dann gibt es auf blumenreichen Wiesen Heuschrecken, Tagfalter, Widderchen oder Schwebfliegen zu entdecken. In naturnahen, mit einheimischen Blumen gestalteten Gärten leben Taubenschwänzchen, Wildbienen, Käfer, Schnecken und vieles mehr. Und in unbeleuchteten Lebensräumen können im Sommer die magischen Leuchtkäfer bestaunt werden. Natürlich bereiten uns nicht alle Tiere gleichermassen Freude. Spätestens wenn die Wespe unsere Apéro-Platte entdeckt hat, schauen wir nicht mehr so entspannt zu. Doch die Wespe nimmt in der facettenreichen städtischen Biodiversität einen wichtigen Platz ein – genauso wie wir Menschen.

MAX RUCKSTUHL

So ging der SAC Baldern 1982 auf Skitour: Marianne Winkler mit Tochter Kathrin und Dorothee Landolt (v. l.) auf dem Wannenhorn in den Berner Alpen.

79

GIPFELTREFFEN DER FRAUEN

Die Sektion Baldern ist das letzte Überbleibsel aus einer Zeit, als der SAC Frauen ausschloss und sie deshalb ihren eigenen Alpen-Club gründeten. Marianne Winkler ist Mitglied – seit über 65 Jahren.

Wenn sie sich an ihre grossen Bergtouren erinnert, schleicht sich ein schelmisches Lächeln auf ihr von weissen Haaren umrahmtes Gesicht. Die Barre des Écrins zum Beispiel, den südwestlichsten Viertausender der Alpen, bestieg Marianne Winkler als Leiterin einer Sektionstour. Die Schlüsselstelle der Route sieht sie noch genau vor sich: Der Normalweg führte ein Stück durch die Nordwand, über ein sehr steiles Firnfeld. Im Aufstieg sei das gut gegangen, aber im Abstieg, als sie als Letzte der Gruppe nach unten geklettert sei, habe sie ordentlich Angst bekommen. Zum Glück habe sie sich vorher von ihrem Seilpartner ein zweites Eisgerät geben lassen, und sie weiss auch noch ganz genau, wie sie ihm eingeschärft habe, auf halber Strecke eine Eisschraube zu setzen, damit sie im Fall eines Sturzes gesichert sei. «Ich war schon eine Wilde», gibt sie zu, und in ihrer Stimme schwingt leiser Stolz mit. Die heute 89-Jährige trat Mitte der 1950er-Jahre, mit Anfang 20, in die Sektion Zürich des Schweizerischen Frauen-Alpen-Clubs (SFAC) ein. Auf Bergwanderungen mit Freundinnen war sie auf den Geschmack gekommen, und sie wollte mehr: höhere Berge, schwierigere Anstiege, Ski-, Kletter- und Hochtouren. «Der Frauen-Alpen-Club war die einzige Möglichkeit, anspruchsvollere Gipfel zu besteigen und dazuzulernen», sagt sie, «ausser man konnte sich privat einen Bergführer leisten.» Denn der 1863 gegründete SAC nahm damals keine Frauen auf. Nachdem die Frage, ob weibliche Mitglieder zugelassen werden sollten, die Herren 28 Jahre lang umgetrieben hatte, schloss der Verein die Damen 1907 offiziell aus – um unter sich zu bleiben und ihr Reduit männlicher alpinistischer Bewährung zu schützen. Nur Mädchen durften in der Jugendorganisation JO aktiv sein, bis zum Erreichen der Altersgrenze.

Aus den Bergen liessen sich die Frauen jedoch nicht ausschliessen. Um sich zu organisieren, auf Clubhütten und in Bahnen dieselben Ermässigungen wie SAC-Mitglieder zu erhalten, vor allem aber, um andere Frauen für die Berge zu begeistern, gründeten sie 1918 in Montreux ihren eigenen Club. Federführend waren die Westschweizerinnen; die vier Gründersektionen sowie die erste Präsidentin Aline Margot kamen aus der Romandie. Ab 1920 gab der Verein eine eigene viersprachige Zeitschrift heraus. Bergbegeisterte Frauen gab es offensichtlich genug: In den ersten fünf Jahren wuchs der SFAC auf 19 Sektionen mit 1200 Mitgliedern an, 1938 hatte er 4200 Mitglieder, und um 1950 gab es in der ganzen Schweiz rund 50 Sektionen, die jeweils ein eigenes Tourenprogramm anboten.

Als dritte Deutschschweizer Sektion wurde 1921 durch 15 Frauen die Sektion Zürich gegründet; zehn Jahre später waren sie bereits rund 200. Wie im SAC fand sich auch im SFAC die bürgerliche Elite zusammen. Wer bergsteigen wollte, musste über freie Zeit verfügen und brauchte Geld für Ausrüstung, Anreise und Übernachtung. Als Marianne Winkler, die inzwischen das Lehrerseminar besuchte, davon hörte, dass es in Zürich einen Frauen-Alpen-Club gab, und dort eintreten wollte, musste sie einen Tourenbericht vorlegen, an Probetouren teilnehmen und die Empfehlung einer Gotte vorweisen, um aufgenommen zu werden. Belustigt erzählt sie davon, dass sich die Damen am Berg siezten, die Förmlichkeit auch in spannenden Situationen gewahrt blieb. «Geben Sie noch ein bisschen Seil, Frau Dr. Müller!» – so tönte das in den 50er- und 60er-Jahren. Ihr Schlüsselmoment war, als sie auf einer SFAC-Skitour gemeinsam mit 20 Frauen hinter einem Tourenleiter aufstieg. «Das passte mir überhaupt nicht. Ich dachte, das können wir doch auch selbst. Also begann ich, leichtere Touren zu unternehmen, dafür aber eigenständig, zusammen mit Freundinnen. Wir zogen einfach los.» Auf der Britanniahütte im Wallis lernte Marianne ihren Mann, den Architekten Dölf Winkler, kennen. Weil er Mitglied bei den Naturfreunden war, nahm sie in den folgenden Jahren vor allem an deren Unternehmungen teil, und da sie inzwischen einige Bergerfahrung gesammelt hatte, begann sie, selbst Touren zu leiten. Sie schätzte die freundschaftliche und weniger elitäre Atmosphäre bei diesem Verband, der aus der Arbeiterbewegung entstanden war und in dem sich Büezer und Linke trafen, die beim SAC nicht willkommen waren. Für Marianne Winklers alpinistische Karriere wurden die Naturfreunde ebenso wichtig wie der Frauen-Alpen-Club. Zu dem der Kontakt aber nie abriss: Als in den 1970er-Jahren erneut die Frage diskutiert wurde, den SAC für Frauen zu öffnen, und sich schliesslich eine Fusion der beiden Vereine abzeichnete, plädierte sie dafür, dass sich der SFAC Zürich nicht einfach der Stadtzürcher SAC-Sektion anschliessen solle, denn «im riesigen SAC Uto wären wir untergegangen».

Beim Zusammenschluss der beiden Alpen-Clubs zum Jahresbeginn 1980 gingen die meisten SFAC-Sektionen in die entsprechenden regionalen SAC-Sektionen über. Vereinzelte blieben reine Frauensektionen und lösten sich mangels Nachwuchs nach und nach auf, die letzte – die Sektion Raimeux – im Jahr 2022. Die Bergsteigerinnen des SFAC Zürich hingegen entschieden sich anders. Um ihren eigenständigen Charakter zu erhalten, liessen sie ihre Sektion bestehen, nahmen aber fortan auch Männer auf. Weil alle Zürcher SAC-Sektionen den Namen stadtnaher Hügel tragen, benannten sie sich in SAC Baldern um, nach der historischen Burg Baldern auf der Albiskette. Diesen Weg wählte nur eine weitere ehemalige Frauensektion, der SAC Mont-Soleil im Berner Jura. Er löste sich 2012 auf und schloss sich dem SAC Chasseral an. Einen der ersten Männer, die dem SAC Baldern beitraten, fragte Marianne Winkler nach seinen Beweggründen für diesen Schritt. «Hier kann man einfach sein, hier muss man nicht ellbögle und nicht besser sein als die anderen», habe er ihr geantwortet.

Nachdem Mitte der 1980er-Jahre ihre beiden Kinder aus dem Haus waren, begann für sie wiederum eine sehr aktive Zeit beim SAC Baldern. Sie führte nicht nur Sektionstouren, bei denen sie sich «schon manchmal durchsetzen musste», sondern war auch lange Jahre Tourenchefin Sommer – ein Amt, das sie erst aufgab, als sie mit 54 Jahren eine späte, aber leidenschaftliche Karriere als Gleitschirmpilotin startete. Touren leitete Marianne Winkler bis ins Alter von 80 Jahren. Mit ihren Verdiensten für die Sektion gehört sie zu deren Grand Old Ladies, ebenso wie etwa die Kinderärztin Elsbeth Köng oder die Ökonomie-Professorin Heidi Schelbert, die beide 2019 verstarben. Ihr Leben lang unterstützten sie Frauen darin, sich in den Bergen mehr zuzutrauen und selbstständig unterwegs zu sein.

Das 100-Jahr-Jubiläum im Jahr 2021 feierte die Sektion mit monatlich einer Tour auf den Spuren ihrer Gründerinnen, ausserdem wurde am Albisgrat auf einem Verrucano-Findling beim Baldernhaus eine Jubiläumsplakette angebracht. Obwohl mit den Jahren immer mehr Männer in den SAC Baldern eintraten, sind die Frauen unter den derzeit 535 Mitgliedern noch immer in der Überzahl. Laut Monika Saxer, die in der Sektion für die Redaktion und die Seniorinnen zuständig ist, macht sich das vor allem dadurch bemerkbar, dass es auf Clubtouren weniger um Leistung geht als darum, Erlebnisse miteinander zu teilen. Die Sektionspräsidentin Milena Bastian betont die «selbstbewusste und eigenständige Bergsteigerinnentradition», die sich aus der Geschichte erhalten hat: «Bei uns war der Gleichberechtigungsgedanke schon lange lebendig, bevor diese Ideen auch politisch aktuell wurden.» Was den Frauenanteil angeht, scheint sich inzwischen selbst im Gesamtverband etwas zu bewegen: 2021 waren immerhin 40 Prozent aller SAC-Mitglieder weiblich.

KARIN STEINBACH TARNUTZER

«Die Zeit rennt uns davon»: Direktor Severin Dressen im Masoala-Regenwald des Zoos.

80

DIE HOHEN TIERE VOM ZÜRICHBERG

Der Zoo ist ein Publikumsmagnet mit 6000 Tieren in Lebensräumen von Regenwald bis Savanne. Direktor Severin Dressen geht es aber um mehr: Er sieht seinen Zoo als Naturschutzzentrum für bedrohte Tierarten.

Manchmal, frühmorgens, wenn ich die Zeit finde, stehe ich ganz oben auf dem Turm in unserem Masoala-Regenwald. Ich staune, was hier in den letzten 20 Jahren alles gewachsen und gediehen ist. Ich atme den unverwechselbaren erdigen, aber frischen Geruch ein, bevor ich mich meiner eigentlichen Arbeit widme, die grösstenteils am Bürotisch zu erledigen ist. In der Luft liegt noch der Duft des Regens, der das Tropenklima mit einer angenehmen Kühle angereichert hat. Auch auf den Blättern hat er schimmernde Tropfen hinterlassen. Auf 18 Metern Höhe, umgeben von Affenbrotbäumen, Chinesischen Feigen und Goldblattpalmen, höre ich, wie das Leitweibchen der vom Aussterben bedrohten Roten Varis seinen Artgenossen lauthals den Ton angibt, und registriere auf Augenhöhe die Flucht zweier Vasapapageien, die aufgeschreckt durch den Lärm das Weite suchen. Mein Blick wandert abwärts. Ich beobachte einen unserer bedrohten Mähnenibisse, wie er weit unter mir versucht, eine freistehende Wurzel aus dem Boden zu reissen mit dem Ziel, sein Nest damit zu bestücken. Er zieht und zerrt, dreht sich um seine eigene Achse, wechselt die Richtung, packt mit dem langen gekrümmten Schnabel mal von der einen, dann von der anderen Seite an, hackt auf das Holz ein, hüpft mit der vermeintlichen Beute auf und ab, tänzelt um sie herum. Noch ahnt der Mähnenibis nicht, dass sein Vorhaben misslingt. Minutenlang bin ich stiller Zeuge dieses Schauspiels. Staune ob der Kraft und des unbändigen Willens des Tiers. Es weiss, was es will, es weiss, was es braucht. Doch die Wurzel ist stärker. Die Bemühungen des Vogels sind vergebens. Der Nestbautrieb lässt den Vogel jedoch nicht aufgeben. Zwar wird seine Arbeit nicht mit dieser Wurzel gekrönt, allerdings bietet der Masoala-Regenwald Unmengen an Nistmaterial, welches seinen Zweck sogar noch besser erfüllt. Zwischen dem Flügelfarn liegen kleine feine Stöcklein und Äste. Gut zu transportieren. Laufend oder fliegend. Auf den Wegen finden sich heruntergefallene Blätter, die nur darauf warten, einem neuen Verwendungszweck zu dienen. Nach einer kurzen Verschnaufpause realisiert dies auch der Mähnenibis. Er wendet sich den Alternativen zu, erkennt ihr Potenzial und zieht bepackt mit Nistmaterial erfolgreich von dannen.

Als Zoodirektor habe ich auch meine Ziele, die ich verfolge, und meine Aufgaben, die damit zusammenhängen. In unserem Entwicklungsplan haben wir festgehalten, wie sich der Zoo Zürich bis 2050 verändern wird, um im Kampf gegen Biodiversitätsverlust unseren Beitrag zu leisten, wo unsere Schwerpunkte liegen und welche neuen Lebensräume wir schaffen. Neben dem Masoala-Regenwald, dem Kaeng-Krachan-Elefantenpark und der Lewa-Savanne entsteht Kongo, das neue Zuhause für unsere hochbedrohten Gorillas, die Grossvoliere Pantanal beherbergt künftig freifliegende Schwärme bedrohter Papageien, wie den Hyazintharas, und schon in den nächsten zwei Jahren werden unsere Grosskatzen mit Panterra eine neue Heimat innerhalb des Zoos finden. Die Lebensräume werden grosszügig, innovativ und natürlich gestaltet. Der Zoo Zürich, den es seit 1929 gibt, entwickelt sich weiter. Dass ich bei diesem nächsten Entwicklungsschritt meinen Beitrag leisten darf, erfüllt mich mit Stolz, bringt aber auch eine grosse Verantwortung mit sich. Minuten des Innehaltens, so wie auf dem Aussichtsturm, lassen mich dessen bewusst werden. Unser Masoala-Regenwald ist ein Mini-Ökosystem für zahlreiche Tiere und Pflanzen. Der Zoo als Ganzes ein pulsierender Mikrokosmos, ein Gemeinschaftswerk. 450 Mitarbeitende und über 350 Personen aus dem Freiwilligenteam stehen 365 Tage im Einsatz, damit alle unsere 6000 Tiere versorgt sind und unsere rund 1,4 Millionen Gäste pro Jahr ein besonderes Erlebnis geniessen. Damit dies gelingt, sind auch wir ein bisschen wie die Mähnenibisse. Wir haben konkrete Ideen, die wir umsetzen wollen, sind mit Engagement und Ausdauer bei der Sache. Wenn der Ursprungsplan nicht aufgeht, suchen wir nach einer alternativen Lösung. Sich verstecken, wie das Pantherchamäleon im Masoala-Regenwald es tut, ist keine Option. Eher anpacken und nach Lösungen suchen. Auch, wenn es um unsere Hauptanliegen geht.

Der Zoo Zürich ist ein Naturschutzzentrum. Der Artenschutz und der Schutz von Ökosystemen gehören zu unseren Kernaufgaben. Wer wie ich im Masoala-Regenwald inmitten bedrohter Pflanzen- und Tierarten steht, wird sich bewusst, was es zu schützen gilt. Der Mähnenibis, der mit seinem Nestbau beschäftigt ist, trägt ganz natürlich, und zu meiner grossen Freude sehr erfolgreich, zum Erhalt seiner Art bei. Der Zoo Zürich ermöglicht es ihm, dass eine Reservepopulation aufgebaut werden kann. Damit er auch in der Wildnis nicht ausstirbt, engagiert sich der Zoo in seinen Naturschutzprojekten vor Ort. Es ist dem Zoo und mir persönlich ein grosses Anliegen, dieses Engagement in den nächsten Jahren auszubauen. Denn die Zeit rennt uns davon, da immer mehr natürliche Lebensräume der bedrohten Tierarten verschwinden. So schön der Masoala-Regenwald im Zoo Zürich auch ist, er darf nicht einziger Überlebender sein und der Mähnenibis und alle anderen bedrohten Arten brauchen unsere Unterstützung. Als Zoodirektor nehme ich meine Verantwortung wahr. Gerne gemeinsam mit Ihnen allen.

SEVERIN DRESSEN

Finanzplatz tot? Nein, Paradeplatz während der Corona-Pandemie 2020.

GELD & GEIST

Als die Kundschaft noch im Fokus war: Drive-in-Schalter der SKA an der St.-Peter-Strasse 17 in Zürich im Juni 1962.

81

FALL EINER BANK

Drei Generationen von Bankiers prägten nach dem Krieg die Credit Suisse. Die erste Generation verlor sie fast, die zweite verschiffte sie nach Amerika, die dritte trieb sie in den Ruin. Ein Panoptikum des Versagens.

Ein- oder zweimal im Jahr trafen sich die Spitzen der drei grossen Banken der Schweiz in einer Waldhütte. Je nach Erfordernis nahmen rund sechs Generaldirektoren teil, keine Assistenten störten, keine Berater schwirrten im Rücken herum, stattdessen herrschte eine Stimmung zwischen Pfadi und WK, seriös und doch abenteuerlich, was den meisten Teilnehmern nur zu vertraut war. Sicher die Hälfte der Herren, wenn nicht mehr, diente als Offiziere in der Schweizer Armee, in der Regel mit höherem Rang; die einen kannten sich vom Generalstab, die anderen von der Offiziersschule – wäre jetzt ein Krieg ausgebrochen, die Grossbanken der Schweiz hätten sich im Wald sogleich selbst mobilisiert.

Das allerdings war nicht der Zweck der Übung. Vielmehr hatten sich die obersten Bankiers versammelt, um alles abzusprechen, insbesondere die Zinsen, mit dem Ziel, jeden übertriebenen Wettbewerb zwischen ihren Instituten einzudämmen. Es war die grosse Zeit der Kartelle – wie sie noch in den 80er-Jahren die Schweiz bestimmten, aus welcher Zeit diese Schilderung stammt.

Vielleicht um 10 Uhr morgens begann die Sitzung, und von da an arbeitete man entschlossen die Traktandenliste ab. Je länger das Treffen dauerte, desto relativer erschien diese Traktandenliste, zumal schon am Mittag verschiedene Weinsorten die Stimmung hoben, was sich im Lauf des Tages nur fortsetzen sollte. Waren nicht die meisten auch Akademiker, sprich: in einer Studentenverbindung abgehärtet worden? Oft zu später Stunde ging man auseinander, im Bewusstsein, die Geschicke des schweizerischen Finanzplatzes wieder bestens geordnet zu haben.

Man kannte sich, man vertraute sich, man glaubte an das gleiche Land. Selbstverständlich war die Schweizerische Kreditanstalt, die spätere Credit Suisse, immer in der Waldhütte vertreten, und ganz gleich, wie gross ihre Bilanzsumme auch sein mochte, stets kam ihr der erste Rang zu. Die SKA galt als vornehmste Grossbank, sie lebte vom Prestige ihres Gründers (Alfred Escher) und den vielen bedeutenden Familien, denen sie als Hausbank diente, sie atmete den spröden, aber überlegenen Geist des Zwinglianismus (sparen, arbeiten). Wer zu ihr als Angestellter stiess, durfte sich «von» schreiben, sofern er das nicht schon tat: Für manch einen Sohn (so gut wie nie eine Tochter) aus den alten, einst sogenannt regimentsfähigen Familien von Zürich galt eine Stelle bei der SKA als standesgemäss. Noch zu Beginn der 70er-Jahre amtierte Felix W. Schulthess als Verwaltungsratspräsident (Stadtzürcher Familie, 1370 erstmals erwähnt), und in der Generaldirektion sass ein Hans Konrad Escher (Stadtbürger seit dem 14. Jahrhundert, fünf Bürgermeister im alten Zürich).

Was war zürcherischer als die SKA? Zwischen 1970 und 1979 stammte über die Hälfte der Generaldirektoren aus der Stadt, zwei Drittel aus dem Kanton, ein Drittel aus der restlichen Schweiz, Ausländer fand man keine. Im Übrigen hatte, wer ins Kader aufstieg, Jura studiert (in Zürich), war reformiert und gehörte einer historischen Zunft an, zudem war er häufig Rotarier und hatte in der Pfadi Flamberg den Samariter-Knoten gelernt. Die Kreditanstalt galt als Inbegriff von Zürich, mit allem, wofür man die Stadt in der übrigen Schweiz bewunderte – und hasste. Die Herrenbank.

Wenn wir die jüngste, am Ende so traurige Geschichte der Credit Suisse betrachten, dann kann man sie auch als Abfolge verschiedener Generationen von Bankiers lesen. Grob sind es drei, welche die Bank nach dem Zweiten Weltkrieg geprägt haben: Die erste Generation, gezeichnet vom Krieg, rührte wenig an. Geld vertrug keine Hektik. Diskretion bedeutete alles. Vorsicht überwog, als hätte sich die Mentalität des neutralen, nie lärmigen Kleinstaates auch auf das Bankgeschäft übertragen. Als 1968 jüngere Bankiers im Verwaltungsrat auf den Wettbewerb mit den anderen Grossbanken hinwiesen und davor warnten, dass die SKA zurückfiel, gab Schulthess zu Protokoll: «Wir dürfen uns nicht zu sehr davon leiten lassen, was die anderen tun.» Und prophetisch hielt er fest: «Das ständige Anwachsen der Grossbanken hat seine Schattenseiten und ist auf die Dauer nicht gut. Derartige Konzentrationen werden vom Schweizervolk nicht sympathisch empfunden. Auch politisch sind Bedenken am Platz.»

Es war eine konservative Bank. Das hatte auch sein Gutes. Der Kunde habe im Vordergrund gestanden, dessen Geld zu vermehren, habe vorrangiger geschienen, als das eigene Einkommen zu optimieren, erzählt ein Bankier, der in den 1970er-Jahren eine Filiale der SKA geleitet hatte. Von Boni war keine Rede. Wenn ein Firmenkunde einen Kredit beantragte, entschied der Filialchef oft aus dem Bauch. Konnte man ihm vertrauen, oder war er als Hallodri bekannt? Sein Vorgänger, so der Bankier, habe sich von jedem Kunden den Geburtstag gemerkt, worauf er Wert legte, weil er an Sternzeichen glaubte. Nie irrte er sich. Kein Kredit fiel je aus. Als 1973 ein junger Bankier aus Amerika zurückkehrte, um in die Generaldirektion vorzustossen, musste er sich deshalb fehl am Platz fühlen. Zumal er kein Zürcher war, sondern ein Zuger, kein Akademiker und kein Rotarier, geschweige denn ein Zünfter, sondern ein Katholik: der erste in der Generaldirektion der SKA seit 1856, dem Gründungsjahr der Bank. Wenn er auch als fähig galt, so war er genauso ehrgeizig und selbstbewusst. Er hiess Rainer E. Gut. Schon nach wenigen Wochen war er unbeliebt. Niemand erwartete, dass er das allzu lange aushalten würde – auch er nicht.

Chiasso sollte das alles ändern. Wenn ein Skandal den Schweizer Bankiers je in die Knochen gefahren war, dann dieser «Fall Chiasso», der 1977 aufflog. Ausgerechnet bei der scheinbar so tadellosen SKA hatten Direktoren der Tessiner Filiale jahrelang Fluchtgelder aus Italien in krimineller Weise nach Liechtenstein verschoben; insgesamt erlitt die SKA einen Verlust von rund 1,4 Milliarden Franken, die Bank geriet ins Wanken.

Kaum jemand in der Führung überlebte diesen Meteoriteneinschlag – bis auf den Aussenseiter Rainer E. Gut. «Fallschirmmässig», sagt ein Zeitzeuge, sei Rainer Gut im Krater der Macht gelandet. Weil man ihm als dem Verantwortlichen fürs Auslandgeschäft kaum einen Vorwurf machen konnte, war jetzt seine Stunde gekommen, er rückte zum Chef der Bank auf – und blieb es bis 2000, als er sich als Verwaltungsratspräsident des nunmehr Credit Suisse Group genannten Finanzkonzerns zurückzog. Nach diesen 23 Jahren war die Bank nicht mehr wiederzuerkennen – ob im Guten oder im Schlechten, das war lange Gegenstand der Debatte, heute scheint das nicht mehr so offen zu sein. Die Bank gibt es nicht mehr. Und Gut stand am Anfang jener Entwicklung, die sie am Ende in den Ruin führen sollte. Mit ihm kam eine zweite Generation von Bankiers zum Zug, die ungleich bedenkenloser mit den Pfunden der Vergangenheit wucherte als ihre Vorgänger, mit ihm kam Amerika an den Paradeplatz.

Schon 1978 vertiefte Gut die Zusammenarbeit mit der New Yorker Investmentbank First Boston, einem der blutrünstigsten Vertreter dieses sehr amerikanischen Geschäfts, das ausserhalb der Wall Street nur wenige beherrschten. Hohe Risiken, hohe Gewinne, niederschmetternde Verluste. Als es der Credit Suisse 1990 gar gelang, die First Boston mehrheitlich zu erwerben, schien Gut den Olymp erreicht zu haben. Den Olymp des Bankings, nämlich New York, aber auch den Olymp seiner persönlichen Reise. War ihm, der es in den 1960er-Jahren in einer Investmentbank an der Wall Street zum Partner gebracht hatte, der Paradeplatz nicht immer zu übersichtlich vorgekommen? Er habe sich zum Ziel gesetzt, dass die CS «im Jahre 2000 weltweit zu den grössten Finanzdienstleistungsunternehmen» zähle, erklärte er. Dass die SKA inzwischen Credit Suisse Group hiess, war kein Zufall. Man sprach Englisch – neuerdings auch am Paradeplatz.

Unbehagen im Kleinstaat. Amerika als Verheissung. Es war nicht Gut allein, der in den 90er-Jahren dieser Sehnsucht nach dem ganz Grossen erlag. In manch altehrwürdigem Schweizer Unternehmen, das noch kurz zuvor als bieder und muffig gegolten hatte, kam Übermut auf. Ob Novartis, ABB, die Zürich-Versicherung, die UBS, Swissair oder eben die Credit Suisse: Überall bildete man sich ein, in die Liga der Giganten vorstossen zu können. Ganz unrealistisch war das nicht, wenn man sich die Substanz dieser Firmen vor Augen führte, die über ein Jahrhundert lang unablässig angewachsen war. Unrealistisch aber war erstens die Erwartung, die Konkurrenz – besonders in Amerika – nehme das hin. Unrealistisch war zweitens die Auffassung, man verfüge dafür über das nötige Personal, und wenn es fehle, könne man es leicht im Ausland finden, ohne die schweizerische DNA zu beschädigen, die einst diese Firmen erst gross gemacht hatte. Treu und Glauben in der Waldhütte. Wenn diese zweite Generation der Bankiers und Industriellen etwas verband, dann die Tatsache, dass sie sich wohl für konkurrenzfähiger hielten, als sie wirklich waren: Sie verdankten vieles den günstigen Umständen der Nachkriegszeit sowie ihrem Geburtsland, dessen Institutionen ihnen Vorteile geboten hatten, die sie oft verkannten. Sie meinten in der Champions League zu spielen, weil sie so gute Pässe gaben, dabei spielten sie hier, weil ihre Eltern das Stadion gebaut hatten.

Mit der First Boston sollte die CS nie glücklich werden. Langfristig verdiente man kaum Geld, immer wieder lösten die teuren Stars in New York oder London Verluste oder Skandale aus. Selten zeigten sie sich dafür erkenntlich, dass die etwas weniger eleganten Schweizer Vermögensverwalter ihre Kapriolen bezahlten, was diesen nur leichtfiel, solange das Bankgeheimnis ihnen das Geld wie Schwemmholz zufliessen liess.

Am Ende übernahmen die Mühlemanns und Dougans und Rohners, die dritte Generation, die Bank, als hätten sie sich vorgenommen, Thomas Manns *Buddenbrooks* und deren Verfall von Neuem aufzuführen – wenn auch nicht als Roman, sondern als Tatsachenbericht aus der Hölle.

Dem einen (Mühlemann), blitzgescheit, aber führungsschwach, gelang so gut wie nichts, der Zweite (Dougan) blieb nur in Erinnerung, weil er einen Bonus von 70 Millionen Franken eingestrichen hatte, der Dritte (Rohner) betreute zehn Jahre lang die Bank, als ob man ihn als Sterbebegleiter eingestellt hätte: An eine Gesundung glaubte bald niemand mehr. Währenddessen finanzierte Rohner seiner Partnerin ein Filmfestival. Wirkte die SKA früher so steif wie ein Gentleman im Frack, glich sie nun einem 35-jährigen Studienabbrecher, der vom Erbe seines Vaters lebte und ein T-Shirt trug, worauf «Ich» stand. Was der dritten Generation abging, davon hatte die erste sicher zu viel aufgewiesen: das Schweizerische, das Bodenständige, das Gediegene. Immerhin wusste man, was man nicht war, wogegen der letzten Generation weder das eine noch das andere klar zu sein schien. War man Banker? Oder Künstler der Geldvernichtung? Dekadenz und Entwurzelung. Vielleicht wären sie besser in der Waldhütte geblieben.

MARKUS SOMM

Familienangelegenheit: Martin H. Bidermann, Christian R. Bidermann, Peter R. Rahn, Jay Bidermann, André M. Bodmer und Christian Rahn (v. l. n. r.) am Sitz der Bank in der Altstadt.

82

MASSGESCHNEIDERT

Der einst bedeutende Seidenhandel, auf Kredite angewiesene Handwerker und die Industrialisierung waren vor mehreren Generationen Auslöser für die Gründung von Banken in Zürich. So auch für die Privatbank Rahn+Bodmer Co. Sie ist heute die älteste Bank der Schweiz.

Die Zürcher Kaufleute Caspar und Hans Conrad Schulthess gründeten im Haus Zum gewundenen Schwert am Limmatquai 1750 ihr Seidenhandelshaus. Auf Geschäftsreisen im Ausland erwarb Hans Conrad Schulthess nicht nur grosse Erfahrung im Ankauf und Vertrieb von Seide, sondern auch in seinem Nebengeschäft, dem Handel mit Effekten und Wechseln. Der feinsinnige und erfolgreiche Geschäftsmann galt als städtische Autorität, und sein Haus war in der zweiten Hälfte des 18. Jahrhunderts ein Treffpunkt des gelehrten und literarischen Zürich.

Dass die Schulthess sowie viele andere Seidenhändler im 19. Jahrhundert das Seidengeschäft aufgaben, war kein selbst gewählter Entscheid. Dank des Telefons und des Telegrafen konnten die Kunden des Handelshauses ihre Seide direkt in Italien bestellen. Die Dienste eines Schweizer Händlers waren nicht mehr gefragt – die Einnahmen aus dem Seidenhandel brachen weg. Während andere Händler in die Produktion von Fäden und Stoffen einstiegen, konzentrierten sich die Vorgänger von Rahn + Bodmer Co. fortan auf Bankgeschäfte.

1882 trat mit Louis Rahn-Bärlocher der erste Vertreter der heutigen geschäftsführenden Familien in die Bank ein. Wegen des neuen schweizerischen Obligationenrechts wechselten die Besitzer den Namen 1893 zu Escher & Rahn. 1917 stiess mit Max E. Bodmer ein weiterer Vertreter der heute geschäftsführenden Familien zur Privatbank, die nochmals den Namen wechselte, diesmal zu Rahn & Bodmer. Neben der 1923 erhaltenen Börsenzulassung war die Gründung der Vereinigung Schweizerischer Privatbanquiers 1934 ein Meilenstein. Max E. Bodmer war Mitverfasser der Statuten und erster Präsident der Vereinigung, zu der in der Schweiz heute nur noch drei Personengesellschaften gehören, die sich «Banquiers» nennen dürfen, sowie zwei Bankkommanditaktiengesellschaften.

Die sechs Partner von Rahn+Bodmer Co., Peter R. Rahn, Martin H. Bidermann, Christian Rahn, André M. Bodmer, Christian R. Bidermann und Jay Bidermann, vertreten heute ihre Familien in dritter und vierter Generation. Als traditionelle Privatbanquiers haften die Partner vollumfänglich für die Verbindlichkeiten von Rahn+Bodmer Co. Die Bank betreut für ihre Kundschaft deren Vermögen. Der Verzicht auf eigene Produkte, die langfristige Ausrichtung und eine unternehmerisch geprägte Geschäftsphilosophie sind die Grundwerte für die Anlagepolitik. Die persönliche Haftung und Verantwortung hat für die Kundinnen und Kunden den Vorteil, dass die Banquiers vorsichtig ans Werk gehen bei allen Geschäftsentscheidungen. Es gibt im Bankgeschäft einen Grundsatz, der für alle gilt. Der Ertrag korreliert mit dem Risiko. Rahn+Bodmer denkt in Generationen, also längerfristig.

Die Mitarbeitenden von Rahn+Bodmer Co. erarbeiten zusammen mit ihren Kundinnen und Kunden Lösungen, die eine langfristige Perspektive zur Werterhaltung und -vermehrung der Kundenvermögen gewährleisten. Am Anfang des Beratungsprozesses steht eine sorgfältige Bedarfsanalyse, in der Themen wie Einkommensplanung, Vorsorge, Vermögensnachfolge und Steuerfragen ganzheitlich besprochen werden. Neben rein quantitativen Vorgaben fliessen dabei auch qualitative Elemente und Szenarien in den Beratungsprozess ein. Denn die Mitglieder einer Familie haben oft ganz unterschiedliche Bedürfnisse und es geht darum, eine massgeschneiderte Lösung zu erarbeiten, die möglichst vieles berücksichtigt.

Die Kundenberaterin oder der Kundenberater begleitet die Kundschaft und ihre Familien über Jahre als Vertrauensperson, nicht selten sogar über Jahrzehnte und Generationen hinweg. Das schönste Kompliment sind für Rahn+Bodmer Co. die vielen Familien, die bereits in der zweiten, dritten, vierten oder gar fünften Generation die Dienstleistungen der Bank in Anspruch nehmen. Voraussetzung dafür sind ein gegenseitiges grosses Vertrauen und die Kontinuität in der persönlichen Beratung.

Rahn+Bodmer Co. ist seit seiner Gründung bis heute ein durch und durch zürcherisches Finanzhaus. Es gibt nur einen Standort in der Zürcher Altstadt, keine Filialen. Im Herbst 2021 zog die Bank mit ihren rund 200 Mitarbeitenden von der Talstrasse an die Münstergasse 2 beim Grossmünster – nur wenige Meter entfernt vom Haus Zum gewundenen Schwert, wo die lange Geschichte von Rahn+Bodmer Co. ihren Anfang nahm.

CHRISTIAN RAHN

Nur noch MAN hält die Stellung: Der Kreis 5 hat sich zum Dienstleistungsstandort gewandelt.

83

DAS LETZTE UNTERNEHMEN SEINER ART

MAN Energy Solutions produziert mitten im Trendquartier Zürich-West turmhohe Kompressorsysteme in riesigen Werkhallen. Als Vertreter einer Maschinenindustrie, die Zürich über zwei Jahrhunderte geprägt hat.

Der Gegensatz könnte nicht grösser sein: Draussen auf den Strassen, zwischen Escher-Wyss-Platz und Bahnhof Hardbrücke, in den Restaurants, Bars, Kinos und Clubs, vergnügt sich das Ausgehvolk. Es besucht zu Tausenden das aufregende Trendquartier, das so verkehrsgünstig an der Einfallsachse aus der Agglomeration liegt. Drinnen, hinter den denkmalgeschützten Backsteinmauern am Escher-Wyss-Platz, hängen glänzende Stahlkolosse von der Decke der grössten Fabrikhalle der Stadt, von dieser Kathedrale der Zürcher Industriegeschichte. MAN Energy Solutions entwickelt, konstruiert, produziert und prüft dort mit 800 Mitarbeitenden aus rund 40 Nationen Hightech-Kompressionssysteme. Sie werden überall eingesetzt: in der Chemiebranche, Papierindustrie oder im Erdgas-Sektor.

Ein Tiefseekompressor hilft zum Beispiel, vor der norwegischen Küste in 300 Metern Tiefe fossile Brennstoffe so ressourcenschonend wie möglich zu fördern. Gasförderung direkt am Meeresgrund ist deutlich effizienter als die Förderung über Bohrinseln. Gleichzeitig plant MAN die klimaneutrale Energiezukunft. Das Unternehmen will etwa mit dezentralen Speicherlösungen die Voraussetzungen für die Energiewende schaffen und ganze Quartiere mit erneuerbarer Energie versorgen. Der gleiche Kompressor, der in 300 Metern Tiefe eingesetzt wird, kann auch in eine Anlage eingebaut werden, die Elektrizität aus Windenergie in klimaneutrale Fernwärme umwandelt und verteilt. Bis 2030 werden nachhaltige Technologielösungen für den Energiesektor den Grossteil des MAN-Geschäfts ausmachen.

MAN hat die Umnutzung des Kreis 5 als einziger grosser Industriebetrieb überlebt. Der Gestaltungsplan von 1995 sah Einkaufslandschaften mit Loftwohnungen vor, keinen Maschinenbau mehr. Aber Hochbauamt-Vorsteherin Ursula Koch setzte durch, dass auch die Industrie im Kreis 5 ihren Platz finden sollte. Deshalb werden im Herzen von Zürich noch immer Maschinen gebaut. Stadt und MAN wollen beide nicht aufeinander verzichten. Rücksichtnahme des Industrieriesen

Mitten im Ausgehviertel: Hightech-Fertigung bei MAN Energy Solutions am Escher-Wyss-Platz.

vorausgesetzt: Wenn MAN seine Turbokompressoren in einem der drei Prüfstände testet, braucht es 22 Megawatt Spitzenlast und eine Vorwarnung ans EWZ, damit es in der Stadt wegen Überlastung des Netzes nicht plötzlich dunkel wird.

Seit 2002 gehört das Escher-Wyss-Areal dem Immobilienunternehmen Allreal. Wo heute MAN produziert, tat das einst Escher-Wyss: Der Industriebetrieb produzierte Wasserräder, Dampf- und Heissluftturbinen und Dampfschiffe. Die ersten Wasserturbinen wurden 1844 ausgeliefert. Bis 1940 verliessen mehr als 500 Schiffe die heute sanierte und für Kultur und Gastronomie umgenutzte Schiffbauhalle. Die «Stadt Zürich» mit Baujahr 1909 verkehrt heute noch auf dem Zürichsee als schwimmendes Industriedenkmal.

In den 20er-Jahren des vergangenen Jahrhunderts schwächelte Escher-Wyss. Der Börsencrash und die Weltwirtschaftskrise trafen das Unternehmen mit seinen 1900 Mitarbeitenden hart. 1931 war das Unternehmen bankrott. Dank Hilfsaktionen von Stadt und Kanton Zürich und des Eingreifens des Industriellen Jacob Schmidheiny konnte das Traditionshaus weiter produzieren. Nach dem Zweiten Weltkrieg waren die Auftragsbücher dann voll. Das Stammhaus beschäftigte 1963 2300 Personen. Aber die kriegsgeschwächte ausländische Konkurrenz erholte sich und die Escher-Wyss AG war dem Wettbewerb auf dem Weltmarkt nicht mehr gewachsen. 1966 übernahm die Winterthurer Sulzer AG die Mehrheit der Escher-Wyss-Aktien. Die Winterthurer gerieten nach Managementfehlern aber selbst in die Krise. 1999 verkaufte Sulzer das Wasserkraftgeschäft an die österreichische VA Tech und 2001 das Turbokompressorengeschäft an die deutsche MAN.

Besuch bei Patrik Meli, Geschäftsführer der MAN Energy Solutions Schweiz, im obersten Stock des Verwaltungsgebäudes mit bester Aussicht auf Zürich-West und die 25 000 Quadratmeter Fabrikgelände. Wären die Produktion und der Transport der Kompressoren ausserhalb der Stadt nicht einfacher? «Wir wollen auf keinen Fall weg von hier. Die Autobahn ist nah, die 20 bis 30 Schwertransporte pro Jahr sind eine logistische Herausforderung bei den engen Platzverhältnissen, aber wir können das. Die Hülle unserer Fabrik ist alt, aber der Kern hochmodern. Unser Vermieter und wir selbst haben in den Standort einen zweistelligen Millionenbetrag investiert mit der Absicht, noch viele Jahre hier zu bleiben», sagt Patrik Meli. Im Kampf um Talente sei ein zentraler, sichtbarer Standort in Zentrumsnähe Gold wert. Auch er hatte seine Lehre als Maschinenzeichner vor 30 bei der Firma gemacht, die damals noch Sulzer Escher Wyss hiess.

Und so wird mancher Jugendliche, der Samstagnacht noch nicht schachmatt gesetzt ist von den Verführungen der Ausgehmeile, das Logo von MAN Energy Solutions am Escher-Wyss leuchten sehen und sich überlegen, was die Firma und er selbst für die Zukunft der Energieversorgung auf unserem Planeten tun könnten.

PETER RÖTHLISBERGER

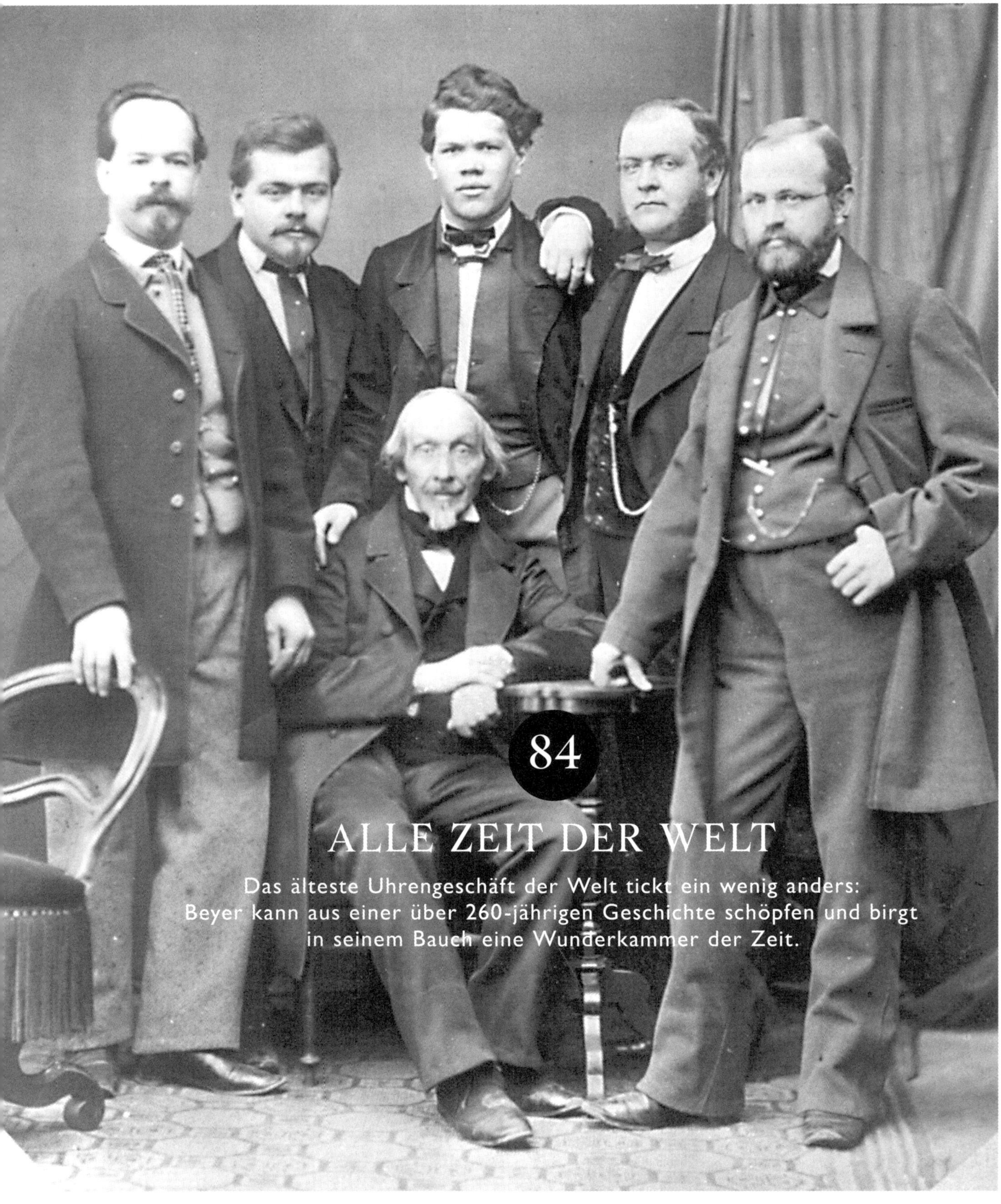

Uhrmacher aus Baden-Württemberg: Stephan Beyer (sitzend) mit seinen Söhnen Gustav, Karl, Heinrich, Theodor und Johann (v. l., etwa 1860). Stephan wanderte als 23-Jähriger in die Schweiz aus und gründete die Dynastie.

84

ALLE ZEIT DER WELT

Das älteste Uhrengeschäft der Welt tickt ein wenig anders: Beyer kann aus einer über 260-jährigen Geschichte schöpfen und birgt in seinem Bauch eine Wunderkammer der Zeit.

Es gibt die Anekdoten: Eine davon handelt vom Wettstreit zwischen Rolex und Omega. Wem würde es zuerst gelingen, eine absolut wasserdichte, seriell gefertigte Uhr herzustellen? Rolex lässt 1926 ein revolutionäres Gehäuse patentieren; es ist die Geburtsstunde der «Oyster». Bloss gibt es da jemanden in Zürich, der es genau wissen will. Theodor Julius Beyer, der Grossvater des heutigen Patrons, entwickelt ein Vakuumgerät, mit dem er die Wasserdichte der neuen Modelle unter höheren Druckverhältnissen prüft, so wie sie in einigen Metern Meerestiefe herrschen. Rolex muss nochmals über die Bücher – gewinnt das Rennen gegen Omega aber dennoch. Auch ein bisschen dank der Beyers. Rolex-Gründer Hans Wilsdorf bleibt ihnen zeitlebens für ihr vorausschauendes Mitdenken dankbar.

Es gibt die Historie: Seit 1760 handeln die Beyers mit Uhren und reparieren sie. Matthäus heisst der Begründer der Dynastie. Er stammt aus dem Baden-Württembergischen und ist als fliegender Händler unterwegs, als er von den Erfindungen eines gewissen Abraham Louis Breguet vernimmt, der es als vielleicht genialster Uhrmacher aller Zeiten von Neuenburg an den französischen Hof schafft. Obwohl sich nur wenige eine Uhr leisten können, sind alle Menschen fasziniert. Für Matthäus ein guter Grund, um sich mit dem Trend zu beschäftigen und die neu erlernte Handwerkskunst seinen Söhnen weiterzugeben. Enkel Stephan ist es dann, der sich während seiner Lehr- und Wanderjahre in eine Schaffhauserin verliebt, Schweizer wird und 1830 im zürcherischen Feuerthalen eine Uhrmacherei und Spezerei eröffnet. Dessen Sohn Theodor zieht es 1860 nach Zürich an die beste Geschäftslage – die pulsierende Niederdorfstrasse. 1877 beziehen die Beyers Räumlichkeiten im prachtvollen Palais de Crédit Suisse am neuen Boulevard nach französischem Vorbild: der Bahnhofstrasse.

Es gibt die Frauen: So sehr die Patrons die Geschichte der Beyers prägen und sich dank ihrer Verdienste um die gesamte Branche viel Anerkennung verdienen: Gerettet wird die Beyer Chronometrie (wie sie früher hiess) mehrmals von ihren Frauen. Die junge Karoline Beyer-Danioth übernimmt, als ihr Mann mit nur 42 Jahren stirbt und das Geschäft vor dem Aus steht. Sie baut es während 16 Jahren aus und schafft es 1877, die Räume am Paradeplatz zu mieten. Emilie Beyer-Mathis bringt die Chronometrie durch ihre grösste Krise, die Zeit der Weltkriege. Obwohl die Kundschaft ausbleibt und man die Villa am Zürichberg verkaufen muss, schenkt sie Studenten Kaffee aus und steckt ihnen auch mal ein Nötli zu. Es lohnt sich: Die Studenten kehren als Professoren, Direktoren und Politiker zurück und tragen zum Aufschwung bei. Auf Initiative von Annette Beyer-Wild schliesslich nimmt man 1989 exklusive Schmuckmarken ins Sortiment auf. Und ihrer Tochter Muriel Zahn-Beyer ist das Schmuckatelier zu verdanken, das Beyer seit 2002 betreibt.

Es gibt die Marken: Als rare Exklusivität geniesst Beyer das Privileg, mit Patek Philippe und Rolex die beiden wichtigen Uhrenmarken gleichzeitig zu vertreten. Die Zusammenarbeit mit Patek Philippe geht bis in die Anfangsjahre der 1839 gegründeten Genfer Manufaktur zurück; für beide Firmen ist es die längste Verbindung überhaupt. Für Rolex ist Beyer während Jahrzehnten die einzige Vertretung im Raum Zürich und eine wichtige Türöffnerin zu Privatkunden. Und auch mit IWC verbindet Beyer eine wichtige Historie: Man ist ihr langjährigster Vertreter – seit 1893.

Es gibt das Museum: Von antiken Zeitmessinstrumenten über opulente Renaissance-Turmuhren und tickende Skurrilitäten bis zur Rolex, die Sir Hillary bei der Erstbesteigung des Mount Everest trug: Im Uhrenmuseum Beyer dokumentieren Raritäten lückenlos die Geschichte der Zeitmessung. Die Schau gilt als die wichtigste öffentlich zugängliche Privatsammlung der Welt und als eine der zehn besten Touristenattraktionen Zürichs. Das Museum ging 1971 aus der Privatsammlung von Theodor Beyer hervor, der während Jahrzehnten und oft unter abenteuerlichen Umständen rund um die Welt nach wichtigen Zeitzeugen fahndete.

Und es gibt vor allem die Menschen: Eines hat die lange Geschichte die Beyers gelehrt: Es geht nicht um das schnelle Geschäft. Denn eine Uhr, ob günstig oder luxuriös, soll nie als Kurzschlusshandlung erworben werden. Vielmehr soll man einer Uhr die Chance geben, sich ihre Besitzerin oder ihren Besitzer auszusuchen. Die von Mystery Shopper regelmässig zum besten Verkaufsteam Zürichs gekrönte Beyer-Belegschaft hilft dabei; angefangen bei Patron René Beyer über Markenspezialistinnen und gelernte Uhrmacher bis hin zur Kunsthistorikerin, die (fast) alle Geheimnisse von Antik- und Vintage-Uhren kennt. Diese sind übrigens ein weiteres Angebot mit einer langen Geschichte – Beyer pflegt es seit 1965.

MATTHIAS MÄCHLER

85

EINE ANZIEHENDE FAMILIE

Seit 141 Jahren kleidet Maison Gassmann Zürcherinnen ein. So oft sich die Mode in dieser Zeit neu erfunden hat, so konstant ist die Geschichte dieses familiengeführten Traditionsunternehmens. Die Geschwister Katja und Michael Hahnloser führen es bereits in fünfter Generation.

Wissen, was sie tun: Das Familienunternehmen Gassmann macht seit 1882 Zürich modisch.

Kauft Katja Hahnloser-Nageshwaran im Ausland für Maison Gassmann ein, denkt sie an Zürich. Die Strassen und Plätze der Stadt werden zu einer Kulisse, vor der sie die neuen Kollektionen der internationalen Designer auftreten lässt. Ins Sortiment schaffen es nur Kleider und Accessoires, die in die Zürcher Szenerie passen. «Wir kaufen sehr gezielt für die Frau aus Zürich ein. Unsere Auswahl ist ihrem Leben und ihren Bedürfnissen angepasst», sagt sie. Seit 2016 führt die 34-Jährige Maison Gassmann in fünfter Generation zusammen mit ihrem zwei Jahre älteren Bruder Michael Hahnloser. Er leitet das operative Geschäft, während sie Kreativchefin und Einkäuferin des Modehauses ist.

Die Ursprünge des traditionsreichen Familienunternehmens reichen bis 1882 zurück. In jenem Jahr gründete Jacques Gassmann mit zwei Partnern am Schanzengraben ein Geschäft und eine Produktionsstätte für Damen- und Kinderkleider. Zuvor hatte der Bauernsohn eine Lehre bei einer kleinen Zürcher Konfektionsfirma gemacht und war für diese immer wieder im nahen Ausland unterwegs. Aus Paris brachte er nicht nur Geschäftsideen, sondern auch einen neuen Namen mit: Jakob nannte sich fortan nur noch Jacques. Bereits zwei Jahre nach der Eröffnung am Schanzengraben erweiterten Gassmann und seine Partner ihr Angebot um ein Detailhandelsgeschäft. Der neue Laden befand sich an der Poststrasse 7 am Centralhof und somit in einem der mondänsten Bauwerke seiner Zeit. Lage, Grösse und Baustil des 1838 erbauten Postgebäudes galten schweizweit als konkurrenzlos. Geführt wurde das Geschäft von Jacques' Frau Wilhelmina, einer gelernten und erfolgreichen Couture-Schneiderin. Der edlen Adresse zum Trotz ging es bei den Gassmanns in den Anfangsjahren bescheiden zu und her. So bestand das Abendessen der fleissigen Geschäftsführerin und dreifachen Mutter aus Milchkaffee und Butterbroten. Eines der Kinder brachte ihr das frugale Mahl abends jeweils in einem Korb vorbei. 1890 lösten die drei Compagnons ihr Geschäftsverhältnis auf und Jacques Gassmann betrieb die Firma von nun an allein weiter. Ab 1891 konnten die Kundinnen die Kreationen des Hauses Gassmann in einem Katalog bewundern. En vogue waren Blusen und Jäckchen mit Wespentaille und betonten Schultern, bodenlange Röcke und fantasievolle Hutkreationen. Beide Geschäfte liefen gut und 1895 kaufte der risikofreudige Unternehmer die Liegenschaft an der Poststrasse für die in der damaligen Zeit horrende Summe von 375 000 Franken. Zum Vergleich: Eine «Winter-Jaquette», eine kurze taillierte Winterjacke, von Gassmann kostete damals 18 Franken. Getrieben von seinem Tatendrang eröffnete er 1902 ein erstes Geschäft ausserhalb von Zürich. Den Laden in Luzern führte seine mittlerweile erwachsene Tochter Hedwig. Der aufkommende Tourismus und die Nähe zur Rigi erwiesen sich als Vorteil, weil die verbliebenen Winterkleider aus

Die fünfte Generation: Katja und Michael Hahnloser sind seit Sommer 2023 wieder zurück am legendären Centralhof.

Zürich in der Luzerner Filiale noch verkauft werden konnten. Abnehmer waren reisende Damen, die sich in die Höhe und Kälte der Rigi begaben.

In den Anfangsjahren des neuen Jahrhunderts begann sich das Geschäft mit der Mode zu verändern. Neben eigenen Kollektionen wurde es immer wichtiger, das Sortiment auch mit Kleidern anderer Hersteller zu ergänzen. Das Mekka für Konfektionsmode war Berlin. Natürlich reiste auch Jacques Gassmann nach Deutschland und war von der pulsierenden Metropole so begeistert, dass er nicht nur Kleider, sondern auch ein neuartiges, exklusives Klosett mit braunen Kacheln mit nach Hause brachte und an der Poststrasse einbauen liess. Jacques Gassmann blieb sein Leben lang ein Pionier, der mit den Veränderungen und Möglichkeiten der Zeit ging.

1912 starb der Patron, gleichzeitig endete auch eine Ära des unbegrenzten Zukunftsglaubens. Seine Nachkommen führten die Firma durch zwei Weltkriege, durch die Weltwirtschaftskrise, durch Zeiten des Aufschwungs und zuletzt durch eine Pandemie. «Jede Generation hatte mit den Herausforderungen ihrer Zeit zu kämpfen», sagt Katja Hahnloser-Nageshwaran. «Der Blick auf unsere bewegte Vergangenheit stimmt meinen Bruder und mich zuversichtlich. Unsere Familie war schon immer so stur und hartnäckig, dass der Betrieb irgendwie weiterging», sagt die 34-Jährige lachend. Obwohl die Familiengeschichte 141 Jahre zurückreicht, waren sie und ihr Bruder die erste Generation, die sich wegen der Corona-Pandemie wochenlang mit einer kompletten Ladenschliessung konfrontiert sah. Für Detailhändler der Super-GAU.

Doch das Geschwisterpaar nutzte den Lockdown, um die Digitalisierung des Geschäfts voranzutreiben. «Der Grossteil unserer Kundinnen kauft zwar nicht online ein. Aber für viele ist der Onlineshop eine gute Möglichkeit, sich über unser Angebot zu informieren. Oft schicken sie den Verkäuferinnen Bilder von Kleidern, die sie mögen, und unsere Angestellten suchen ihnen dazu passende Stücke heraus, die sie dann im Laden anprobieren können.» Genau solche Dienstleistungen, kombiniert mit der modischen Kompetenz der Angestellten, sieht Katja Hahnloser als grosse Chance für ihr Unternehmen im Zeitalter des digitalen Shoppings. «Wir kennen unsere Kunden oft Jahre, wenn nicht Jahrzehnte lang.»

Zeit spielt nicht nur in der Beziehung zu den Kunden eine wichtige Rolle, sondern auch im modischen Verständnis von Maison Gassmann. Die Kreativchefin setzt auf Kleider, die nach einer Saison nicht bereits unmodern sind, sondern die man wie Sammlerstücke jahrelang auf unterschiedliche Art tragen kann. Handwerkskunst und qualitativ hochwertige Materialien sind wichtiger als plakative Labels. Maison Gassmann verkörpert einen unaufdringlichen Luxus. In den letzten zehn Jahren ist Zürich viel internationaler geworden, das spiegelt sich auch in der Kleidung der Bewohner wider. «Die Zürcherinnen wagen heute modisch mehr. Unsere Kundinnen waren früher einheitlicher gekleidet, heute möchten sie ihre Individualität ausdrücken.»

Zum Gassmann-Universum gehören neben dem gleichnamigen Hauptgeschäft mit Damenmode auch der Kinderladen Ballon Rouge und ein Mono-Brand-Store des deutschen Labels Talbot Runhof. In den 1950er-Jahren wurde Maison Gassmann in eine Handels- und eine Immobilienfirma aufgeteilt. Die Handelsfirma zahlte fortan Miete an die Immobilienfirma, an der alle Nachkommen von Jacques Gassmann beteiligt waren. 2016 wurde die Immobilie verkauft.

Durch den Verkauf musste auch Maison Gassmann die Poststrasse verlassen. Die Boutique zog für sechs Jahre an den Weinplatz. Pünktlich zum 140-Jahre-Jubiläum kehrte das Traditionsunternehmen zurück an den legendären Centralhof. Nach einem temporären Aufenthalt an der Poststrasse 7 zog das Geschäft im Sommer 2023 eine Tür weiter. Hier an der Poststrasse 3, dem neuen Zuhause von Maison Gassmann, schreibt die fünfte Generation die Firmen- und Familiengeschichte weiter.

BARBARA LIENHARD

800 Tonnen Kies und Sand: «Saturn» ist das grösste Lastschiff auf Schweizer Binnengewässern.

86

DIE PROBLEM-ENTSORGER

Die Kibag ist auf jeder Baustelle zu Hause. Zu Land und zu Wasser. Das diverse Unternehmen der Bauwirtschaft mit Sitz in Wollishofen taucht überall auf. Auch dort, wo man es gar nicht erwarten würde. Aus gutem Grund.

Bei der Kibag war einst alles auf Sand gebaut. 1875 begannen die Familien Gassmann, Wenk und Helbling, bei der Halbinsel Bächau im schwyzerischen Freienbach und in der Linthmündung am oberen Zürichsee Sand maschinell auszubaggern. Die Familien zeigten viel unternehmerischen Elan und gründeten eine Kieslieferfirma in Bächau, wo sie auch die Kultur zu würdigen wussten, indem sie die in Zürich abgerissene Tonhalle wieder aufbauten und als Werkhalle nutzten. Übrigens bis 2021. Sie gründeten ein Baggereiunternehmen in Schmerikon, bauten eine Schmiede und eine gedeckte Werft mit einem Schiffsaufzug auf der Bätzimatt zwischen Linth und Buechberg. Die idyllische Bätzimatt wurde zum Naturschutzgebiet und der Baggersee zu einem beliebten Ankerplatz für Bootsbesitzer, nachdem die Kibag 1971 den Blausandabbau nach 77 Jahren eingestellt hatte. Blausand ist besser bekannt als Mergel und ein wichtiger Rohstoff zur Herstellung von Zement.

Wer Sand abbaut, muss ihn auch zur Kundschaft transportieren können. 1908 wasserten die Unternehmer ihr erstes Ledischiff ein, die Ufnau, und brachten ihre Fracht nach Zürich, wo sie eine Verkaufsstelle und den ersten Sand- und Kiesumschlagplatz in Wollishofen gründeten. Die Stadt Zürich, das hören die St. Galler und Schwyzer gerne, ist mit Sand und Kies vom Obersee gebaut.

1926 ist das offizielle Geburtsjahr der Kibag. Am 25. Februar fusionierten die Firmen Helbling und Gassmann zur Kibag Aktiengesellschaft Baggereiunternehmungen und Kieswerke am Zürichsee mit Firmensitz in Bäch. Noch zwei Jahre lang baggerte die Kibag den Kies nur aus dem See, danach auch aus Gruben auf dem Festland in Nuolen im Kanton Schwyz, später auch in den Kantonen Basel und Zug.

Bis heute sind die blauen Kibag-Ledischiffe Erkennungsmerkmal und Visitenkarte des Unternehmens für viele Zürcherinnen und Zürcher. Vertraut muten die vollbeladenen Kähne an, die im Schritttempo und mit beängstigend tiefer Wasserlinie zum Betonwerk Tiefenbrunnen oder nach Wollishofen tuckern. Etwa das Lastschiff Saturn, das grösste auf Schweizer Binnengewässern. Es kann 800 Tonnen Kies und Sand befördern, was 30 bis 35 Lastwagenfuhren entspricht.

Die Kibag hatte schon immer ein inniges Verhältnis zum Wasser. 1980 baute sie einen Yachthafen in der Bächau. Zwei Jahre später kam ein weiterer Hafen in Wangen-Nuolen dazu, 2005 der Yachthafen Stampf bei Rapperswil-Jona. Das Firmenlogo der Kibag ziert bis heute ein Anker.

1934 wurde die Kibag zu einem Zürcher Unternehmen. Wenn auch nur halb: Die administrative Leitung verlegten die Eigentümer nach Wollishofen, die technische blieb in Bäch. 1962 löste Hubert Wassmer die Gründergeneration ab. Seine Portland-Cement-Werke in Würenlingen-Siggenthal kaufte die Traditionsfirma vom Zürichsee. Die Kibag ist bis heute mehrheitlich im Besitz der Familie. Seit 2000 ist Alex Wassmer Verwaltungsratspräsident.

Heute gehören 15 Kies- und 21 Betonwerke in der ganzen Schweiz, 17 Strassen- und Tiefbaubetriebe, Recycling- und Entsorgungsunternehmen zum Konzern. Die Zahlen und Fakten der Kibag lesen sich wie das Guinness-Buch der Bauindustrierekorde:

Sie fördert pro Jahr 3 Millionen Tonnen Kies, testet 2740 Betonproben im Baustofflabor, verbraucht 551 Bauhelme, bietet 5750 Betonsorten an, füllt derzeit 14 Kiesgruben wieder auf, um sie der Landwirtschaft zu übergeben, bewirtschaftet 700 Obstbäume, verlegt 7000 Quadratmeter Strassenbelag in 48 Stunden, bohrt 444 Meter in die Tiefe, versetzt 40 Tonnen schwere Steine, verwendet 95 Prozent Bio-Öl für die Hydraulik ihrer 1300 Baumaschinen, kann 99 Prozent der Baustoffe wiederverwerten, reinigt jährlich 77 323 Tonnen belastete Bauabfälle in ihrer Bodenwaschanlage, hat 5000 Artikel an Lager, bietet Platz für 946 Boote in ihren Yachthäfen und lässt auf der Driving Range des eigenen Golfparks am Zürichsee 750 000 Golfbälle spielen.

Die Kibag machte weiterhin Kies mit Kies, expandierte aber auch in verwandte Gebiete. Das Unternehmen beschäftigt rund 2000 Mitarbeitende in den Geschäftsbereichen Baustoffe, Bauleistungen, Umwelt und Entsorgung. Es baut Strassen und Kanalisationen, korrigiert Flüsse, gestaltet Seeufer, pfählt und bohrt in Tiefen, wo andere nicht mehr hinkommen. Es baut Sand, Kies und Fels nicht nur ab, sondern bereitet auch Splitt und Schotter, Transportbeton und Langzeitmörtel auf. Die Baumaterialien werden ab Werk verkauft oder auf die Baustellen geliefert. Kibag hilft beim Aufbau von grossen Infrastrukturprojekten und beim Abriss. 1969 verlud die Kibag das erste Mal per Kran den Aushub von Baustellen in der Stadt Zürich auf ihre Ledischiffe und transportierte den Schutt zum Obersee. Damit war die Kibag auch eine Recyclingfirma.

Da hilft nur schweres Geschütz: Erneuerung der Tramgleise am Römerhof.

Die Kibag saniert Altlasten, wäscht die Böden und entsorgt schadstoffbelastete Bauabfälle. Sie macht recycelten Beton und Kies so gut wie neu, weil in der Kreislaufwirtschaft keine Ressourcen verloren gehen sollen. Überhaupt die Umwelt: Als potenziell grosse Produzentin von Treibhausgasen hat die Kibag zusammen mit ETH-Spin-offs einen Beton entwickelt, der pro Kubikmeter 10 Kilogramm CO_2 dauerhaft bindet. Die VBZ etwa betten ihre Tramgleise seit vergangenem Jahr nur noch auf diesen Kibeco-Beton, nachdem sie die Qualität für gut befunden hatten. Die Verkehrsbetriebe ersetzen 1,5 Kilometer Gleise pro Jahr in der Stadt und sparen so 15 Tonnen CO_2 ein. Die Kibag liefert ihren klimafreundlicheren Beton neu mit Fahrmischern auf die Baustellen, die nach und nach von Diesel auf emissionsärmeres Flüssiggas und Wasserstoff umgerüstet werden.

Die VBZ forderten die Innovationskraft ihrer Betonlieferantin auch am Bahnhof Stadelhofen. Die Kibag bekam den Zuschlag für Abbruch- und Tiefbauarbeiten an diesem städtebaulich sehr sensiblen Ort. Das Haus zum Falken wird bis 2025 nach den Plänen von Santiago Calatrava neu gebaut. Der Strassenraum ist aber dort so eng und die vielfältigen Ansprüche der Verkehrsteilnehmer sind so gross, dass die Planer vor einer komplexen Aufgabe standen. Die VBZ wollten nicht, dass die Lastwagen mit Aushubmaterial aus der 15 Meter tiefen Baugrube die Tramgleise queren und den Fahrplan beeinträchtigen. Also wurde nicht ein normaler Aushubbagger in die Baugrube gesetzt, sondern ein 45 Tonnen schwerer Teleskopbagger auf eine Plattform 10 Meter über den Tramgleisen. Sein Arm muss 25 Meter in die Tiefe reichen, um die über 10000 Kubikmeter Erdreich auszubaggern. Mit dem Aushub befüllt der Baggerführer Lastwagen, die ihrerseits 12 Meter tiefer auf der Strasse stehen und die er nur mithilfe von Kameras und dem Display in seiner Kabine sehen kann. Der Testlauf hat funktioniert, die Theorie bewährte sich auch in der Praxis. Einer der 2000 findigen Kibag-Köpfe muss auf diese Idee gekommen sein.

PETER RÖTHLISBERGER

87

IN UNTERSTRASS GEGRÜNDET, IN EUROPA BEWÄHRT

Was einst in einer kleinen Werkstatt begann, wuchs zu einem Giganten des Autohandels in 18 Ländern heran. Emil Frey ging dabei strategisch vor. Ein Besuch in Südafrika 1964 gab seinem Unternehmen, das schon damals zu den bedeutendsten Autofirmen der Schweiz gehörte, eine neue Richtung.

Als Emil Frey 20 Jahre alt war und der Termin seiner Rekrutenschule verschoben wurde, beschloss er, Zürich kennenzulernen. Bei einem Velohändler im Seefeld trat er als Mechaniker ein. Nach wenigen Wochen begann der Generalstreik von 1918.

Sechs Jahre später eröffnete der junge Fachmann mit 10 000 ersparten Franken in Zürich seine eigene Auto- und Motorradwerkstätte. Klug war die Standortwahl. Er siedelte sich in Unterstrass an, am Fuss des Zürichbergs, wo viele Autobesitzer wohnten. Im noch jungen Autogewerbe herrschte Wildwuchs; auch Wirte und Coiffeure jagten dem schnellen Geld nach. Emil Freys Kontrastprogramm war Qualitätsarbeit. Als Motorrad-Rennfahrer machte er seinen Namen bekannt. Vom Autohandel nahm er in den ersten Jahren noch Abstand, weil er zu wenig Eigenkapital besass.

Schritt für Schritt baute der Fachmann mitten in der Krisenzeit sein Geschäft aus. Er bezog – nun auch als Vertreter führender englischer Automarken – neue, zentrale Standorte in Zürich und beschäftigte bei Kriegsausbruch über 60 Mitarbeitende. Dabei blieb es auch während der Kriegsjahre, als der private Autoverkehr praktisch verboten war. Emil Frey fand Ersatzbeschäftigungen bei der Montage von Fahrrädern und beim Bau von Heizkörpern. Schon 1943 kaufte er an der Flurstrasse/Badenerstrasse Land für einen Garagen-Neubau.

In den Nachkriegsjahren explodierte die Nachfrage. Emil Frey wurde zu einem bedeutenden Autohändler.

Einerseits überraschten die Engländer die Autowelt mit revolutionären Neuheiten wie dem Morris Mini, andererseits waren manche Motoren zu schwach für Schweizer Alpenpässe. Oder es regnete ins Wageninnere. Jahrelang hielten die englischen Autokonzerne ihren erfolgreichsten Schweizer Vertreter kurz, indem sie ihm keine Exklusivität und nur jährlich kündbare Verträge zugestanden.

Im Rentenalter war der erfolgreiche Unternehmer gezwungen, seine Firma neu zu erfinden, um die inzwischen 400 Arbeitsplätze seines Import- und Garagenunternehmens zu sichern. Die Lösung fand er 1964 auf einer Ferienreise in Südafrika. Die Familie Frey besuchte in Durban einen Bekannten, der eine japanische Automarke mit einem damals in der Schweiz noch unbekannten Namen vertrat: Toyota! Emil Frey war von der soliden Verarbeitung und der Ausstattung der Fahrzeuge angetan. Kurze Zeit später reiste er mit drei seiner engsten Mitarbeiter nach Japan. Nach zwei Wochen kam er mit dem Vertrag für die schweizerische Alleinvertretung zurück.

Die Engländer waren erbost und kündigten den Vertrag. Emil Frey ging aufs Ganze und verzichtete sogar auf den Rest der Kündigungsfrist. Er wusste genau, dass sie ohne das inzwischen gewachsene Garagennetz der Emil Frey AG Marktanteile verlieren würden. Die drei subalternen Unterhändler telefonierten aufgeregt mit der Zentrale. Dann willigte der oberste Chef der Engländer in einen Kompromiss ein.

Die neu gegründete Toyota Schweiz AG bezog Quartier in einer Garage in Urdorf und arbeitete streng getrennt vom Geschäft mit den englischen Autos. Ihr Chef war Walter Frey, gerade 22 Jahre alt. Für diesen Job gab der Sohn sein Wirtschaftsstudium auf. «Ich sagte mir: Du lernst beim Vater mehr als auf der Uni!»

Und so geschah es. Innerhalb von drei Jahren waren die Aussenseitermodelle, die zunächst als «Reisschüsseln» verspottet wurden, auch auf dem anspruchsvollen Schweizer Markt ein Grosserfolg. Bei Toyota gab es Zubehör gratis, das man anderswo teuer bezahlen musste, vor allem das Autoradio.

Start in eine grosse Zukunft: Emil Frey (links) 1926 in seinem ersten Verkaufslokal am Stampfenbachplatz.

Auf den brutalen Einbruch der Umsätze in der Öl- und Wirtschaftskrise antwortete die Emil Frey Gruppe mit einem Paukenschlag, der es sogar auf die Titelseite des *Blick* brachte: Multigarantie für drei Jahre, für die englischen Autos wie für die Toyotas! Walter Frey sagt dazu heute: «Wir hatten uns zwar rückversichert, aber wir hätten uns die Prämien sparen können. Die Autos waren wirklich solid. Manche unserer Toyota-Vertreter machten sich Sorgen um die Auslastung ihrer Reparaturwerkstätten.»

Schon 1971 wagte Walter Frey den ersten Schritt ins Ausland. Der Toyota-Vertreter in Frankreich hatte Pleite gemacht; die Japaner suchten jemanden, der mit dem französischen Markt und dessen Sprache zurechtkam. Die Emil Frey AG, inzwischen auch in der Westschweiz gut verankert, gründete Toyota France und steigerte deren Leistungen in aufsehenerregender Weise.

Seither gilt das Schweizer Unternehmen als Spezialist für grosse Marken in anspruchsvollen Märkten. 1979 gelang Walter Frey das Kunststück, mit Zustimmung von Toyota auch die Vertretung der Konkurrenzmarke Subaru an Land zu ziehen. Mit Skistar Bernhard Russi als Markenbotschafter gelang die Einführung in der Schweiz, dann in Deutschland und Frankreich. Die Fachwelt horchte auf. Manches Neugeschäft entstand danach, weil die Schweizer als Berater oder Pannenhelfer gerufen wurden.

Im europäischen Autogeschäft gilt die Emil Frey Gruppe heute als diskreter, aber wichtiger Player. «Aber ein Konzern sind wir nicht», betont CEO Gerhard Schürmann. «Wir sind eine betont föderalistisch aufgebaute Gruppe von Firmen, die von unternehmerischen Persönlichkeiten geführt werden und die alle dem gleichen Eigentümer gehören.» Was Schürmann bescheiden als «Gruppe» bezeichnet, ist eine imposante Versammlung von mehreren Hundert Garagen und Dutzenden von Importgesellschaften in 18 Ländern, dies in der ganzen Breite des Autogeschäfts: Import, Detailhandel, Flottenmanagement, Finanzierung, Zubehör, Mietwagen, Parkplatzbewirtschaftung, Nutz- und Spezialfahrzeuge.

Den Emil Frey Fachleuten stehen dabei sowohl eine traditionelle Infrastruktur als auch modernste digitale Tools zur Verfügung, um die Kundenwünsche bestmöglich zu erfüllen.

Nach aussen treten die Firmen mit ihrer eigenen Identität auf. Wo es Sinn macht, werden die rückwärtigen Dienste (Logistik, Stabsstellen usw.) zentral geführt. Aber die Gruppenleitung in Zürich umfasst weniger als 50 Mitarbeitende. Alle bisherigen Wachstumsschritte und Übernahmen wurden aus Eigenmitteln finanziert. Die meisten Betriebe arbeiten in eigenen, schuldenfreien Liegenschaften.

«Aber unser grösster Wert sind unsere tüchtigen und motivierten Mitarbeitenden», sagt Walter Frey. «Ich kann nur die Gebäude und die Infrastruktur zur Verfügung stellen: die sogenannte Hardware. Die Seele des Geschäfts sind die Menschen.» Inzwischen sind es in ganz Europa rund 23 000. Jeder und jede hat mit dem Arbeitsvertrag die Kopie des Briefes erhalten, den Emil Frey 1935 «an meine geehrte Kundschaft» schrieb. Darin versprach er, «nur wirkliche Qualitätsware zu fairen Preisen zu verkaufen» sowie «einen prompten und gewissenhaften Service durch fachgeschultes Personal».

Dieser Kundenbrief ist die bis heute gültige Verfassung der Emil Frey Gruppe, die im Jahre 2024 100 Jahre alt wird. Mit Kathrin Frey und Lorenz Frey-Hilti ist inzwischen die dritte Generation in Führungspositionen eingetreten. Die Fortführung des Unternehmens als Familiengesellschaft ist beschlossene Sache.

KARL LÜÖND

Jelmoli-Erweiterungsbau von 1938: Grossstadtarchitektur an der Bahnhofstrasse. Rechts: Jelmoli-Katalog von 1973: So bekannt wie das Telefonbuch.

88

EIN GROSSER WURF

Von einem Italiener gegründet. Von Paris inspiriert. Von den Zürchern geliebt, aber nicht genug: Das Jelmoli-Haus prägt seit Jahrzehnten die Bahnhofstrasse. Nun muss es sich neu erfinden.

Als sich Giovanni Pietro Guglielmoli in Zürich niederliess und 1833 ein Modewarengeschäft an der Schipfe eröffnete, war die Stadt im Aufbruch. Die liberale Verfassung von 1831 beflügelte die Wirtschaft. Der Zeitgeist war auf der Seite des italienischen Einwanderers. Der Jungunternehmer tat daraufhin drei Dinge, die Zürich die kommenden 190 Jahre prägen sollten: Er nannte sich, einem sanften Assimilierungsdruck folgend, Johann Peter Jelmoli. Ausserdem realisierte der schlaue Geschäftsmann, dass die Zürcher keinen Spass am Feilschen hatten, und bot sein Angebot zu fixen Preisen an. Drittens stieg er 1834 in den Versandhandel ein, belieferte Stadt und Land mit Kleidern, Tischtüchern und Teppichen. Jelmoli revolutionierte das Konsumverhalten der nachfolgenden Generationen.

Vier Jahre später eröffnete die Stadt die Münsterbrücke und Jelmoli fackelte nicht lange. Er beobachtete, wie sich die Passantenströme veränderten, und verlegte sein Geschäft von der Schipfe an den Münsterhof 17. Er nannte sein Haus Jelmoli & Comp. Sein Sohn Franz Anton Jelmoli, instinktsicher wie der Vater, gab 1897 den Jelmoli-Versandkatalog heraus, die Shopping-Bibel, die erst 100 Jahre später von E-Commerce-Plattformen gebodigt werden sollte. Parallel dazu nahm er Kapital für den Bau eines spektakulären Warenhauses an der Bahnhofstrasse auf. Der 1899 eröffnete Glaspalast auf dem Areal der ehemaligen Seidenhöfe war ein grosser Wurf, heute ein Architekturdenkmal. Ein Eisenskelettbau mit Glaszwischenwänden nach dem Vorbild der Hochhäuser in Chicago, kombiniert mit dem Esprit der Pariser Grands Magasins. Das Warenhaus mit 72 Mitarbeitenden hatte Verkaufsflächen auf drei Stockwerken. Als Premiere für Zürich führte Jelmoli regelmässige Ausverkäufe ein.

Jelmoli setzte mit seinem ikonischen Warenhaus einen wichtigen städtebaulichen Akzent an bester Lage. Die Um- und Ausbauten bis in die 40er-Jahre brachten Grossstadtflair an die Bahnhofstrasse. Dafür sorgten die Zürcher Architekturstars Pfleghard und Haefeli mit Unterstützung von Berufskollegen aus Berlin und Paris. Das Jelmoli-Gebäude war zeit seiner Existenz ein Vorzeigeobjekt. Es wechselte immer wieder die Hand, wenn auch nicht immer ganz freiwillig: 1940 fürchteten die Besitzerfamilien Brunschvig, Wolf und Jacob den Einmarsch der Nazis in die Schweiz und wollten ihre Aktienmehrheit abstossen. 21 Jahre davor hatten sie das Warenhaus den Nachkommen des Firmengründers abgekauft. Verleger Paul Ringier griff zu und sicherte der Familie nicht nur das Prestigeobjekt, sondern mit dem Jelmoli-Katalog auch einen der grössten Druckaufträge des Landes. Jelmoli erlebte nach 1954 einen beeindruckenden Wachstumsschub, eröffnete 50 Filialen in der ganzen Schweiz und übernahm 1963 die Warenhäuser Innovation in Lausanne und Au Grand Passage in Genf.

1970 verkaufte Ringier die Jelmoli-Mehrheit an die SKA, die sie sieben Jahre später an die Basler Union Trading Company weitergab. Die Jelmoli-Gruppe erreichte 1988 ihren Zenit mit 231 Standorten in der Schweiz, Beteiligungen an Warenhäusern in Frankreich, Belgien, Österreich und den USA, 5200 Mitarbeitenden und einem Umsatz von knapp 1,5 Milliarden Franken. Im Folgejahr übernahm Jelmoli das Reisebüro Imholz und 1994 den Elektrofachhändler Fust. Dessen Gründer Walter Fust wurde im Gegenzug zum zweitgrössten Aktionär.

Jelmoli, diese erfolgsverwöhnte Institution, verliess in den 90er-Jahren das Glück. Die Branche kriselte. Mit Ausnahme des Glaspalastes an der Bahnhofstrasse wurden alle Warenhäuser abgestossen. Walter Fust sah 1996 seine Chance und kaufte für 270 Millionen Franken nicht nur seinen Elektrofachhandel zurück, sondern war auch gleich der neue Besitzer von Jelmoli mit seinem grossen Immobilienportfolio. Fust verkaufte den Grossteil seiner Aktien nach der Jahrtausendwende trotzdem an den deutschen Investor Georg von Opel, der sie 2009 wiederum an die Immobiliengesellschaft Swiss Prime Site (SPS) verkaufte. Mit der Transaktion verdoppelte der Konzern seinen damaligen Immobilienbestand. 13 Jahre lang versuchte der Immobilienriese, den Standort an der Bahnhofstrasse als Prestige-Warenhaus zu erhalten. Mit Umbauten, forciertem E-Commerce-Angebot, Gastronomie, einem Food Market im Untergeschoss, mit der Ausrichtung auf ein Premium Department Store und sogar einem Ableger am Flughafen. Aber der Zeitgeist liess sich nicht aufhalten. SPS gab im Februar 2023 bekannt, das Zürcher Stammhaus ab Ende 2024 nicht mehr in der gewohnten Form weiterzubetreiben. Das historische Gebäude wird umgebaut, die Verkaufsfläche entsprechend den Marktbedürfnissen deutlich verkleinert. Ein Grossteil der Flächen des Warenhauses weicht Büros. Doch auch Ladengeschäfte, Restaurants, Fitness- und Beautyangebote werden darin noch Platz finden. SPS plant die Wiedereröffnung des Jelmoli-Hauses für 2027. Vor einer Legende haben alle Respekt.

PETER RÖTHLISBERGER

Lässt sich von Pirat Roger Schawinski (r.) einnehmen: Stadtpräsident Thomas Wagner (l.) übergibt am 1. November 1983 am Bürkliplatz den symbolischen Stadtschlüssel. *Radio 24* sendet ab sofort legal vom Uetliberg.

89

ER BLEIBT IMMER PIRAT

Roger Schawinski hat die Medienstadt Zürich in den vergangenen 50 Jahren immer wieder neu erfunden. Gegen alle Widerstände. Seine Bilanz einer Karriere, der er noch einige Kapitel anhängen wird.

Habe ich dies alles erlebt? In der Rückschau erscheint mir vieles wie aus einem früheren Leben, auf das ich nun als 77-Jähriger zurückschaue. Geboren im Kreis 4, dem Arbeiterviertel von Zürich, aufgewachsen in einer jüdischen Familie, in der das Geld immer sehr knapp war und es mein Vater als Vertreter für Bettwaren jeweils nur mit grösster Mühe schaffte, die monatliche Miete von 178 Franken für unsere 3-Zimmer-Parterrewohnung am Bahnhof Wiedikon bezahlen zu können, waren die Erwartungen für meine spätere Entwicklung eher bescheiden. Doch dann gelang es mir nach einigen jugendlichen Kapriolen als Erstem der Schawinski-Familie, die Fremdmatura – gleich mit Bestnoten – zu schaffen. Diese Erfahrung gab mir so viel Selbstvertrauen. Ich war von da an überzeugt, zu vielem fähig zu sein, wenn ich mich wie bei der Matura-Vorbereitung mit absolutem Einsatz auf eine Sache konzentrieren würde. Das anschliessende Studium an der HSG absolvierte ich dann geradezu locker. Ich schloss es in Rekordzeit mit dem Doktorat ab.

Meine wichtigste Entscheidung war wohl, dass ich bereits nach vier Semestern in St. Gallen für ein Zwischenjahr in die USA reiste, um mir in Michigan einen Master in Business Administration zu holen. Ein solcher Studienaufenthalt war 1968, anders als heute, absolut unüblich. Er ermöglichte mir einen fantastischen Einblick ins Land der damals unbegrenzten Möglichkeiten und verschaffte mir damit viele Vorteile gegenüber meinen Altersgenossen. So konnte ich an der Radiostation unserer Uni eine eigene Sendung moderieren, dies also in einer Zeit, in der in der Schweiz noch niemand auch nur an ein Ende des SRG-Monopols dachte. Ich stiess auf die Arbeit des Konsumentenanwalts Ralph Nader, der mit seinen Recherchen die heimische Autoindustrie wegen ihrer Sicherheitsmängel aufmischte.

Dies waren die Grundlagen für alles Weitere. Nach ersten Erfahrungen beim Schweizer Fernsehen als Reporter der kurz zuvor gegründeten *Rundschau* entwickelte ich die Idee einer Konsumentensendung, die ich auch gleich moderierte. Nächstes Jahr feiert der *Kassensturz* sein 50-jähriges Jubiläum, und dies mit dem praktisch identischen Konzept, wie ich es 1973 in meine Hermes Baby getippt hatte. Der *Kassensturz* ist selbst nach Jahrzehnten epochaler Veränderungen der Medienlandschaft weiterhin die erfolgreichste Magazinsendung von SRF.

Und dann kam *Radio 24*. Nach meinem fristlosen Rausschmiss als Chefredaktor der Migros-Zeitung *Tat* war die Idee einfach da. In einer kurzen Meldung im *Tages-Anzeiger* las ich – wie Hunderttausend andere, dass Italien alle Radio- und Fernsehgesetze ausser Kraft gesetzt hatte. Innerhalb von wenigen Wochen seien Tausende von privaten Stationen aus dem Boden geschossen. Ich war als Einziger elektrisiert. Ein kurzer Blick auf die Landkarte zeigte mir, wie ich vorzugehen hatte. Infrage kam nur das Tal direkt hinter dem Splügen und dort gab es, wie ich schnell herausfand, nur eine einzige Bahn und damit Strom auf einem Berg, von dem ich noch nie gehört hatte. Und so stiess ich auf den Pizzo Groppera. Sofort machte ich mich auf den Weg, traf den Besitzer der Anlage, vereinbarte mit ihm in meinem sehr mangelhaften Italienisch einen Vorvertrag – und der Rest ist Geschichte, wie es so schön heisst.

Radio 24 veränderte ein kleingeistiges, verkrustetes Zürich mehr als vieles andere, wie mir immer wieder bestätigt wird. Der Film *Züri brännt* über die Jugendunruhen von 1980 beginnt mit der Volksbewegung für *Radio 24*. Dort hatten sich innert fünf Tagen über 212 000 Personen unserer Petition für ein «freies Radio» angeschlossen. Als sichtbares Zeichen der Solidarität waren an die Radioantennen vieler Autos weisse Stofffetzen gebunden worden. Und zur Übergabe der Bittschrift in Bern waren Tausende mit uns zum Bundesplatz gepilgert.

Als der Sender aufgrund von Interventionen der Schweizer Beamten in Rom dreimal geschlossen und dreimal dank italienischer Gerichtsentscheide wieder eröffnet werden konnte, entstand ein Mythos, der bis auf den heutigen Tag nicht nur in der Generation von damals, sondern auch bei deren Kindern lebendig geblieben ist. Sehr viele Menschen in Zürich erlebten erstmals, dass man gemeinsam und ausserhalb der festgefahrenen Institutionen etwas erreichen kann, was bisher als unmöglich galt.

Wie grundsätzlich diese Veränderung des Klimas war, erlebte ich 1983, als der Bundesrat endlich kapitulierte und Privatradios – nur zögerlich und versuchsweise – zuliess. Auch ich erhielt eine Konzession und wollte dies nach den vielen Kämpfen und Rückschlägen in besonderer Weise zelebrieren. Während Jahren hatte man uns als «Piraten» beschimpft, also als Illegale, obwohl sich die italienischen Gerichte mehrfach auf unsere Seite gestellt hatten. Nun nahmen wir die Bezeichnung «Pirat» als Ehrentitel. Am ersten

Sendetag vom Uetliberg charterte ich ein Segelschiff auf dem Zürichsee, auf dem wir uns alle als Piraten verkleideten. Empfangen wurden wir am Bürkliplatz von Stadtpräsident Thomas Wagner, der sich mit Dreispitz und Wams ebenfalls in Montur geworfen hatte. Er übergab mir unter grossem Applaus symbolisch die Schlüssel der Stadt, etwas, das noch kurz zuvor undenkbar gewesen wäre. Zürich hatte sich verändert – und zwar grundsätzlich. Das Dumpfe war weitgehend verschwunden, die Restaurants stellten nicht mehr kurz nach 22 Uhr die Stühle auf den Tisch, es gab nun ein Nachtleben und sogar eine Jugendkultur. Auch begann man sich häufiger zu duzen, so wie wir es an unserem Sender vorgemacht hatten.

Dann kam das Thema Fernsehen. Als Erstes lancierte ich zusammen mit Ringier die *Zürivision,* um zu zeigen, dass auch Private qualitativ hochstehendes Fernsehen machen können. Aber es hatte keine Wirkung. Lange passierte nichts auf politischer Ebene. Erst 1992 wurde es möglich, Werbung im Fernsehen zu schalten. In den grossen Verlagshäusern wurden sofort Projektgruppen gegründet, um nach dem Radio nicht wieder eine wichtige Entwicklung zu verpassen. Die Resultate waren ernüchternd. Für einen Schweizer Privatsender wurden Kosten von über 100 Millionen Franken im Jahr errechnet und die waren mit Werbung nicht einmal annäherungsweise einzuspielen. Damit verschwanden alle Vorhaben tief unten in den Schubladen.

Ich hatte gemäss einem meiner Grundprinzipien einen völlig anderen Ansatz: Wenn alle in eine Richtung blicken, muss man sich um 180 Grad drehen. Dann erhält man neue Perspektiven. So kam ich auf die *TeleZüri*-Idee. Ein schweizerisches privates Fernsehen würde in Konkurrenz zu allen grossen deutschsprachigen Sendern stehen. Dafür war die Schweiz zu klein, wie alle Kalkulationen zeigten. Ein lokaler Sender hingegen wäre konkurrenzlos – und Zürich dafür gross genug.

Mit meinem Budget von 7 Millionen Franken und der total neuen VJ-Technologie konnte man gerade noch eine tägliche halbstündige Informationssendung produzieren. Die zweite halbe Stunde meines Paternoster-Programms durfte also nichts kosten. So entstand *Talktäglich* als Interviewsendung, die ich gleich selbst moderieren würde. Meine Mitarbeiter waren skeptisch. Nach drei Monaten hätten wir spätestens alle Gäste durchgenudelt, beschieden sie mir. «Dann machen wir halt diese drei Monate und schauen dann weiter», entschied ich. *Talktäglich* wird es 2024 seit 30 Jahren geben. Das Konzept von *TeleZüri* wurde in der Folge von allen privaten TV-Sendern übernommen, die im Nachgang zu unserer Gründung entstanden sind.

Im *Talktäglich* und bald darauf auch im *Sonntalk* entwickelte sich ein neuer Diskurs, wie er in den Zürcher Medien zuvor nicht bestanden hatte. Politikerkarrieren wurde in diesen Sendungen geboren, etwa die von Mario Fehr, Christoph Mörgeli, Roger Köppel und vielen anderen. Ähnliches gilt auch für die wöchentliche Radiosendung *Doppelpunkt,* die ich parallel dazu weiterführte – und es bis heute bei *Radio 1* weiter tue.

Für unseren Einzug in Zürich 1983 hatte ich bei Polo Hofer, dem erfolgreichsten Schweizer Mundartmusiker, einen Titel in Auftrag gegeben, in dem er meine neue Befindlichkeit beschreiben sollte. Als ich den Refrain las, war ich begeistert. «Ich blibe immer Pirat, solang das Herz i mier schlaat» traf ins Schwarze. Ja, bis heute trage ich den Piraten in mir. Ich bin nie ein «rule maker» oder ein «rule taker» geworden, sondern ein «rule breaker» geblieben. Als ich mich Jahrzehnte später nach zehn Marathons und einem lädierten Knie wegen meines neuen Hobbys Golf beim Dolder Golf Club meldete, der direkt vor unserer Haustür liegt, wurde mein Antrag auf Mitgliedschaft vom Präsidenten mit der Bemerkung abgelehnt, dass ich als Person «polarisiere» – trotz meiner Verdienste für die Medienlandschaft und eines frischen Ehrendoktortitels der Universität Freiburg. Damit war mir klar, dass sich in Zürich wohl vieles verändert hat, aber gewisse alte Bastionen des Establishments unverrückbar geblieben sind. Es bleibt also noch einiges zu tun …

ROGER SCHAWINSKI

90

STADT DES EHRGEIZES

Zürich zerfällt in Dutzende Szenen: Künstler, Banker, Intellektuelle, Eltern, Zugezogene, Werber, Anwälte, Klimaaktivisten. Für alle diese Peergroups ist Zürich ihre Hauptstadt. Mal angenommen, man würde ein Zeitungskonzept für dieses protestantische Mini-New-York und seine diversen Szenen skizzieren, wie sähe es aus?

Zürich, die Stadt, in der ich landete, ist für Ankömmlinge keine wirklich freundliche Stadt. In den ersten Jahren fühlte sich ein Bier in einer Szenebar an, als würde man in einem texanischen Saloon ein Glas Milch bestellen. Meistens begrüsste einen Schweigen, gelegentlich gefolgt von einem rauhen «Woher chunsch?», das nicht als Frage gemeint war, sondern als Urteil.

Dagegen waren etwa Bern, Luzern oder St. Gallen weit freundlichere Städte. Hier schienen die Leute verblüffend glücklich, einen Fremden zu sehen. Es fühlte sich an, als wäre man aus Sibirien ans Mittelmeer verlegt worden.

Zürich ist die Hauptstadt der Schweiz, auch wenn das laut Lexikon Bern ist. Typisch für Zürich ist, dass die Stadt keinen Lokalpatriotismus kennt. In Basel, Bern oder Luzern sprechen beinahe alle Leute mit Leidenschaft über ihre Stadt, egal ob sie sie loben oder verfluchen. In Zürich interessiert sich niemand für Zürich. Das deshalb, weil die Stadt für ihre Bewohnerinnen weniger eine Stadt als eine Absichtserklärung ist. Zürich ist das Zentrum von fast allem in der Deutschschweiz, ausser von Politik und Verwaltung. Wer etwas im Leben will, in den Medien, den Banken, der Kunst, dem Theater, der Werbung, der Mode oder im Milieu, zieht nach Zürich. Zürich ist bei anderen Städten zu Recht scheel angesehen: Sie ist die Stadt des Ehrgeizes. Deshalb zerfällt Zürich auch in Szenen. Im Gegensatz zu Bern, Basel, St. Gallen oder Winterthur, wo etwa die Aussenseiter vergleichsweise wenig Möglichkeiten haben und sich in den gleichen drei, vier Lokalen treffen wie ein Wanderzirkus, ist Zürich sogar gross genug für die Aufspaltung in verschiedene konkurrenzierende Szenen: etwa bei Linksradikalen, Fussballfans oder Bankern.

Kein Wunder, dass sich Zürcher gern mit New York oder Berlin vergleichen. Zwar ist die Stadt eine Stufe provinzieller. Aber die Mechanismen sind ähnlich. Der Ton in Zürich ist härter als sonst in der Schweiz. Die Mehrheit der Leute tragen Rüstung – sie sehen dauergut und dauerprofessionell aus. Ankömmlinge werden erstmal ignoriert. Sie müssen sich beweisen. Und auch bei Erfolgen hagelt es Kritik. Denn die Konkurrenz schläft nie.

Kein Zufall, dass Zürcher nicht an der Stadt selbst interessiert sind: an Parlament, Stadtrat, Baustellen, Gebäuden, dem Image von Zürich. Die Stadt ist vor allem die Kulisse für die eigene Karriere. Wesentlich vitaler ist für Zürcherinnen, was in der eigenen Peergroup geschieht – wer dort auf- und absteigt, was heisser Stoff und was ein No-Go ist. Sei es im Grosskonzern oder unter illegalen Sprayern.

Journalistisch lohnende Szenen (und ihr dramatisches Potenzial) wären etwa folgende:

KUNSTSZENE

Eine erstaunlich brutale hierarchische Szene, in der nur wenige Künstler das grosse Geschäft machen – die klassische Der-Sieger-bekommt-alles-Welt. Kein Wunder, dass Opportunismus, Neid – und Angst herrschen. Man darf nur wenig Fehler machen, sonst bleibt man Amateur.

FILM- UND THEATERSZENE

Sie zerfällt in die etablierte und die freie Szene; letztere mit oft prekären Arbeitssituationen. An der Spitze der Nahrungskette stehen das zuletzt super-ernsthaft-woke Schauspielhaus plus ein routiniert plätscherndes Opernhaus – sie bekommen das Geld. Der Rest bekommt nur den Rest.

BANKERSZENE

Angeschlagen durch den Bankrott der Credit Suisse. Doch bereits davor eine Welt unter Druck: von Top-Bankern, die niemanden mehr in ihre Villa einladen, weil sie zu gross ist, um sie zu zeigen, bis zu Händlern und Sachbearbeitern in Angst. Seit das Schwarzgeld ausbleibt, sinken Mut und Margen.

MEDIENSZENE

Eine weitere Branche mit schrumpfendem Geschäftsmodell – und immer mehr Gegnern, auch ausserhalb der eigenen Verlagsetage: Je machtloser die Medien werden, desto heftiger der Verdacht gegen sie, ihre Leserschaft zu manipulieren.

INTELLEKTUELLENSZENE

Hier ginge es darum, diese zu erfinden: mit dem eigenen Blatt als Salon.

POLITIKSZENE

Auch Stadt- und Kantonsrat sind eine; nur ist die Zürcher Politik nicht mehr so mächtig wie einst. Hier hat etwa der *Tages-Anzeiger* ein vorbildliches, meistgelesenes, in der Szene höchst wichtiges Gefäss: gesehen & gehört.

EXPATSZENE

Deutsche, Angelsachsen, Amerikaner fluten die Stadt – wer sind sie? Jedenfalls finden sie nur selten Anschluss – und nirgends eine Plattform.

WERBESZENE

Paradoxe Leute, die Auffälliges zu produzieren versuchen und unauffällig bleiben. Man müsste unter ihnen Kontroversen initiieren: Was haut als Werbung, was nicht? Was ist State of the Art? Was verschandelt, was verschönert? Diese Szene ist nicht zuletzt beschreibenswert, weil Werber in den Medien werben, die sie interessieren. Ein guter Grund, das interessanteste Medium für sie zu sein.

NACHTCLUB-, PARTY- UND GASTROSZENE

Die klassischen Lokalunternehmer von Zürich, immer auf der Suche nach Personal und Coolness.

LANGSTRASSE

Das Milieu, eigentlich eine Geschichtenmaschine par exellence.

GESUNDHEITSWESEN

Mehrere planetengrosse Spitäler: ein menschenverschlingender Moloch, der sie heilen soll.

JUSTIZSZENE

Anwälte, Richter, Polizei – die Profiteure des Verbrechens, so wie beim Goldrausch vor allem die Leute reich wurden, die den Goldgräbern die Ausrüstung verkauften.

KLIMAAKTIVISTEN

Eine verratene Jugend versucht den Planeten zu retten, der von ihren Verrätern geleitet wird.

ANWALTSZENE

Höchst diskret – und höchst klatschsüchtig!

MUSIKSZENE

Weiss ich zu wenig darüber, nur dass viele andere davon reden.

INFORMATIK- UND INGENIEURSZENE

Was treiben Zürichs Nerds? Mit ihren Robotern an der ETH? Und wer überlebt das eigene Start-up?

SPORTSZENE

Die ganze grossartig kranke Welt von Gesundheit und Fitness. Hier sitzt unser Publikum. Und deshalb müssen wir für alle, die sich in einer solchen Szene bewegen oder sich für sie interessieren, unverzichtbar werden. Indem wir die Kontroversen liefern, den Klatsch und die Kritik, dazu die Trends, wer oben und was unten ist, was in den Fachmagazinen diskutiert wird. Und indem wir mit den Koryphäen reden, besonders wenn sie in Zürich auf der Durchreise sind. Es muss ein Karrierenachteil werden, unser Blatt nicht zu lesen. Und für den Rest der Welt müssen sich interessante Stories ergeben.

KINDERKRIEGERSZENE
Wer Vater oder Mutter wird, verschwindet in einer Parallelwelt aus Spielplätzen, Parks, Badeanstalten, Kindergeburtstagen. Und ihr Leben verwandelt sich in die Organisation desselben.

Kein kleiner Grund für dieses Konzept ist, dass in den einzelnen Szenen viel Geld sitzt. Selbst wo man es auf den ersten Blick nicht erwartet: etwa in Theater, Film oder Literatur. Dort findet man mit Anfang 20 zwar eine Menge kluger Wahnsinniger, die in abgerissenen Mansardenwohnungen hausen und die Nächte durcharbeiten. Doch wenn man 25 Jahre später sieht, wer noch in der Branche aktiv ist, sind es fast alles Leute, die gut geerbt oder gut geheiratet haben.

Was vermutlich auch die Zukunft des Journalismus beschreibt – nur wohlhabende Leute können es sich leisten, bis zur Pensionierung in den Medien zu arbeiten.

Die Vermählung von Geld und Geist hat Tradition. Zürich war nach der Reformation fast 200 Jahre lang eine Stadt wie im heutigen Iran. Die Leute gingen Grau in Grau, Bescheidenheit war Pflicht, das Theater wie auch der Tanz verboten, die Häuser glichen Festungen. Erst in ihrem Inneren, hinter der Fassade, zeigte das reiche Bürgertum sich gegenseitig Glanz, Kultur und Luxus.

Der Protestantismus ist erst seit kurzer Zeit unsichtbar: Lange schlossen die meisten Bars deutlich vor Mitternacht – danach hatten nur noch eine Handvoll Stripclubs offen. Erst Anfang der 90er-Jahre fluteten internationale Geschäfte, Gelder, Menschen die Stadt – plötzlich gab es offene Clubs und parkierte Ferraris. Aber die Vergangenheit hält sich in der Seele der Stadt. Und Protestantismus bedeutet mehr als nur Disziplin und Ehrgeiz – er ist die Verbindung von Herkunft mit Disziplin und Ehrgeiz.

Wie fast überall in der Welt ist auch im liberalen Zürich Ihre wahrscheinlich wichtigste Entscheidung, von wem Sie sich gebären lassen. Damit zurück zur Arbeit. Das Wichtigste, was wir für eine Hauptstadtzeitung brauchen, ist Kompetenz: Man muss die Akteure kennen, das Fachgebiet, die heiklen Punkte und den Klatsch. Unverzichtbar, um in der Szene für unverzichtbar gehalten zu werden, ist dabei die Regelmässigkeit der Berichterstattung. Es braucht im Zürich-Teil: Porträts, Essays, Interviews, Polemiken, Kolumnen (etwa à la Talk of the Town im *New Yorker)*, Klatsch, periodische Updates aus Stadt und Fachgebiet (Was ist gelaufen?).

Bei wichtigen Ereignissen für die Community muss man als Lokalreporter mit den Protagonisten reisen: mit zum Theatertreffen nach Berlin; mit den Werbern nach Cannes; mit den Milieugängern nach Thailand; mit den Zürcher Politstars nach Bern etc. Und darüber im Lokalteil schreiben. Das heisst: Es braucht den systematischen Aufbau von Korrespondenten, die wirklich Bescheid wissen. Und die konsequent im Lokalteil schreiben. Überschneidungen mit anderen Ressorts, Politik, Wirtschaft, Kultur, sind kein Problem, sie sind erwünscht. Man macht eine Zeitung, nicht Schubladen.

Das Ziel wäre es, Zürich als das zu porträtieren, was es ist: eine taffe, dynamische, hart arbeitende Stadt. Ein elektrisierendes, nervöses, ehrgeiziges, protestantisches Mini-New-York, das sich im Sommer in die nördlichste italienische Stadt verwandelt. Der Welt durch Geschäfte und der Jagd nach Stil verbunden. Und dadurch getrennt, dass es reicher ist als der Rest. Kurz: ein Lokalteil, der die Leute so aufregt wie ihr Leben selbst.

CONSTANTIN SEIBT

Eine knappere Version dieses Text erschien im September 2013 im Blog «Deadline» auf www.tagesanzeiger.ch.

91

NICHT BESSER ALS IHR RUF

Zürich respektiert seine grossen Institutionen. Nicht aber die Fifa. Zu viel Pomp, zu viel Fürstenhof für das republikanische Volk. Das Verhältnis zum Weltfussballverband war immer schwierig – und seit der Razzia im Baur au Lac 2015 ist es vollends zerrüttet.

Rote Karte für die Fifa: Am 27. Mai 2015 verhaftete die Polizei sieben Fussballfunktionäre im Fünfsternehotel Baur au Lac wegen des Verdachts auf Bestechung.

Die Geschichte der Fifa begann 1904 in Paris. Sechs Verbände, darunter die Schweiz, gründeten einen Verein, der den Fussball weltweit organisieren sollte. 1932 zog die Fifa, die Fédération Internationale de Football Association, von Paris nach Zürich. Vier Jahre später kam in Visp Sepp Blatter auf die Welt. Dass er eine Frühgeburt war, verstand er als Parabel seines Lebens. Er war der Kämpfer und Überlebenskünstler, der nicht hergeben wollte, was er hatte: zuerst das Leben, später die Macht.

Sein Leben war ab 1975 die Fifa. Hier lernte er, Allianzen zu schmieden oder Strippen zu ziehen. 1998 eroberte er den Thron und wurde Präsident. Die Angestellten redeten ihn teilweise mit «Monsieur le président» an. Er traf die Grossen der Welt, Staatspräsidenten, Könige, den Papst. Am liebsten reiste er im Privatjet. Blatter installierte ein System, das aus der Fifa einen Milliardenkonzern machte. Dieses System nutzten etliche Funktionäre, um sich die Taschen zu füllen.

Blatter liess sie gewähren, weil auch sie ihm halfen, die Macht zu erhalten. In dieser Beziehung war er schlau. Er setzte nie auf die wenigen grossen Verbände, sondern auf die vielen, vielen kleinen, zum Teil kaum grösser als ein Sandstrand. Sie köderte er mit Versprechen und Geld. Die wiederum dankten es ihm, indem sie ihn Mal für Mal in seinem Amt bestätigten.

Schon nach der ersten Wahl 1998 stand Blatter im Verdacht, sie sich erkauft zu haben. Er überstand alle Stürme, alle Angriffe, selbst aus den eigenen Reihen. Er schien auf ewig unstürzbar und träumte vom Friedensnobelpreis – bis schliesslich seine Welt über ihm zusammenbrach. Dieser Tag kam am 27. Mai 2015. Es war ein Mittwoch, ein sonniger, warmer Tag kündigte sich an. Drei amerikanische Journalisten sassen ab 5 Uhr in der Eingangshalle des Baur au Lac, bevorzugtes Nobelhotel für hochrangige Fussball-Funktionäre, wenn sie sich in Zürich aufhielten. An diesem Tag waren viele hier, um den nächsten Präsidenten der Fifa zu wählen. Die amerikanischen Journalisten wussten, was passieren würde. Sie hatten einen Tipp aus dem US-Justizministerium erhalten. Blatter dagegen war ahnungslos.

Um 6 Uhr fuhren Kantonspolizisten beim Hotel vor und verlangten den Zutritt zu sieben Zimmern. Ein paar Minuten später führten sie sieben Funktionäre ab, unter ihnen ein Vizepräsident der Fifa. Weil Blatter um 7 Uhr nicht in seinem Büro war, dachten sie bei der Fifa, er gehöre zu den Verhafteten. Eine halbe Stunde später tauchte er auf. Die US-Justiz warf den Verhafteten vor, seit 1991 Bestechungsgelder in Millionenhöhe angenommen zu haben. Die Schweizer Bundesanwaltschaft stellte am Fifa-Sitz Akten sicher. Sie hat wegen der Vergabe der WM 2018 an Russland und 2022 an Katar ein Verfahren gegen unbekannt eröffnet. Der Vorwurf lautete unter anderem: Geldwäscherei. Am Nachmittag jenes 27. Mai gab die amerikanische Justizministerin Loretta Lynch in New York eine Pressekonferenz. «Das ist die Weltmeisterschaft des Betrugs», war dabei der Tenor. Es ging um das Turnier von 2022, das seit seiner Vergabe im Dezember 2010 in der Zürcher Messe vom Verdacht umweht war, von den Katarern gegen sehr viel Geld für die hohen Funktionäre der Fifa gekauft worden zu sein.

Zwei Tage nach dem Ereignis hinter der Zürcher Bahnhofstrasse liess sich Blatter zum fünften Mal als Präsident wählen. Danach aber wurde ihm schnell klar, dass die USA auch gegen ihn eine Untersuchung einleiten könnten. Vier Tage nach der Wiederwahl stellte er sein Mandat zur Verfügung. Jahre später sagte er: «Der Überfall im Baur au Lac war das Ende meiner sportpolitischen Karriere.» Das Ende nach 40 Jahren bei der Fifa, die er gross und die ihn gross gemacht hatte.

Ein neuer Präsident sollte zur Chance der Fifa werden, den schmuddeligen Geschmack der Korruption und Diktatur loszuwerden. Auf den einen Walliser folgte am 26. Februar 2016 der nächste, auf einen Visper ein Briger. Gianni Infantino, bis dahin Generalsekretär des europäischen Verbandes Uefa, wurde nach Blatters Sturz an die Oberfläche gespült. Er behauptete, dass er nicht nach Macht strebe. Sein Antrieb sei es, die Fifa zu verändern.

Die Maske liess er innerhalb weniger Tage fallen. Heute ist er da, wo Blatter einst war. Er ist kein bisschen besser, er lebt das Masslose aus wie sein Vorgänger. Er kennt die gleichen Taschenspielertricks und verspricht mehr Geld für alle. Es gefällt ihm, wenn er bei einer WM zwischen Wladimir Putin und dem saudischen Kronprinzen Mohammed bin Salman thronen darf. Das Geld aus dem arabischen Raum zieht ihn an. Das Autokratische des katarischen Emirs gefällt ihm. Den Privatjet liebt auch er. Über sieben Jahre ist Infantino nun der Herrscher über die Fifa. Ihr Ruf ist kein wenig besser geworden.

THOMAS SCHIFFERLE

92

ZWEITE HEIMAT

Zigarren im Spitalzimmer, mysteriöse Nachtflüge und eine Millionenspende. Die katarische Königsfamilie ist nicht nur über die Fifa und die Credit Suisse mit Zürich verbunden.

Kloten, 26. Dezember 2015, eine halbe Stunde nach Mitternacht. Eigentlich ist der Flughafen um diese Uhrzeit geschlossen. Nachtruhesperre. Doch ein landender Airbus A340 stört die weihnächtliche Stille des noch jungen Stephanstags. Der Langstreckenjet hat eine diplomatische Sondergenehmigung erhalten. Kurz vor 5 Uhr schrecken zwei weitere Jets die schlafenden Flughafenanwohner auf. Auch sie landen ausserhalb der offiziellen Betriebszeiten.

Aviatik-Enthusiasten finden über eine Flugtracking-Website schnell heraus, was es mit den drei Landungen auf sich hat: Es handelt sich bei allen um Regierungsmaschinen des kleinen arabischen Emirats Katar. Später am Samstag folgen zwei weitere Regierungsflüge, am Sonntag nochmals deren vier.

Die Schweizer Behörden sprechen davon, dass die Flüge in Zusammenhang mit einem medizinischen Notfall erfolgt seien, ohne zunächst weitere Informationen preiszugeben. Wenige Tage später wird das Geheimnis gelüftet. Beim prominenten Patienten handelt es sich um den ehemaligen Emir von Katar, Scheich Hamad bin Khalifa Al Thani. Was war sein medizinisches Problem, dessentwegen gleich neun Regierungsjets in die Schweiz beordert wurden? Ein Beinbruch in den Ferien in Marokko.

Nur wenige Stunden nach der Nachtlandung wird der 64-Jährige in der Schulthess-Klinik in Zürich operiert. Ein paar Tage später wird das auf orthopädische Eingriffe spezialisierte Zentrum im Auftrag des Scheichs offiziell über den prominenten Patienten informieren und bekannt geben, dass der Eingriff komplikationslos verlaufen sei. Ganz und gar nicht komplikationslos ist hingegen die Reaktion der Schweizer Öffentlichkeit. Dass ein Scheich sich gleich mit mehreren Flugzeugen über das Zürcher Nachtflugverbot hinwegsetzen dürfe, und das auch noch wegen eines simplen Beinbruchs, sei ein Skandal, sagt damals Priska Seiler Graf, SP-Nationalrätin und Stadträtin von Kloten, in der NZZ. «Es macht den Anschein, dass wegen eines reichen Mannes die Nachtruhe von Zehntausenden plötzlich nichts mehr wert ist.»

Die Geschichte, eine süffige Mischung aus Exotik, Neid und Klassenkampf, entwickelt sich sehr bald zum Schlagzeilengenerator in der nachrichtenarmen Festtagszeit und in den Wochen danach.

So dreht sich die Diskussion unter anderem darum, ob der Scheich für die drei Anflüge mitten in der Nacht zu günstig davongekommen sei. Wie die *Tamedia*-Zeitungen damals berichteten, betrug die Lärmgebühr nur 4500 Franken, also 1500 Franken pro Jet. Für den Scheich ist das nicht mehr als ein kleines Trinkgeld, und zwar wortwörtlich: Bald schon findet *Radio Top* heraus, dass der Ex-Emir dem Spitalpersonal als Anerkennung für seine Behandlung bis zu 3000 Franken pro Kopf hat zukommen lassen. («Beinbruch-Scheich macht Klinik-Personal reich», reimt der *Blick*.)

Mitte Februar recherchiert SRF weitere Details über die VIP-Behandlung, die dem reichen Katarer in der Schulthess-Klinik zuteilwurde: Noch im Aufwachraum habe der ehemalige Emir eine Zigarre geraucht, dazu seien eigens die Rauchmelder abgestellt worden. «Sie können einem König schlecht das Rauchen verbieten», meinte die Klinikdirektorin gegenüber dem Sender. Dass der katarische Adlige für sein medizinisches Problem ausgerechnet eine Stadtzürcher Klinik aussuchte, dürfte kein Zufall gewesen sein. Denn die Verbindungen des Königshauses nach Zürich waren damals eng, und sie gingen weit über die Vergabe der Fussball-WM an Katar im Jahr 2010 hinaus.

Die katarische Königsfamilie vertraute schon seit vielen Jahren auf die Kunst von Schweizer Ärztinnen und Ärzten. Der Vater des Beinbruchpatienten, Scheich Khalifa bin Hamad Al Thani, auch er ein früherer Emir Katars, pflegte eine besonders enge Beziehung zu Zürich. Er lebte zeitweise in der Limmatstadt und hatte sich in verschiedenen Universitätskliniken behandeln lassen. Dabei zeigte er sich noch viel grosszügiger als sein Sohn. Im August 2015, also wenige Monate vor der Episode mit den Nachtlandungen, spendete er 11 Millionen Franken an die Zürcher Stiftung für Herz- und Kreislaufforschung.

Mit dem Beitrag, so schrieb die Universität Zürich damals, wolle der Scheich sich für die hervorragende medizinische Betreuung am Universitätsspital bedanken und seine Verbundenheit mit seinem Wohnortkanton zum Ausdruck bringen. Der Spender konnte allerdings nicht mehr miterleben, wie sein Beitrag Früchte trug: Er starb 2016.

Ins Jahr seines Hinschieds fiel auch ein markanter Rückgang der Zahl der katarischen Staatsbürger im Kanton Zürich. Während per Ende 2015 noch 17 Katarer im Kanton lebten, etwa die Hälfte von ihnen Kinder, war es per Ende 2016 nur noch eine einzige Person. Dies zeigen Zahlen des Bundesamts für Statistik. Die kleine katarische Delegation am Zürichsee hatte offensichtlich ihre Zelte abgebrochen.

Die akademischen Institute im Kanton hatten, abgesehen von prominenten Patienten in der Uniklinik, zuvor bereits andere Verbindungen an den Persischen Golf aufgebaut. Schon 2005 betrachteten die ETH Zürich und die Universität Zürich Katar als Schwerpunkt einer Bildungskooperation. Mit dem Kanton Zürich als grösstem Geldgeber wurde damals eine Stiftung gegründet, die Zurich Orient Foundation. Sie sollte die Golfstaaten dazu bringen, in der Schweiz zu investieren. Ihre Gründung wurde medial breit aufgenommen, doch danach wurde es still um sie. Sehr still sogar: 2011 wurde sie wieder liquidiert.

2012 erwarb eine katarische Investorengruppe das geschichtsträchtige Hotel Atlantis am Fusse des Uetlibergs. Das einstige Luxus-Resort befand sich in einem miserablen Zustand, wurde vorübergehend als Asylunterkunft genutzt oder von Hausbesetzern vereinnahmt. Die Investorengruppe liess das Hotel Atlantis für 60 Millionen Franken sanieren. Jener ehemalige Emir, der sich in den Universitätskliniken behandeln liess und die Zürcher Herzforschung anschliessend mit 11 Millionen Franken unterstützte, lebte damals seit 20 Jahren in Zürich.

Im Hotel Atlantis sollte er eine eigene Suite im obersten Stock bekommen. «2000 Quadratmeter Prunk», titelte das deutsche Wochenmagazin *Stern*. Viel Gold, viel Marmor und als Herzstück ein mit mehreren Elektromotoren ausgestattetes und vollständig verstellbares Bett. Doch der Scheich verstarb kurz vor der Fertigstellung der Suite, ohne eine einzige Nacht im Hotel Atlantis verbracht zu haben. Die Katarer haben nicht nur Augen für Touristenmagnete wie den Uetliberg, sondern auch für den Zürcher Paradeplatz. Mit Investitionen auf der ganzen Welt will Katar unabhängiger von Erdöl und Erdgas werden. Dafür wurde 2005 der katarische Staatsfonds gegründet. Dieser hält derzeit rund 5 Prozent an der Credit Suisse. Die Herrscherfamilie Al Thani war bis 2017 sogar im Verwaltungsrat der Bank vertreten. Seit vielen Jahren hält Katar auch Anteile am Schweizer Rohstoffunternehmen Glencore mit Sitz im Kanton Zug.

Auch die Fifa, welche die Fussball-WM in Katar verantwortet, hat ihren Hauptsitz in Zürich. Es gibt aber noch eine weitere Verbindung zwischen Zürich und der Fussball-WM: Wie der *Beobachter* berichtete, wurden die Flugabwehrsysteme, welche Katars Fussballstadien schützen, in Zürich Oerlikon entwickelt. Gemäss dem Artikel lieferte die Firma Rheinmetall Air Defence zwei Flugabwehrsysteme im Wert von 200 Millionen Franken nach Katar. Rheinmetall Air Defence war für eine Stellungnahme nicht erreichbar.

Mittlerweile haben sich die Limmatstadt und der Wüstenstaat etwas auseinandergelebt. Projekte wie die Zurich Orient Foundation verschwanden in der Versenkung. Auch das mit 11 Millionen Franken dotierte Forschungsprogramm für Herzkrankheiten kommt zum Abschluss: Es läuft mit Ausnahme einer Assistenzprofessur Ende des Jahres aus. Aus der Sicht der Universität Zürich hat sich das Programm hervorragend entwickelt. Dank der Spende des Scheichs hätten über 60 Studien veröffentlicht werden können, welche das Verständnis und die Behandlung von Hirnschlag, Herzinfarkt, Herzschwäche und anderen Erkrankungen massgeblich beeinflusst hätten. Mehrere Mitarbeitende des Herzforschungszentrums seien für ihre Arbeiten ausgezeichnet worden. Zu Katar selbst pflegt die Universität allerdings keine offiziellen Beziehungen. Die Donation sei eine persönliche Geste des ehemaligen Emirs gewesen und nicht von einer offiziellen Stelle des Landes ausgegangen. Weniger gut lief es mit dem Hotel Atlantis. Unter katarischer Flagge war dem geschichtsträchtigen Haus kein Erfolg vergönnt. Im Jahr 2020 verkauften die katarischen Investoren das Hotel an einen indischen Milliardär. Es heisst heute nicht mehr Atlantis, sondern Five.

Enger denn je mit dem kleinen Emirat verbandelt ist hingegen der Flughafen Zürich: Qatar Airways fliegt derzeit zweimal täglich und ab Mitte Dezember zehnmal pro Woche von Doha nach Zürich und zurück. Aber im Gegensatz zu den VIP-Flügen von vor sieben Jahren nur zu den regulären Betriebszeiten.

ZENO GEISSELER

MATTHIAS NIEDERBERGER

Dieser Text erschien zuerst in der Neuen Zürcher Zeitung.

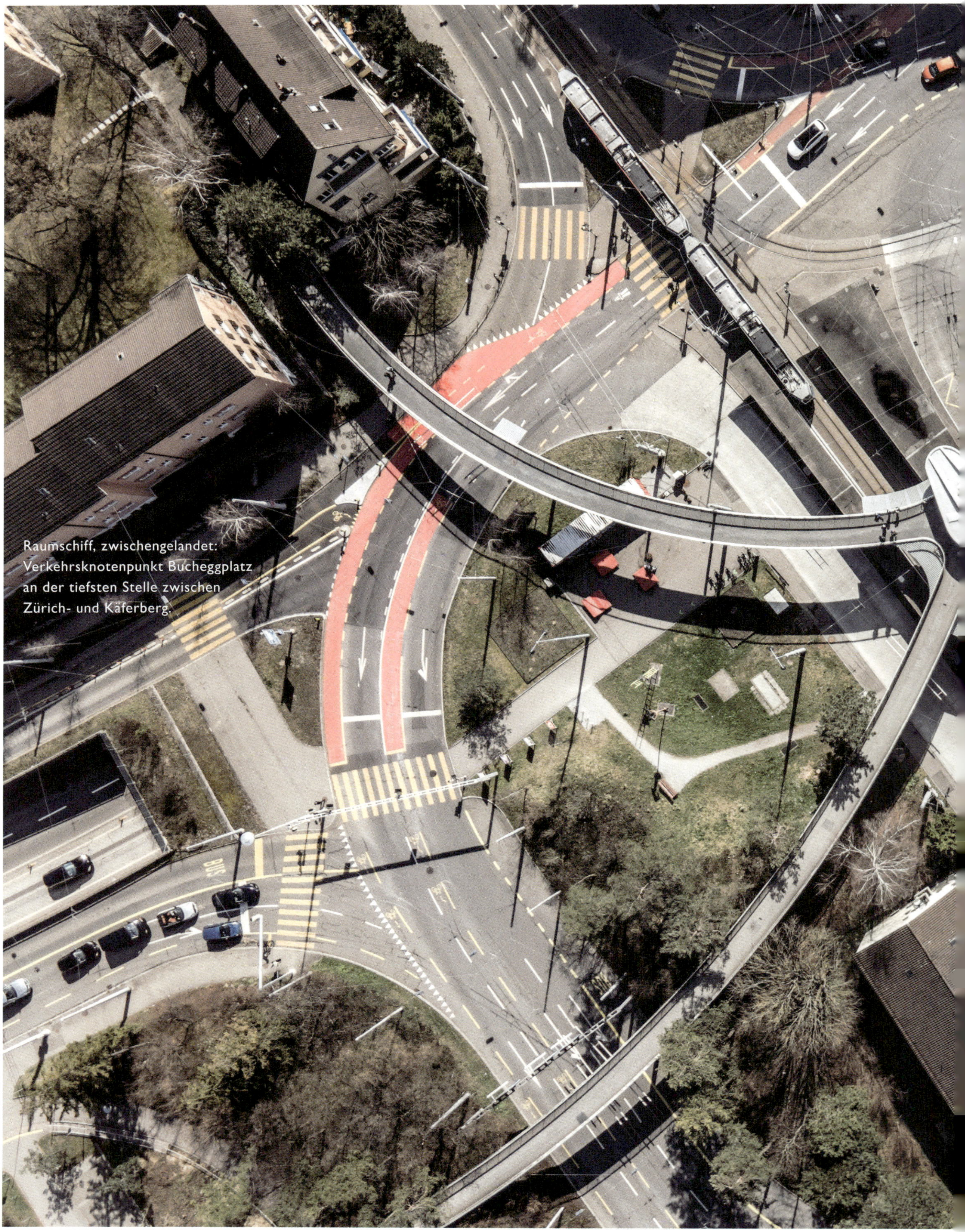

Raumschiff, zwischengelandet: Verkehrsknotenpunkt Bucheggplatz an der tiefsten Stelle zwischen Zürich- und Käferberg.

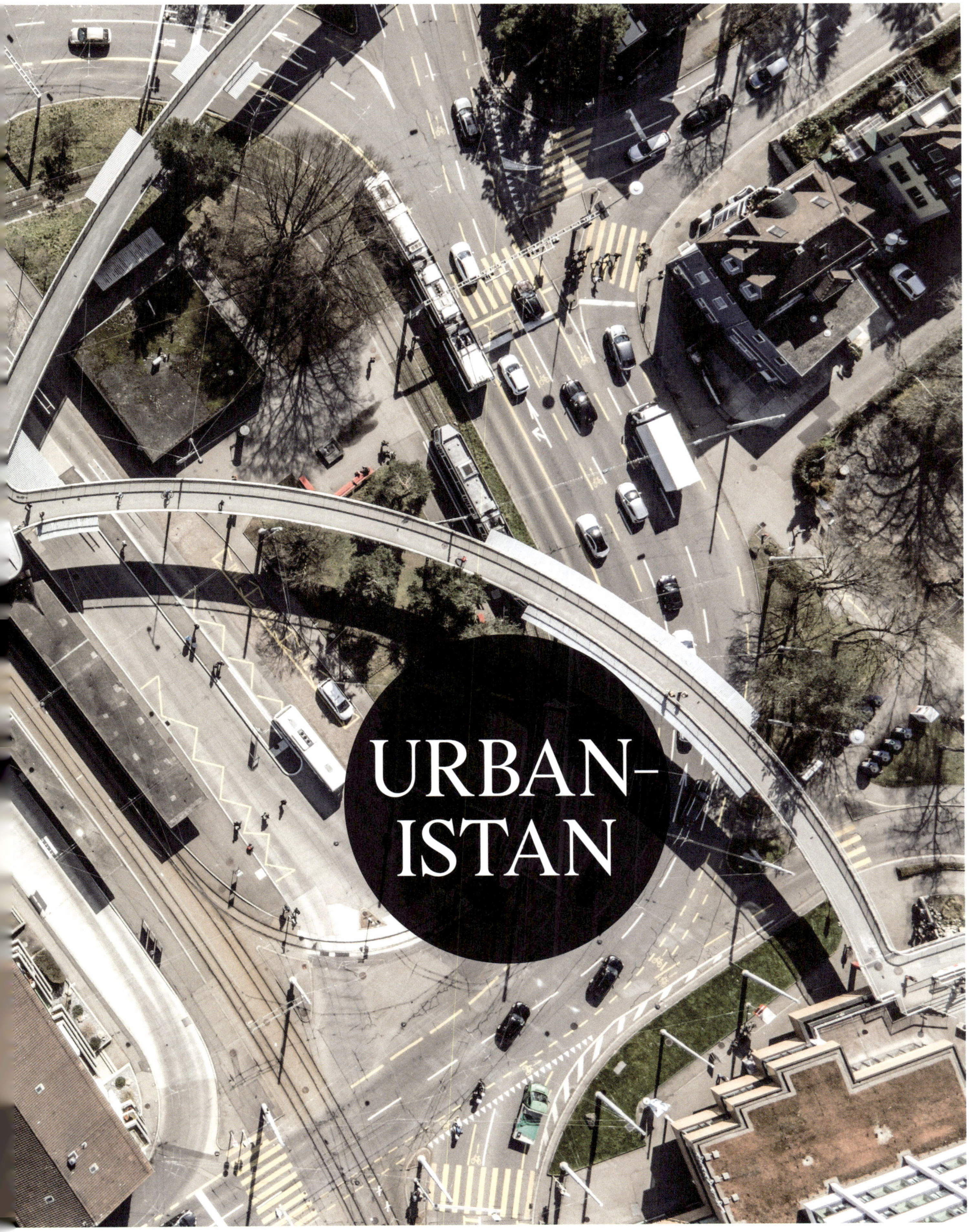

URBAN-
ISTAN

93

DIE ÖV-STADT, DIE VELO-STADT WERDEN WILL

Der Platz ist knapp, die Ansprüche aller Verkehrsteilnehmer sind hoch. Rupert Wimmer hat die grosse Aufgabe, ein schlaues Miteinander von Fussgängern, Velos, Trams, Bussen und Autos für Zürich zu planen.

Zürich ist eine ÖV-Stadt. Der Anteil der Wege im Stadtgebiet, die mit öffentlichen Verkehrsmitteln zurückgelegt werden, liegt bei über 40 Prozent. Die blau-weissen Trams, die Bewohnerinnen, Beschäftigte und Besucher durch die Stadt fahren, prägen das Stadtbild. Es wurde sogar schon von der blauen Wand gesprochen, die die Bahnhofstrasse trennt. Dabei zählt die Zürcher Bahnhofstrasse zu den Topadressen der Welt mit Mieten von über 10000 Franken pro Quadratmeter und Jahr.

Der Grundstein für die ÖV-Stadt wurde bereits im 19. Jahrhundert gelegt. Bereits vor dem Ersten Weltkrieg bestand das heutige Strassenbahnnetz in seinen Grundzügen. Die ersten Strassenbahnen wurden aber nicht zur Bewältigung der grossen Verkehrsmassen gebaut, sondern um wohlhabende Bürger aus den Vororten (zum Beispiel Riesbach) bequem in die Stadt zu führen. Die weniger begüterten Bewohnerinnen und Bewohner gingen zu Fuss oder fuhren mit dem Velo. Sinnbildlich dafür ist das Bild der Bahnhofshalle aus den 1940er-Jahren, die voll ist mit Veloabstellplätzen.

Mit dem Aufkommen des Automobils ab dem Zweiten Weltkrieg wurden Fussgängerinnen und Velofahrer an den Rand gedrängt. Die Autobahnen wurden bis in das Stadtzentrum geplant (das sogenannte Autobahn-Ypsilon). Den öffentlichen Verkehr wollte man wie in vielen europäischen Städten auch in Zürich in den Untergrund verbannen. Dies wurde zum Glück von der Stimmbevölkerung abgelehnt.

Nach der Ablehnung der U-Bahn-Vorlagen Anfang der 1970er-Jahre hat Zürich auf das Tram gesetzt, das auf Stadtniveau verkehrt. Nur auf kurzen Abschnitten wie in der Winterthurerstrasse nach Schwamendingen verkehrt es im Untergrund. Der Stadtraum und das Verkehrssystem wurden konsequent für den öffentlichen Verkehr optimiert: hohe Haltestellendichte, dichtes Fahrplanangebot, weitgehendes Eigentrassee sowie Bevorzugung der Trams und Busse an den Lichtsignalanlagen, wie die Ampeln im Fachjargon heissen.

Aber auch die Verkehrsführung des motorisierten Individualverkehrs (Einbahnsysteme, Kreuzungsgestaltungen, Ampelsteuerung) wurde zugunsten der effizienten Verkehrsabwicklung und des öffentlichen Verkehrs optimiert. Dies prägt den Stadtraum und bestimmt die Randbedingungen für den Fuss- und insbesondere den Veloverkehr.

Bereits in den 1970er-Jahren wurden die bis heute gültigen Grundsätze der Verkehrsplanung in der Stadt Zürich definiert: Ausbau des Fuss-, Velo- und öffentlichen Verkehrs sowie Reduktion und Kanalisierung des motorisierten Individualverkehrs.

Das ÖV-System wurde laufend ausgebaut. Die S-Bahn Zürich, die 1990 mit dem Durchgangsbahnhof Museumstrasse in Betrieb ging, hat die Stadt mit dem wachsenden Umland zu einer Metropolitanregion vernetzt und in der Agglomeration die Siedlungsentwicklung geprägt (Stichwort S5-Stadt). Im städtischen ÖV-System bestimmten und bestimmen insbesondere die Tramerweiterungen wie die Glatttalbahn (erste Etappe 2006, zweite Etappe 2010) das Tram Zürich West (2011), die Tramlinie über die Hardbrücke (2018) sowie die Limmattalbahn (2022) das Verkehrssystem, die Stadträume sowie die Siedlungsentwicklung über die Stadtgrenzen hinaus.

Dank dem historischen Parkplatzkompromiss konnten in der Innenstadt immer mehr Strassen und Plätze für Fussgängerinnen und Fussgänger zurückgewonnen werden. Leuchtturmprojekte sind der Sihlraum (Sigi-Feigel-Terrasse), der Sechseläutenplatz oder der Münsterhof. Mit den flankierenden Massnahmen zur Westumfahrung (2009 bis 2012), die die Stadt gegenüber dem Bund gerichtlich erkämpft hat, wurden Wohnquartiere im Kreis 3 und 4 vom Durchgangsverkehr befreit und Stadträume für den Fuss- und Veloverkehr aufgewertet.

Velo gegen Auto gegen Tram, Egoismus gegen Vernunft: Täglicher Verteilungskampf um ein rares Gut.

Nur im Veloverkehr konnten in den letzten 40 Jahren kaum Fortschritte erzielt werden, obwohl schon in den 1980er-Jahren die Veloförderung auf der politischen Agenda stand («Veloweginitiative») und lange Jahre sogar ein Holländer Velobeauftragter der Stadt Zürich war. Woran liegt das? Einerseits daran, dass der öffentliche Verkehr eine grosse Bedeutung hat, grossen Rückhalt bei der Politik geniesst und entsprechend seine Anforderungen in der Planung hoch gewichtet werden. Andererseits will man in Zürich alles perfekt regeln und folglich haben Koexistenzlösungen mit Überlagerung von Nutzungsansprüchen kaum Chancen. Doch das Ganze ist mehr als die Summer seiner Einzelteile. Ein wichtiger Grund ist aber auch das dichte übergeordnete Strassennetz. Insbesondere hat es die Stadt Zürich versäumt, die Innenstadt vom motorisierten Individualverkehr zu befreien. Wer aus dem Bahnhof tritt oder zum See gelangen will, trifft auf stark vom Autoverkehr belastete und geprägte Verkehrsräume. Diese sind aber auch wichtige Verbindungen für den Veloverkehr. Der öffentliche Raum ist beschränkt. Die Bedürfnisse des Veloverkehrs können nicht einfach dazuaddiert werden, ohne dass andere Anforderungen infrage gestellt werden. Fuss- und öffentlicher Verkehr bleiben wichtige Standbeine der urbanen Mobilität. Um Velofahren in der Stadt Zürich einfach und sicher zu machen, muss der motorisierte Individualverkehr weiter reduziert und verträglicher abgewickelt werden.

Wenn man sich in der Stadt umhört, bekommt man manchmal das Gefühl, die Stadt sei ein verkehrspolitisches Entwicklungsland. Das Gegenteil ist der Fall: Zürich hat ein hervorragendes, hocheffizientes Verkehrssystem und ist nicht zuletzt deswegen eine der lebenswertesten Städte der Welt. Auch wenn es ihrem zwinglianischen Understatement widerspricht, kann die Stadt stolz sein. Sie darf sich aber nicht auf dem Erreichten ausruhen. Die Innenentwicklung und der Klimawandel stellen uns vor neue Herausforderungen, die weitere Anstrengungen benötigen, damit Zürich lebenswert bleibt und klimaneutral wird.

RUPERT WIMMER

Musterbeispiel für ein effizientes öffentliches Verkehrssystem: S-Bahn auf dem Wipkinger Viadukt.

94

VOM GRÖSSENWAHN ZUM VORZEIGEPROJEKT

Seine S-Bahn hat Zürich mustergültig zustande gebracht. Dank vorausschauendem Blick auf die Bevölkerungsentwicklung und einem guten Bauchgefühl des Stimmvolkes. Die Planer hatten nämlich viel Mächtigeres im Sinn.

Die Friedensglocken nach dem Zweiten Weltkrieg waren kaum verklungen, als man sich in der Stadt Zürich mit der Zukunft befasste. Die Stadt, so die Prognosen, wird auf 550000 Menschen anwachsen. Das Auto wurde für weite Teile der Bevölkerung erschwinglich; das verkehrsplanerische Leitbild war die autogerechte Stadt. Der öffentliche Verkehr sollte vom Autoverkehr entflochten und in den Untergrund verlegt werden. Eine Kommission erarbeitete ein Projekt für eine 21,2 Kilometer lange «Tiefbahn» mit einem Voranschlag von 329 Millionen Franken. Obwohl von sämtlichen Regierungsparteien unterstützt, wurde die Vorlage am 1. April 1962 in einer städtischen Volksabstimmung mit 63 Prozent Nein-Stimmen abgelehnt.

Für den nächsten Anlauf wurde der Perimeter erweitert. Ein von Bund, Kanton, Stadt und SBB eingesetzter Ausschuss erarbeitete einen Verkehrsplan für die «Metropolitanregion» – eine Bezeichnung, welche die Ambition der Region herausstreicht. Die Grobverteilung sollte über eine S-Bahn auf dem SBB-Netz abgewickelt werden, ergänzt um einen unterirdischen Durchgangsbahnhof unter dem Hauptbahnhof, dem Hirschengrabentunnel und dem Zürichbergtunnel. Für die Mittelverteilung wurde eine U-Bahn mit drei Linien geplant. Die Feinverteilung würde weiterhin über Busse und Tram erfolgen. Das Tramnetz sollte angepasst werden: Aufhebung in der Innenstadt, neue Linien in den äusseren Quartieren. Zur Umsetzung wurde eine von Regierungsrat Hans Künzi präsidierte Behördendelegation gebildet. Am 20. Mai 1973 hatte das Stimmvolk in Kanton und Stadt über zwei Kredite abzustimmen. Beantragt waren 599,2 Millionen Franken für den Kanton und 545,5 Millionen Franken für die Stadt. Mit einer selten hohen Stimmbeteiligung wurde die kantonale Vorlage mit 57 Prozent, die städtische mit 71 Prozent Nein-Stimmen abgelehnt.

Im Herbst 1973 beendete der Erdölschock die längste ununterbrochene Wachstumsphase der Weltgeschichte. An die Stelle hochtrabender Pläne trat zwinglianische Nüchternheit. Regierungsrat Hans Künzi setzte nun all seine Energie für die Realisierung der in der letzten Volksabstimmung kaum umstrittenen S-Bahn ein. Die SBB als ihr Hauptträger war nicht in der Lage, die Finanzierung der Ausbauinvestitionen aus eigener Kraft zu stemmen. Eine überparteiliche Arbeitsgruppe regte die Schaffung eines Verkehrsfonds an. In einer kantonalen Volksabstimmung am 2. April 1978 wurde das Gesetz über die Finanzierung von Massnahmen zur Förderung des öffentlichen Verkehrs von allen Bezirken deutlich angenommen. Am 29. November 1981 bewilligten die Zürcher Stimmbürgerinnen und Stimmbürger mit einer Zweidrittelmehrheit einen Kredit von 520 Millionen Franken für den Bau des Kernstücks der S-Bahn.

Die Realisierung der Bauvorhaben schritt rasch voran. Die Aufträge für die neuen S-Bahn-Züge wurden rechtzeitig vergeben. Es blieb noch eine offene Frage: Wie sollte dieses komplexe Gebilde S-Bahn mit verschiedenen beteiligten Transportunternehmen organisiert werden? Es war eine Zeit, in der Tarifverbunde in Mode gekommen waren. Das genügte dem Kanton nicht. Ein Zürcher Verkehrsverbund (ZVV) – eine für die Schweiz neuartige Institution – sollte für ein koordiniertes, auf wirtschaftliche Grundsätze ausgerichtetes, freizügig benutzbares Verkehrsangebot mit einheitlicher Tarifstruktur sorgen. Um dafür die gesetzliche Grundlage zu schaffen, musste das Stimmvolk nochmals an die Urne. Am 6. März 1988 stimmte es dem Gesetz über den öffentlichen Personenverkehr mit grossem Mehr zu. Am 27. Mai 1990 wurde die S-Bahn feierlich eröffnet. Eine S-Bahn-Komposition mit einem vorgespannten offenen Güterwagen mit den Ehrengästen fuhr mit Pauken und Trompeten in den neuen Bahnhof Stadelhofen ein. Auf der vordersten Bank ein strahlender Hans Künzi und ein ebenso strahlender, jugendlicher Verkehrsminister Adolf Ogi.

In der Rückblende ist es erstaunlich, zu welch frühem Zeitpunkt sich Stadt und Kanton mit Projekten für die Bewältigung der künftigen Mobilität auseinandergesetzt haben – Jahrzehnte vor allen anderen Gebietskörperschaften im Land. Den daraus erwachsenen megalomanen Auswüchsen hat das Stimmvolk wiederholt eine Abfuhr erteilt. Die Geschichte der S-Bahn ist auch eine Geschichte über die Wirksamkeit des Korrektivs der direkten Demokratie. Auch aus heutiger Sicht besteht kein Zweifel, dass das geplante U-Bahn-Netz für eine Stadt in der Grösse von Zürich masslos übertrieben war. Mit dem Slogan «Little Big City» hat sich die Stadt später plakativ von ihrem Traum von der Grossmetropole verabschiedet. Eindrücklich ist das nach den verlorenen Volksabstimmungen praktizierte pragmatische Vorgehen. Die Finanzierungslösung hat sich bewährt. Von einer Realisierungszeit von weniger als neun Jahren kann man heute nur träumen. Es brauchte Mut, einem jungen, unbekannten spanischen Architekten den Umbau des Bahnhofs Stadelhofen anzuvertrauen. Santiago Calatrava ist mit seinem architektonischen Highlight unsterblich geworden. Der von der SBB zunächst argwöhnisch beäugte ZVV hat seine koordinative Aufgabe stets einwandfrei erledigt. Zusammen mit den Transportunternehmen hat er den etappenweisen Ausbau der S-Bahn mit mittlerweile vier Teilergänzungen umsichtig geplant. Das Kosten-Nutzen-Verhältnis war bei allen Ausbauinvestitionen exemplarisch günstig.

Heute gilt die S-Bahn Zürich weithin als Muster für ein effizientes öffentliches Verkehrssystem. Neid ist die höchste Form der Anerkennung, sagt man. In der Tat haben es die meisten schweizerischen Grossagglomerationen den Zürchern nicht verziehen, dass sie sich so früh schon mit den Folgen des Mobilitätswachstums auseinandergesetzt und es erst noch gewagt haben, die Ausbauvorhaben zu einem grossen Teil selbst zu finanzieren.

Hans Künzi, der Solothurner in Zürich, der «Vater der S-Bahn», ist der wohl einzige Regierungsrat der Schweiz, der mit einem Denkmal geehrt wird – natürlich im Hauptbahnhof Zürich. Und der erste S-Bahn-Doppelstock-Triebzug fährt auch unter seinem Namen.

BENEDIKT WEIBEL

Dampfschiff am Bürkliplatz-Steg und auf grosser Fahrt: Herausforderung für den Kapitän, Freude für die Passagiere.

95

EINE DOSIS ENTSCHLEUNIGUNG

Ein Kursschiff ist das Gegenteil eines Trams: Meistens ist der Weg das Ziel. Stress verspürt auf dem See nur der Kapitän, der mit einem der 17 Schiffe der Zürichsee-Schifffahrtsgesellschaft am Bürkliplatz anlegen muss.

Die Ruhe vor dem Sturm. In der Werft der Zürichsee-Schifffahrtsgesellschaft (ZSG) in Wollishofen liegen die Schiffe an den Betonmolen wie zur Parade bereit. Die Sommersaison hat noch nicht begonnen. Dem Direktor der ZSG, Roman Knecht, wäre ein Ansturm der Passagiere sehr recht, Stürme dagegen gar nicht.

Das Gespräch in seinem Büro beginnt mit einer Überraschung. Jahrzehntelang hatte die Schifffahrt im Hochsommer Hochsaison. Die Hitzeperioden und die milden Winter verändern die Spielregeln. Roman Knecht sagt: «Das Wetter ist die Verkaufsförderung Nummer eins. Ist es drückend heiss, sind die Menschen lieber im Wasser als auf dem Wasser. Wir überlegen uns deshalb laufend, ob es Sinn macht, die maximale Kapazität im Juli und August einzusetzen. Wir haben das Winterangebot vor drei Jahren verdoppelt, weil die Passagiere es mögen.» Als Beweis dient ihm das Geschäftsjahr 2022. Es war sehr gut – ausser im Juni und Juli. Bei über 30 Grad blieben die Passagiere aus. Der September war dagegen verregnet. Der milde Winter und der schöne Frühling haben die Saison gerettet. Die Wetterextreme machen auch der Schifffahrt zu schaffen. Wind und Böen, sagt der Direktor, der die drittgrösste Flotte auf Schweizer Seen seit 2015 leitet, wurden in den vergangenen zehn Jahren intensiver und unberechenbarer.

95 Prozent der jährlich etwa 1,7 Millionen Passagiere nutzen die Kursschiffe und insbesondere die Raddampfer Stadt Zürich und Stadt Rapperswil nicht, um von A nach B zu kommen. Sie machen es zu ihrem Vergnügen. Weil der Kontrast zwischen den weiss verschneiten Glarner Alpen und dem manchmal türkisblauen Zürichsee verblüffend schön ist, insbesondere bei föhniger Wetterlage und klarer Luft. Das Licht liebt den See, die Menschen lieben das Licht und die Tausenden Reflexe auf dem Wasser. Kapitän Stefano Butti, der in 31 Jahren schon jedes Schiff der Gesellschaft geführt hat, sagt es so: «Meine persönlichen Sensationsmomente erlebe ich jeweils auf unseren Raddampfern aus der Zeit der Belle Époque des Schweizer Tourismus. An einem schönen Sommertag, wenn die Crew des Dampfers passt und eine Einheit bildet, die Kraft der Dampfmaschine im Schiffskörper spürbar ist, die Schaufelräder das Wasser zu einer lebendigen, mit Luft und Sauerstoff vermengten Masse schlagen und auch die Passagiere ein genüsslicher Teil dieser kleinen, eigenen Schifffahrtswelt werden, dann sind meine Glücksmomente am grössten.» Weltweit sind nur noch 40 fahrfähige Raddampfer unterwegs. Butti ist einer der verbliebenen 200 Dampfschiffkapitäne.

Die ZSG kämpft mit dem Image, ihre Existenz den Pensionierten und ihren Enkeln zu verdanken. Aber die Zeit arbeitet für das Unternehmen. Die Touristen kommen in der Post-Corona-Ära wieder, auch bei schlechtem Wetter. Dank der irreversiblen Homeoffice-Angebote vieler Firmen haben viele Menschen nun auch tagsüber Zeit für eine Dosis Entschleunigung auf dem See. Die ZSG hat dafür ein Co-Working-Angebot geschaffen. Sie vermietet zudem Schiffe an Vereine, Firmen und Hochzeitsgesellschaften. An Helene Fischer, die ihrer Crew nach den Zürcher Konzerten eine Tour auf dem Fondueschiff spendierte. An den FC Zürich, der seinen Meisterpokal auf grosse Fahrt schickte. Das Unternehmen lebt zusehends von Themenwelten, die auf den ersten Blick gar nichts mit der Schifffahrt zu tun haben. «Wir wollen unsere Passagiere überzeugen, dass sie auf einer unserer Rundtouren von 100 auf 0 runterkommen. Auf einer reinen Schifffahrt oder mit Essen an Bord, mit Lesungen, mit einem Krimidinner oder dem persönlichen Nähprogramm auf dem Bernina-Schiff», sagt ZSG-Direktor Roman Knecht.

Für die Verkehrsentlastung der Stadt sind die Zürichseeschiffe keine Hilfe. Das können sie mit ihren Kapazitäten gar nicht sein. Das grösste Schiff, die Helvetia, hat Platz für 1000 Passagiere. Ein Bruchteil dessen, was S-Bahn, Tram und Bus transportieren können. «Wir führen diese Diskussion häufig, aber es kann nicht unser Anspruch sein, Pendlerströme aufzunehmen. Dafür sind wir auch zu langsam. Wir zelebrieren im Gegenteil die Entschleunigung», sagt Roman Knecht. Eine Verbindung vom Tiefenbrunnen zur Werft Wollishofen während der langjährigen Sanierung der Bellerivestrasse wurde deshalb wieder verworfen. Vorbild dafür wäre die heute hochrentable Autofähre zwischen Meilen und Horgen gewesen, die nicht zur ZSG gehört. 1950 bot sie sich der Dampfbootgesellschaft, wie sich die ZSG bis 1957 nannte, zum Kauf an. Aber diese hatte damals selbst kein Geld.

So blieb die ZSG beim Vergnügungstransport von Menschen, die sie an einer der 31 Stationen am See an Bord bringt, ganz besonders viele von ihnen am Bürkliplatz.

Ein Geschenk, aber auch eine Herausforderung, weil im schmalen unteren Seebecken Dichtestress droht wegen der vielen Menschen, die es gleichzeitig nutzen: Schwimmerinnen, Pedalomieter, Ruderer, Stand-up-Paddler, Motorbootfahrerinnen, Segler. Ausgerechnet dort sind auch die Windverhältnisse für Wassersportler am besten. Der Platz ist knapp und die Kapitäne der tonnenschweren Schiffe sind gefordert. Sie haften persönlich und mit ihrem Führerausweis, sollte ein Unfall passieren. Was dank ihrer Erfahrung zum Glück kaum je geschah – obwohl die ungeübten Seebenutzer keine Vorstellung haben, was es bedeutet, mit seinem grossen Schiff durch das Becken zu fahren. Der Bremsweg wird unterschätzt, die eigene Bedeutung überschätzt. Dampfschiffkapitän Butti sagt: «Der Zürichsee hat das dichtbesiedeltste Binnensee-Ufer von ganz Europa. Zudem ist der See das Naherholungsgebiet der Zürcher Bevölkerung. Ich bin sehr gefordert, wenn ich ein schwerfälliges Schiff oder sogar einen historischen Seitenraddampfer durch diesen stark genutzten See führe. Ich lasse mich nicht provozieren, versuche cool zu bleiben und passe besonders gut auf. Schwimmer sehe ich besonders schlecht, da nur der Kopf aus der Wasseroberfläche ragt und der ist kleiner als eine Ente. Zum Glück sind unsere Fahrgäste auch im Erholungsmodus. Wenn also die Ankunftszeit des Kursschiffes nicht ganz auf die Sekunde genau passt, ist das meistens noch kein Drama.»

Die Kursschiffe haben gegenüber allen Verkehrsteilnehmern auf dem See Vortritt. Die 10 Stundenkilometer, die für alle anderen Boote im unteren Seebecken gelten, halten die Schiffe der ZSG freiwillig auch ein. «Weil es zur Entspannung beiträgt», sagt Roman Knecht. Die Wasserschutzpolizei unterstützt die professionelle Schifffahrt, indem sie Fahrspuren und Stege freihält und dafür sorgt, dass niemand in der Limmat schwimmt.

Die Limmatschifffahrt wird das Gesicht der ZSG übrigens nachhaltig verändern. Ab dem Sommerfahrplan 2023 verkehren die drei Limmatboote mit Elektroantrieb. «Ich war schon selbst am Steuer. Ein grossartiges Gefühl. Das lauteste Geräusch ist die Klimaanlage», schwärmt Roman Knecht. Die ZSG will die erste Schifffahrtsgesellschaft in der Schweiz sein, die CO^2-neutral unterwegs ist. Sie treibt deshalb die Dekarbonisierung mit einem sehr konkreten Plan für die nächsten zehn Jahre voran. Mit technischen Massnahmen und defensivem Fahrstil der Schiffsführer wurde der Treibstoffverbrauch der Dampfschiffe bereits reduziert. Alle Schiffe fahren mit schwefel- und geruchsarmem Ecospeed-Diesel. Auch wenn er teurer ist. Auf dem Markt werden noch keine grossen Schiffe mit Elektroantrieb angeboten, deshalb elektrifiziert die ZSG eines ihrer 300-plätzigen Kursschiffe gleich selbst, inklusive Gastronomie und Bordunterhaltung.

Die Batterien der neuen Limmatboote laden sich über Nacht in der Werft auf. Der Strom reicht für eine Tagesschicht, auch bei starker Strömung und kräftigem Wind. Die Handwerker in der Werft, die für Service und Unterhalt sorgen, sind nur in den Sommermonaten Nautiker. Im Winter gehen die meisten ihren angestammten Berufen nach. Die grössten Fans der Zürichseeschiffe – so scheint es – sind gar nicht die Passagiere, sondern die über 100 Mitarbeitenden, die dieses Vergnügen auf dem See erst möglich machen.

PETER RÖTHLISBERGER

96

ABGEFAHREN!

Zehn Jahre lang beschrieb die Kunstfigur Katja Walder im *Blick am Abend* die Lebenswelt der Pendlerinnen und Pendler. Ihre Beobachtungen sind von zeitloser Gültigkeit.

Man will ja jeweils einfach nur raus. Raus aus der übervollen S-Bahn. Und es ginge deutlich schneller und einfacher, würde sich der Vordermann nicht im S-c-h-n-e-c-k-e-n-t-e-m-p-o durch die Zugtür bewegen. Stopp. Keine Aufschreie bitte! Ich richte mich nicht gegen Gehbehinderte oder ältere Menschen, die nicht mehr ganz so fix sind auf den Beinen. Ich rede von jenen Menschen, die sich nur gaaaanz laaaangsaaaaam fortbewegen, weil sie grad wahnsinnig konzentriert auf ihr Smartphone starren. He ja, wenn man grad mitten im Mail ist, wenn der Zug ankommt, muss man das halt noch schnell im Gehen fertig tippen. Wenn ein neues Reel auf Insta aufploppt, muss man das natürlich checken. Der Börsenkurs will noch schnell studiert sein, die Whatsapp verschickt werden. Ist doch egal, dass da hinter einem Menschen sind, die husch aufs Tram sollten. Die Handyfixierer – eine Seuche.

Lieber mag ich die kichernden Handy-Mädels. Sie tragen bauchfrei, Boyfriend-Jeans, manchmal Zahnspange und meistens dicke Wimpern. Und immer, wirklich immer, sind sie in Gruppen unterwegs. «Zeig! Zeig!», tönt es aus dem Abteil. Sie rangeln, sie kichern, sie riechen sehr stark nach viel zu süssem Parfüm. «Ich wett au luege!», quäkt die Blonde. Ein Handy wird herumgereicht. Klarer Fall: Die vier spielen das Lieblingsspiel aller 16-Jährigen: Zeig-mir-deinen-Freund-und-ich-zeig-dir-meinen. Eine Zugbeschäftigung, die strikten Codes folgt. Mädel 1 zeigt das Handyfoto ihres Freundes. Reaktion A: Mädel 2 staunt: «Uaaa, de isch WÜRKLICH schön!» Bedeutet: «Janina hatte recht, der ist viiiel zu hübsch für dich!» Reaktion B: Mädel 3 flötet mit lieber Stimme: «Ooh, de xeht mega sympathisch uus.» Bedeutet: «Eine Schönheit ist er nicht gerade ...» Reaktion C (die fieseste von allen ...): Mädel 3 schreit überrascht auf: «Heeee! De hätt ja de glich Ohrstecker wie min Cousin!» Bedeutet: «Meine Fresse, was soll man bei so einem Gnom auch anderes sagen?»

An Dr. Wurstmann erinnere ich mich, als wäre es gestern gewesen, als er mir im Speisewagen gegenübersass. Durch seine offen herumliegenden Notizen fand ich heraus, dass er, der seine Bratwurst zerschnitt wie ein Barbar, von Beruf Schönheitschirurg ist. Dr. Wurstmann, mit Verlaub, aber bei Ihnen möchte ich nicht unter dem Messer landen.

Noch im Ohr habe ich das Teeniemädchen, das einem anderen telefonisch sein Leid klagte: «Geschter ischs mer richtig schlächt gange», nölte es. «Ich han mega s Down-Syndrom gha!» Mit Schaudern erinnere ich mich an einen Mitpendler mit besonderen Vorlieben. «Dini Füess fasziniered mich sehr», sagte er mit Blick auf meine Flipflops. «Dörf ich dir e Fuessmassage mache?» Dann war da Roli, der zuerst mit seiner Affäre ein Date für gleich abmachte und dann seiner Frau mitteilte, er müsse noch länger arbeiten. Nicht zu vergessen die Frau, die ihr Gebiss abschleckte, um es zu reinigen.

«Ach komm, das erfindest du doch!», höre ich immer wieder, wenn ich von meinen ÖV-Erlebnissen berichte. Aber das stimmt nicht. Alles, was ich in meinen zehn Jahren als Pendlerkolumnistin berichtet habe, hat sich so zugetragen. «Und warum passieren solche Sachen nie, wenn ICH im ÖV bin?», kommt dann die nächste Frage. Die Antwort ist relativ einfach: Weil wir all die grossen und kleinen Geschichten um uns herum nicht mitbekommen, wenn wir eine ganze Zugfahrt lang nichts als unser Smartphone fixieren. Wir verpassen den unterdrückten Lachanfall, den der Mann gegenüber in sich hineinkichert, während er eine Nachricht liest. Wir verpassen die Tränen, die ununterbrochen über die Wangen der Sitznachbarin kullern und vielleicht schon nur durch ein hingestrecktes Taschentuch aufgefangen werden könnten. Drum, liebe Zürcherinnen und Zürcher, versucht es doch eine ÖV-Fahrt lang ohne Handy-Ablenkung – ihr verpasst sonst das Leben in vollen Zügen.

KATJA WALDER

Als das Handy noch nicht erfunden war: Flughafenmitarbeiter auf dem Rollfeld 1968.

Kein Ödland mehr: Der Pistenplan ist klar, aber die Passagiere
und die Fracht werden 1949 noch im Barackenprovisorium abgefertigt.

97

IM MOOR GEBOREN

Die Entstehungsgeschichte des Flughafens Zürich ist spektakulär, seine Entwicklung zu einem der wichtigsten Drehkreuze in Mitteleuropa wie ein Blockbuster mit Erfolgen und Rückschlägen. Das Verhältnis zu den Zürcherinnen und Zürchern ist kompliziert – wie jede Liebesbeziehung.

Der Flughafen ist ein Sehnsuchtsort, ein Hub für Abenteuer, die der Alltag nicht vorsieht. Ein Ausflugsziel am Sonntagnachmittag, Pilgerort flugzeugverliebter Spotter. Dank dem 2020 eröffneten Circle, dem Airside Center und dem Airport Shopping ist er auch ein Einkaufszentrum. Zürich ist stolz auf seinen Flughafen, der immer wieder als einer der schönsten, saubersten und effizientesten weltweit ausgezeichnet wird. Gleichzeitig sind die Debatten über den Ausbau von Pisten und Terminals und den Fluglärm intensiv. Der Flughafen nimmt wegen seiner schieren Grösse, wegen seines Einflusses auf Schlaf, Mobilität und berufliches Wohlergehen, sehr viel Raum ein im Lebensalltag der Zürcherinnen und Zürcher.

Dabei wäre der erste interkontinentale Schweizer Flughafen beinahe im Emmental gebaut worden. Die Zürcher Regierung stand lange auf der Bremse, was beim Bund Irritation auslöste. Sie tat es aus guten Gründen, war aber nicht weitsichtig: Sie wollte an ihrem bestehenden Flughafen Dübendorf festhalten mit seinen 15 Destinationen von Malmö bis Budapest. Aber die zivile Luftfahrt musste Dübendorf mit dem Militär teilen, weshalb der Flugplatz an seine Kapazitätsgrenzen kam.

Die Kantonsregierung wurde erst aktiv, als sie an einer Sitzung im Bundeshaus im April 1942 vom weit entwickelten Berner Plan eines «Zentralflughafens» in Utzenstorf erfuhr, einer kleinen Gemeinde im Kanton Bern. Sie fand eine Alternative zu Dübendorf – in einem grossen Moor. Das weitläufige Gebiet mit Kratern, Wiesen und Sümpfen neben dem Dorf Kloten hatte keine Fürsprecher. Nicht einmal die Bauern interessierten sich für den ehemaligen Artilleriewaffenplatz und den angrenzenden Wald. Der Regierungsrat bezeichnete die Ebene 1943 als «Ödland, mit zahlreichen Trichtern durchsetztes, unwirtliches Ried». Damals, zu Zeiten der Anbauschlacht, war Landwirtschaftsland schützenswert, nicht aber rare Pflanzen und Insekten in einem Moor.

Am 13. Februar 1945 fällte der Bundesrat den Grundsatzentscheid für den Interkontinentalflughafen Kloten, dem die Bundesversammlung folgte. Damit war der Bundesanteil an der Finanzierung gesichert. Bereits am 5. Mai 1946 stimmten die Zürcher ab und nahmen den Kredit für den Flughafenbau deutlich an. Die Umsetzung des Projekts gelang in Rekordzeit. Über 1000 Arbeiter rodeten den Wald, betonierten grosse Flächen, schlugen eine Schneise in den Hügelzug und verwendeten den Kies für den Bau einer ersten Piste in Ost-West-Richtung.

Nur zwei Jahre nach dem Ja des Volkes landete das erste Flugzeug auf der Rollbahn des Flughafens Kloten, eine Vickers Viking der British European Airways. Am 14. Juni 1948 hob erstmals flugplanmässig eine DC-4 der Swissair Richtung London ab.

Am 17. November 1948 war auch die Blindlandepiste in Nord-Süd-Richtung fertiggestellt und der gesamte zivile Flugbetrieb zügelte von Dübendorf nach Kloten. 60 Millionen Franken hätte der neue Flughafen kosten sollen; am Ende waren es 106 Millionen Franken.

Anfangs warteten die Passagiere noch in Baracken auf ihren Flug. Die Planer überlegten sich bis 1951 24 Varianten, wie ein Terminal aussehen könnte. Die Entwicklung kommerzieller Flughäfen steckte noch in den Kinderschuhen.

Am 29. August 1953 war die Abfertigungshalle gebaut und der Flughafen wurde offiziell und feierlich eröffnet. Aber er war schon bald zu klein. Die Wirtschaftswunderjahre gaben auch dem Flughafen Schub. Genauso wie die neuen Jets, die mehr Passagiere transportierten, aber auch längere Pisten

Winterdienst: Enteisung eines Swiss-Fliegers im März 2021.

Aufgeräumte Flughafenwelt: Das 2003 eröffnete, 500 Meter lange Dock Midfield mit den Standplätzen für die Grossraumflugzeuge.

brauchten als die Propellermaschinen. Die Zürcher stimmten der dringenden Pistenverlängerung erst im zweiten Anlauf und in einer abgespeckten Version zu. Es war einer der raren Momente, in denen das Volk dem Flughafen seine Zuneigung kurzfristig entzog. Tatsächlich nur kurzfristig: 1959 nutzten ihn bereits 1 Million Passagiere.

Wie ein Vorbote für die gewaltige Entwicklung der Fliegerei landete 1970 der damals grösste Jet in Zürich. Der legendäre Jumbojet, die Boeing 747, lockte im Februar Tausende auf den Flughafen, so wie im Januar 2010 der erste Airbus A380. Riesenvögel fesseln die Menschen.

Das Volk bewilligte einen weiteren Kredit über 172 Millionen Franken für ein Fingerdock, Parkhäuser und eine Autobahn zum Flughafen. ZRH, so sein IATA-Code, war deshalb zehn Jahre lang eine Grossbaustelle. 1975 wurde das Terminal B fertig, ein Jahr später bekam der Flugverkehr eine neue Piste, die 14/32.

Zürich-Kloten beflügelte die Fantasie der Ingenieure und Bauplaner. In den folgenden Jahren entstanden verblüffende Bauwerke wie der damals weltweit einmalige unterirdische SBB-Bahnhof, der den Flughafen 1980 an das Intercity-Schienennetz anschloss, der Tower mit seiner ikonischen Form und 2003 das fast 500 Meter lange Dock Midfield mit seinen 27 Standplätzen und der Verbindungsbahn unter dem Rollfeld.

Bereits 1972 galt ein Nachtflugverbot von 0.30 bis 5.30 Uhr. 38 Jahre später wurde die Nachtruhe verlängert und gilt heute von 23.30 bis 6 Uhr. Ab 1974 wurde der Flughafen fast nur noch von Norden her angeflogen, um die dicht besiedelten Wohngebiete im Süden des Flughafens zu schonen. Ein komplizierter Verteilungskampf begann und dauert bis heute an, weil die Süddeutschen nördlich des Rheins den Fluglärm auch nicht akzeptieren wollten. Vereinbarungen und Staatsverträge gelangen und scheiterten, wurden geändert oder hinausgezögert. Das Thema blieb jahrelang ganz oben auf der Agenda, auch weil die Anzahl der Flugbewegungen bis 2000 auf mehr als 320000 pro Jahr stieg. Im selben Jahr wurde der Flughafen privatisiert, wobei der Kanton Zürich gemäss Zürcher Flughafengesetz ein Drittel der Aktien hält. Das Unternehmen nannte sich einige Jahre lang Unique, dann Flughafen Zürich AG. Einmalig war die Erfolgsgeschichte des Zürcher Flughafens tatsächlich – bis zum 11. September 2001, als Terroristen zwei Jets in die Türme des World Trade Center in New York steuerten. Ein Gamechanger. Die internationale Luftfahrt schlitterte in die grösste Krise ihrer Geschichte. Die Passagierzahlen am Zürcher Airport brachen ein. Was aber für die Schweizerinnen und Schweizer emotional noch gravierender war: Ihre Swissair, wegen Fehlinvestitionen bereits angezählt, ihre Fluggesellschaft der Herzen, im Volksmund «fliegende Bank» genannt, der so wichtige Homecarrier, groundete am 2. Oktober 2001. Ein nationales Trauma. Bis heute betrauern Tausende Mitglieder in Ehemaligenvereinigungen das Ende dieses Mythos, wie er nur nach einem unerwartet frühen Tod entstehen kann. Die Swissair-Mitarbeitenden waren so stolz und loyal ihrem Arbeitgeber gegenüber, dass die Telefonbücher von Kloten, Bassersdorf, Bülach oder Rümlang voll von Einträgen mit dem Adresszusatz «Swissair-Angestellter» waren.

Auf die Swissair folgte die Swiss. Zürich hatte wieder seine heimische Fluggesellschaft, auch wenn sie aus der Crossair entstanden und 2007 in die Fremde verkauft wurde, an die deutsche Lufthansa. Der Flughafen selbst erholte sich. Zwischen dem Rekordjahr 2000 und dem Ausbruch der Corona-Pandemie 2020 war die Passagierzahl um 40 Prozent gestiegen. Mit einem kleinen Dämpfer 2010, als der Vulkanausbruch in Island den Flugverkehr lahmlegte. Gleichzeitig sank die Zahl der Flugbewegungen wegen grösserer Flugzeuge und besserer Auslastung um 15 Prozent.

Während der Corona-Pandemie stand der Flughafen still. Die Flughafen Zürich AG überstand die Krise mit ihren 1700 Mitarbeitenden ohne Staatshilfe. Die Finanznot nach dem Swissair-Grounding steckte der Unternehmensleitung noch in den Knochen und liess sie für solche Eventualitäten vorausplanen. Man wollte kein weiteres Desaster erleben. Heute verbinden wieder 60 Linien- und Chartergesellschaften die Verkehrsdrehscheibe Zürich-Kloten mit 191 Destinationen auf der ganzen Welt.

Und so ist der Flughafen Zürich den Verwerfungen und Zumutungen der Welt ausgesetzt, erlebt ein Auf und Ab wie die Passagiere in den Flugzeugen. Immer im Bewusstsein, dass der Luftverkehr auch in Zukunft parallel zur Bevölkerungs- und Wirtschaftsentwicklung wachsen wird, und mit dem Grundvertrauen, dass auch die nächste Krise gemeistert werden kann.

PETER RÖTHLISBERGER

Eine Autorität: Strassenreiniger an der Langstrasse.

98

ZÜRICH-FINISH

In Zürich hat das Chaos keine Chance. In Zürich, so meinen Besucher zu erahnen, könnte man auch gut vom Trottoir essen. Stimmt vielleicht, aber nur, wenn diese nicht hochgeklappt sind.

Hochgeklappte Trottoirs, das gab es in Zürich. Mittlerweile nicht mehr. Auch die Sauberkeit senkt sich auf ein mitteleuropäisches Mass. Für die einen macht das die Stadt erträglicher, andere rufen nach der Polizei. Aber Ordnung muss sein. Und darin ist Zürich noch immer Weltspitze. Das kommt nicht von ungefähr. Nichts in Zürich kommt von ungefähr – alles ist geplant, geregelt, vermessen und behördlich abgenommen. Für Zürichs Ordnungssinn gibt's eine sprachliche Referenz: Mit dem Reformator Huldrych Zwingli (1484–1531) wird das Adjektiv zwinglianisch verbunden: sittsam und genormt.

Ursula Koch, Regierungsmitglied von 1986 bis 1998, bleibt als zwinglianisch in Erinnerung. Dem Gespött der Stadt setzte sich die kluge, aber auch zimperliche Sozialdemokratin Ende der 80er-Jahre wegen ihrer städtischen Norm für Marroni-Buden aus: Normierungswahn des Beamtenapparates. Dabei wollte Koch nur Gutes tun (das wollen die Stadtbehörden mit jeder neuen Norm): Statt dass jeder Marroni-Verkäufer eine separate Baubewilligung einzuholen und zu bezahlen habe, sollte ein staatlich normiertes Häuschen genau diesen Bürokratismus verhindern. Verstanden aber wurde nur dies: Die Normenschreiber zu Zürich haben die weltweit erste Norm für Baracken erlassen. Wenn Zürich normiert, dann gründlich und für die Ewigkeit. Mittlerweile sind auch andere «Kleinbauten» wie Kioske oder öffentliche Toiletten einer Normierung unterworfen, man nennt es «Vereinheitlichung».

Nicht unter Kleinbauten fallen Verrichtungsboxen, die Zürcher Norm für schnellen Sex mit Prostituierten: Rein mit dem Auto in die Verrichtungsbox, Geschäft abwickeln, und auf der anderen Seite wieder raus. Damit niemand zuschaut, ist der Parkplatz eine Box. Soll noch einer sagen, Zürichs Normen seien nicht praxisnah.

Zürichs Hang zu Normen entspringt aber nicht einem Moralismus, sondern der puren Biederkeit: Im Kern geht es immer ums Auf- oder Wegräumen eines allzu zufällig wuchernden Stadtlebens. Direkt zeigt sich das bei Zürichs Norm-Exportschlager, dem Abfalleimer. «Abfallhai» nennen Zürcher ihren preisgekrönten Kübel, der sich im Gegensatz zu den Marroni-Häuschen tatsächlich international durchsetzte. Seit 2002 aus vandalensicherem Edelstahl gebaut, soll er nun aber einem neueren Modell weichen, was Protest in der Bevölkerung provozierte.

Die Stadtbehörden begründen ihre Freude am Normieren und Regulieren oft mit dem Gegenteil: dann lebe es sich freier. So versucht die Beamtenschaft den Velo-, Fussgänger- und Autoverkehr zu entflechten, damit man sich ungezwungener bewegen kann. Dazu ersinnen die Stadtbehörden eine eigene, bunte Normierungspalette, welche niemand versteht. Grüne, gelbe, weisse, stellenweise altrosa oder feuerrot bepinselte Strassenabschnitte wirken für Velofahrer und Fussgänger zufällig, sind aber in ämterübergreifenden Workshops ausgetüftelte Normen mit Zürich-Finish. Die neuen Verkehrsnormen machen total Sinn, aber nur für jene, die ein entsprechendes Reglement mitführen. Chaos statt Übersicht.

Oder Stopp statt freier Fahrt. In den 80er-Jahren erreichte das Regierungsmitglied Ruedi Aeschbacher als Schwellen-Ruedi nationale Berühmtheit. Mit «verkehrsberuhigenden» Schwellen sollte der Quartierverkehr eingebremst werden – auch hier mit Zürich-Finish: Echter Carrara-Marmor war die Norm, die weissen Steine sollten zur besseren Sichtbarkeit beitragen.

Pfosten! Auch Pfosten kann man in Zürich stadtweit vereinheitlichen und mit einer Norm belegen. In Zürich sind sie dunkelgrau und sehen aus – wie Pfosten. Sitzbänke! Sitzbänke sind zum Sitzen da und nicht zum Liegen, weshalb im Drogenchaos Anfang der 90er-Jahre neu normierte Trennwände auf Sitzbänken das Liegen verunmöglichten. Drogensüchtige sollten sich woanders ausstrecken und das Strassenbild nicht beeinträchtigen.

Und die hochgeklappten Trottoirs? Wie überall in der Schweiz war auch Zürichs Nachtleben bis in die 90er-Jahre hinein eng normiert und zeitlich beschränkt. Die Trottoirs wurden um Mitternacht hochgeklappt, bildlich gesprochen. Ein Bestechungsskandal half mit, Ausschankbeschränkungen und Polizeistunde zu lockern.Weniger Normen, mehr Leben, bis in die frühen Morgenstunden.

Zürichs Kreativität in Normierungsfragen ist schlussendlich nur eines: die Angst vor Kontrollverlust. Und das ist eben typisch Zürich.

MICHAEL PERRICONE

Einmal mit alles, bitte! Gemischte Nutzung mit Prime Tower in Zürich West.

99

SPITZEN UND STÜMPFE ZWISCHEN DEN HÜGELN

Zürich ist keine Hochhausstadt. Die imposantesten Gebäude, zufällig hingewürfelt, erreichen im internationalen Vergleich bestenfalls Hüfthöhe. Wieso ist da nicht mehr Ambition?

Weshalb, um Himmels willen, regt sich Zürich über Hochhäuser auf? Der Himmel über den Dächern der Stadt bleibt der gleiche, egal wie nah die Häuser ihm kommen. Seit jeher waren die Dächer unterschiedlich hoch. Auf die einen können Kinder über Gartenmäuerchen hochklettern. Auf andere, weiter oben, wo die Winde stärker wehen, wagt sich nicht einmal die Putzmannschaft ohne High-Tech-Sicherung. In Zürich flammt die Aufregung immer wieder auf – und ebbt wieder ab. Seit die Stadt Basel Zürich im Wettbewerb um das höchste Haus der Schweiz überholt hat, ist es um das Thema Hochhaus eher ruhig geworden.

Der Schweizer Superlativ blieb nämlich nur kurz in Zürich: Es war der Prime Tower neben dem Bahnhof Hardbrücke, 126 Meter hoch, entworfen vom Zürcher Architekturbüro Gigon/Guyer und eröffnet im Dezember 2011. Im September 2015 wurde er vom 178 Meter hohen, von den Baslern Herzog & de Meuron konzipierten Bau 1 am Basler Hauptsitz der Firma Roche überholt und dann nochmals sieben Jahre später von dessen grösserem Zwilling, dem 205 Meter hohen Roche-Bau 2.

Wie der erste Basler Roche-Turm hat übrigens auch der Prime Tower einen Bruder, allerdings einen kleineren. Ebenfalls nach dem Entwurf von Gigon/Guyer steht dieser eine S-Bahn-Station weit entfernt vom erstgebauten Turm. Vier Minuten dauert die Fahrt vom Bahnhof Hardbrücke zum Bahnhof Oerlikon. Dort steht zwischen den Bahngleisen der Andreasturm, der den ehemaligen Zürcher Marketingslogan Little Big City in die Architektur übertragen hat. «Little Big Skyscraper» könnte das Andreastürmchen heissen, das 80 Meter über die Gleise und bis 22 Meter darunter gebaut ist – eine Sensation für Technikfreaks, das Hochhaus ist nämlich auch ein Tiefbauproblem.

Im weltweiten Vergleich sind Schweizer Rekorde eine provinzielle Angelegenheit. Sie wirken beinahe lächerlich. Die europäische Spitzenleistung in Sachen Hochhaus steht seit 2019 im russischen St. Petersburg: Es ist das 462 Meter hohe Lakhta Center, auch bekannt als Gazprom Tower. Sogar 829,8 Meter hoch ragt die Spitze der Burj Khalifa in Dubai dank Aufbauten und Antennen in den Himmel. Auf Dachaufbauten setzte schon das Empire State Building, das 1931 mithilfe von Antennen 443 Metern erreichte und über 40 Jahre lang das höchste Haus der Welt blieb.

Manhattans Wolkenkratzer standen einst geballt da, wo der Boden fest und felsig war. Im Wettbewerb um neue Superlative allerdings werden Hochhäuser

Goldfarben veredelt, oben stumpf: grobe Klötze an der hochverdichteten Europaallee.

immer öfter auch da gebaut, wo es baulich gesehen wenig Sinn macht. Mit der heutigen Technik ist es beispielsweise möglich, einen Turm in einem Sumpf oder auf einer Schafweide zu bauen, wie es die Bildmontagen des vermutlich bald höchsten Hauses in Westeuropa zeigen. Im Westen von Dänemark plant die Stararchitektin Dorte Mandrup derzeit den sogenannten Bestseller Tower mit einer Dachkante in 320 Metern Höhe. Dieser Turm inmitten einer vermeintlich ländlichen Idylle wird den bisherigen Rekord von Renzo Pianos Shard-Kegel auf Londons South Bank um 16 Meter übertrumpfen.

Rekorde über Rekorde. Zürich wollte in diesem internationalen Wettbewerb nie mithalten und stellte sich zeitweise sogar ganz quer zum Hochhausbau. Wie die Zeitleiste des kürzlich aufgeschalteten Zürcher Online-Hochhaus-Viewers zeigt, wurden in den 1980er- und 1990er-Jahren in der Stadt keine hohen Häuser mehr gebaut. 35 Jahre lang war das höchste der vier Hardau-Häuser von 1976 mit seinen 94 Metern der Zürcher Spitzenreiter, bis es vom Prime Tower überholt wurde. Die jahrzehntelange Zürcher Abneigung gegen Hochhäuser wurde sogar in einem Verbot im kantonalen Planungs- und Baugesetz (PBG) festgeschrieben, bis 1999 die revidierte Bau- und Zonenordnung (BZO) Gebiete ausschied, auf denen wieder hohe Häuser gebaut werden dürfen. Zwei Jahre später wurden dann die ersten Zürcher Hochhausrichtlinien veröffentlicht, die derzeit, 20 Jahre später, diskutiert und revidiert werden.

Bei allen guten Absichten bietet die Stadtplanung weiterhin viel Angriffsfläche. So war beispielsweise in den Medien zu lesen, dass die nach der Jahrtausendwende in Zürichs Westen zerstreut aus dem Boden spriessenden Hochhäuser wie ein zahnlückendurchsetztes Kindergebiss wirkten und damit auch eine gewisse Planlosigkeit verraten. Der Vergleich mit dem Gebiss bietet sich leider auch an anderen Orten an: Die edlen Klötze der hochverdichteten Europaallee hinter dem Zürcher Hauptbahnhof wirken wie ein Greisengebiss: an den Seiten goldfarben beplankt, oben stumpf wie jahrzehntelang abgeriebene Kauwerkzeuge: Stümpfe eben, die zwar in einer Reihe stehen, aber weder beissen noch kratzen. An den Wolken schon gar nicht.

Der Vorwurf der Planlosigkeit liesse sich weiterhin platzieren. Neue Hochhäuser entstehen in Zürich an allen möglichen und unmöglichen Orten: um die Bahnhöfe Oerlikon, Stettbach und Altstetten, über ehemaligen Fabriken, Molkereien oder Tramdepots, am Flussufer, auf dem ehemaligen Freilager oder unmittelbar daneben auf dem umstrittenen Koch-Areal. Bei all dieser Vielfalt ergeben sich auch ausreichend Gründe, die veränderte Stadtsilhouette zu kritisieren. Geht es um Stadtplanung und Architektur, ist das Hochhaus der Dauerbrenner Nummer eins. Neben Problemen der Weltpolitik diskutierte beispielsweise die legendäre Veranstaltungsreihe «Kosmopolitics» wenige Monate vor dem Konkurs des Kulturhauses Kosmos an der Europaallee darüber, ob die Hochhäuser in Zürich noch höher werden dürften oder eben nicht und, wenn ja: wie viel? Neben den zur Diskussion gestellten Höhen von möglicherweise über 200 Metern himmelwärts wirkt der Prime Tower geradezu winzig. Um dessen einstigen Höhenrekord hat sich die Aufregung längst gelegt. Seit über einem Jahrzehnt spiegeln sich in seinen Glasfassaden die Wälder des Üetlibergs und der Waid – weiterhin, das scheinen nun alle gemerkt zu haben, prägen Zürichs Hügel die Skyline entscheidender als die Hochhausspitzen und -stümpfe, die im Lauf des letzten Jahrhunderts in die Höhe gezogen wurden.

Die kurzzeitige Aufregung der Zürcherinnen und Zürcher anlässlich des Prime-Tower-Baus erinnert an die Episode der Pariser Skepsis gegenüber dem Eiffelturm: Vor der offiziellen Eröffnung formierte sich vehementer Widerstand. Die damals wichtigste Tageszeitung, *Le Temps,* veröffentlichte deshalb im Februar 1887 ein Schreiben namhafter Schriftstellerinnen, Architektinnen und Künstlerinnen gegen die Eisenkonstruktion über den Dächern der Stadt, deren Antenne mehr als 320 Meter weit in den Himmel ragen würde. Sie beschimpften den neuen Turm als «Entehrung von Paris» und als «Scheusslichkeit». Die Unterzeichnenden legten gemeinsam und «im Namen der bedrohten Kunst und Geschichte Frankreichs mit all unseren Kräften, all unserer Entrüstung Protest gegen die Errichtung des nutzlosen und monströsen Eiffelturms mitten in unserer Hauptstadt» ein.

Nach der offiziellen Einweihung im Mai 1889 verflog die Skepsis. Fast 2 Millionen Menschen besuchten den Eiffelturm während der Weltausstellung. Er wurde Wahrzeichen der Stadt, Funkstation im Weltkrieg, Wetterstation, Fernsehantenne und ist auch heute, über 100 Jahre später, ein Publikumsmagnet. Roland Barthes widmete ihm ein Dreivierteljahrhundert nach der Eröffnung einen Essay, in dem er die symbolische Aufladung, die vielfältigen Prozesse der Aneignung und die Zugehörigkeit zur Stadt schildert. Ob Zürich gleich lange brauchen wird, dem Prime Tower und den vielen anderen kleinen Türmen eine solche Poesie zuzuschreiben?

SABINE VON FISCHER

SP: 37 Sitze

FDP: 22 Sitze

Grüne: 18 Sitze

GLP: 17 Sitze

SVP: 14 Sitze

AL: 8 Sitze

Die Mitte: 6 Sitze

EVP: 3 Sitze

VBZ: 27 229 Sitze

Wir danken allen Zürcherinnen und Zürchern, die Tram und Bus wählen. Und bieten selbstverständlich auch allen Gemeinderätinnen und Gemeinderäten einen Sitz an. Gute Fahrt.

VBZ Züri Linie

Umsteigen lohnt sich.

100

WIE EINE VBZ-KAMPAGNE INS ROLLEN KOMMT

Im Herbst 2001 stellten die Verkehrsbetriebe Zürich mit der Werbeagentur Ruf Lanz die Weichen für die VBZ-Kampagne «Umsteigen lohnt sich», die bis heute viele Anhänger hat und über 150-mal ausgezeichnet wurde. Markus Ruf, Creative Director und Gründungspartner von Ruf Lanz, über die Entstehung der Kultkampagne.

Es war im Sommer 2001. Danielle Lanz und ich hatten gerade unsere eigene Agentur Ruf Lanz gegründet. Nach einigen Wochen flatterte die Anfrage der VBZ herein für eine Konkurrenzpräsentation gegen zwei Grossagenturen. Wir als David gegen die Goliaths der Branche – im Kampf um das blau-weisse Wahrzeichen von Zürich! Klar, dass wir gewinnen wollten, umso mehr, weil wir schon immer ÖV-Anhänger waren.

Damals kämpften die VBZ mit einem Image, mit dem viele öffentlich-rechtliche Unternehmen konfrontiert sind. Sie wurden als etwas verstaubt und wenig dynamisch wahrgenommen. Dieses Bild, das überhaupt nicht den erbrachten Leistungen entsprach, sollte korrigiert werden.

Wir entwarfen und verwarfen unzählige Kampagnen-Ideen. Bis unser verlässlichstes Testinstrument, der Bauch, sagte: Das ist es! So entstand die Strategie «Umsteigen lohnt sich», die Tram und Bus in Zürich als smarte Alternative zum Individualverkehr positioniert. Nicht mit missionarischem Eifer, sondern überraschend, unterhaltsam und mit einem Augenzwinkern.

Ich erinnere mich mit Vergnügen an den Tag des Pitches: Eine der vor uns präsentierenden Agenturen reiste mit dem Auto an und kam prompt zu spät. Dadurch verspätete sich auch unsere Präsentation. Das Malheur nutzten wir natürlich gleich als Beweis für die Richtigkeit unserer Kampagne. Nach einigen Tagen bangen Wartens kriegten wir die Zusage.

Damit kam die VBZ-Kampagne ins Rollen. Nach einem klaren Fahrplan: In den ersten Jahren inszenierten wir die klassischen Zürcher ÖV-Werte wie Pünktlichkeit, Zuverlässigkeit und den dichten Fahrplan als Gründe fürs Umsteigen. Statt teurer Fotomodelle spannten wir gerne das motivierte VBZ-Personal ein. Für das Sujet «Liebe Frauen, es gibt noch Männer, die pünktlich sind und euch galant die Tür öffnen» casteten wir drei besonders attraktive VBZ-Fahrer. Am nächsten Tag titelte *20 Minuten:* «Diese VBZ-Chauffeure bringen Zürcherinnen um den Verstand.» Der schönste der drei musste danach eine Zeit lang mit Tarnmütze herumfahren, weil er so oft angesprochen wurde. Wenig später fuhr auch ein Sujet mit VBZ-Chauffeusen ein. Am Sechseläuten winkten sie den Zünftern neckisch zu, mit der Schlagzeile: «Die beliebtesten Wagen heute werden von Frauen gelenkt.»

Nach gut zwei Jahren stellte eine repräsentative Bevölkerungsumfrage fest: «Die VBZ wird als viel frischer, innovativer und sympathischer empfunden.» Und der *Tages-Anzeiger* schrieb: «Trams und Busse sind nicht eben sexy. Dank ihrer Werbung ist es den VBZ gelungen, ein freches und frisches Image aufzubauen.»

Damit war der Weg frei für weitere kreative Verbindungen. Um die hohe Haltestellendichte in Zürich zu bewerben, zeigten wir SVP-Politiker Christoph Mörgeli und SP-Politiker Daniel Jositsch griesgrämig nebeneinander im Tram. Die Textauflösung klang wie eine Erlösung: Zum Glück gibt's in Zürich alle 300 Meter eine Haltestelle. Von *Blick* über *TeleZüri* bis zu SF DRS griffen zahlreiche Medien die Story auf und multiplizierten die Wirkung.

In den letzten Jahren hat das Thema Klima- und Umweltschutz stark an Bedeutung gewonnen. Deshalb zeigen die jüngsten Sujets: Wer heute umweltbewusst leben will, muss nicht aussteigen. Sondern einsteigen.

Dass die VBZ-Kampagne bis heute den Anschluss an aktuelle Themen nicht verpasst, ist das Resultat einer wunderbaren, unbürokratischen Zusammenarbeit. Denn eine Kreativagentur kann immer nur so gut sein, wie ihre Auftraggeber es zulassen. Herzlichen Dank, liebe VBZ. Wir freuen uns, gemeinsam auf diesem Kurs weiterzufahren. **MARKUS RUF**

Des einen Freud, des anderen Leid: Wegen des dichten VBZ-Fahrplans haben die Spatzen auf den Zürcher Fahrleitungen kaum eine ruhige Minute. Zum gleichen Thema sorgte auch ein Film für Schmunzler: Ein zunehmend genervter japanischer Tourist schafft es einfach nicht, seine Frau in Zürich zu fotografieren, weil ständig ein Tram oder Bus durchs Bild fährt.

2022 haben Klima-Aktivistinnen und -Aktivisten mehrfach Zürichs Strassen blockiert. Dass man die Umwelt auch entspannter schützen kann, bewies dieses kurz darauf erscheinende Sujet. Denn wer statt auf die Barrikaden in Trams und Trolleybusse steigt, kommt klima- und nervenschonend ans Ziel. Kein Wunder, dass die Menschen lieber mit den VBZ auf die Strasse gehen (oben links).

Umsteigen lohnt sich auch finanziell: Dies war 2002 eines der ersten Motive der Kampagne von Ruf Lanz. Abgesehen davon, dass einige Tramtypen inzwischen aus dem Verkehr gezogen wurden und man die Ansprache heute gendern müsste, hat es nichts von seiner Aktualität verloren. Im November 2022 wurde die Autonummer «ZH 100» für 226 000 Franken versteigert (oben rechts).

«Sind das wirklich echte VBZ-Chauffeure?», fragte *20 Minuten* nach Erscheinen dieses Sujets. Natürlich! Wozu braucht man Fotomodelle, wenn die eigenen Fahrer so eine gute Figur machen. Wer sich von ihren Qualitäten überzeugen will, findet in Zürich an 435 Haltestellen Anschluss. Kurz darauf fuhr auch ein Sujet mit echten VBZ-Chauffeusen ein. Am Sechseläuten winkten sie neckisch aus dem Cockpit und zeigten den Zünftern, wer die beliebtesten Wagen am männerdominierten Traditionsanlass lenkt.

Vorwärtskommen ist in Zürich ein Kinderspiel. Vorausgesetzt, man sitzt in einem Fahrzeug der VBZ. Dass man in der Stadt mit dem Auto nicht vom Fleck kommt, lernt man ja eigentlich schon früh. Dies thematisierte dieses Sujet auf spitzbübische Art.

CHRONOLOGIE

Um 200 Erste inschriftliche Erwähnung von «turicum» als Station des gallischen Zolls auf einem römischen Grabstein. «...die Eltern ihrem süssesten Sohn».

Um 280 Erste Nennung von «vitudurum» (Winterthur) im *Itinerarium Antonini*, einem Verzeichnis römischer Reichsstrassen.

810 Karl der Grosse stiftet das spätere Grossmünster an der Stelle, wo der Legende nach die Geschwister Felix und Regula ihre auf Befehl des römischen Statthalters Decius abgeschlagenen Häupter – 40 Ellen von der Hinrichtungsstelle am Limmatufer entfernt – niedergelegt haben sollen.

874 Gründung des Nonnenkonvents Fraumünster durch Ludwig den Deutschen. Frau- und Grossmünster werden zu Keimzellen der Urbanisierung (Ober- und Niederdorf).

1150 Der Chronist Otto v. Freising bezeichnet Zürich als die «vornehmste Stadt in Schwaben».

1218 Zürich wird nach Aussterben der Herzöge von Zähringen zur freien Reichsstadt.

1220 Erste urkundliche Erwähnung des Zürcher Rates.

1315 In der Schlacht am Morgarten fallen 50 Zürcher auf Seiten Habsburgs gegen die Waldstätte.

1336 Brun'sche Zunftrevolution. Der Ritter Rudolf Brun stürzt mithilfe der Handwerker den alten Rat. Den Handwerkern wird die Bildung von Zünften gestattet, deren Zunftmeister 13 der 26 Sitze des neuen Rats stellen. Brun wird Bürgermeister.

1348/49 Der «schwarze Tod». Verheerende Pestzüge dezimieren die Bevölkerung. Den Juden wird Brunnenvergiftung vorgeworfen; fast alle werden ermordet.

1350 Zürcher Mordnacht. Ein Gegenputsch der Opposition gegen Brun wird blutig unterdrückt.

1351 Beitritt zur Eidgenossenschaft. Bündnis Zürichs mit Uri, Schwyz, Unterwalden und Luzern.

1400/01 Pestjahre. Diesmal schützt der Rat die Juden.

14./15. Jh. Bildung des Zürcher Territorialstaats. Die Stadt erwirbt ein Herrschaftsgebiet, das weitgehend den späteren Kantonsgrenzen entspricht.

1436–1450 Alter Zürichkrieg. Zürich und Schwyz streiten um das Erbe des kinderlos verstorbenen Grafen Friedrich VII. von Toggenburg. Die übrigen Eidgenossen schlagen sich auf die Seite von Schwyz. Zürich sucht nach ersten Niederlagen 1442 das Bündnis mit Habsburg, weitere schwere Niederlagen folgen. Bürgermeister Rudolf Stüssi fällt 1443 in der Schlacht bei St. Jakob an der Sihl. 1444 fällt Greifensee an die Eidgenossen; die Verteidiger des Schlosses werden trotz der Zusicherung freien Geleits hingerichtet: «Bluttat von Greifensee». Erfolglose Belagerung Zürichs. Wegen Erschöpfung der Kriegsparteien wird Frieden geschlossen. Zürich erhält seine Landschaft weitgehend zurück, muss aber den Bund mit Österreich lösen.

1489 Waldmannhandel. Bürgermeister Hans Waldmann ordnet die Tötung der Bauernhunde an – letzter Anlass eines Aufstands gegen die zunehmende Herrschaftsintensivierung durch die Stadt. 2000 Bauern der Zürcher Landschaft ziehen vor Zürich. Nach einem innerstädtischen Umsturz wird Waldmann hingerichtet. In den «Waldmannschen Spruchbriefen» werden der Landschaft Zugeständnisse gemacht.

1516/17 Lebkuchenkrieg. Die wegen der schlechten Versorgungslage und der Niederlage in der Schlacht bei Marignano (1515) aufgebrachte Landbevölkerung dringt in die Stadt ein und plündert Geschäfte und Markstände, in denen unter anderem Süssigkeiten und Lebkuchen gehandelt werden. Der Rat lässt einige Söldnerführer als Sündenböcke für die Verluste bei Marignano hinrichten und macht in den «Mailänderbriefen» Zugeständnisse.

1519 Huldrych Zwingli wird Leutpriester am Grossmünster.

1519–1525 Durchsetzung der Reformation. Verbot des Söldnerwesens («Reisläufertum»). Bruch des Fastengebots durch das Zürcher Wurstessen im Haus des Druckers Froschauer. Bilderstürme. Säkularisierung der Köster und des geistlichen Besitzes. Umwandlung des Grossmünsterstifts in die «Hohe Schule». Aufhebung des Zölibats. Abschaffung der Messe und Einführung des Abendmahls nach Zwinglis Konzeption. Schaffung einer Almosenordnung.

1521 Im Gegensatz zur übrigen Eidgenossenschaft unterzeichnet Zürich das Solddienstbündnis mit Frankreich nicht. Es droht Isolation.

1526 Eidgenössische Tagsatzung. Die katholische Mehrheit der 13 Orte bezeichnet die «alte Lehre» als richtig. Zwingli wird geächtet.

1527 «Abschied wegen der Wiedergetauften». Vereinbarung der Städte Zürich, Bern und St. Gallen zur gemeinsamen Bekämpfung der Täufer. Der Täufer Felix Manz wird durch Ertränken in der Limmat hingerichtet.

1527–1530 Christliche Burgrechte. Um die drohende Isolation in der Eidgenossenschaft zu beenden, schliesst Zürich eine Reihe von Bündnissen mit anderen reformierten Orten.

1529–1531 Kappeler Kriege. Nach Verbrennung des reformierten Pfarrers Jakob Kaiser in Schwyz erklärt Zürich den katholischen Orten den Krieg. Diplomatische Bemühungen («Kappeler Milchsuppe») verhindern zunächst eine militärische Auseinandersetzung (Erster Landfrieden, 1529). Nach weiteren religiösen Spannungen und einem Getreide- und Salzembargo durch Zürich marschieren die katholischen Orte gegen die Stadt. Trotz des Eingreifens reformierter Orte Niederlagen bei Kappel (Tod Zwinglis) und Gubel. Im zweiten Landfrieden wird die Vorherrschaft der katholischen Seite gestärkt. Jeder Ort darf die Konfession seiner Untertanen bestimmen. Auflösung der christlichen Burgrechte.

1536 Erstes Helvetisches Bekenntnis. Glaubensbekenntnis der reformierten Städte.

1549 Consensus Tigurinus. In Zürich wird von Johannes Calvin und Heinrich Bullinger ein innerreformatorischer Kompromiss über das Wesen des Leibes Christi im Abendmahl unterzeichnet. Das Dokument verwirft sowohl die «päpstl. Irrlehren» als auch die Lehren Luthers.

1555 Locarner Handel. Zürich nimmt die vertriebenen reformierten Locarner auf (darunter die Familie Pestalozzi).

1566 Zweites Helvetisches Bekenntnis. Heinrich Bullingers Zusammenfassung des christlichen Glaubens wird zur Grundlage des gesamten reformierten Protestantismus.

1571–1598 Hexenwahn. Klimaverschlechterung («Kleine Eiszeit»), Missernten und Not führen zu vermehrten Hexenverfolgungen.

1572 Schutzbündnis mit Bern, Basel und Schaffhausen als Antwort auf Bündnisse der katholischen Orte und zunehmende konfessionelle Spannungen.

1584 Bündnis Zürichs und Berns mit Genf.

1587 Tampiskrieg. Der Rat erlaubt den Auszug von 3000 Reisläufern nach Étampes zur Unterstützung der Hugenotten. Die Unternehmung endet in einer blutigen Niederlage.

1611/12 «Grosses Sterbend». Dem schweren Pestzug fallen etwa 40 Prozent der Bevölkerung zum Opfer.

1614/15 Soldbündnisse mit Frankreich und Venedig. Zürich nimmt das seit Zwingli verpönte Reisläufertum wieder auf.

1618–1648 Der Dreissigjährige Krieg. Zürich sympathisiert mit Schweden, sieht jedoch von einer Allianz ab. Zürcher kämpfen im Dienst Frankreichs in den Niederlanden, in den Bündner Wirren und im Mantuanischen Erbfolgekrieg.

1620 Gygersche Nordostschweizer Militärkarte. Die erste realistische Abbildung des zürcherischen Staatsgebiets wird von Hans Conrad Gyger vollendet.

1628–1630 Pestjahre.

1634 «Auflistung der Seelen». Antistes Johann Jakob Breitinger ordnet regelmässige Volkszählungen an. Die Erfassung von 182 Täufern schafft die Grundlage zur Auflösung der Bewegung.

1642–1677 Bau der grossen Stadtbefestigung mit Schanzen, Bollwerken und Ravelins. Sondersteuern zur Finanzierung des Grossprojekts führen 1645/46 zu Unruhen auf der Landschaft (Besetzung Wädenswils). Im alten botanischen Garten hat sich das Bollwerk «zur Katz» bis heute erhalten.

1652 Blitzeinschlag entzündet das Pulvermagazin im Geissturm. Ein 1800 Kilogramm schwerer Mauerstein wird über 230 Meter weit bis zur Hohen Schule geschleudert.

1656 Erster Villmergerkrieg. Der Streit um die Aufnahme einer Gruppe reformierter Flüchtlinge aus Arth eskaliert. Erfolglose Belagerung Rapperswils durch General Hans Rudolf Werdmüller. Zürich, Bern und Schaffhausen unterliegen den katholischen Orten.

1685 Hugenotten aus Frankreich emigrieren nach Zürich. Impulse für die Textilindustrie.

1693 Abschluss einer Militärkapitulation mit den Niederlanden. Zürcher kämpfen im Pfälzischen und im Spanischen Erbfolgekrieg.

1701 Wasterkinger Hexenprozess. Letzter Hexenprozess, der mit Hinrichtungen endet.

1706 Abschluss eines Bundes- und Hilfsvertrags mit Graubünden. Allianz mit Venedig.

1712 Zweiter Villmergerkrieg. Ein Aufstand des mehrheitlich reformierten Toggenburg gegen den Fürstabt von St. Gallen eskaliert. Zürcher Truppen besetzen und plündern das Kloster (das Original eines geraubten Erd- und Himmelsglobus befindet sich bis heute im Zürcher Landesmuseum). Der Sieg der reformierten Orte beendet die Vorherrschaft der katholischen Orte.

1720–1750 Geistiges Zürich. Verbreitung aufklärerischen Gedankenguts durch Debattierkreise und gesellige Vereinigungen: Die Mahler (1720), Erste Helvetische Gesellschaft (1727), Wachsende Gesellschaft (1742), Dienstags-Compagnie (1750).

1778 Erste öffentliche Beleuchtung durch Öllampen.

1780 Die *Zürcher Zeitung* wird vom Dichter, Maler und Grafiker Salomon Gessner gegründet. Seit 1821 erscheint sie unter dem Namen *Neue Zürcher Zeitung.* Sie ist damit die älteste bis heute erscheinende Zeitung der Schweiz.

1784 Steiner Handel. Der Steiner Rat erlaubt trotz Verbots preussische Werbung von Söldnern. Stein am Rhein wird von zürcherischen Truppen besetzt.

1787 Fertigstellung der Villa Lindengut in Winterthur. – Die Künstlergesellschaft in Zürich wird gegründet, ab 1917 Vereinigung Zürcher Kunstfreunde.

1794/95 Stäfner Handel. Inspiriert von den Ideen der Französischen Revolution formuliert der Hafner Hans Neeracher im sog. Stäfner Memorial Forderungen nach wirtschaftlicher, politischer und rechtlicher Gleichstellung der Landschaft. Noch bevor die Bittschrift eingereicht werden kann, konfisziert der Rat ein Exemplar. Neeracher und einige seiner Mitstreiter werden verbannt. Die harte Reaktion des Rates führt zu Unruhen in weiteren Gemeinden am Zürichsee, die erst durch die militärische Besetzung Stäfas am 5. Juli 1795 beendet werden.

1798 Proklamation der Helvetischen Republik. Die städtischen Machthaber danken ab. Auf dem Münsterhof wird ein Freiheitsbaum errichtet. Regierungsstatthalter Johann Caspar Pfenniger aus Stäfa übernimmt die Kantonsverwaltung. – Am 26. April marschieren französische Truppen in Zürich ein. Der Zürcher Staatsschatz im Grossmünster wird konfisziert. – Stein am Rhein, Ramsen und Dörflingen werden dem Kanton Schaffhausen zugeschlagen, Rheinau und Urdorf kommen zu Zürich.

1799 Schlachten bei Zürich. In der ersten Schlacht von Zürich (2.–6. Juni) werden die französisch-helvetischen Divisionen unter General Masséna von Truppen der Zweiten Koalition unter Erzherzog Karl aus Zürich gedrängt. – In der zweiten Schlacht bei Zürich (25./26. Sept.) erobern die Franzosen nach Brückenschlägen bei Schänis und Dietikon die Stadt von russischen Truppen zurück. In der Folge gerät die gesamte Schweiz wieder unter die Kontrolle der helvetischen Regierung. Verwüstungen, Abgaben und Einquartierungen lasten schwer auf der Bevölkerung.

1802 Stecklikrieg. Nach Abzug der französischen Truppen bricht in Zürich ein föderalistischer konservativer Aufstand gegen die Zentralregierung der Helvetischen Republik aus. Vom 10. bis 13. September belagern und beschiessen helvetische Truppen Zürich. Erneuter, gewaltloser Einmarsch französischer Truppen beendet die Erhebung.

1803 Napoleon diktiert die Mediationsverfassung. Die Stadt gewinnt ihre Vorherrschaft über die Landschaft zurück. Der Kanton erhält seine heutigen Grenzen: Schlieren, Dietikon, Unter-Oetwil und Hüttikon werden ins Kantonsgebiet eingegliedert.

1804 Bockenkrieg. Die wiederhergestellte städtische Herrschaft löst Unmut unter der Landbevölkerung aus. In Richterswil sammelt sich eine Schar von rund 500 bewaffneten Kämpfern. In einem Gefecht am Bocken bei Horgen müssen die Regierungstruppen eine empfindliche Niederlage hinnehmen, können den Aufstand aber in der Folge unterdrücken. Die Rädelsführer werden hingerichtet, zahlreiche hohe Gefängnisstrafen werden verhängt.

1804 Eine militärisch organisierte kantonale Polizei von Landjägern löst die alten Dorfwachen ab.

1814 Mit Napoleons Abdankung endet die Mediationszeit. Die Restaurationsverfassung schreibt die Vorherrschaft der Stadt über die Landschaft erneut fest. Rückkehr zu den Verhältnissen des Ancien Régime.

1814/15 Die Lange Tagsatzung in Zürich nimmt Neuenburg, Wallis und Genf als neue Kantone auf. Die «immerwährende Neutralität» der Eidgenossenschaft wird durch die europäischen Mächte anerkannt.

1816/17 Arbeitslosigkeit, Missernten und dramatische Preissteigerungen. Letzte grosse Hungersnot im Kanton Zürich.

1829 Beseitigung der Zensur und Proklamation der Pressefreiheit.

1830 Ustertag. In Uster versammeln sich am 22. November rund 10000 Männer aus dem ganzen Kanton. Sie fordern gleichberechtigte politische Mitbestimmung und wirtschaftliche Freiheiten. Der imposanten Volksdemonstration setzt die alte Ratsaristokratie nur schwachen Widerstand entgegen. Am 6. Dezember lässt der Grosse Rat Wahlen nach dem vorgeschlagenen Vertretungsprinzip durchführen. Eine Revisionskommission beginnt damit, eine Verfassungsänderung auszuarbeiten.

1831 Am 20. März nimmt das Volk die neue liberale Kantonsverfassung mit überwältigender Mehrheit an. Zürich wird zu einer Repräsentativdemokratie. «Peinliche Verhöre» (Folter) und Körperstrafen werden abgeschafft.

1832 Einführung der obligatorischen Schulpflicht im Kanton Zürich. – In Uster zerstören Maschinenstürmer eine Weberei.

1833 Der Grosse Rat beschliesst die Schleifung der Schanzen als «finsteres Bollwerk gegen das Land». – Gründung der Universität Zürich. – Aufhebung der Zünfte. – Erstes Theater («Actientheater») in Zürich.

1834 Eidgenössisches Schützenfest in Zürich.

1836 Gründung des *Landboten* in Winterthur.

1839 Straussenhandel und «Züriputsch». Die Wahl des liberalen Württemberger Theologen David Friedrich Strauss zum Professor für Dogmatik und Kirchengeschichte sorgt unter der konservativen Landbevölkerung für Unmut. Etwa 2000 mit Gewehren und Stöcken bewaffnete Landleute ziehen in die Stadt, wo sie auf dem Münsterhof mit Militär zusammenstossen (15 Tote). Die Konservativen entscheiden die in der Folge ausgerufenen Neuwahlen für sich.

1845/46 Die Liberalen gewinnen die Mehrheit im Regierungsrat und im Grossen Rat zurück.

1847 Eröffnung der Spanisch-Brötli-Bahn Baden – Zürich. Im Sonderbundskrieg unterstützt Zürich die eidgenössische Armee mit 13000 Mann. Die Gefechte bei Gisikon und Meierskappel fordern 9 Todesopfer (von insgesamt 93).

1848 Die schweizerische Bundesverfassung tritt in Kraft. Post, Münze und Gewicht sowie das Militärwesen werden zentralisiert. Der Winterthurer Jonas Furrer wird erster Bundespräsident.

1855 Eröffnung der Eidgenössischen Polytechnischen Schule Zürich (seit 1911 ETH).

1855–1857 Die Bahnstrecken Romanshorn – Winterthur, Winterthur – Oerlikon, Wallisellen – Uster (1859 Fortsetzung nach Rapperswil – Wetzikon) werden eröffnet.

1867 Neubau des Zürcher Hauptbahnhofs.

1868 Einführung einer zentralen Wasserversorgung.

1869 Die heute noch gültige Verfassung mit direktdemokratischen Elementen wird angenommen. Unentgeltliche Volksschule. Gründung der Zürcher Kantonalbank. Forderungen von Frauenverbänden nach politischer und rechtlicher Gleichstellung werden nicht erfüllt.

1875 Erste Ausgabe des *Nebelspalters*. Gegründet als *Illustriertes humoristisch-politisches Wochenblatt*.

1880 Aufnahme des öffentlichen Telefonverkehrs.

1882 Erste Strassenbahn («Rösslitram»).

1883 Erste Schweizerische Landesausstellung in Zürich.

1888/89 Das Volkstheater am Pfauen wird erbaut. 1901 mit Goethes *Mitschuldigen* als Schauspielhaus neu eröffnet.

1891 Eröffnung des neuen Stadttheaters (ab 1964 Opernhaus).

1893 Die erste Ausgabe des *Tages-Anzeiger für Stadt und Kanton Zürich* erscheint.

1898 Eröffnung des Schweizerischen Landesmuseums in Zürich.

1910 In Dübendorf wird der erste schweizerische Flugplatz eröffnet. Beginn der Luftfahrt in der Schweiz. – Das Kunsthaus Zürich wird eröffnet, Erweiterungen 1925, 1958 und 2021.

1914–1918 Erster Weltkrieg. Generalmobilmachung und Grenzbesetzung unter General Ulrich Wille. Wirtschaftliche Not radikalisiert die Arbeiterschaft.

1916/17 Eröffnung des Cabaret Voltaire, Hochburg der Dadaisten. Mit schrillen Bildern und Kaskaden zusammenhangsloser Wörter wird das Chaos der Zeit thematisiert. – Lenin weilt bis 1917 in der Zürcher Spiegelgasse.

1918/19 Ein Streik Zürcher Bankangestellter weitet sich zum Landesgeneralstreik aus. Militärische Besetzung Zürichs. Zürich steht am Rand eines Bürgerkriegs.

1923 Erste Telefonautomaten in der Zürcher City. Radioempfang.

1928 Beginn des «Roten Zürich». Emil Klöti wird Stadtpräsidenten. – C. G. Jung veröffentlicht *Die Beziehung zwischen dem Ich und dem Unbewussten.*

1930 An der Universität Zürich formieren sich faschistisch orientierte Bewegungen: die Neue Front und die Nationale Front.

1933 Eröffnung des Zürcher Radiostudios am Brunnenhof.

1933–1945 Emigrantentheater. Bis 1933 international kaum beachtet, nimmt das Schauspielhaus viele deutsche und österreichische Schauspieler, Schauspielerinnen und Regisseure in sein Ensemble auf. Das Haus wird zur bedeutendsten freien Bühne im deutschsprachigen Raum.

1934 Tössemer Krawall. Eine Versammlung der Nationalen Front in Töss wird von SP-Anhängern gestört. Es kommt zu gewalttätigen Ausschreitungen.

1939 Landi in Zürich, «Schweizerart ist Bauernart». Die Schweizerische Landesausstellung im Zeichen der Geistigen Landesverteidigung.

1939–1945 Zweiter Weltkrieg. Die «Limmatlinie» mit der Stadt Zürich wird zur Kampfzone bestimmt; ab 1940 Reduitstellung. Bombenabwürfe auf Wipkingen-Höngg, Zürich-Seebach und das Strickhofquartier (fünf Tote). Während der «Anbauschlacht» wird der Sechseläutenplatz zum Acker.

1943 Mit dem Zürcher Stadtpräsidenten Ernst Nobs wird erstmals ein Sozialdemokrat Bundesrat.

1948 Der Flughafen Kloten wird eingeweiht.

1952 Das Studio Bellerive als erstes Fernsehstudio des Schweizer Fernsehens wird eröffnet.

1962 Die Stadtbevölkerung erreicht mit 440000 einen Höchststand, der erst 2022 wieder egalisiert werden wird.

1962/63 Seegfrörni. Hunderttausende «besuchen» das Eis. Drei tödliche Unfälle sind zu beklagen.

1967 Konzert der Rolling Stones im Hallenstadion. Fans zertrümmern das Mobiliar, die Polizei greift hart durch.

1968 Globuskrawall. Nach dem Entscheid, das Globusprovisorium nicht in ein autonomes Jugendzentrum umzuwandeln, kommt es zu schweren Strassenschlachten zwischen Demonstranten und der Polizei. 41 Personen werden verletzt, 169 festgenommen.

1969/70 Das Frauenstimmrecht wird 1969 auf Gemeinde-, 1970 auf Kantonsebene eingeführt. Emilie Lieberherr zieht als erste Frau in den Stadtrat.

1976 Die Affäre Cincera wird öffentlich. Die vom Zürcher Freisinnigen Ernst Cincera geleitete Informationsgruppe Schweiz hatte Behörden und private Unternehmen mit Auskünften über «Subversive» versorgt.

1980 Opernhauskrawalle. Der Zürcher Stadtrat genehmigt 60 Millionen Franken für die Renovation des Opernhauses, lehnt aber die Forderungen nach einem autonomen Jugendzentrum ab. Eine am 31. Mai von der Aktionsgruppe Rote Fabrik organisierte Kundgebung wird von der Polizei aufgelöst, es kommt zu Krawallen. Im Lauf des Jahres folgen weitere Unruhen. «Züri brennt».

1981 Harald Naegeli, der «Sprayer von Zürich», wird zu neun Monaten Gefängnis verurteilt.

1985–1995 Offene Drogenszene an Platzspitz und Letten. Zunächst toleriert, räumt die Polizei 1992 erst den Platzspitzpark und 1995 den ehemaligen Bahnhof Letten.

1990 Die Zürcher S-Bahn nimmt ihren Betrieb auf. Der Freizeit- und Ausgehbetrieb nimmt Fahrt auf.

1992 Erste Zürcher Street Parade, offiziell bewilligt als «Demonstration für Liebe, Friede, Freiheit, Grosszügigkeit und Toleranz», zieht durchs Zürcher Seebecken.

2000 Im Schiffbau, ehemalige Kesselschmiede der Escher Wyss AG, wird eine zweite Spielstätte des Schauspielhauses eröffnet.

2001–2015 Zürich West wird vom Industriequartier zum Trendviertel. In den ehemaligen Fabrikhallen findet man heute Kunst, Design, Gastronomie und Kultur – darüber thront der 126 Meter hohe Prime Tower.

2021 Eröffnung des Erweiterungsbaus des Kunsthauses des Architekten David Chipperfield.

LITERATURVERZEICHNIS

ALLGEMEINES & ZEITÜBERGREIFENDES

Adrian BÄNNIGER: Sechseläuten und Morgestraich. Die schönsten Feste und Bräuche der Schweiz. Kreuzlingen u. München 2007.

Baukultur in Zürich. 9 Bände. Hrsg. vom Hochbaudepartement der Stadt Zürich. Zürich 2003–2013.

Sebastian BRÄNDLI, Martin LEONHARD, Peter NIEDERHÄUSER, Roland BÖHMER (Hrsg.): Vom Grabhügel zur Ökosiedlung. Zürcher Bau-Geschichten. Zürich 2020 (Mitteilungen der antiquarischen Gesellschaft in Zürich, 74).

Markus BRÜHLMEIER und Beat FREI: Das Zürcher Zunftwesen. 2 Bände. Zürich 2005.

Anette BRUNSCHWIG: Geschichte der Juden im Kanton Zürich von den Anfängen bis in die heutige Zeit. Zürich 2005.

Attilio D'ANDREA, Annegret DIETHELM, Irene HOCHREUTNER, Cordula SEGER, Tatjana WEGMANN: Kunstführer durch den Kanton Zürich. Hrsg. von der Gesellschaft für Schweizerische Kunstgeschichte in Zusammenarbeit mit der Baudirektion Kanton Zürich. Bern 2008.

Die Kunstdenkmäler des Kantons Zürich. Hrsg. von der Schweizerischen Gesellschaft für Kunstgeschichte. 17 Bände. Zürich u. a. 1938–2016.

Erwin EUGSTER: Winterthurer Stadtgeschichte. 2 Bände. Zürich 2014.

Niklaus FLÜELER und Marianne FLÜELER-GRAUWILER (Hrsg.): Geschichte des Kantons Zürich. 3 Bände. Zürich 1995.

Beat FREI, Isabel HERMANN, Christian RENFER: Die Bauernhäuser des Kantons Zürich. Hrsg. von der Schweizerischen Gesellschaft für Volkskunde. 3 Bände. Basel 1982–2002.

Heinrich FRIES: Im Zürcher Oberdorf. Geschichten und Denkwürdigkeiten von seinen Gassen und Häusern, vom Leben und Wirken der Bewohner. Zürich 2001.

Paul GUYER: Politische Führungsschichten der Stadt Zürich vom 13. bis 18. Jahrhundert. In: Helmut Rössler (Hrsg.): Deutsches Patriziat 1430–1740. Limburg 1968. S. 395–417.

Martin ILLI: Von der Schissgruob zur modernen Stadtentwässerung. Zürich 1987.

Martin ILLI: Geschichte der Constaffel von Bürgermeister Rudolf Brun bis ins 20. Jahrhundert. Zürich 2003.

Riccardo JAGMETTI et al. (Hrsg.): 650 Jahre Zürcher Zünfte, 1336–1986. Hrsg. vom Zentralkomitee der Zünfte Zürichs. Zürich 1986.

Thomas LAU: Zürich. Kleine Stadtgeschichte. Regensburg 2005. 2. korrigierte und aktualisierte Aufl. 2017 (Kleine Stadtgeschichten).

Gisela NAGY: Ausflug in die Vergangenheit. Archäologische Streifzüge durch den Kanton Zürich. Hochwald 2016.

Bernhard NIEVERGELT und Hansruedi WILDERMUTH (Hrsg.): Eine Landschaft und ihr Leben: Das Zürcher Oberland. Zürich 2001.

Viktor SCHOBINGER: Merk-Würdigkeiten aus dem Kanton Zürich. Heiteres, Ernstes und Vermischtes aus Stadt und Landschaft Zürich. Zürich 1997.

Inge SPILLMANN-WEBER: Die Zürcher Sittenmandate 1301–1797. Gelegenheitsschriften im Wandel der Zeit. Zürich 1997.

Meinrad SUTER (Hrsg.): Kleine Zürcher Verfassungsgeschichte 1218–2000. Hrsg. vom Staatsarchiv des Kantons Zürich. Zürich 2000.

Bruno WEBER: Zeichen der Zeit. Aus den Schatzkammern der Zentralbibliothek Zürich. Hrsg. von der Zentralbibliothek Zürich. Zürich 2002.

Bruno WEBER: Hundert Zürcher Ansichten. Hrsg. von der Zentralbibliothek Zürich. Zürich 2017.

Sigmund WIDMER: Zürich, eine Kulturgeschichte. 13 Bände. Zürich 1975–1985.

Christoph ZOLLINGER: Tausend Jahre Zürcher Wurzeln. Zeitreisen von Zürcher Familien im Spiegel der Geschichte. Die Zollinger (Zolliker) von Zollikon, 12.–21. Jahrhundert. Zürich 2019.

Zürich 650 Jahre eidgenössisch. Hrsg. vom Staatsarchiv des Kantons Zürich und von der Zentralbibliothek. Zürich 2001.

MITTELALTER

Walter BAUMANN: Zürichs Kirchen, Klöster und Kapellen bis zur Reformation. Zürich 1994.

Hans BERGER: Der Alte Zürichkrieg im Rahmen der europäischen Politik. Ein Beitrag zur «Aussenpolitik» Zürichs in der ersten Hälfte des 15. Jahrhunderts. Zürich 1978.

Heinrich BOXLER: Burgen in der Schweiz. Kantone Zürich und Schaffhausen. Zürich 1982.

Susanna BURGHARTZ: Disziplinierung oder Konfliktregelung? Zu Funktion und Arbeitsweise städtischer Ratsgerichte im Spätmittelalter: Das Zürcher Ratsgericht. In: Zeitschrift für historische Forschung 13. 1986. S. 385–407.

Fabrice BURLET: Das Jahrzeitbuch von Uster (1473). Hrsg. von Stadtarchiv Uster und Kläui Bibliothek. Uster 2014.

Heinrich BÜTTNER: Zum Städtewesen der Zähringer und Staufer am Oberrhein während des 12. Jahrhunderts. In: Zeitschrift für die Geschichte des Oberrheins 13. 1986. S. 63–88.

Emidio CAMPI: Alltag und Glaube in Zollikon um 1499. Zollikon 1999.

Gerald DÖRNER: Kirche, Klerus und kirchliches Leben in Zürich von der Brunschen Revolution (1336) bis zur Reformation (1526). Würzburg 1996.

Hansueli ETTER, Urs BAUER, Jürg HANSER, Jürg SCHNEIDER (Hrsg.): Die Zürcher Stadtheiligen Felix und Regula. Freiburg i. Br. 1988.

Hansueli ETTER und Jürg SCHNEIDER: Die Pest in Zürich. Ein Pestfriedhof des 14. Jahrhunderts im ehemaligen Augustinergarten am Münsterplatz. In: Turicum. 1982/83. S. 43–49.

Josef GISLER: Vermögensverteilung, Gewerbetopographie und städtische Binnenwanderung im spätmittelalterlichen Zürich 1401–1425. In: Zürcher Taschenbuch auf das Jahr 1994. Zürich 1993. S. 29–59.

Rudolf GAMPER, Robert FUCHS, Doris OLTROGGE, Jürgen WOLF: Die Weltchronik des Rudolf von Ems – und ihre Miniaturen. Illustrierte Weltgeschichte aus dem mittelalterlichen Zürich. Oppenheim 2022.

Colette HALTER-PERNET: Felix Hemmerli. Zürichs streitbarer Gelehrter im Spätmittelalter. Zürich 2017.

Agnes HOHL: Die religiösen Frauenbewegungen des Mittelalters und Zürich. Das Frauenkloster Selnau als Beispiel. In: Zürcher Taschenbuch auf das Jahr 1988. Zürich 1987. S. 1–16.

Nicole MATTER-BACON: Städtische Ehepaare im Spätmittelalter. Verhaltensmuster und Handlungsspielräume im Zürich des 15. Jahrhunderts. Marburg 2016.

Claudia MODDELMOG und Andreas MOTSCHI: Die Zähringer in Zürich. In: Mittelalter, Zeitschrift des Schweizerischen Burgenvereins 23 (3). 2018. S. 135–142.

Michael NADIG: Konsum, Versorgung und Marktalternativen. Ein Chorherrenhaushalt im spätmittelalterlichen Zürich. Zürich 2015.

Pascale SUTTER: Von guten und bösen Nachbarn. Nachbarschaft als Beziehungsform im spätmittelalterlichen Zürich. Zürich 2002.

Simon TEUSCHER: Kompilation und Mündlichkeit. Herrschaftskultur und Gebrauch von Weistümern im Raum Zürich (14.–15. Jh.). In: Historische Zeitschrift 273 (2). 2001. S. 261–278.

Maria WITTMER-BUTSCH und Martin GABATHULER: Karl der Grosse und Zürich. In: Andreas Meyer et al. (Hrsg.): Päpste, Pilger, Pönitentiarie. Festschrift für Ludwig Schmugge zum 65. Geburtstag. Tübingen 2004. S. 211–224.

Thomas ZOTZ: Turegum nobilissimum Sueviae oppidum. Zürich als salischer Pfalzort auf karolingischer Basis. In: Frühmittelalterliche Studien 36. 2002. S. 337–354.

FRÜHNEUZEIT, ANCIEN RÉGIME

Ariane ALBISSER und Peter OPITZ (Hrsg.): Die Zürcher Reformation in Europa. Beiträge der Tagung des Instituts für schweizerische Reformationsgeschichte. 6.–8. Februar 2019 in Zürich. Zürich 2021 (Zürcher Beiträge zur Reformationsgeschichte, 29).

Francois BAER und Yves BAER: Weltgeist in Zürich. Ereignisse, Schauplätze und Lichtgestalten zur Zeit der Aufklärung. Basel 2022.

Hans BAER (Hrsg.): Magdalena Jäger – eine Embracher Hexe. Ein Hexenprozess, der als Justizmord endete. Zürich 2015.

Luca BEELER, Gina BUCHER, Andreas KOLLER (Hrsg.): Nüwe Zyttungen. Der Briefwechsel des Reformators Heinrich Bullinger. Zürich 2018.

Nicola BEHRENS et al. (Hrsg.): Zürich 1799. Eine Stadt erlebt den Krieg. Hrsg. vom Amt für Städtebau, Archäologie und Denkmalpflege des Hochbaudepartements der Stadt Zürich. Zürich 2005. 3. unveränderte Ausgabe 2015 (Schriften zu Archäologie, Denkmalpflege und Stadtplanung, 7).

Sarah BIÄSCH und Silvia KLÖTI-GROB (Hrsg.): Die Beder-Chronik: Aufzeichnungen einer Familie aus der Zürcher Vorstadtgemeinde Enge über vier Generationen (1620–1772). Zürich 2014.

Ina BOESCH: Weltwärts. Die globalen Spuren der Zürcher Kaufleute Kitt. Zürich 2021.

Rudolf BRAUN: Industrialisierung und Volksleben. Die Veränderungen der Lebensformen in einem ländlichen Industriegebiet vor 1800 (Zürcher Oberland). Göttingen 1960. 2. Aufl. 1979.

Paul BRÄNDLI: Das ehafte Tavernenrecht – ein hart umkämpftes Privileg. Wirtshäuser und Weinschenken im alten Greifensee und Nänikon. Uster 2001 (Heimatspiegel. Illustrierte Beilage zum Zürcher Oberländer und Anzeiger von Uster).

Sebastian BRÄNDLI: Die Retter der leidenden Menschheit. Sozialgeschichte der Chirurgen und Ärzte auf der Zürcher Landschaft (1700–1850). Zürich 1990.

Markus BRÜHLMEIER: Mehl und Brot, Macht und Geld im Alten Zürich. Zur Kulturgeschichte des Brotes. Zürich 2013.

Peter BÜHRER: Vom Lebkuchen und vom Lebkuchenkrieg (1515) im alten Zürich, 13. bis 16. Jahrhundert. In: Zürcher Taschenbuch auf das Jahr 2015. Zürich 2014. S. 23–56.

Christian CASANOVA: Nacht-Leben. Orte, Akteure und obrigkeitliche Disziplinierung in Zürich 1523–1833. Zürich 2007.

Christian DIETRICH: Die Stadt Zürich und ihre Landgemeinden während der Bauernunruhen von 1489 bis 1525. Bern 1985 (Europäische Hochschulschriften Reihe III, 229).

Arnold EGLI, Ueli FLACHSMANN, Martin GABATHULER, Monika GÖTTE, Achim KUHN (Hrsg.): … und kein bisschen müde! Reformation in Hombrechtikon, Stäfa und Männedorf: Damals – heute – morgen. Zürich 2018.

Tindaro GATANI und Marco GHERZI: Das Venedigli. La Piccola Venezia di Zurigo. Palermo 2018.

Rolf GRABER: Zeit des Teilens. Volksbewegungen und Volksunruhen auf der Zürcher Landschaft 1794–1804. Zürich 2003.

Rolf GRABER: Bürgerliche Öffentlichkeit und spätabsolutistischer Staat. Sozietätenbewegung und Konfliktkonjunktur in Zürich 1746–1780. Zürich 1993.

Urs HAFNER: Subversion im Satz. Die turbulenten Anfänge der ‹Neuen Zürcher Zeitung› (1780–1798). Zürich 2015.

Erwin KUNZ: Die lokale Selbstverwaltung in den zürcherischen Landgemeinden im 18. Jahrhundert. Affoltern a. A. 1948.

Thomas LAU: Müssiggang ist aller Laster Anfang? Sodomitenverfolgung im Zürich des 17. Jahrhunderts. In: Frühneuzeit-Info 21. 2010. S. 58–66.

Urs B. LEU und Christian SCHEIDEGGER: Die Zürcher Täufer 1525–1700. Zürich 2015.

Francisca LOETZ (Hrsg.): Gelebte Reformation. Zürich 1500–1800. Zürich 2022.

Francisca LOETZ: Mit Gott handeln. Von den Zürcher Gotteslästerern zu einer Kulturgeschichte des Religiösen. Göttingen 2002.

Hans LUGINBÜHL et al. (Hrsg.): 1712. Zeitgenössische Quellen zum Zweiten Villmerger- oder Toggenburgerkrieg. Lenzburg 2011. 2. Aufl. 2012.

Franz MAUELSHAGEN: Wunderkammer auf Papier. Die «Wickiana» zwischen Reformation und Volksglaube. Epfendorf 2011 (Frühneuzeit-Forschungen, 15).

Bruno MEIER: Regensberg. Geschichte von Burg, Stadt und Stiftung Schloss Regensberg. Das Buch zur Ausstellung im Turm Schloss Regensberg. Baden 2009.

Thomas MEIER: Handwerk, Hauswerk, Heimarbeit. Nicht-agrarische Tätigkeiten und Erwerbsformen in einem traditionellen Ackerbaugebiet des 18. Jahrhunderts (Zürcher Unterland). Zürich 1986.

Peter NIEDERHÄUSER und Regula SCHMID (Hrsg.): Querblicke. Zürcher Reformationsgeschichten. Zürich 2019 (Mitteilungen der Antiquarischen Gesellschaft in Zürich, 86).

Peter NIEDERHÄUSER: Eine Stadt im Wandel. Winterthur während der Reformation. Zürich 2020 (Mitteilungen der Antiquarischen Gesellschaft in Zürich, 87).

Peter OPITZ: Ulrich Zwingli. Prophet, Ketzer, Pionier des Protestantismus. Zürich 2015.

Ulrich PFISTER: Die Zürcher Fabriques. Protoindustrielles Wachstum vom 16. zum 18. Jahrhundert. Zürich 1993.

Martin RÜSCH und Urs LEU (Hrsg.): «Getruckt zuo Zürich». Ein Buch verändert die Welt. Zürich 2019.

Markus SCHÄR: Seelennöte der Untertanen. Selbstmord, Melancholie und Religion im Alten Zürich, 1500–1800. Zürich 1985.

Erich SUTTER: Vom Bäckergesellen zum Regierungsrat. Der steile Aufstieg und das gewaltsame Ende des Bäckers Jacob Irminger (1742–1799). Zürich 2020.

19., 20. UND 21. JAHRHUNDERT

Ursula AMREIN: Kulturpolitik und Geistige Landesverteidigung. Das Zürcher Schauspielhaus. In: Sigrid Weigel und Birgit Erdle (Hrsg.): 50 Jahre danach. Zur Nachgeschichte des Nationalsozialismus. Zürich 1996. S. 281–324.

Rita ANGELONE: Die Angelones. Pasta, Fussball und Amore. Der alltägliche Wahnsinn einer Italo-Schweizer Familie. Zürich 2022.

Kenneth ANGST (Hrsg.): Zürich brennt. Zürich 2010.

Kenneth ANGST und Alfred CATTANI (Hrsg.): Die Landi vor 50 Jahren in Zürich. Stäfa 1989.

Phillip ANZ: Bewegung tut gut – Rote Fabrik. Hrsg. von IG Rote Fabrik. Zürich 2021.

Claudia AUFDERMAUR: Working poor am Aabach. Das Leben der ärmlichen und arbeitenden Bevölkerung in Uster im 19. Jahrhundert. Hrsg. von Stadtarchiv Uster und Paul-Kläui-Bibliothek-Uster. Uster 2016.

Hans-Peter BÄRTSCHI: Industriekultur im Kanton Zürich. Zürich 1994. 2. Aufl. 2009.

Reto BAUMANN, Werner BOSSHARD, Silvan KELLER (Hrsg.): Grasshoppers. Fussball in Zürich seit 1886. 2 Bände. Basel 2022.

Michael BERNEGGER: Die Zürcher Seidenindustrie von

der Industrialisierung bis zur Gegenwart. In: Barbara Messerli (Hrsg.): Seide, Geschichte eines edlen Gewerbes. Zürich 1986. S. 78–95.

Lynn BLATTMANN und Irene MEIER: Gegen das frauenspezifische Arbeitslos. Frauen, Arbeitsmarkt und Krise. Zürich 1992.

Alexandra BLOCH: Priester der Volksbildung. Der Professionalisierungsprozess der Zürcher Volksschullehrkräfte zwischen 1770 und 1914. Zürich 2007.

Alfred BODENHEIMER (Hrsg.): «Nicht irgendein anonymer Verein». Eine Geschichte der israelitischen Kultusgemeinde Zürich. Zürich 2012.

Christina CAPREZ: Das Frauenhaus in Zürich. Zürich 2022.

Gordon A. CRAIG: Geld und Geist. Zürich im Zeitalter des Liberalismus 1830–1869. Übersetzt von Karl Heinz Sieber. München 1988.

Bice CURIGER und Stefan ZWEIFEL (Hrsg.): Ausbruch & Rausch. Frauen Kunst Punk 1975–1980. Zürich 2020.

Hanspeter ECKHARDT: Feld, Flarz, Fabrik. Das Zürcher Oberland im Wandel. Zürich 2022.

Dominik FLAMMER und Sylvan MÜLLER: H. Schwarzenbach. Das Zürcher Kochbuch. Trento 2013.

Fräulein, zahlen bitte! Von legendären Zürcher Wirtsfrauen, stadtbekannten Lokalen und hart verdientem Geld. Hrsg. vom Verein Frauenrundgang Zürich. Zürich 2011. 2. Aufl. 2013.

Beat FREI: Horgner Industriegeschichte. Von Quartier zu Quartier. Hrsg. von der Gemeinde Horgen. Horgen 2018.

Daniel FREY: Vor der Revolution. Der Ordnungsdienst-Einsatz der Armee während des Landesstreiks in Zürich. Zürich 1998.

Günther FURRER: 100 Jahre Fussballclub Zürich, FCZ. Zürich 1996.

Beat GNÄDIGER und Verena ROTHENBÜHLER (Hrsg.): Menschen korrigieren. Fürsorgliche Zwangsmassnahmen und Fremdplatzierungen im Kanton Zürich bis 1981. Zürich 2018.

Leo GROB: Der Staatsschutz und die Zürcher 80er-Jugendunruhen. Staatliche Herrschaftssicherung zwischen Repression, Ausnahmezustand und gouvernementaler Verwaltung. Bern 2016.

Peter GROB: Zürcher «Needle-Park». Ein Stück Drogengeschichte und -politik 1968–2008. Zürich 2009. 3. Aufl. 2018.

Beat GROSSRIEDER: Das Jahr mit den Blumen im Haar. Der Summer of Love 1967 in Zürich. Zürich u. Genf 2018.

Franz GUT: Mit der Pranke und dem Zürcher Schild. Gelebte Polizeigeschichte im 20. Jahrhundert. Zürich 2003.

Nils GÜTTLER, Niki RHYNER, Max STADLER (Hrsg.): Flughafen Kloten. Anatomie eines komplizierten Ortes. Baden-Baden 2018.

Bettina HAHNLOSER: Revolution beim schwarzen Kaffee. Hedy Hahnloser-Bühler, Kunstsammlerin und Mäzenin. Zürich 2009. 4. Aufl. 2017.

Albert HAUSER: Der Bockenkrieg. Ein Aufstand des Zürcher Landvolks im Jahre 1804. Zürich 1938.

Rudolf HAUSER: Fliegerangriff auf Niederweningen am 7. Dezember 1944. Das historische Umfeld, der Angriff und seine Nachgeschichte. Hrsg. vom Verein für Ortsgeschichte. Zürich 2013.

Erika HEBEISEN, Gisela HÜRLIMANN, Regula SCHMID (Hrsg.): Reformen jenseits der Revolte. Zürich in den langen Sechzigern. Zürich 2018 (Mitteilungen der antiquarischen Gesellschaft in Zürich, 85).

Erika HEBEISEN, Regula SCHMID, Peter NIEDERHÄUSER (Hrsg.): Kriegs- und Krisenzeit. Zürich während des Ersten Weltkrieges. Zürich 2014. (Mitteilungen der Antiquarischen Gesellschaft in Zürich, 81).

Kurt HUNZIKER und Robert KNÖPFEL: Die Zürichsee-Schifffahrt. Geschichte und Geschichten von 1835 bis heute. Zürich 2014.

Karin HUSER: Ostwärts, wo der Horizont so endlos ist. Eine Schweizer Familie im Zarenreich. Basel 2022.

Martin ILLI: Von der Kameralistik zum New Public Management. Geschichte der Zürcher Kantonsverwaltung von 1803 bis 1998. Zürich 2008.

Stefan INEICHEN: Zürich 1933–1945. Zürich 2009. 2. Aufl. 2012.

Joseph JUNG: Lydia Welti-Escher (1858–1891). Zürich 2016. 2. Aufl. 2016.

Joseph JUNG: Alfred Escher (1819–1882). Aufstieg, Macht, Tragik. Zürich 2014. 6. Aufl. 2017.

René KARLEN: Ein Saal in dem es herrlich klingt. Hundert Jahre Tonhalle Zürich. Zürich 1995.

Ute KRÖGER: Zürich, du mein blaues Wunder. Literarische Streifzüge durch eine europäische Kulturstadt. Zürich 2004.

Ute KRÖGER: «In welchen Zeiten leben wir!» Das Schauspielhaus Zürich 1938–1998. Zürich 1998.

Konrad KUHN: 175 Jahre Opernhaus Zürich. Festschrift zum 175-jährigen Jubiläum der «Theater-Actiengesellschaft». Zürich 2009.

Dominik LANDWEHR: Internierte im Tösstal und Winterthur – Erinnerungen an den Zweiten Weltkrieg. Rückblick auf eine bewegte Zeit 1940–1946. Zürich 2021.

Mathieu LEIMGRUBER: Kriegsgeschäfte, Kapital und Kunsthaus. Die Entstehung der Sammlung Emil Bührle im historischen Kontext. Hamburg 2021.

Martin LENGWILER, Verena ROTHENBÜHLER, Cemile IVEDI: Schule macht Geschichte. 175 Jahre Volksschule im Kanton Zürich. 1832–2007. Hrsg. von der Bildungsdirektion des Kantons Zürich. Zürich 2007.

Angelika LINKE und Joachim SCHARLOTH: Der Zürcher Sommer 1968 zwischen Krawall, Utopie und Bürgersinn. Zürich 2008.

Walter LÜEM und Andreas STEIGMEIER (Hrsg..): Die Limmatstellung im Zweiten Weltkrieg. Baden 1997.

Karl LÜÖND: Gottlieb Duttweiler (1888–1962). Eine Idee mit Zukunft. Hrsg. vom Verein für wirtschaftshistorische Studien. Meilen 2000 (Schweizer Pioniere der Wirtschaft und Technik, 72).

Rafael LUTZ: Heisse Fäuste im Kalten Krieg. Antikommunistischer Krawall beim Bahnhof Zürich Enge 1957. Zürich 2019.

Helmut MEYER: Die kleine grosse Stadt. Zürich im 20. Jahrhundert. Zürich 2022.

Harald NAEGELI: Zürcher Totentanz. Wädenswil 2022.

Peter NIEDERHÄUSER und Anita ULRICH (Hrsg.): Fremd in Zürich – fremdes Zürich. Migration, Kultur und Identität im 19. und 20. Jahrhundert. Zürich 2005 (Mitteilungen der Antiquarischen Gesellschaft in Zürich, 72).

Curt RIESS: Café Odeon. Zürich 1973. Überarb. und erweiterte Neuauflage 2010.

Karl RIHA: Dada Zürich. Texte, Manifeste, Dokumente. Stuttgart 2015.

Sybille RYSER und Isabel ZÜRCHER (Hrsg.): Pays de rêve – Die Kunst der Kronenhalle Zürich. München 2019.

Max SAURER: Churchills Schweizer Besuch 1946 und die Zürcher Rede. Zürich 1976.

Thomas SCHÄRER: Kultur, Geld und Interessen. Filmpolitik in Zürich. Hrsg. vom Verein für den Film. Baden 2016.

Regine SCHINDLER: Johanna Spyri (1827–1901). Neue Entdeckungen und unbekannte Briefe 1935–2013. Zürich 2015.

Bruno SCHMID: Der Ustertag im Spiegel seiner Zeit. Festschrift zur 150. Wiederkehr des 22. Novembers 1830. Hrsg. von der Paul-Kläui-Bibliothek und dem Ustertag-Komitee. Uster 1980.

Gertrud SCHMID-WEISS: Schweizer Kriegsnothilfe im Ersten Weltkrieg. Eine Mikrogeschichte des materiellen Überlebens mit besonderer Sicht auf Stadt und Kanton Zürich. Zürich 2019.

Viktor SCHOBINGER: Merk-Würdigkeiten aus dem Kanton Zürich. Heiteres, Ernstes und Vermischtes aus Stadt und Landschaft Zürich. Zürich 1997.

Beatrice SCHUHMACHER: Uetikon und seine Chemie. Eine Beziehungsgeschichte. Zürich 2022.

Dieter SIEGENTHALER: Memoiren des Winterthurer Stadtratsweibels Jakob Heinrich Meyer 1814–1894. Verfasst 1848 im Gefängnis La Roquette in Paris. Zürich 2013.

Otto SIGG: Lob der Tüchtigkeit. Kleinjogg und die Zürcher Landwirtschaft am Vorabend des Industriezeitalters. Zürich 1985.

Heiner SPIESS (Hrsg.): Das Hallenstadion – Arena der Emotionen. Zürich 2005.

Tobias STRAUMANN: Der kleine Gigant. Der Aufstieg Zürichs zu einem internationalen Finanzplatz. In: Europäische Finanzplätze im Wettbewerb. Stuttgart 2006 (Bankhistorisches Archiv. Zeitschrift zur Banken- und Finanzgeschichte, Beiheft 45). S. 139–169.

Meinrad SUTER: Kantonspolizei Zürich. 1804–2004. Zürich 2004.

Andreas TOBLER: Bändlistrasse. RAF, LSD, PKO und TNT. Basel 2022.

Barbara WEINMANN: Eine andere Bürgergesellschaft. Klassischer Republikanismus und Kommunalismus im Kanton Zürich im späten 18. und 19. Jahrhundert. Göttingen 2002.

Eberhard WOLF (Hrsg.): Max Bircher-Benner und sein Sanatorium im historischen Kontext. Hrsg. vom Schweizerischen Nationalmuseum. Zürich 2010.

Andreas WOLFENSBERGER: Winterthur. Stadt im Umbruch. Fotografien von 1960 bis 2017. Zürich 2017.

AUTORINNEN UND AUTOREN

MATTHIAS ACKERET ***1963** studierte Jurisprudenz an der Universität Zürich und promovierte über das Schweizer Medienrecht. Er arbeitete für die Fernsehsender *S Plus, TeleZüri und Tele24*. Seit 2002 ist er Chefredaktor von *persönlich*, seit 2014 dessen Verleger. Ackeret publizierte Romane wie *Die ganze Welt ist Ballermann – Karten an Martin Walser* (mit Manfred Klemann) oder *Eden Roc*. Das *Blocher-Prinzip* wurde zum Sachbuch-Bestseller und ist 2021 in aktualisierter Auflage erschienen. Ackeret lebt in Zürich.

MICHÈLE BINSWANGER ***1972** ist Journalistin und Buchautorin. Sie hat in Basel Philosophie und Germanistik studiert und ist Autorin mehrerer Bücher, zuletzt *Die Zuger Landammann-Affäre*. 2010 wurde sie als Journalistin des Jahres ausgezeichnet, 2017, 2018, 2019 und 2022 als Gesellschaftsjournalistin des Jahres. Heute leitet sie das Ressort Leben der *Sonntagszeitung*.

BÖÖGG ***Alter unbekannt** ist eine der bekanntesten Zürcher Persönlichkeiten. Er wurde 1898 offiziell ins Sechseläuten-Programm integriert. Als personifizierter Winter wird er jeden dritten Montag im April um 6 Uhr abends auf dem Sechseläutenplatz in Zürich angezündet. Er ist rund 3,4 Meter gross, ca. 100 Kilo schwer und mit 140 Knallkörpern gefüllt. Je kürzer sein Leben, desto schöner der Sommer.

DOMINIK BRÜLISAUER ***1977** in Pontresina. Er studierte an der ZHdK Theorie für Kunst, Medien und Design und arbeitet heute als Werbetexter, Kolumnist und Buchautor in Zürich. Sein Thriller *Tod nach Anzeige* spielt in St. Moritz und ist im Handel erhältlich. Seine Website dominikbruelisauer.com ist immer einen Besuch wert.

JEAN-MARTIN BÜTTNER ***1959** wuchs zweisprachig in Basel auf. Er studierte Klinische Psychologie, Psychopathologie und Anglistik an der Universität Zürich und dissertierte über die Wechselwirkung von Psychoanalyse und Rockmusik *(Sänger, Songs und triebhafte Rede – Rock als Erzählweise*, Stroemfeld 1997). Von 1984 an arbeitete er für den *Tages-Anzeiger* in den Ressorts Kultur, Inland, Hintergrund, Reporter sowie als Westschweizer Korrespondent in Genf und in Bern im Bundeshaus. Seit Anfang 2021 schreibt er als freier Autor für *Tages-Anzeiger*, NZZ, *Die Zeit, Republik* und *Die Weltwoche*.

FLURIN CLALÜNA ***1972** hat als Sportredaktor bei der NZZ 18 Jahre über den FC Zürich und die Grasshoppers geschrieben. Seit Januar 2021 arbeitet er bei NZZ Folio und als Reporter bei der NZZ.

SEVERIN DRESSEN ***1988** ist Direktor und CEO des Zoo Zürich. Der Biologe ist in Köln geboren und in Aachen aufgewachsen. Nach seinem Studium in Berlin und London promovierte er an der Universität Oxford und war anschliessend im Zoo Wuppertal tätig, zuletzt als stellvertretender Direktor und Zoologischer Leiter. Seit 2020 lebt er zusammen mit seiner Frau und drei Kindern in Zürich.

JEANNETTE EGLI ***1969** ist mit Herzblut Schulleiterin und setzt sich für Innovation im Bildungswesen ein. Nach dem Lehrerinnendiplom studierte sie Geschichte und engagierte sich im Verein Frauenstadtrundgang Zürich und bei Archimob, einem audiovisuellen Projekt mit 500 Zeitzeugen des Zweiten Weltkrieges. Aufgewachsen am Zürichsee lebt sie mit ihrer Familie in Bremgarten (AG). Hier schätzt sie neben der historischen Altstadt die wunderbaren Velo-Trails entlang der Reuss.

AYSUN ERGEZ ***1969** in St. Gallen. Die Designerin liebt die Limmatstadt besonders im Sommer in der Ferienzeit: Als passionierte Cabriofahrerin geniesst sie die staufreien Strassen – wenn nicht diese Baustellen wären! Doch für Abkühlung sorgt der Zürichsee. Von ihrer Agentur visuelledesignstudio.com in Zollikon ist dieser schnell erreicht. Sie lebt seit über 20 Jahren in Zürich und ist Mitglied der Chefredaktion GmbH.

BÄNZ FRIEDLI ***1965** in Bern. Lebt seit 1995 in Zürich. Der Autor, Kabarettist und Radiosatiriker wurde 2015 mit dem «Salzburger Stier» ausgezeichnet. Tourt mit kabarettistischen Programmen. Zuvor war er Reporter und Kolumnist für Print, Radio und TV. Mitarbeit an Dokumentarfilmen, zahlreiche CD-, DVD- und Buchveröffentlichungen, zuletzt *Hat die Gruppe verlassen* im Knapp Verlag. baenzfriedli.ch.

FREDY GASSER ***1962** ist Journalist. Der gebürtige Walliser arbeitet seit über 30 Jahren bei verschiedenen Zeitungen, zehn Jahre bei Schweizer Radio SRF und seit fünf Jahren bei der Schweizerischen Post. Seine Neugier: «Menschen und ihre Geschichten – und Musik.»

ROMAN GEISER *1968 war für die internationale Kommunikationsagentur Burson-Marsteller in der Schweiz und in Europa tätig, bevor er 2012 die operative Leitung und die Aktienmehrheit der Agentur Farner übernahm. Unter seiner Leitung entwickelte sich die Agentur zur grössten und komplettesten Kommunikationsagentur der Schweiz. Heute treibt er die Expansion in die europäischen Märkte voran. Roman Geiser lebt in Arosa. Der Artikel über die beiden Pioniere Farner und Zehnder entstand in enger Zusammenarbeit mit den fünf Kindern von Egon Zehnder.

ZENO GEISSELER *1973 lic. phil. I, ist Redaktor im Zürich-Ressort der NZZ. Seine Schwerpunkte sind die kantonale Politik, Steuern und Energie. Er lebt in Schaffhausen.

MATTHIAS HALBEIS *1972 arbeitet als Senior Consultant bei furrerhugi. Als Journalist begleitete er von 2001 bis 2017 die Schweizer Politik, bei der *Solothurner Zeitung*, bei der *Sonntagszeitung* und zuletzt als Co-Leiter der Bundeshausredaktion bei der *Blick*-Gruppe. Matthias Halbeis lebt in Zürich.

MICHAEL HAUSER *1964 dipl. Arch. ETH/MBA, ist Berater und Moderator für Projektentwicklung und Städtebau, Stiftungs- und Verwaltungsrat, Mitglied der Exekutive der Reformierten Kirchgemeinde der Stadt Zürich sowie Leiter der Kommission Städtebau Kanton St. Gallen. Zwischen 2007 und 2017 war er Stadtbaumeister von Winterthur, u. a. bei der Transformation Sulzerareal. Michael Hauser lebt in Zürich.

MICHAEL HERMANN *1971 ist Inhaber und Leiter von Sotomo. Sein Forschungsinstitut ist spezialisiert auf Meinungsumfragen und Studien zur Befindlichkeit der Schweizer Bevölkerung. Für die Schweizer Leitmedien analysiert er aktuelle politische Trends. Er unterrichtet an verschiedenen Hochschulen und lebt in Zürich.

MICHAEL HUGENTOBLER *1975 in Zürich. Nach dem Abschluss der Schule in den USA und in der Schweiz war er lange auf Reisen. Danach arbeitete er zehn Jahre als Reporter und schrieb über die Suche nach neuen Antibiotika im Meer vor Norwegen, über Schauspieler mit Downsyndrom in Südkorea oder über den Weg zum perfekten Gemälde in Guatemala. Heute schreibt er Romane und lebt in Aarau.

NICOLE HUNZIKER-FELBER *1978 studierte Wirtschaftskommunikation und ist seit 2013 als selbstständige Kommunikationsfachfrau und Texterin tätig. Wenn sie nicht als freie Autorin arbeitet, sagt sie die Dinge gerne durch die Blume: Als ausgebildete Floristin betreibt sie das Bloomen Atelier im Quartier Fluntern. Die geborene Bielerin lebt und arbeitet seit 25 Jahren in der Stadt Zürich.

JOSEPH JUNG *1955 ist Historiker, Publizist und Titularprofessor der Universität Freiburg. Er war Gründungsgeschäftsführer und Forschungsleiter der Alfred Escher-Stiftung. Von ihm erschienen bei NZZ Libro grundlegende Werke zur Wirtschafts- und Kulturgeschichte der Schweiz. Den Biografien von Alfred Escher und Lydia Welti-Escher folgte mit *Laboratorium des Fortschritts. Die Schweiz im 19. Jahrhundert* (2. Auflage 2020) ein weiterer Bestseller. Er führt in Zug sein Atelier für Wirtschaft, Kultur, Geschichte: jungatelier.ch.

JÖRG KACHELMANN *1958 ist ein Schweizer Unternehmer, Journalist und Moderator und heute CEO der Kachelmann Gruppe mit Firmen in drei Ländern und der Wetterseite https://kachelmannwetter.com.

CHRISTOF KALT *1977 ist seit 2014 stellvertretender Ressortleiter Foto bei der *Blick*-Gruppe. Von 2005 bis 2011 lebte er in New York, wo er am International Center of Photography (ICP) das Fulltime Student General Studies Program absolvierte. Er arbeitete zudem zweieinhalb Jahre in der Bildredaktion im New-York-Office des *Geo*-Magazins.

LORENZO KÄSER *1962 ist Mediziner und Dozent. Daneben ist er medizinhistorisch und lokalgeschichtlich tätig im Rahmen des Quartiervereins Fluntern. Entstanden sind hierbei mehrere Ausstellungen, zahlreiche Publikationen und Vorträge sowie thematische Quartierführungen. Lorenzo Käser lebt in Zürich-Fluntern.

MANFRED KLEMANN *1958 ist Verleger beim Münster Verlag und beim Persönlich Verlag und ist an der C-Films AG Zürich beteiligt. Er hat im Jahr 2000 die Wetter.com AG gegründet, aus der das grösste Wetterportal Europas hervorging. Er schreibt selbst Bücher (*Südstadt, Oh wie Tod auf Ibiza, Die ganze Welt ist Ballermann*). Lebt in Stein am Rhein (SH) und in Zürich.

SERAINA KOBLER *1982 in Locarno. Nach dem Studium der Linguistik und Kulturwissenschaften arbeitete sie als Journalistin unter anderem bei der *Neuen Zürcher Zeitung,* bevor sie sich als Autorin selbstständig machte. 2020 erschien ihr Romandebüt *Regenschatten.* Ihr erster Zürich-Krimi um die Seepolizistin Rosa Zambrano, *Tiefes, dunkles Blau,* stand monatelang auf der Schweizer Bestsellerliste. Seraina Kobler arbeitet und lebt mit ihrer Familie in Zürich und Lausanne.

MARC KOWALSKY *1970 ist studierter Journalist und Betriebswirt. Er arbeitet als stellvertretender Chefredaktor beim Wirtschaftsmagazin *Bilanz.* Mit seiner Frau zog er 2010 nach Küsnacht ins Herz der Goldküste und hat es nie bereut.

MAX KÜNG *1969 ist Autor und seit über 20 Jahren Kolumnist beim Magazin des *Tages-Anzeigers.* Im Verlag Kein & Aber erschien sein Roman *Fremde Freunde.* Max Küng ist mit der Künstlerin Zilla Leutenegger verheiratet und lebt in Zürich.

VALENTIN N. J. LANDMANN *1950 ist Rechtsanwalt, Buchautor und VR-Präsident der Landmann Rechtsanwälte AG. Er befasst sich vor allem mit strafrechtlichen Fragen und hat dazu acht Bücher publiziert. Zuletzt die Bücher *Retten, was noch zu retten ist* und *Das Gesicht der Wirtschaftskriminalität* (beide im Stämpfli Verlag). Er war Zürcher SVP-Kantonsrat von 2019 bis 2023. Wöchentlich publiziert er den *Landmann Talk* auf Youtube.

JÜRG LENDENMANN *1949 arbeitete nach dem Biologiestudium als Allrounder (Wissenschaft, Layout, Mac-Support) in einer kleinen Pharma-Handelsfirma. 2001 machte er eines seiner Hobbys zum Beruf: Als Redaktor verfasst er noch heute Artikel zu Gesundheitsthemen in Publikums- und Fachmedien. Seit 2006 schreibt er die Verse für Papa Moll und Globi. Jürg Lendenmann lebt in Zürich-Oerlikon.

PETER LESCH *1945 ist Inhaber der Werbeagentur Lesch+Frei. Mitglied des ADC Schweiz. Trainer im Fussballclub Frischauf Seefeld. Er gestaltet seit 20 Jahren die Plakate für den Zoo Zürich. Und arbeitet im Konzeptteam der Bernhard Matinée.

BARBARA LIENHARD *1977 ist Mitbesitzerin der Chefredaktion GmbH, Journalistin, Texterin und Produzentin. Sie arbeitete als Reporterin bei verschiedenen Titeln und leitete das Lifestyle-Ressort der *Blick*-Gruppe. Sie lebt mit ihrem Mann und ihrem Sohn in Zürich.

KARL LÜÖND *1945 wurde nach einer bewegten Laufbahn als Reporter, Chefredaktor und Verleger einer der meistgedruckten Sachbuchautoren der Schweiz. Seit 1998 hat er über 60 wirtschafts- und medienhistorische Werke publiziert, darunter Biografien über Ringier, Zürich Versicherung, Kuoni, Conzzeta und Ems.

MATTHIAS MÄCHLER *1969 ist Mitgründer der Corporate-Publishing-Agentur Die Magaziner (www.diemagaziner.ch). Seine Texte und Magazine wurden mehrfach ausgezeichnet, unter anderem mit dem Swiss Text Award und dem Swiss Media Award.

LUKAS MEIER *1972 ist Gründer und innovative Kraft der Aroma AG, ein Unternehmen für Markenerlebnisse im Raum mit 100 Mitarbeitenden. Er ist ein Unternehmer mit Gespür für Marktentwicklungen und Trends. Meier ist begeisterter Zünfter und seit 2016 der offizielle Bööggbauer, nachdem er sieben Jahre bei seinem Vorgänger Heinz Wahrenberger die Kunst des Bööggbaus erlernt hat.

THOMAS MEYER *1974 ist Schriftsteller. Bekannt wurde er durch den Roman *Wolkenbruchs wunderliche Reise in die Arme einer Schickse.* Sein anderer Best- und Longseller ist *Trennt euch!.* Aufgrund dieses Buches ist er seit einiger Zeit auch Trennungscoach. Im *Sonntags-Blick*-Magazin erscheint seit 2014 wöchentlich eine Ratgeberkolumne von ihm. Thomas Meyer lebt in Zürich und ist Vater eines Sohnes.

YLVA MEYER *1968 ist Kunst- und Architekturhistorikerin, arbeitete zwölf Jahre im Baugeschichtlichen Archiv der Stadt Zürich, wo sie Projekte zu den historischen fotografischen Beständen geleitet und Ausstellungen zur Zürcher Stadtgeschichte kuratiert hat. Seit August 2022 arbeitet sie im Team Provenienzforschung der Stiftung Kunst, Kultur und Geschichte in Winterthur. Ylva Meyer lebt in Zürich.

STEFAN MICHEL *1973 ist Journalist in Zürich. Sein erstes Büro teilte er von 1998 bis 2002 mit Erwin Flury und verfasste in der Zeit PR-Texte für dessen

Veranstaltungen. Heute schreibt er für das Mountainbike-Magazin *Ride*, das Elternmagazin *Fritz + Fränzi*, für *Blue News* und das Schweizer Fernsehen. Er lebt mit seiner Familie neben dem Max-Frisch-Bad am Letzigraben.

DANIELE MUSCIONICO ***1962** ist Kulturjournalistin und Autorin. Sie war langjährige Kulturredaktorin der NZZ und verantwortet heute bei *CH-Media* das Dossier Kunst. Sie publiziert kunst- und theaterkritische Bücher, 2022 im Limmat-Verlag die Porträtsammlung *Starke Schweizer Frauen*. Daniele Muscionico erhielt den Zürcher Journalistenpreis und den Preis für unabhängigen Journalismus. Sie lebt in Zürich.

MATTHIAS NIEDERBERGER ***1993** ist Journalist. Er studierte Germanistik, Kommunikationswissenschaft und Recht an der Universität Fribourg. Daneben arbeitete er als Redaktor bei einer Lokalzeitung und schrieb für verschiedene Lokal- und Regionalmedien in der Zentralschweiz. Von 2022 bis 2023 machte er ein Volontariat bei der NZZ (Ressorts Zürich und Feuilleton). Er lebt in Zürich.

PETER NIEDERHÄUSER ***1964** ist Historiker und Romanist. Er lebt in Winterthur, arbeitet als freier Historiker und Publizist und hat zahlreiche Aufsätze und Bücher zur Geschichte Zürichs und der Ostschweiz verfasst. Er ist regelmässiger Mitarbeiter von Zeitungen wie auch von Geschichtsmuseen und organisiert Kulturreisen im In- und Ausland.

PEARL PEDERGNANA ***1959** wuchs in Winterthur auf und konnte den Wandel der einstigen Arbeiter- und Industriestadt zur Dienstleistungs- und Bildungsstadt mitgestalten, zuerst als Partei-, dann als Fraktionspräsidentin und von 2001 bis 2014 als Stadträtin. Heute übt Pearl Pedergnana Mandate in unterschiedlichen Bereichen aus. Sie lebt in Winterthur.

MICHAEL PERRICONE ***1967** ist Journalist in Zürich mit Schwerpunkt Politik & Gesellschaft. Nach einigen Jahren in der Werbung gründete er in den 90er-Jahren die Zürcher Jugendzeitung *Toaster*. Seit 20 Jahren arbeitet er hauptberuflich als TV-Journalist: *TeleZüri*, SRF *Kassensturz*, SRF *10vor10* als stv. Redaktionsleiter, SRF *Rundschau* als Produzent und zuletzt als Chef vom Dienst im SRF-Newsroom.

ULRICH PICKEL ***1970** stellt sein berufliches Dasein ganz in den Dienst des Sportjournalismus. Nach Jahren als Reporter bei der NZZ mit Schwerpunkt Eishockey (sowie Golf und diverse andere Gebiete) ist er heute als Blattmacher und Tagesleiter für *Blick Sport* tätig. Ulrich Pickel wurde in der Stadt Zürich geboren und lebt noch immer hier.

CHRISTIAN RAHN ***1956** vertritt zusammen mit seinem Bruder Peter Rahn die Familie Rahn in der vierten Generation bei Rahn+Bodmer Co., Zürich. Der promovierte Jurist, Rechtsanwalt, LL. M. trat 1988 in das Unternehmen ein und wurde 1990 zum Partner ernannt. Er ist verheiratet, hat drei erwachsene Kinder und lebt in Zürich. In seiner Freizeit ist er ein passionierter Bergsteiger.

TASSILO ROECK ***1989** in München. Studium der Geschichte und der Kommunikationswissenschaften an der Universität Zürich. Als Historiker für die Rhyality Immersive Art Hall in Neuhausen am Rheinfall tätig. Die immersive Show «Schaffhausen im Mittelalter. Eintauchen in den Strom der Zeit» läuft ab Herbst 2023.

MICHÈLE ROTEN ***1979** ist freie Autorin in Zürich. Sie war als Kolumnistin und Redaktorin bei *Das Magazin* tätig, führt mit einer Geschäftspartnerin den Secondhandladen The New New und arbeitet ausserdem als Produzentin bei der *Annabelle*.

PETER RÖTHLISBERGER ***1967** ist mit seiner Chefredaktion GmbH Herausgeber von *Zürich in 100 Geschichten*. Er ist Historiker (lic. phil. I) und Journalist. Röthlisberger gründete den *Blick am Abend* und *Blickamabend.ch* und war rekordlange neun Jahre Chefredaktor im *Blick*-Newsroom, davor Inlandchef der *Weltwoche* und Programmleiter von *TeleZüri*. Er ist Herausgeber von *Arosa in 100 Geschichten*, *Graubünden in 100 Geschichten* und *Dario Cologna – Die Erfolgsformel* und doziert an der Hochschule für Wirtschaft in Zürich.

MAX RUCKSTUHL ***1960** ist Zoologe und Leiter des Fachbereichs Naturschutz und Stadtökologie bei Grün Stadt Zürich. Er darf sich zusammen mit Wildhütern, Biologinnen, Landschaftsarchitekten, Gärtnerinnen, Förstern und Landwirtinnen und vielen weiteren Spezialistinnen und Spezialisten um die Naturerhaltung und -förderung in der Stadt Zürich kümmern.

MARKUS RUF *1963 ist Creative Director und Gründungspartner der Werbeagentur Ruf Lanz, mit Sitz an der Fraumünsterstrasse in Zürich. Deren pointierten Kampagnen für Zürcher Institutionen wie die VBZ, Vegi-Pionier Hiltl oder das Museum Haus Konstruktiv sind vielfach ausgezeichnet worden. Markus Ruf ist zweifacher Werber des Jahres und langjähriges Mitglied des Art Directors Club Switzerland.

DANIEL RYSER *1979 wurde zweimal mit dem Zürcher Journalistenpreis ausgezeichnet und 2016 zum Schweizer Journalisten des Jahres gewählt. Als Reporter arbeitete der gelernte Zigarrenverkäufer für die WOZ und das *Tagi-Magi* und seit 2018 für das Online-Magazin *Republik* mit Sitz an der Langstrasse. 2010 erschien von ihm im Echtzeit Verlag ein Buch über die Zürcher Hooliganszene. Zuletzt veröffentlichte er Ende 2022 *179 Seiten Stress*, die Biografie des Rappers Andres Andrekson. Daniel Ryser lebte 16 Jahre im Kreis 4 und derzeit im Seefeld.

ROGER SCHAWINSKI *1945 ist Pionier, gründete den *Kassensturz* des Schweizer Fernsehens, *Radio 24*, *TeleZüri*, *Tele24* und *Radio 1*. Er moderiert Fernsehsendungen, war Chefredaktor der Zeitung *Die Tat* und Herausgeber des Monatsmagazins *Bonus*. Er war von 2003 bis 2006 Geschäftsführer des deutschen Privatfernsehsenders *Sat.1*.

THOMAS SCHIFFERLE *1959 ist seit 1995 Sportredaktor beim *Tages-Anzeiger* und bei *der SonntagsZeitung* mit Schwerpunkt Fussball. Er hat seit 1988 von neun Welt- und sieben Europameisterschaften im Fussball, von vielen Fifa-Kongressen und über 300 Länderspielen der Schweizer Nationalmannschaft berichtet, dazu von zwei Olympischen Spielen. Thomas Schifferle lebt in Zürich

OLIVER SCHMUKI *1980 ist Journalist, freier Autor und Werbetexter. Für die NZZ am Sonntag verfasste er die Genuss-Kolumne Tafelrunde, für *Health Forecast* setzte er sich mit Ernährungstrends auseinander. Er lebt in Zürich und ist in Teilzeit alleinerziehender Vater von zwei Kindern. Unvergessen bleiben ein Brunch im Igniv sowie lustige Abende in der Bodega Española oder im Rank, auf dessen Tür drei Wörter stehen, die er sich dereinst als Grabinschrift wünscht: «Essen. Trinken. Konzerte.»

JULIAN SCHÜTT *1964 ist Buchautor und Kulturjournalist bei *CH-Media*. Er ist der Urenkel der Dada-Mitbegründerin Emmy Hennings. Zuletzt erschien sein Buch *Max Frisch – Biographie eines Aufstiegs* im Suhrkamp Verlag.

CONSTANTIN SEIBT *1966 ist Reporter und Mitgründer des Internet-Magazins *Republik*. Davor arbeitete er bei der Wochenzeitung WoZ und dem *Tages-Anzeiger*. Für Letzteren schrieb er unter anderem den Blog «Deadline» über Schreibtricks und Journalismus im 21. Jahrhundert. (Quasi als Theorie für die Praxis der Magazin-Gründung.) *Deadline* erschien 2013 als Buch – die Skizze zur Hauptstadtzeitung allerdings erst später. Sie finden sie hier – um ein paar schlecht gelaunte Passagen zum Protestantismus erweitert – zum ersten Mal im Druck.

MARTIN A. SENN *1958 ist freier Publizist, Projektberater und Dozent für Journalismus in Chur. Vorher arbeitete er als Redaktor, Autor und Kolumnist für führende Printmedien, so u. a. für die NZZ am Sonntag und *Die Zeit*. Zuletzt veröffentlichte er historische Buchbeiträge und, zusammen mit Tobias Straumann, ein Buch über den Generalstreik von 1918. Martin A. Senn lebt in Chur und Zürich.

MARKUS SOMM *1965 ist Journalist und Historiker. Er war von 2010 bis 2018 Chefredaktor der *Basler Zeitung* (BaZ). Seit 2021 ist er Verleger des *Nebelspalter*. Somm hat mehrere Bücher veröffentlicht, zuletzt: *Warum die Schweiz reich geworden ist* (Bern 2022).

MARGRIT SPRECHER *1936 kommt aus Graubünden und lebt in Zürich. Sie baute bei der *Weltwoche* das Gesellschaftsressort auf und schreibt jetzt als freie Journalistin Reportagen für in- und ausländische Zeitschriften und Magazine. Etliche Buchveröffentlichungen, darunter Sammelbände ihrer Reportagen, und Preise, darunter der Hamburger Kischpreis und der Preis des Zürcher Pressevereins für ihr Lebenswerk.

KARIN STEINBACH TARNUTZER *1966 ist Literatur- und Kommunikationswissenschaftlerin und lebt nach 15 Verlagsjahren in München und Zürich als freie Journalistin und Autorin in St. Gallen sowie im Prättigau. Neben einer Historie des Frauenbergsteigens (*Erste am Seil. Pionierinnen in Fels und Eis*, gemeinsam mit Caroline Fink) schrieb sie unter anderem die Biografien der Alpinistinnen Ines Papert und Gerlinde Kaltenbrunner; zuletzt arbeitete sie an jener der Himalaja-Chronistin Billi Bierling mit.

TOBIAS STRAUMANN ***1966** ist Professor für Wirtschaftsgeschichte an der Universität Zürich und leitet den MAS Applied History. Daneben schreibt er eine Kolumne für den Wirtschaftsteil der NZZ am Sonntag. Im Schwabe Verlag erschien 2022 *Unruhe im Kleinstaat: Der schweizerische Generalstreik von 1918 im internationalen Vergleich* (zusammen mit Martin A. Senn). Tobias Straumann lebt in Zürich.

RES STREHLE ***1951** ist Journalist, Co-Autor der *Bührle-Saga* (Neuauflage 2021) und Präsident des Vereins Stolpersteine Schweiz zur Erinnerung an die Schweizer KZ-Opfer. Er verfasste zahlreiche Bücher (zuletzt *Operation Crypto. Die Schweiz im Dienst von CIA und BND*). Zwischen 2001 und 2016 war er Chefredaktor des *Magazins* und des *Tages-Anzeigers*. Der studierte Ökonom (Dr. oec. HSG) lebt in Zürich und Spanien/Katalonien und ist Vater eines erwachsenen Sohnes.

JAKOB TANNER ***1950** promovierte an der Universität Zürich mit der Arbeit *Bundeshaushalt, Währung und Kriegswirtschaft*. 1995 habilitierte er sich an der Philosophischen Fakultät der Universität Zürich und wurde zwei Jahre später als Professor für Allgemeine und Schweizer Geschichte der neueren und der neuesten Zeit an die Forschungsstelle für Sozial- und Wirtschaftsgeschichte und das Historische Seminar der Universität Zürich berufen. Seine Arbeitsschwerpunkte sind Wirtschafts- und Finanzgeschichte, Wissenschafts-, Medizin- sowie Körpergeschichte.

MARC TRIBELHORN ***1983** ist Historiker und Redaktor der *Neuen Zürcher Zeitung*, wo er sich mit zeitgeschichtlichen Themen und der nationalen Politik beschäftigt. Bei NZZ Libro gab er 2017 das Buch *Die Schweiz als Ereignis: 50 Episoden aus der jüngeren Geschichte* heraus. Marc Tribelhorn lebt in Zürich.

ALBERTO VENZAGO ***1950** ist Fotograf, Fotojournalist und Filmemacher. Seine Fotoreportagen als «concerned photographer» zu Themen wie organisiertes Verbrechen in Japan oder Revolution im Iran fanden internationale Anerkennung und wurden in Magazinen wie *Life, The Sunday Times, Stern* und *Geo* veröffentlicht. Mit Fotoessays und Filmen dokumentiert er kritisch das Weltgeschehen vom Zürcher Platzspitz über den Voodoo-Kult in Benin bis zur Kinderprostitution in Manila. Er arbeitete vier Jahre für Magnum Photos.

SABINE VON FISCHER ***1969** in Zürich. Lebt, nach verschiedenen Stationen in New York City, Montréal und Berlin, wieder in Zürich. Sie lehrt derzeit an der ETH Zürich, beobachtet als Architektin und Autorin Stadt, Kunst und Architektur und verfasst regelmässig Texte für Bücher und Zeitungen. Ihr neustes Buch *Architektur kann mehr. Von Gemeinschaft fördern bis Klimawandel entschleunigen* erscheint im Herbst 2023 im Birkhäuser Verlag.

KATJA WALDER ***1978** war während zehn Jahren das Pseudonym von Franziska von Grünigen. Als Audiobiografin (mein-nachklang.ch) und Podcasterin (My last Goodbye-Podcast) stellt von Grünigen anderen Menschen Fragen zu Leben und Tod. Daneben arbeitet sie als Radiomoderatorin (SRF 3). Franziska von Grünigen lebt in Winterthur.

BENEDIKT WEIBEL ***1946** arbeitete von 1978 bis 2006 bei der SBB, die letzten 14 Jahre als Vorsitzender der Geschäftsleitung. Anschliessend war er Delegierter des Bundesrates für die Euro 08, Honorarprofessor für praktisches Management an der Universität Bern und Präsident des Aufsichtsrats der WESTbahn in Österreich. Heute ist er Publizist, zuletzt ist von ihm erschienen: *Wir Mobilitätsmenschen, Wege und Irrwege zu einem nachhaltigen Verkehr* (NZZ Libro).

ALEXANDER WENGER ***1986** ist Journalist und Moderator. Er produziert TV-Formate für verschiedene Sender und Produktionsfirmen und moderiert den Zurich Pride Podcast. Er ist seit Oktober 2022 Co-Präsident des Zurich Pride Festivals. Alexander Wenger lebt mit seinem Partner in Zürich.

RUPERT WIMMER ***1969** ist Raum- und Verkehrsplaner, nach dem Studium an der Technischen Universität Wien hat er während über 20 Jahren in privaten Planungsbüros in der integrierten Siedlungs- und Verkehrsplanung gearbeitet. Seit 2017 leitet er den Geschäftsbereich Verkehr und Stadtraum im Tiefbauamt der Stadt Zürich.

WILLI WOTTRENG *1948 ist Schriftsteller in Zürich, der immer wieder über Personen am Rand der Gesellschaft recherchiert, reflektiert und geschrieben hat. Denn von den Rändern aus hat man den besten Blick auf die Gesellschaft, findet er. Er ist Autor des biografischen Sachbuchs *Lady Shiva. Aufbruch auf High Heels* (Elster-Verlag, Zürich 2013). Sein zuletzt erschienenes literarisches Werk ist eine Kriminalkomödie vor dem Hintergrund der Klimaerwärmung mit dem Titel *Die Brigantinnen* (Bilgerverlag, Zürich 2023).

THOMAS WYSS *1966 war beim *Tages-Anzeiger* nächtlicher Zeitungsverkäufer, Sportsekretär, Freelancer für die *Bellevue*-Seite, Redaktor und Kolumnist in den Ressorts Kultur und Zürich. Heute ist er Co-Leiter der Buchhandlung Never Stop Reading und freischaffender Autor. Im Faro Verlag sind *Sammelsurium Schweiz* und *Das um ein Haar geköpfte Matterhorn* erschienen. Thomas Wyss lebt in Zürich.

ROMAN ZELLER *1992 ist Ressortleiter Digital und Mitglied der Chefredaktion der *Weltwoche*. Seit 2022 ist er Mitglied der Zürcher Zunft Hottingen. Roman Zeller lebt in Zürich.

ERIKA ZILTENER *1955 ist Historikerin und Pflegefachfrau, war von 2002 bis 2020 Leiterin der Patientenstelle Zürich und ist seit 2001 Präsidentin des Dachverbandes Schweizerischer Patientenstellen. Sie gehörte 1998 bis 2015 dem Zürcher Kantonsrat an, ist Mitglied der kantonalen Ethikkommission Zürich und arbeitet in verschiedenen kantonalen und nationalen Gremien. Seit 2019 präsidiert sie die Schweizerische Gesellschaft für Qualitätsmanagement im Gesundheitswesen.

MAJA ZIVADINOVIC *1979 ist gelernte Coiffeuse. Weil sie den Job nicht mochte, landete sie in einem Callcenter. Später bereiste sie als Reiseleiterin die Türkei, bevor sie ein Nebenjöbbli am Empfang von *TeleZüri* annahm. Den fand sie so toll, dass sie den Quereinstieg in den Journalismus wagte. Mit Erfolg. Heute ist Maja freischaffende Journalistin, Kolumnistin und Podcasterin beim SRF.

WIR BEDANKEN UNS HERZLICH FÜR DIE UNTERSTÜTZUNG BEI

Stadt Zürich

ERNST GÖHNER STIFTUNG

Coca-Cola

Stadt Winterthur

Beyer Chronometrie AG

Confiserie Sprüngli AG

Egon-und-Ingrid-Hug-Stiftung

Emil Frey AG

Familie Winzeler

Flughafen Zürich AG

Gastro Stadt Zürich

Gastro Zürich

G. Bianchi AG

HRS Real Estate AG

Kibag

MAN Energy Solutions Schweiz AG

Otto Jacques Gassmann AG

Rahn+Bodmer Co.

Stellenwerk

Swiss Prime Site

UMB

Universitätsspital Zürich

Zürichsee Schifffahrtsgesellschaft (ZSG) AG

Zweifel 1898

BILDNACHWEIS

A *Felix Aeberli © StAAG/RBA* 119
Nic Aluf: Sophie Taeuber mit Dadakopf, 1920, Stiftung Arp e. V., Berlin/Rolandswerth 88
Anthony Anex / Keystone 34

B *Gaetan Bally / Keystone* 79, 93, 282
Goran Basic / Zoo Zürich 244
Beyer Chronometrie AG 256
Walter Bieri / Keystone 36/37, 201, 222 u.
Adrian Bretscher 294/295, 3./4. Umschlagseite
Adrian Bretscher / Blick 281
Siggi Bucher / Blick 54
Michael Buholzer / Keystone 33 o., 76/77, 212/213, 230/231

D *Alessandro Della Bella* 150–155
Alessandro Della Bella / Keystone 29
Valeriano Di Domenico 24
Paolo Dutto 12, 14, 17, 18, 20

E *Cemil Erkoç* 233, 2./3. Umschlagseite
ETH-Bibliothek Zürich, Bildarchiv 66, 192, 248/249, 288 u.
Donata Ettlin / Kronenhalle, © 2023 / Pro Litteris, Zürich 191

F *Rudolf Farner / Privatarchiv* 51
Patrick Federi 278/279
Sascha Flemming 235
Flughafen Zürich AG 290
Noë Flum / 13 Photo 98/99, 246/247
Emil Frey AG 265

G *Galerie Bruno Bischofberger* 90
G. Bianchi AG 184
Gemeinde Würenlos 145
Genossenschaft ZFV-Unternehmungen 57
Globi Verlag 38/39
Ernst Göhner Stiftung 68
Grün Stadt Zürich 239, 241
gta Archiv / ETH Zürich, Karl Moser 114

H *Vera Hartmann Photography* 208
Roswitha Hecke / bpk 45
Karl-Heinz Hug 58
Patrick Hürlimann / Keystone 87

I *Giada Ilardo* 62

J *Manuel Jorquera* 296

K *Christof Kalt* 6, 41, 115
Tom Kawara 187
Walter L. Keller / Blicksport 196
Keystone / Handout / Kantonspolizei Zürich 222 o., 227
Keystone / Photopress-Archiv / Str 84, 125, 268
Keystone / Str 83, 122, 217 u., 224
Kibag 261, 263
Patrick B. Krämer / Keystone 210
Marc Krause 53

L *Candid Lang © StAAG / RBA* 78
Ennio Leanza / Keystone 10/11, 194/195
Eduard Leuthold / Keystone 121
Thomas Lohnes / Getty Images for ZFF 97
Thomas Lüthi / Blick 141

M *MAN Energy Solutions Schweiz AG* 254, 255
Toto Marti / Blicksport 197 u.
Fred Mayer 182
Dominique Meienberg 292
Claudio Meier 136
Lukas Meier / Privatarchiv 74
Johannes Meiner / Baugeschichtliches Archiv 106–113
Pascal Mora 205, 274
Adolf Moser / FotostiftungSchweiz / Keystone 103

N *Marcel Nöcker / Blicksport* 197 o.

O *Otto Jacques Gassmann AG* 258, 259, 260

P *Daniel Pochetti* 185
Dölf Preisig / Schweizer Illustrierte 199

R *Rahn + Bodmer Co.* 252
Kurt Reichenbach / Schweizer Illustrierte 202
Winfried Rothermel / AP / Keystone 229
Sonja Ruckstuhl Fotografie 72
Christoph Ruckstuhl / Keystone 142, 177, 178
Tatjana Rüegsegger 33 u.
Martin Rütschi / Keystone 168

S *Peter Schlegel / Keystone* 126/127, 128, 130, 131
Schwulenarchiv Schweiz, Zürich 30
© StAAG / RBA 221
Stadtarchiv Zürich, Signatur V.E.c.63.:B.3.8.
Stadtpolizei 116
Niklaus Stauss / Keystone 94
Milou Steiner © StAAG / RBA 288 o.
Stiftung für Kunst, Kultur und Geschichte (SKKG) 46
Swiss Prime Site 266, 267
Roger Szilagyi / Keystone 156

T *Nathalie Taiana* 172
Sigi Tischler / Keystone 22
Bruno Torricelli © StAAG / RBA 132

U *Universitätsspital Zürich* 148

V *VBZ* 298–301
Alberto Venzago 160–162, 164, 165, 166, 214
Alberto Venzago / Schweizer Illustrierte 65
Visualisierung Nightnurse 147
Gertrud Vogler 217 o.
Ruth Vögtlin © StAAG / RBA 78

W *Helmut Wachter / 13 Photo* 134/135
Marianne Winkler / Privatarchiv 242

Z *Egon Zehnder / Privatarchiv* 51
Roman Zeller / Privatarchiv 100
Zoo Zürich, Goran Basic 244
Zürichsee Schifffahrtsgesellschaft AG 284

Wo Zürich am urbansten ist: 126 Meter hoher
Prime Tower an der 1350 Meter langen Hardbrücke.